国家"十四五"重点出版物出版专项规划

重大出版工程项目

国家出版基金项目
NATIONAL PUBLICATION FOUNDATION

中华元典学术史丛书

总主编
李振宏

史通

学术史

王嘉川 著

山东城市出版传媒集团·济南出版社

图书在版编目（CIP）数据

《史通》学术史／王嘉川著. —济南：济南出版社，
2023.7

（中华元典学术史／李振宏主编）

ISBN 978-7-5488-5763-1

Ⅰ. ①史…　Ⅱ. ①王…　Ⅲ. ①《史通》—研究

Ⅳ. ①K06

中国国家版本馆 CIP 数据核字（2023）第 126193 号

《史通》学术史

SHI TONG XUESHUSHI

出　版　人　田俊林

图书策划　朱孔宝　张雪丽

责任编辑　黄勇智　陈　琛

装帧设计　牛　钧

出版发行　济南出版社

地　　　址　山东省济南市二环南路 1 号（250002）

发行热线　0531-86922073　67817923

　　　　　　　86131701　86131704

印　　　刷　山东临沂新华印刷物流集团有限责任公司

版　　　次　2023 年 7 月第 1 版

印　　　次　2023 年 8 月第 1 次印刷

成品尺寸　148mm×210mm　32 开

印　　　张　16

字　　　数　345 千

定　　　价　88.00 元

（济南版图书，如有印装错误，请与出版社联系调换。

联系电话：0531-86131736）

总　序

从春秋战国到秦汉之际，中国历史经历了一个长达六百年的大动荡、大变革时代。在这场深刻的历史变迁中，此前思想文化领域中各种处于萌芽状态的意识形态、哲学观念、历史意识、宗教神学、文化科学等，都以成熟的形态凝聚、荟萃，而涌现出一批文化元典，为后世中华文化的发展，奠定了一个义域广阔的开放性基础。这些文化元典，包括传统所谓"六经"和先秦诸子之书，历史地奠定了中国文化的发展道路，塑造了中国文化的精神面貌，中国传统文化的文化基因，就深埋在这批文化典籍之中。

这批文化典籍以及后世原创性的具有开创意义的文化典籍，传统称之为"中华经典"，从 20 世纪 90 年代开始，人们改用"元典"的称谓。这一改变确有深意，但却为人留下疑惑。以笔者之见，这一称谓的改变，反映着文化观念的一大进步。"经典"表征着典籍的神圣性和权威性，经典思想意味着它的只能遵循而不能分析和质疑的属性，经典思维束缚了思想的发展。我们知道，马克思主义哲学的本质属性是其革命性和批判性，它要求我们以科学理性的态度对待传统文化，要求我们从对

"经典"膜拜和盲从的传统积习中解放出来，以更科学的态度对待传统，以更理性的态度研究传统。从"经典"到"元典"，这一典籍称谓的改变，意味着我们对传统文化的研究，正在走上更为科学而理性的道路。那么，何谓"元典"？

元者，始也，首也，意谓"第一"和"初始"。这是中国最早的一批文化典籍，对于后世思想文化的发展，具有初始意义。

元者，大也，意谓宏大而辽阔。这批文化典籍提供的思想场域，涵盖了后世中国思想发展的诸多问题意识，具有全覆盖的特点。

元者，善也，吉也，有美好、宝贵和嘉言之意。这批文化典籍提供了后世中国最宝贵、善良和美好的思想修养资源。

元者，基也，根也，具有基础、根本、本源之意。这批文化典籍是后世中国文化的基础和出发点，一切思想元素都来源于此，一切思想的发展都以此为根基。

元者，要也，有主要、重要之意。这批文化典籍不是中国文化典籍的全部，但却是中国文化中最重要、最核心的部分。

总之，"元典"包含有始典、首典、基本之典及大典、善典、宝典等意蕴。"元典"称谓，既在某种程度上包含了传统的圣典、经典之义，又避开了对传统典籍非理性尊崇的嫌疑。

这是笔者以前曾经做过的表述，转述于斯。这批文化元典，包含了中国文化的基本要义，奠定了后世中华文化的发展方向，但并不意味着由文化元典所奠定的文化精神是一成不变的。从先秦元典到现代的中华文化，是一个生成、发展、传承、演变而不断提升的历史过程，是一个思想发展的生生不息的过程。

思想发展的动力何在？马克思、恩格斯说过："思想的历史除了证明精神生产随着物质生产的改造而改造，还证明了什么呢？"（《马克思恩格斯选集》第1卷，人民出版社1995年版，第292页）的确如此，中国元典精神的发展，就是和中国社会经济的发展、中国历史进程的演变，平行而进的。中国历史的每一次变革，以至每一个新的历史时代，都催促当时代哲人从元典著作中寻找答案，并从新的历史条件出发，对元典著作做出符合新时代需的创造性阐释，为时代的发展提供精神动力。这种不断地返本开新的思想创造活动，就形成了生生不息的元典文化的学术史、思想史。

历代学人对元典精神的时代性阐释，都是元典文化精髓在更高层次上的发扬和转换，是将原有文化元典本已蕴含的文化意蕴在新形势下重新发现、重新唤起，并赋之以新的生命活力。这样，历代学人对文化元典的重新阐释，就构成了中华文化精神的发展史。我们今人所继承的中华文化传统，就是这样伴随着时代的发展在不断的阐释中形成的。中国文化精神，不仅深埋在固有的文化元典中，也活跃在历代学人对元典不断阐释的学术史之中。而要认识今天中国文化的基本精神，理解这种文化的思维特性，洞彻我们的民族心理，就需要下功夫去做元典学术史的研究工作，并把研究的成果向社会推广。济南出版社策划出版的这套《中华元典学术史》丛书，立意就正在这里。本丛书的组织者，希望我们的社会大众，能够在这套书中，看到我们民族文化的精髓和内核，了解中国思想文化发展的历史轨迹，明白民族文化的发展趋势和历史走向，从而更加科学而理性地看待我们所传承并将继续发扬光大的民族文化传统。

从这样的著述宗旨出发，我们要求著述者坚持学术史研究最重要的方法论思想，深刻揭示元典著作被不断阐述、返本开新的时代内涵，从中国历史的发展过程中阐释元典精神的生命力；

从学术史著述的基本特性出发，我们要求著述者严格遵循传统的"辨章学术、考镜源流"的学术史逻辑，清晰地描述元典精神发展演变的历史线索，以揭示中国文化精神的思想轨迹；

从本丛书的社会使命出发，我们要求著述者偏重从思想史的角度，梳理元典思想发展的线索，而不囿于传统元典研究的文献考订方面，将读者定位于社会大众，希望社会读者能够真正得到思想的启发；

从本丛书的预期效果出发，我们要求著述者恪守"学术著作、大众阅读"的著述风格，要求在坚持学术性的同时强调可读性，把适合大众阅读作为在写作方面的基本原则。

经过几年的努力，本丛书终于要和读者见面了。自我检视，这些著述已经实现了丛书设计者的初衷，达成了预期目标，可以放心地交给社会大众去接受检验了。当然，文化著述的最终评判者是读者，是真正喜欢它们的社会大众。我们真诚地希望丛书可以唤起人们对元典文化的热爱，唤起人们对自我文化传统学术史和思想史的关注，从民族文化的历史脉络中汲取营养，从而更自觉地承担起传承中华民族优秀文化传统的历史使命。

李振宏

2022 年 7 月 20 日

目　录

导　言／01

第一章　横空出世：《史通》的编纂及其思想价值／03
　　　　刘知幾与《史通》的编纂／04
　　　　《史通》的撰述宗旨与表述方式／11
　　　　《史通》的历史思想／20
　　　　《史通》的史学思想与历史价值／27
　　　　《史通》的版本／43

第二章　暗度陈仓：唐宋元时期的《史通》学术／47
　　　　唐宋元时期的《史通》学术概况／48
　　　　欧阳修、司马光等人对《史通》的阴用其法／74
　　　　吴缜对《史通》思想的明确接受与运用／82
　　　　朱熹对《史通》思想的阴相承续／89
　　　　唐宋元时期的史才三长论／93

第三章　　大张其军：明朝时期的《史通》学术 / 107

　　　　明朝时期的《史通》学术概况 / 108

　　　　郭孔延对《史通》思想的平实议论 / 151

　　　　李维桢对《史通》"史圣"与"粗笨"的评议 / 163

　　　　明代对史才三长论的探讨与发展 / 175

　　　　明代对史文繁简问题的探讨与发展 / 195

第四章　　纵深拓展：清朝时期的《史通》学术 / 207

　　　　清朝时期的《史通》学术概况 / 208

　　　　《明史》纂修中的《史通》元素 / 243

　　　　浦起龙对《史通》体系与思想的认知 / 271

　　　　章学诚对《史通》思想的继承和发展 / 291

　　　　清代对史才三长论的运用与探讨 / 307

第五章　　旧貌新颜：近代时期的《史通》学术 / 337

　　　　近代时期的《史通》学术概况 / 338

　　　　吕思勉对《史通》思想的阐发与批评 / 396

　　　　张舜徽对《史通》思想的求是平议 / 413

　　　　唯物史观视域下的《史通》研究 / 443

余　论　　直挂云帆：《史通》学术史的历史评说 / 455

参考文献 / 481

导　言

　　《史通》是唐代著名史学家刘知幾撰写的中国古代唯一一部系统的史学理论著作，它既是中国第一部史学理论著作，也是世界上第一部史学理论著作。因而它的问世，在世界史学的发展历程中，有着极为特殊的意义。本书题名"《史通》学术史"，主要是从思想史的角度，考察这部著作对中国史学发展所产生的影响，以及不同历史时期对它的研究情况及其发展脉络，力求写出一部动态演进和螺旋式发展的元典阐释史，梳理其学术发展的线索。至于《史通》研究的文献考订方面的内容，本书则一概从略。

　　在此不能不提到的是，《史通》以其系统的理论思考和深刻的史学批评，对唐朝以后中国古代史学的发展产生了重要影响。《史通》有着实事求是的史学品格，对前人史学成就的是非优劣给予了如实透彻的指陈，其笔锋犀利如剑，其语势凌厉如电，即使"圣人"孔子也未能避免其指责。因而《史通》甫一脱稿，刘知幾就极为担心《史通》能否被世人接受，"恐此书与粪土同捐，烟烬俱灭，后之识者，无得而观。此予所以抚卷涟洏，泪尽而继之以血也"[1]。但他既不能左右当世之人的喜恶好尚，

---

[1]　［唐］刘知幾：《史通》，［清］浦起龙：《史通通释》，上海：上海古籍出版社，2009 年，第 272 页。本书所引《史通》内容皆出自此版本，故下文不再标注。

更不可能看到《史通》在后世的的流传及所受评价的情况。在《史通》中，身为史臣的刘知幾多次深切地表达了书名竹帛、以图不朽的愿望，虽然他对自己实现愿望充满担忧，但作为唐代史臣的后继者，五代和宋代的史臣确实没有忘记他的历史贡献。他们不但在纪传体的新旧两部《唐书》中都为刘知幾设立了传记，而且在编年体《资治通鉴》中，也特别记载了他卒于开元九年（721）这一无关军国大政与生民休戚的事件，成为《资治通鉴》全书中"重史臣"之意的唯一代表，实现了他书名竹帛、以图不朽的愿望。可是，刘知幾最为担心的《史通》能否被后世接受，其境遇又会如何的问题，古代学者不是没有讲过，但他们未能全面展现《史通》在历代所受评价的情况。因此，就是从刘知幾个人夙愿来说，也应该有这样一部《史通》学术史著作，来梳理和研究《史通》在后世所受评价的情况，以告慰这位世界上最早的史学理论著作的创作者。

本书在初稿写作中，得到研究生洪前兵、黄杏娟、方啸天提供电子资料的帮助，为笔者节省了不少翻检和打字之劳；在修改过程中，得到河南大学李振宏先生对全书架构的高屋建瓴的指导、苏州大学侯德仁副教授对各章正副标题的灵动性点拨，在此向他们表示诚挚的感谢！作为第一部《史通》学术史研究著作，本书的撰写，秉持了《史通》所要求的实事求是的原则与态度，力图客观而真实地反映出《史通》在各个时代所受到的评价情况，但是否做到了这一点，还请大家批评指正！

第一章
横空出世：《史通》的编纂及其思想价值

　　《史通》自问世之后，一直对中国古代史学的发展有着重要影响。近代以来，由于史学理论与史学方法在历史学科中的地位更加突显，《史通》研究逐渐成为中国古代史学研究中的一门显学。可以说，《史通》以其卓越的史学成就与贡献，早已成为中国传统文化史上堪称不朽的经典之作。

刘知幾与《史通》的编纂

一、性近史学与家庭教育

刘知幾（661—721），唐朝徐州彭城（今江苏徐州）人，字子玄，后在李隆基做太子时为避其名讳，以"子玄"行于世，《旧唐书》和《新唐书》中的刘知幾本传就都以"刘子玄"为名。清朝时，为避康熙皇帝玄烨名讳，又被改称为"子元"。

刘知幾出生于书香门第的官宦之家，从小受到良好的家庭教育。《史通·自叙》说：他自幼年便喜诗赋、好文笔，并因而获誉于当时，以善文词知名。十一岁时，父亲为其讲授《古文尚书》，以便他日后从事当时最为显赫的经学研究，但他并不喜欢，"虽屡逢捶挞，而其业不成"。而当其父为诸兄讲授《左传》时，他常偷偷前去听讲。待讲毕，诸兄尚有疑惑时，他即为诸兄解说之，并私下窃叹：假使古书都像《左传》这样，我就不会懈怠了。这一方面说明，他对史书《左传》的接受能力和领悟力都很强，甚至超过比他早入学的兄长们，另一方面则表明，他天性即长于史学。他父亲也感受到了这一点，于是改授以《左传》。一年后讲毕，刘知幾虽未能深解，而大义略举。

之后,他拒绝了父兄欲让其专一研习经学的建议。他不愿走当时大多数人所走的经学老路,请求父亲允许他阅读《左传》之后的历史书籍。得到父亲的同意后,他开始广泛阅读各种史书。在阅读过程中,他重视类聚群分,喜欢辨析名理,善于做归纳性的理论思考和个人独立的思考。到十七岁时,他已经把所能见到的史书窥览殆遍,对其中叙事的纲领原则、主要内容、古今沿革、作述义例和宗旨所在,都有了大致了解,并写下了很多读书笔记。主动选择一条独立思考、不假师训、会通古今、触类而观的治学之路,而非名物训诂之类的章句之学,是刘知幾与当时大多数读书人的最大不同,也是他后来能够成功撰写出《史通》这部史学理论著作的思想基础和方法源泉。

二、进入仕途与研治史学

二十岁时,刘知幾考中进士,被授以九品小官——获嘉县(今河南获嘉)主簿。自此以后的十九年期间,刘知幾一直供职于此,虽未有升迁,但他并不在意,因为他所思所想的,是如何充分利用工作余暇时间提高自己的史学素养。他精心钻研,独到分析,对每部史书都能清晰通透地把握其得失利弊。虽然他提出的一些精到见解不被世俗认同,但往往与前代著名学者张衡、范晔等人的观点暗合,这坚定了他跳出成见、独立考索、精思善疑、勇于创新的治学路向。

三、初为史臣与畅论三长

因专心研治史学,刘知幾体悟日深,发现既往史书都存在着各种不同程度的疏误,于是他很想效法孔子删定《春秋》之举，在刊正既往史书之误的基础上，独立编修一部史书。可是一想到自己人微言轻，又担心自己会不被世俗理解而反被怪罪，因此除了摇头叹息之外，他并未真正着手。但他的这一修史志向得到了部分同僚的尊重，因而有人向朝廷推荐他为史官。

武则天圣历二年（699），刘知幾被调离获嘉，到京师任职。三年后的长安二年（702），他被授职著作佐郎，兼修国史。这是他第一次身为史臣。

长安三年（703）正月，已经迁官左史的刘知幾奉诏与朱敬则、徐坚、吴兢等人参与国史纂修。同年七月，朱敬则请求朝廷选择优秀史官，他强调史官不易胜任，请求朝廷寻访良史之才，并给予他们顺利发挥自身才能的环境。刘知幾也被同僚询问，为何自古以来文士多而史才少，他回答说，要想做一个合格的史学家，必须具备史才、史学、史识三个方面，并以比喻的方式论述了这三个方面的总体要求，认为自古以来能达到者，"罕见其人""故史才少也"①。这就是著名的"史才三长"，即史家标准论。据《旧唐书·刘子玄传》记载，当时人都认为刘知幾这段话深得史学三昧之"知言"。

四、三为史臣与撰著《史通》

武则天长安四年（704），刘知幾经过短暂的擢官他任、停止史职后，被命以中书舍人兼修国史，第二次身为史臣。神龙元年（705），唐中宗复位，刘知幾除著作郎、太子中允、率更

---

① ［宋］王溥：《唐会要》卷六三《修史官》，北京：中华书局，1955 年，第 1100—1101 页；［后晋］刘昫等：《旧唐书》卷一〇二《刘子玄传》，北京：中华书局，1975 年，第 3173 页。

令，依旧兼修国史，此即他在《史通·自叙》中所说的"三为史臣"。

神龙二年（706）十月，唐中宗由东都洛阳还西京长安（今陕西西安）。在此前的史馆修书过程中，刘知幾常常想用自己的史学理念来写作，但都受到监修贵臣和同僚的掣肘，最后被迫屈从，不能坚持己见，即便如此，刘知幾仍然遭到他们的嫉恨，这使他内心感到无比的悲凄。于是在中宗还京之时，他主动请求留在洛阳的史馆中供职，暂不随朝廷西行，其目的就是尽量避开朝廷的繁重修史工作和人事干扰，静心撰写自己的个人著作《史通》。他决意写出一部史学理论著作，为当时的史书编纂廓清迷雾，为史学的健康发展扫清障碍。

在洛阳的一年多时间里，刘知幾利用公务之暇，杜门却扫，勤于写作。然而，中宗景龙二年（708）春，有人上告朝廷，说他身为史馆官员，不在朝廷书写国史而在别处私自撰述，实为不该。于是朝廷将他召到长安，令他在史馆中专门纂修国史。

四月，韦巨源、纪处讷、杨再思、宗楚客、萧至忠等人被任命监修国史。刘知幾禀性正直敢言，又对史学深有研究，他认为监修官太多，一国三公、十羊九牧，实为国史编修的一大弊端，很不利于史书编纂和史学发展。萧至忠指责他著述无功，于是他致信萧至忠，在信中前半部分指出史馆集合众人一起修书有"五不可"，对史馆集体修史的弊端提出批评，在信中后半部分对自己在史馆中受到的不公正待遇提出控诉，对自己的劳作不被承认提出抗议，并请求辞去史官职任。萧至忠惭愧至无以作答，又爱惜他的史学才能，不许他解除史任。但宗楚客等人嫉恨其正直，对其他史官说：刘知幾写这封信，"欲置我何地"①！也正因此，刘知幾最终被解除史任。但与以往一样，这次解除史任的时间仍然不长，到第二年，刘知幾迁官秘书少监，又被命修史如故。因此刘知幾后来在《史通·自叙》中径直说他在神龙元年（705）"三为史臣"之后，一直兼修国史，不曾改变，将这次不愉快的事一笔带过了。

景龙四年（710）二月，《史通》二十卷成书，因刘知幾仍然兼修国史，故而书首自序说是"在史馆而成此书"②。从中宗神龙二年（706）十月留驻洛阳开始，至此共三年零四个月的集中撰写时间，刘知幾终于完成了这部个人心血之作。从今传《史通》中有一些明显的自相矛盾的表述来看，书成之后，刘知幾"不暇修正刊定"③，未能进行"整齐划一"的工作④，甚或"未能逐句、逐篇细读一遍"⑤。三年后的唐玄宗开元元年（713）七月，萧至忠因参与太平公主谋反被诛，当年因辞职信而嫉恨刘知幾的史馆监修遂无一人在世。于是，刘知幾以《忤时》为名，将其致萧至忠等人求免史职的书信收入书中，作为最后一篇，并增写首尾两段序跋性文字，以说明该篇原委、补叙前后事态。至此，《史通》这部中国第一部史学理论著作，最

---

① ［宋］王溥：《唐会要》卷六四《史馆杂录下》，北京：中华书局，1955年，第1106—1107页；［后晋］刘昫等，《旧唐书》卷一〇二《刘子玄传》，北京：中华书局，1975年，第3171页。

② ［唐］刘知幾：《史通》，［清］浦起龙：《史通通释·史通原序》，上海：上海古籍出版社，2009年，第1页。

③ 傅振伦：《刘知幾年谱》，北京：中华书局，1963年，第99页。

④ 程千帆：《史通笺记》，北京：中华书局，1980年，第11页。

⑤ 乔治忠：《中国官方史学与私家史学》，北京：北京图书馆出版社，2008年，第378页。

终得成完璧。此时，世界上其他国家的历史编纂中虽也出现了
一些理论性论述，但尚未有专门的史学理论著作问世，因此
《史通》也就成为世界上第一部史学理论著作。

五、溘然长逝与正史评价

景龙四年（710）六月，唐睿宗即位，此后刘知幾历有升
迁，工作依旧是修国史。玄宗开元九年（721），刘知幾长子刘
贶被免官流放，刘知幾爱子心切，加以耿介孤高、凛然独立、
不愿明哲保身、喜怒易形于色的秉性脾气，遂亲自上诉辩理，
玄宗恼怒，将他贬为安州都督府别驾。不料到安州（今湖北安
陆）不久，刘知幾即卒于任上，享年六十一岁。唐玄宗命人抄
写《史通》进呈，第二年十一月，其次子刘𬩽抄录进上，玄宗
读而善之，追赠他为汲郡太守，不久又赠工部尚书，谥曰文。

刘知幾任史官近二十年，朝廷每有论著，往往居其职，其
所独撰及预修的唐朝实录、国史等著作，当时皆行于世，为世
所称。此外他还撰有其他著作多种，可惜均未流传下来。现今，
除十三篇零散诗文外，《史通》是其较为完整传世的唯一著作。

对于刘知幾的史学才能及其一生遭际，后晋官修《旧唐书》
卷一〇二之史论曾予以评价，认为刘知幾等五位史家不但"学
际天人，才兼文史"，而且尽心乃职，但这几位史家大多"官不
过俗吏，宠不逮常才"，并且刘知幾还曾"郁结于当年"，指出
这不是因为刘知幾等人有什么过错造成的，而是因为他们所从
事的职业即历史学这门学问本身"非趋时之具"[1]，不能使其官

---

[1]　［后晋］刘昫等：《旧唐书》，北京：中华书局，1975 年，第3185—3186 页。

位通达显赫。北宋官修《新唐书》卷一三二之史论，也从史官不易胜任、"为史者亦难言之"① 的角度，对刘知幾等六位史学家寄寓了无限感慨。显然，他们既高度评价了刘知幾的史学才能，又对其人生不幸报以无限同情。

---

① ［宋］欧阳修，宋祁：《新唐书》第十五册，北京：中华书局，1975 年，第 4542 页。

《史通》的撰述宗旨与表述方式

一、《史通》的宗旨与性质

刘知幾自小广博观书，喜谈名理，加以悟性颇高，逐渐形成了很多独到见解，高出流俗之上，且随时札记，纳之胸中。在十九年的获嘉主簿任上，他更是充分利用了公务之外的余暇时间，专心研治史学。他深感自孔子删定《春秋》等文献后，史学有了很大发展，史书编纂有了长足进步，种类、数量不断增加，却也存在很多疏误，于是就想在读书札记的基础上，效法孔子，刊正众史之误，写出一部叙事性纪传体史书，"但以无夫子之名，而辄行夫子之事，将恐致惊末俗、取咎时人，徒有其劳，而莫之见赏，所以每握管叹息"，迟迟未敢动手编纂①。担任史官以后，刘知幾满以为一身所学终于有了用武之地，于是就想在参修国史时，用自己的史学见解为国家的修史大业增光添彩。但事实证明，这只是他的一厢情愿，当时的史馆制度与同僚的陈腐落后观念，根本不允许他发挥自己的创见，这促

---

① ［唐］刘知幾：《史通》，［清］浦起龙：《史通通释》，上海：上海古籍出版社，2009 年，第 269 页。

使他改变了原来编著一部叙事性纪传体著作的志向，而萌生了编写批评性史学理论著作的动机。对此，《史通·自叙》说得非常清楚。一方面，因为被监修贵臣所嫉，刘知幾在史馆中无法发挥个人才能，痛感吾道不行、美志不遂，于是愤而撰述《史通》，以见其志；另一方面，因为痛感当时史臣对史学的认识不够清楚，更因夹杂政治等外在因素而远非纯正，于是决定以"辨其指归、殚其体统"为撰述宗旨，其中"指归"即著史的宗旨和目的，"体统"即史书在体裁体例方面对各环节的统一要求。这是《史通》得以撰著的两个直接原因，前者决定了刘知幾主动远离史馆私自撰述的行动，后者决定了刘知幾撰写《史通》的旨趣与内容。显然，以往史学发展存在的问题这一历史的、客观的因素，唐代史馆修史的弊端这一时代的因素，刘知幾个人史馆工作不得志的遭遇这一主观的因素，三者交互作用，共同促成了《史通》这部史学理论著作的横空出世。

《史通》的上述撰述宗旨，在其书名的确定上也有重要体现。对于《史通》一书的命名，刘知幾在自序中解释说："昔汉世诸儒，集论经传，定之于白虎阁，因名曰《白虎通》。予既在史馆而成此书，故便以《史通》为目。且汉求司马迁后，封为'史通子'，是知史之称'通'，其来自久。博采众议，爰定兹名。"《白虎通》即《白虎通义》，或称《白虎通德论》。东汉建初四年（79），章帝诏诸儒于白虎观集中论考五经异同，并亲自裁决，后命班固等人整理编成《白虎通》一书，作为官方钦定的经典刊布于世，其内容代表了最高统治者意志，具有法典性质，是封建时代统治思想的重要的纲领性文本。《史通》是刘知幾在史馆担任史官时所写，他将《史通》与《白虎通》相提并论，说明他很想通过《史通》为史学确立不易之法则，彰明史学义理，讲述史学史法。"如果说《白虎通》是中世纪封建专制主义统治的法典，那么刘知幾作《史通》也是企图为史学立一个法典"①，这是《史通》命名的第一层含义。据《汉书·司马迁传》及注释，汉朝政府之所以封司马迁后人为"史通子"，是因为司马迁"世为史官，通于古今"②，可见"史通"一词原是称司马迁为通晓古今历史的史官。刘知幾是在做史官时撰成其书的，他沿用"史通"一词作为书名，就不只是一个简单的名称问题，而是"隐然以当代司马迁自居了"③，这是《史通》命名的第二层含义。前一层含义强调的是思想之通，后一层含义强调的是史学之通。两层含义合起来，即是通论古今史学思想、史学理论与史学方法。而由《白虎通》与《史记》的特殊地位可知，刘知幾把《史通》与二书相比拟，正说明他对自己著作的无比重视与相当自信。

　　史学大师钱穆曾指出，中国人做学问，只重实际工作，很少写文学通论、史学通论等通论概论性质的著作，"《史通》则可说是中国一部史学通论，也几乎可以说是中国唯一的一部史学通论，所以这书成为一部特出的书"④。所谓"特出"，就是

---

① 吴怀祺：《中国史学思想史》，合肥：安徽人民出版社，1996 年，第 187 页。

② 闫平凡：《杨守敬〈应劭汉书注钞〉校补》，贵阳：贵州大学出版社，2014 年，第 243 页。

③ 白寿彝：《刘知幾的进步的史学思想》，《北京师范大学学报》1959 年第 5 期。

④ 钱穆：《中国史学名著》，北京：生活·读书·新知三联书店，2000 年，第 170 页。朱杰勤也认为，"《史通》是我国第一本史学通论"，见其《中国古代史学史》，郑州：河南人民出版社，1980 年，第 140 页。许凌云则说，"《史通》是一部相当系统完备的古代史学通论"，特别是"尤通历史编纂学"，见其《刘知幾评传》，南京：南京大学出版社，1994 年，第 175—176 页。

指从性质上说，《史通》是一部系统的史学理论著作，"这在中国古代是最早的一部，也是唯一的一部"①；从内容上说，《史通》对它产生之前的中国史学的发展历程，从理论到实践，从史家到史书，从官修到私修，进行了全面的清理总结，"几乎关涉唐以前我国史学的全部领域，说它是一部古代史学的百科全书，也不算过分"②。

二、《史通》的篇章结构与表述方式

今传《史通》除作者自序外，全书分为内篇、外篇，共二十卷，有四十九篇专论性单篇文章，其中前十卷为内篇，有单篇文章三十六篇，后十卷为外篇，有单篇文章十三篇。

从全书内容来看，《史通》是史学家对传统史学的自我反思，涉及中国传统史学的方方面面。其中，内篇采取了按史学专题分篇论述的形式。卷一《六家》和卷二《二体》两篇，是总结自先秦以来史学发展过程中出现的主要史学流派及主要史书体裁。卷二《载言》《本纪》《世家》《列传》和卷三《表历》《书志》六篇，专门论述纪传体史书的体例。卷四《论赞》《序例》《题目》《断限》《编次》《称谓》、卷五《采撰》《载文》《补注》《因习》《邑里》、卷六《言语》《浮词》《叙事》和卷九《序传》《烦省》十六篇，是从史书内容方面讲论史书的编纂方法、写作技巧，以讨论纪传体史书为主，而兼论其他体裁之书。卷七《品藻》《直书》《曲笔》《鉴识》《探赜》、卷

---

① 乔治忠：《中国史学史》，北京：中国人民大学出版社，2011年，第180页。
② 程千帆：《〈史通〉读法》，《文史知识》1985年第2期。

八《摸拟》《书事》《人物》和卷九《核才》九篇,是探讨史学家的撰著态度、历史见识与史学才能问题。卷十《杂述》是论述正史之外的史书体裁及其著作情况;《辨职》是论说史馆中史官的职守问题;《自叙》是作者自述研习历史的经过及撰著《史通》的动机、意旨和自我评价等问题。显然,内篇的这一结构、内容,严整并组织有序,是经过精心构思的,有其内在的逻辑体系。而且除最后一篇《自叙》内容特殊外,各篇文章的写法和结构也基本相同。这使《史通》成为一部系统的史学理论著作,形成了对中国古代史学各个方面予以理论性总结的完整体系。

与内篇按史学专题分篇论述的形式不同,外篇采取了因事命篇的形式。卷十一《史官建置》是叙述历代设立史官的情况;卷十二《古今正史》是总结历代官方和私家编修的主要史书的情况;卷十三《疑古》、卷十四《惑经》《申左》、卷十六《杂说上》、卷十七《杂说中》、卷十八《杂说下》、卷十九《汉书五行志错误》《五行志杂驳》、卷二十《暗惑》九篇,分别论述一些具体史书的优劣得失,可补证内篇相关论述;卷十五《点烦》是举例说明如何删除繁芜字句以达到记事简要的方法,是对内篇《叙事》论述"省句省字"一节内容的例示,相当于《叙事》一篇的附录,从性质上说属于史书编纂方法的内容,但它只是一条一条的具体示例,并非理论性论述,故而作者将其置于外篇(不幸的是,在《史通》流传过程中,作者所做的各种点去烦文的标识全都失传,以致作者原意已不可晓);卷二十《忤时》是收录作者致史馆监修萧至忠等人求免史任的书信,主要内容是以亲身经历,批评官方修史的弊病。显然,外篇在文章结构、议论角度、材料组织等方面都与内篇迥然不同,不但内容基本上都是具体而微的论述，理论论述的色彩不浓，而且各篇之间没有体系上的联系，编排顺序比较随意，写法也很不一致，直接抄录原有读书札记而分类堆积的迹象比较突出，显得琐碎烦杂，与内篇的体系严整形成了鲜明对照①。

从内篇的总体体制来看，《史通》是一部史学理论著作。但在具体论述上，《史通》中直接从正面倡言史学主张的文字比例却不大，往往仅有精练的三言两语，继之而来的，则是连续地评论众史，通过史学批评进一步申明己见。《本纪》《世家》《列传》《论赞》《称谓》等多篇，在文章结构和写作风格上大率如此，其中尤以《断限》最为典型，几乎通篇是以对各种史书的批评构成。这种体系上按史学专题分篇发论、内容上史学评论占较大比重的特色之所以形成，是因为刘知幾撰写《史通》乃取资于多年积累的史学批评见解，利用其原来读史札记中品评众史的资料，经过深入研究，按照辨明史学指归、详论史学体统的目的，区分类聚，排比组合，从而编成了内篇。外篇的大部分从原来读史札记中取材的迹象更为明显，因而也是史学评论占较大比重，只有首尾三篇不同：前两篇《史官建置》《古今正史》是为补充内篇理论而叙述史学发展历程，采取了叙事体；最后一篇《忤时》是收录作者求免史任的书信，内容特殊，也与其他篇不同②。

---

① 乔治忠：《中国史学史》，北京：中国人民大学出版社，2011 年，第 180—181 页；《〈史通〉编撰问题辨正》，《中国官方史学与私家史学》，北京：北京图书馆出版社，2008 年，第 383 页。
② 乔治忠：《〈史通〉编撰问题辨正》，《中国官方史学与私家史学》，北京：北京图书馆出版社，2008 年，第 375—376 页；《中国史学史》，北京：中国人民大学出版社，2011 年，第 182 页。

这种史学批评的表述方式，使刘知幾的观点鲜明而直观，但也不可避免的，使他的书充满了浓烈的火药味，后人因此称他"舌长而笔辣"①。对此，刘知幾自己也有深深体认，《史通·自叙》即不无悲哀地坦陈：谈论儒家经学的人不喜欢有人说经学大师服虔、杜预的坏话，谈论史学的人憎恨有人说史学家司马迁、班固的失误，而自己的《史通》却"多讥往哲，喜述前非，获罪于时，固其宜矣"。果不出其所料，《史通》问世后，"悠悠尘俗，共以为愚"，见者无不"互言其短"。为使此书能够被世俗理解和接受，刘知幾专门撰写了一篇文章即《释蒙》进行申说。从这一情况看，《释蒙》必会申述《史通》的撰著宗旨，可惜它没有流传于世，否则也将是一篇阐发刘知幾史学理论的重要文章。但虽有《释蒙》之作，世人仍然不能理解其意，这使刘知幾精神极度紧张，非常担心《史通》不能顺利传世，"恐此书与粪土同捐，烟烬俱灭，后之识者，无得而观"，他也因此"抚卷涟洏，泪尽而继之以血"。

对此，细心的读者一定会问：既然刘知幾如此担心史学批评的方式会带来严重的不良后果，为什么还要使用这种表达方式呢？这不是一对解不开的矛盾吗？确实，除了担忧其书不传之外，刘知幾对自己的这种表述方式并无任何后悔之意，因此整部《史通》中绝无半点想要改变这种通过反面批驳而立论的表达方式，换从正面直接阐述自己史学理论的意思。这看起来似乎有些矛盾，其实也未尝不可理解。这除了刘知幾撰写《史

---

① ［清］黄叔琳：《史通训故补二十卷》，四库全书存目丛书史部第279册，第481页。

通》主要取资于原来读书札记中的史学批评见解这一客观原因外，还有他自己的主观精神寄寓其中。刘知幾在《史通》中反复强调据事直书，不虚美、不隐恶，不但把直书实录视为史学第一要义，而且还把正直的品德作为史家应具有的史识的一个重要方面提出来。在现实政治生活中，他也是切直指陈时弊，提出改革政治的建议，表现出敏锐的洞察力和强烈的责任感，当时的最高统治者武则天虽未采纳其建议，但对其直节也表示了由衷的赞叹。刘知幾在《史通》中批评前代史家和当代作者的种种失误时，从不使用闪烁犹疑之词，而是非常干脆地直率表达自己的意见，不但毫不掩饰、毫不留情，而且有时几乎可用"痛快淋漓"一词来表达他说话时的口吻与心情，以致清代浦起龙说他"下字忒狠"①。但刘知幾本人非常自信，在他看来，前人的失误是真实存在的，他只是据实直说而已，并没有虚构，因而本就是不虚美、不隐恶的态度，无须为此而后悔。另外，更为重要的是，《史通》本就是要批判当时史臣对史学的错误认识，是要为他们明辨史学指归，为史学确立法典法则，因此对前人拾遗规过，并非是要龃龉前人，而是为了开导后学，这才是刘知幾的目的所在。这种开导后学的强烈自信，以及强烈的责任感与使命感，使他不能左顾右盼，而必须以旗帜鲜明的态度、振聋发聩的言辞、特立独行的举动，扛起史学建设的大旗。因此他虽然"泪尽而继之以血"地担心史学批评的表述方式给自己带来不良影响，但仍然义无反顾地使用了这种表达方式，

---

① ［唐］刘知幾：《史通》，［清］浦起龙：《史通通释》，上海：上海古籍出版社，2019年，第183页。

这正是他实事求是、刚正不阿的性格使然，是他为史学向前发展而主动承担的责任感使然，是他为史学健康发展而勇于自我担当的历史使命感使然。浦起龙说："刘氏于诸作者，轻口挥斥，曰'愚'、曰'妄'，甚至曰'邪说'、曰'小人'，乃真罪过。是渠无素养之证见，亦是渠积素愤之由来。"① 刘知幾当然不是道德完人，相反，过于自信乃至自负、耿直孤介、随性发论等品性行为，都会使其涵养大打折扣，但他也绝非信口雌黄之人。浦起龙的庸俗见解，对认识《史通》的史学批评方式，实未达一间。

　　刘知幾很清楚，无论自己如何"泪尽而继之以血"，也左右不了世人对《史通》的"互言其短"。然而就在嚣嚣纷扰之际，他的知己好友、著名史学家徐坚深重其书，在阅读之后，简明精当而掷地有声地指出："居史职者，宜置此书于座右！"② 事实表明，徐坚此言乃是深刻的、有历史预见性的公正评判：唐宋时期专门贬斥、批驳《史通》的著作无一传世，而被他们批评得近于体无完肤、后来也命运多舛的《史通》，却以其独树一帜的史学成就傲然传世，并被公认为中国传统史学和传统文化史上的一座不朽丰碑。

---

① ［唐］刘知幾：《史通》，［清］浦起龙：《史通通释·史通通释举要》，上海：上海古籍出版社，2019年，第2页。
② ［后晋］刘昫等：《旧唐书》卷一〇二《刘子玄传》，北京：中华书局，1975年，第3171页。

《史通》的历史思想

在《史通》中，刘知幾坦然真诚地表达了自己的所思所想，几乎是想怎么说就怎么说，率性率真，因而其学术思想也就表露得比较充分。

一、以重人事、轻天命为特征的不彻底的无神论思想

刘知幾在《史通·杂说上》评论《史记》时，通过列举正反两方面的多个事例，详细阐述了这一思想。在他看来，无论功业成败，无论国灭身亡还是坐登大宝，都是人们主观努力的结果。他肯定历史的发展是由人的主观作用决定的，并不是天命在事先主宰着一切。但他同时也认为，天命还是存在的，并会随人事而转移。显然，他认为人事是第一位的，天命是第二位的：既强调了人事对于历史发展所起的决定作用，也达到了宣扬"天予善人"、天命惩恶扬善的目的。由此可知，他不是不讲天命、不承认天命的作用，而是反对离开人事单纯地讲说天命、推命而论。

正因如此，刘知幾在解释历史现象时，皆能坚持以人事为

主,不简单地归结于天命;对史书的内容,也强调不应记载与人事无关的"天道",而要以人事为历史的中心。这一点,他在《书志》《书事》两篇中讲论得非常明确。但《书志》中也真真切切地大声疾呼:"灾祥之作,以表吉凶,此理昭昭,不易诬也",因而他对那些"事关军国,理涉兴亡"和"肇彰先觉,取验将来"的灾祥也予以记载,"其谁曰不然",说明他对灾异祥瑞的灵验很是相信。在《汉书五行志错误》中,他从八个方面,不厌其烦地批评刘向、班固等人对各种灾异与人事关系所作的荒谬解释,指责他们多滥、非精、无识,然后重新对各种灾异与人事的关系一一做出解释说明、推演引申,"以所谓'高深的'神学理论,驳斥别人庸俗的神学理论"①,从中足见其对灾祥与人事相配关系的深信不疑。

很明显,无论在思想上还是在实践上,"刘知幾并不是一个彻底的无神论者"②。他的思想还处于一个矛盾的复杂体状态,虽然"基本上是倾向于唯物主义和无神论的传统"③,但还没有达到无神论,而是以重人事、轻天命为特征的不彻底的无神论思想。

二、反对简单地以政治成败评论历史人物

《史通》这一历史思想的明显体现,是在《编次》和《称谓》中,通过反对以往史书不为更始皇帝刘玄设立帝纪并直呼

---

① 王玉哲:《试论刘知幾是有神论者》,《文史哲》1962 年第 4 期。
② 白寿彝:《中国史学史论集·刘知幾》,北京:中华书局,1999 年,第 217 页。任继愈也认为,"刘知幾的无神论思想还有某些不彻底的地方",见其《刘知幾的进步的历史观》,《文史哲》1964 年第 1 期。
③ 侯外庐:《论刘知幾的学术思想》,《历史研究》1961 年第 2 期。

其名的做法，明确反对成王败寇的正统历史观念。刘知幾在《自叙》中说，他在少年时就觉得范晔《后汉书》宜为刘玄立帝纪，后来读书变多，才知道东汉张衡也提出过这一观点。到三十年后写《史通》时，他将这一观点公开亮明，提出要把刘玄本纪列于光武帝刘秀之前，指出班固等东汉朝臣奉命纂修《东观汉记》，不敢如此书写情有可原，但东汉以后的史学家如范晔，就不该再沿袭班固等人的做法，而应予以改革。刘知幾立论的根据，是刘秀曾经称臣于刘玄的事实，而把刘玄的失败、刘秀的成功完全抛在了一边，这明显地体现出他不以成败论英雄的思想。

由于时代和见识的局限，刘知幾作为封建统治阶级的一员，对农民起义及其领袖持贬斥态度，不但动辄以盗贼、寇贼等蔑称相加，而且还因此反对将项羽列入本纪。他在《本纪》中说"项羽僭盗而死，未得成君"，就算"羽窃帝名，正可抑同群盗"，批评《史记》将项羽列入本纪是"求名责实，再三乖谬"。同理，他也反对将陈胜列于世家，批评《史记》列陈胜于世家是个错误。与此相反，他对帝王将相表现出深深的艳羡和推崇之意，如在《书志》中宣称"帝王苗裔，公侯子孙，余庆所钟，百世无绝"，要求在国史中立氏族志予以记载。这些论述，都凸显了他未能彻底地坚持不以成败评论历史人物的思想观念，是其阶级局限性的表现。

三、强调历史进步论

《史通》肯定在历史发展中古今是有变化的。《叙事》强调作者撰写史书要使用当时的语言文字，不可模拟古时古人的言语,以便"考时俗之不同,察古今之有异"。《烦省》强调"古今不同,势使之然",认为历史奔腾不息地向前发展,是古今变化的原因。《六家》指出:"古往今来,质文递变,诸史之作,不恒厥体。"该篇阐明了,一方面,随着历史的发展,逐渐产生出六种主要史书体裁及其流派,另一方面,因不适应社会发展的需要,有四种逐渐退出了历史舞台。这就从考察史书体裁发展演变的角度,强调了古今历史的变动发展的事实。紧接着,《二体》又指出,从三皇五帝到西周时期,文字记载简略,史书并无完备的体裁可言,到了战国秦汉时期,则"载笔之体,于斯备矣"。这表明,刘知幾认识到,随着历史的发展,社会越来越进步,这就否定了把上古三代说成是黄金时代的历史退化论,表现了朴素的历史进化思想。

《史通》强调在批判继承前人优秀传统的同时,更要适俗随时,与时更革。《烦省》指出,早期史书全都记事简略,后来史书则记事详细,这是人类社会向前发展的客观结果,倘若再以前人的简略为标准而批评后人的详细繁富,则"不亦谬乎"!刘知幾认为历史是变动的过程,强调写史不能以前人为标准,而必须坚持发展的观点。《题目》明确反对设立书名和篇名时"习旧捐新,虽得稽古之宜,未达从时之义"的做法。《称谓》列举了一些史书对历史人物的称呼用语,然后指出:"凡此诸名,皆出当代,史臣编录,无复张弛。盖取叶随时,不藉稽古。"《摸拟》说"世异则事异,事异则备异",《因习》说"三王各异礼,五帝不同乐,故传称因俗,《易》贵随时",这都是强调撰写史书要随着历史的发展而适时改革,与时俱进,推陈出新。

但适俗随时并不是要与过去的历史一刀两断,更不是直接否定过去、否定历史。刘知幾在《摸拟》《因习》中提出了"得稽古之宜"的要求，不但"古"要"稽"，而且要"稽"其"宜"。他所反对的，只是"必以先王之道持今世之人"和"事有贸迁而言无变革"的极端做法，认为这种一味的"必"，正是史家"无识"的表现。他在《题目》中对《东观汉记》"择善而行，巧于师古"的做法给予了充分肯定，同时批评了班固、何法盛"贵于革旧，未见其能取新"的做法。《摸拟》更是开篇即明确倡言："夫述者相效，自古而然"，写史书"若不仰范前哲，何以贻厥后来"？稽古是必要的，继承传统是正当的，而且这也正是为了开出新的境界而做的准备。《因习》指出："凡为史者，苟能识事详审，措辞精密，举一隅以三隅反，告诸往而知诸来，斯庶几可以无大过矣。"只有批判地继承前人的优秀传统，结合实际，应时变通，创造性地推陈出新，才能"庶几可以无大过"。刘知幾的观点是非常明确的。

四、坚持以传统儒学思想为治史理念之本

《史通》的《疑古》《惑经》两篇，对儒家盛称出于圣人孔子之手的《尚书》《春秋》二书，从史学求实的角度，指出其记事不实的错误，称《尚书》有可疑者十条，《春秋》有不可理解者十二条、虚美者五条。但通观《史通》全书，刘知幾对这两部书还是以推崇为第一位的，是把二者定格在至高无上的地位的。如《断限》称《尚书》为"七经之冠冕，百氏之襟袖。凡学者必先精此书，次览群籍。譬夫行不由径，非所闻焉"；《称谓》和《载文》称《春秋》是"褒贬之大体，为前修之楷式""凡为载削者，可不务乎"；《叙事》说《尚书》《春

秋》"师范亿载,规模万古,为述者之冠冕,实后来之龟镜"。《本纪》中更是明确宣布:"服孔门之教义者,虽地迁陵谷,时变质文,而此道常行,终莫之能易也。"也就是说,天可变、地可变,但孔门教义却是必须遵守而不能改变的指导思想。

毫无疑问,《史通》的政治思想、是非标准,仍然是儒家所标榜的名教思想。在这个根本点上,《史通》并没有一点"非圣无法"的意识,它对孔子和《春秋》等儒家经典的批评质疑,只是从史书必须实录记事的角度进行的,并不关乎儒学思想本身。诚如当代研究者所言,刘知幾并不贬低孔子、轻视经书,相反,儒家思想是《史通》全书的主导思想,他对孔子和儒家经典的推崇是无以复加的,认为儒家经典的地位远在史书、子书等之上。他在评论史书史家时,也以是否合乎圣人、经典之说为褒贬标准,并没有批判儒家的道德伦理观念,也没有冲破儒家思想的束缚,"他甚至有若干处指责《尚书》《春秋》所载不符合'名教',该隐讳而不隐讳"[①]。总之,"知幾既不反儒,更不薄孔,这是我们现在研究刘知幾史学思想必须掌握的钥匙。只是由于他以严肃认真的态度治史,在对待《尚书》《春秋》时,就不能回避冒犯圣经。他提出怀疑、迷惑,是就史而论,客观上虽也含有破灭儒经圣光的作用;但在今天如据此就说它具有批儒的进步思想,不仅会陷入'虚美'的泥坑,读《史通》也会扞格难解"[②]。

---

① 赵俊:《〈史通〉理论体系研究》,沈阳:辽宁大学出版社,1990 年,第 177—183 页。
② 张振珮:《史通笺注》卷十三《惑经》"解题",贵阳:贵州人民出版社,1985 年,第 496—497 页。

相对于求真求实的史学精神来说，在刘知幾这里，儒学名教观念是更高层次的、居于统治地位的指导思想，直书实录只是具体的行事准则；他所要求的直书实录，并不是无条件地进行的，而是在儒学名教观念指导和支配下进行的。在他身上，这两者并不矛盾，而是连体并生的上下辖属关系，儒学名教观念统摄着直书实录，指导着直书实录的进行，如果牵涉名教问题，则自然是首先服从名教的观念。也正因此，我们很自然地看到了《曲笔》中的如下论断："史氏有事涉君亲，必言多隐讳，虽直道不足，而名教存焉。"《惑经》中的如下论断："臣子所书，君父是党，虽事乖正直，而理合名教。"虽然《惑经》也批评了《春秋》隐讳过甚而"厚诬来世"的做法，表达了不希望为了名教而完全违背历史真实的念头，但显而易见的是，为了名教，可以"事乖正直"是他始终坚守的基本价值观念，这就不能不直接影响到他对直书实录、求真求实的史学精神的推崇与高扬。这是刘知幾的历史局限，是《史通》的不足，需要我们以辩证唯物主义和历史唯物主义的态度予以正确看待，而不能苛求作者必须超越当时的主流思想状态。

《史通》的史学思想与历史价值

在中国古代史学发展过程中，先秦时期即已产生一些零星的史学评论，折射出理性的光芒。秦汉以来，司马迁、班彪、范晔等人都曾简要总结过前人的史学成就，刘勰《文心雕龙·史传》更以专篇的形式总结了既往史学的发展历程，涉及史学功用、史书体裁体例、史书内容、史料采择、撰著态度等多个方面。刘知幾充分继承了《文心雕龙》的学术成果，并吸收了其他优秀传统文化因素，创造性地写出了中国第一部史学理论著作，从而使他的历史贡献远远超越了前人。其荦荦大者，主要有以下几个方面：

一、第一次以明确的才、学、识三个理论范畴，总结性地提出了史学家综合素质的标准，即史才三长论

武则天长安三年（703），在回答同僚询问为何自古以来文士多而史才少时，刘知幾答曰：

> 史才须有三长，世无其人，故史才少也。三长谓才也、学也、识也。夫有学而无才，亦犹有良田百顷、黄金满籯，

> 而使愚者营生，终不能致于货殖者矣。如有才而无学，亦
> 犹思兼匠石、巧若公输，而家无楩柟斧斤，终不果成其宫
> 室者矣。犹须好是正直，善恶必书，使骄主贼臣所以知惧，
> 此则为虎傅翼，善无可加，所向无敌者矣。脱苟非其才，
> 不可叨居史任。自夐古已来，能应斯目者，罕见其人。①

此即著名的史才三长论。为与其中更为具体的"才"字相区别，
学术界也多有使用"史家三长"这一称谓的，其实质就是我们
今天所讲的史家标准论。这是刘知幾在总结前人零散、孤立的
相关论述的基础上，从整体上提出的有关史家修养问题的理论
论述。不过，刘知幾并未明确解释才、学、识这三个史学理论
的范畴及其内在联系，而是以比喻的方式做出论述。究其意，
史才是指史家的撰史才能问题，史学是指史家的知识结构问题，
史识则除了历史见识之外，还包括史家正直无私、善恶必书的
品德修养和撰著态度在内。这不但是中国史学发展史上，而且
也是整个中国学术文化史上，第一次有人明确地提出才、学、
识三长的范畴，并对三者之间不可须臾或离的关系进行了论述。

　　可惜刘知幾提出史才三长论时，尚未着手撰写《史通》，而
《史通》采取的分题撰述方式，也使得史才三长这一整体性的重
要论述未能在其中有集中阐释，这不能不说是个重大缺憾。但
其意已在《采撰》《品藻》《直书》《曲笔》《鉴识》《书事》
《核才》《辨职》《暗惑》《忤时》等篇中有论述，因此这一理论

---

① 王溥：《唐会要》卷六三《修史官》，北京：中华书局，1955 年，第 1100—1101
　页；[后晋] 刘昫等：《旧唐书》卷一〇二《刘子玄传》，北京：中华书局，
　1975 年，第 3173 页。

自然是《史通》的重要组成部分，而其对后世影响之深远，则更在《史通》本书之上。该理论不但在宋元时期成为中国传统史家标准论的代名词，还被推广到史学之外，成为中国古代通论人才标准的重要表述，而且直到现在，这一才、学、识三长论也仍然经常被用作评价一个人是否胜任其职的重要指标。可以毫不夸张地说，这一整体综合的人才观，是刘知幾和《史通》给予中国史学、中国文化、中国社会乃至全人类的一笔丰厚的文化遗产，至今依然有其实用价值，它不但可以作为个人提高自身素养的基本要求，也对各类人才选用工作发挥着重要的理论指导作用。

二、第一次比较全面而详细地总结了中国史学自产生以来一千多年的发展历程

从《史通》全书来看，这一总结是从四个方面进行的。其一，是动态而发展地全面总结和论述了千余年史学发展过程中出现的史书体裁。《史通》以研讨叙事性、记事性史书为主，而不是对先秦以来所有类型的史书进行讨论，其表现即是对各种典章制度、簿录等史书绝不涉及，因此对史书体裁的考察也就以这一类史书为对象。《史通》开篇之《六家》《二体》率先总结了作者认为是正史的史书体裁。《六家》指出，古往今来，随着社会的发展，史书体裁也有一个逐渐发展的过程，先后产生了以《尚书》为代表的记言体、以《春秋》为代表的记事体、以《左传》为代表的编年体、以《国语》为代表的国别体、以《史记》为代表的通史性纪传体、以《汉书》为代表的断代纪传体。六种体裁各有自己的优缺点，后继学者竞相仿作，从而

形成六种史学流派。但随着时移世异，有四种体裁及其流派逐渐被淘汰而退出了历史舞台，值得继续效法遵循的，只有《左传》所代表的编年体和《汉书》所代表的断代纪传体两种。《二体》紧接着就对比讨论这两种体裁的优劣，这既是对《六家》的自然衔接，也是对南北朝时期有关编年、纪传二体孰优孰劣讨论的回应与总结。作者通过列举实例，详细比较、指陈两种体裁各自的优劣，提出二者各有其美，应该并行于世，而不该彼此取一而废一，二者并非矛盾不可互存。《杂述》又将六家之外的各种非正史之书进行总结归纳，对其十种类别分别予以探讨评论，从而完成了对古今正史与非正史的史书体裁的总结。

其二，是总结了历代史官的设立与沿革情况。官方记录历史、编修史书及其相关的制度与举措，为中国史学的繁荣发展做出了重要贡献，也是西方古代史学所不具备的文化现象和文化特色。无论记录历史还是编修史书，史官作为史学主体都是不可或缺的。中国早在商周时期即已设立史官，东汉以后，官方修史活动更是连续不断，修史机构和修史官职逐渐成为国家政治制度和官僚机器的重要组成部分。唐代不但正式设立史馆，而且史官们还在继承前人史学遗产的基础上，短时间内修成了八部纪传体正史。刘知幾本人则多次担任史官，时间长达二十年。这都促使刘知幾在总结中国史学发展历程时，不能不重视对史官设立与沿革的总结和梳理，其成果便是《史通》外篇的开篇之作《史官建置》。

其三，是以《古今正史》《杂述》两篇，梳理和总结了历代官私编修史书的主要情况。从先秦到作者生活的时代，举凡在当时发生过影响、在后世起到过一定作用的史书,作者都对其编修情况进行了考察。

其四,《史通》为了论证自己的史学理念,对先秦以来产生的绝大部分史书都有引录和评论,其中无论褒贬,都既有对前人评论的总结,也有自己的独到分析,可谓对已有史书的总结性评论。这是《史通》进行理论思维的重要手段,在它这里,没有评论就没有理论。这些内容,既可以促进和启发后人的进一步思考,也为后人研究中国古代史学提供了重要资料,至今在史学研究中发挥着重要的资料宝库的作用。并且,作者在上下捭阖、纵横古今的议论驰骋中,表现出了不畏惧强权、不迷信权威、不盲从圣贤的顶天立地精神,与深厚的史料考证功夫、深刻的独立批判思维。这种考证功夫和思辨精神的结合,都是我们当今每一个人应该学习并效法、坚持的,都是我们今天进行文化建设、提升文化原创力的重要精神源泉。

以上四个方面,分别从史学主体(史官史家)、史学客体(史书)、史学客体的外部表现形式(体裁)和史学客体的内容评价等四个层次,对一千多年的史学遗产进行了总结,全面而详细,"以视西方近代所流行撰写的史籍史,其境界犹凌而上之。所以《史通》不但是人类有史以来第一部实实在在谈历史写作的论著,也是全世界最早出现的一部翔实的史学史。唐以前中国史学的发展,得到了一次全面的系统的总结。这是《史通》的真价值所在"①。其总结容有疏漏,其评断容有失误,但其敢为天下先的勇气与见识,则不能不使人敬重与景仰。

---

① 杜维运:《中国史学史》,北京:商务印书馆,2010 年,第 476 页。

三、第一次比较全面地总结了史书编纂中各种具体方法和写作技巧，提出了一套规范化、程式化的历史编纂学见解

"《史通》是一部评论史学的专著，所评论的中心在于历史编纂学。刘知幾撰为此书，在史学史上可说是独树一帜的创作，对后来的研究和编纂工作大有裨益。"[①] 在开篇的《六家》《二体》之后，《史通》的第三篇《载言》即开始了对纪传体史书编纂义例的论述，随后的《本纪》《世家》《列传》《表历》《书志》五篇从篇名上一看便知是专门对纪传体史书编纂方法的总结与论述，此后的篇章是对各体史书编纂方法的论述，但仍以纪传体为主。如《本纪》提出纪以编年记事，唯叙天子一人，非天子不得入本纪，这是沿袭和总结了魏晋南北朝以来的观点；又提出本纪专载国家大事，琐碎细事不能写入本纪。《世家》提出只有开国承家、世代相续的诸侯类人物可以列入世家。《列传》提出传以记人臣，反对将"生无令闻，死无异迹"之人列入传中，对附传给予了实事求是的肯定。《史通》对纪传体的表、志都不重视，《表历》《书志》两篇毫不含糊地表述了这一观点。《论赞》强调不必每篇都写史论，不能强生其文，不能与正文记事重复，特别是不能与夺乖异、论事不当。《序例》提出篇序必须言辞简质、叙述温雅，而不可遗弃史才、矜炫文采，如果前史已有同类篇序，且旨趣相同，则不必再写；强调史书凡例非常重要，绝不能自乱其例。《题目》强调无论书名和篇名都应"考名责实"，做到名实相副。《断限》从记事、记人、记

① 杨翼骧：《刘知幾与〈史通〉》（续），《历史教学》1963 年第 8 期。

地等方面对前代史书的相关记述进行评议，强调史书记事必须
划分阶段，"正其疆里""明彼断限，定其折中"。《称谓》强调
对各种人物的称谓必须严谨求实，"理当雅正"，既要合宜，又
要"随时"。《采撰》强调史料采择必须坚持博采慎取、征实求
信的原则。《邑里》批评了前代史书在记载人物籍贯时存在的不
良现象乃至错误，独创性地提出从今不从旧、书写当代所居的
观点。《言语》《浮词》两篇，是从史书语言文字方面讲论史书
的编纂方法、写作技巧。《叙事》强调史书记事以简要为主，主
张言近旨远、文约事丰，"略小存大，举重明轻"，反对"妄
饰"。《书事》《人物》讨论了哪些事件和人物可以载入史书。
《序传》专门论说写史过程中的作者自序问题，在总结前人多种
自序的基础上，提出自传贵于真实，既能隐己之短、称其所长，
又能做到其言不谬，即为实录；如此则即使自叙家世也可以扬
名显亲，但不能夸尚，不能伪造。《史记》《汉书》等古代私修
纪传体史书有以自序殿其全书的传统，《史通》也以《自叙》
作为内篇的最后一篇，并严格坚持了《序传》中提出的写作原
则。如此等等，既有对前人成果的继承与总结，更有作者个人
多年专精研治史学的亲身体会。显然，其中的很多内容，至今
仍有重要的参考价值和启发意义。

对书中有关历史编纂学的总结论述，刘知幾非常自信，而
在现实生活中，刘知幾又不愿趋炎附势，以致屡遭排挤，但他
仍固守独立人格，因而《史通》在评价他人时毫无顾忌，从来
都是明快直率地说出自己的观点和态度，毫不含糊地表示自己
的爱憎喜怒，而且他还将相关的体例要求予以严格划定。例如
他坚持魏晋以来唯以天子为本纪的观点，遂对《史记》为灭商
以前的周朝先世、统一六国以前的秦朝先世以及项羽设立本纪

提出严正批评，特别是对《项羽本纪》，先后几次提到，呶呶不休；提出只有开国承家、世代相续的诸侯类人物可以列入世家，对《史记》为三家分晋之前的韩、赵、魏先世和田氏代齐之前的田氏先世列入世家提出批评；指责《三国志》将吴蜀两国帝王立传是名实不副，认为本纪之体就应名为本纪，而不该标以传名；对《汉书》中记载汉朝以前人物的《古今人表》，他多次提出批评，指责其破坏断限之意；他主张纪传体史书应删除《天文志》《艺文志》《五行志》，主张设立都邑志、氏族志、方物志，皆言之凿凿，不容置辩；宣称"国史之美者，以叙事为工，而叙事之工者，以简要为主"，则更明显地是把他个人的观点看作不二之法言。此类表述在《史通》中频频出现，显然可见其力倡史书编纂的规范化、程式化的目标，这是他通过《史通》为史学发展，特别是为史馆修史，确立法典法则的重要内容，"其缕析条分，如别黑白"①，以致宋元之际著名学者王应麟高调宣称："史官欲明职业，有刘氏《史通》《史例》！"②

　　总的来看，有关历史编纂学的论述是《史通》中最主要的内容，集中体现了该书针对当时官方修史弊端而"殚其体统"的撰述宗旨。《史通》的这部分内容，其意义首先是总结，其次是开新。所谓总结，是指刘知幾在前人的基础上，总结并提炼出一套规范化、程式化的历史编纂学见解。魏晋南北朝时期，官私学者们已经开始了对史书编纂方法的讨论，并提出了一些富有建设性意义的观点，但他们的讨论都是在具体编修史书的

---

① ［清］永瑢等：《四库全书总目》卷八十八，北京：中华书局，1965 年，第 751 页。
② ［宋］王应麟：《玉海》卷五十四《唐七十五家总集》，扬州：广陵书社，2003 年，第 1018 页。《史例》为刘知幾次子刘餗所作。

过程中进行的,属于具体而微的偶一为之。而《史通》则不同,《史通》是有意识地从整体上对史书编纂方法的各个角度、各个层面予以全方位的理论性总结与论述。而且作者在动笔写作之前,就已进行了理论规划,从史书写作之初的史料采择,到编修过程中的叙事发论、记人书地、载言载文、题名断限、遣词造句、述事繁简,以至如何撰写史家个人自传等各个环节,全都以专题专篇的形式写成文章,从正面立论和反面批驳两个方面予以总结研究,以强烈的批判精神,有破有立、立破相兼地明确提出了自己的意见。如此全面、系统地总结与提出书籍编纂全过程的一系列方法论论述,无论是在中国史学发展史还是在中国文化发展史上,都是第一次。刘知幾当然有其历史局限性,清朝人称他"排拓万古,推倒一世,而贤知之过,未免失中"[①],是符合实际的,他对前人的批评确有拘泥僵化、不知变通甚至激于义愤而失当之处,但是,"从整体来看,刘知幾在史学理论发展上所达到的高度,的确是前无古人的,《史通》写成于唐中宗景龙四年(710),这在世界史学史上,大概也是无与伦比的"[②]。"自知幾作《史通》,始于史籍义例,作缜密之分析,而后史部批判,始有专书"[③],从此,中国历史学不再只是一种埋头于史料堆中的实践行为,它成为一门积极开展理论和方法论探索的学问,成为一门有着自身理论和方法论为指导的学科。从这个意义上说,《史通》正是一部划时代的、承前启后、具有开创意义的总结性著作,它结束了一个几乎完全以史

---

① [清]黄叔琳:《史通训故礼二十卷》,四库全书存目丛书史部第279册,第486页。
② 瞿林东:《中国古代史学理论发展大势》,《历史研究》1992年第2期。
③ 张舜徽:《史通平议卷五·外篇》,《史学三书平议》,北京:中华书局,1983年,第102页。

学实践为内容的时代，开启了一个实践与理论并重的史学新时代，"标志着中国史学进入到一个更高的自觉阶段，是史学思想和史学理论发展的新转折"①。

所谓开新，是指《史通》这部理论著作，自问世以来，虽然因"疑古""惑经"等内容受到很多非议、贬斥，但因其史学论述中"不易之说，十有八九"②，因而得到后世史家史官的认可，在编修史书过程中时常引为指导。有明确的理论和方法论的指引，不但可以避免少走弯路歧路，而且也从质量和水准上推动着史学实践的深入发展，对提高古代历史编纂学的整体水平有重要的促进作用，从而开创出史书编修的新时代。对此，浦起龙《史通通释·自叙》"按"语认为，唐朝以后所修纪传体史书，对《史通》"罔敢不持其律"，《史通》是"为之向道者"，是其"导吾先路"者。他说，只有认识到这一点，才算是"具眼读书者"。钱大昕指出，《新唐书》采纳和践行了《史通》的理论③。毫无疑问，刘知幾本人"虽没有作史的成绩，而史学之有人研究从他始。这好像在阴霾的天气中打了一个大雷，惊醒了多少迷梦，开了后来许多法门"④。

四、第一次写出专门篇章，强调史家职业道德，力倡直书实录，丑诋曲笔阿容

上文已述，刘知幾与人谈论史才三长，在述说"才""学"

---

① 瞿林东：《中国古代史学批评纵横》，北京：中华书局，1994 年，第 220—221 页。
② 傅振伦：《刘知幾年谱》，北京：中华书局，1963 年，第 146 页。
③ ［清］钱大昕：《十驾斋养新录》卷十三《史通》，《嘉定钱大昕全集》第 7 册，南京：江苏古籍出版社，1997 年，第 352—353 页。
④ 梁启超：《中国历史研究法》，上海：上海古籍出版社，1987 年，第 304 页。

之后，直接说道："犹须好是正直，善恶必书，使骄主贼臣所以知惧，此则为虎傅翼，善无可加，所向无敌者矣。"这就是他在当时的语境下对"识"的解释和说明。他把直书实录视为史学第一要义，因此他就把正直的品德作为史识的一个重要方面提出来，并用在这里来代指史识，强调有了包括史德在内的史识，就会如虎添翼，善无可加，所向无敌。之后撰写《史通》，他又专门写下《直书》《曲笔》两篇文章，从一正一反两个方面，集中探讨史学家的撰史态度问题。

《直书》指出，因世途多隘，史家往往有直书其事而受迫害者，世态如此，而责史臣以正直气节，是比较难的，但历史学自身的品格就要求史家必须坚守自己的职业道德，"仗气直书，不避强御""肆情奋笔，无所阿容"。作者力倡舍生取义的大丈夫精神，义正辞严地指出："烈士徇名，壮夫重气，宁为兰摧玉折，不作瓦砾长存。……虽周身之防有所不足，而遗芳余烈，人到于今称之！"这种为史学求真而献身的高尚品格和崇高精神，虽在先秦时期即已不乏事例，但如此壮怀激烈的宣示和慷慨激昂的推崇，还是有史以来第一次，就是今天的以史为职者，也仍须坚守这一品格。

在《曲笔》中，刘知幾尖锐地批评曲笔行为乃"作者之丑行，人伦所同疾"，泼辣地批判其作者乃"记言之奸贼，载笔之凶人，虽肆诸市朝，投畀豺虎可也"。然自古以来，"唯闻以直笔见诛，不闻以曲词获罪"，刘知幾悲愤地控诉："欲求实录，不亦难乎！"强调史家必须牢记史学"记功司过，彰善瘅恶"的功用，以"得失一朝，荣辱千载"的高标准来严格要求自己，做到奋笔直书，反对曲笔。篇中充溢着强烈的批判精神，旗帜鲜明而又淋漓尽致地阐发了记史求真的准则。

刘知幾深知，要做到直笔，就必须不掩恶、不虚美。为将此实事求是的精神贯彻到底，他写下了《疑古》《惑经》两篇，以举世昏昏唯我独醒的大无畏精神，将矛头直指儒家经典《尚书》《春秋》，尖锐地批评了它们隐讳史实、真伪不分、是非相乱等记事不实的错误，显示了一位坚定的史学理论家为高扬职业道德建设旗帜而具有的果敢坚毅的性格与勇于斗争的精神。

尤为意味深长的是，刘知幾在《直书》中还特地指出，史书即使有不直书之处，后人也能根据相关传世史料，考证出历史的本来面目。这无疑是在告诫那些妄图篡改历史的权贵和未能据事直书的史臣：历史真实是掩盖不住的，历史不是任人摆布的玩偶，任何心存侥幸、痴心妄想都是徒劳无益的，最终只能证明他们的可耻与可憎。这层意思，唐朝以前很少有人讲到，但对高扬史家职业道德建设之大旗来说，绝不是可有可无的。刘知幾对直书准则之坚持，真可称千古一绝。

五、第一次以"爱而知其丑"的态度，集中批判了当时官方修史的种种弊端

作为一名优秀的史学家，刘知幾深刻地认识到官方开馆设官修史的重要性，不但写下了考察古今史官的专门篇章《史官建置》，还在该篇序中高言畅论："史之为用，其利甚博，乃生人之急务，为国家之要道。有国有家者，其可缺之哉！"但长期参与史馆修史工作的亲身经历，也使他深深地认识到当时官方修史的缺陷与不足，于是，"伤当时载笔之士，其义不纯，思欲辨其指归，殚其体统"，就成为他针对当时官方修史之弊而写作《史通》的缘起与目的。与此同时，他对以史馆为代表的官方修史的种种弊端，也从正面予以了揭露和批判。

首先,刘知幾对史馆官员缺乏史学才能提出严正批评。《辨职》指出,"监史为难,斯乃尤之尤者",因而监修官员应以才具美者为之。而当时居此职者却不然,不但自己能力不行,而且选用的史官也"皆非其才",他们恣肆横行,将史馆变成了"素餐之窟宅,尸禄之渊薮"。这使修史责任感与使命感都极其强烈的刘知幾,不能不痛感"言之可为大噱,可为长叹",不能不发出"凡有国有家者,何事于斯职"的悲痛呼号,不能不悲愤地质问:国家选择这样的史官又有何用呢!

其次,刘知幾从史馆不能修成良史的角度,冷静地分析、批判了官方修史的弊病。这就是《史通》全书最后一篇《忤时》中,作者致史馆监修萧至忠等人求免史任书信的前半部分内容,作者称之为"五不可",即五个方面的弊病。具体来看,"其一是说史馆成员虽多,但各不相下,在工作上不能合作;其二是说史馆缺乏史料上的供应制度和临时访寻之势难周全;其三是说史馆内情易于宣泄,增长编修者的顾虑;其四是编修的指归不明,监修人之间意见也不一致;其五是说刊削的工作和人员的铨配都没有明确的科条和具体的领导。这五点形象地揭露了史馆的乱糟糟、拖拉拉、人烦、日久、工作质量不高的现象。这是唐代史馆所不能解决的问题,也是以后官修史书不能解决的共同性的大病。刘知幾不可能看到这个问题的社会根源,但却准确地揭开了这种垄断机构的疮疤"[1]。

刘知幾对史馆修史的批判,皆得自亲身参与史馆工作的个人经历,因而绝非无的放矢。不过也必须指出的是,他所说的"五不可","是从一正一反两个方面阐论史馆的,既指出现时史

---

① 白寿彝:《刘知幾》,《中国史学史论集》,北京:中华书局,1999 年,第 203 页。

馆之弊，也指出应该如何如何，因而他未否定官修制度"①。他批评的只是史馆监修不负责任致使徒延岁月而书不能成，他所反对的只是史馆内部制约着优秀史书产生的运行机制，而并非否定官修史书制度。虽然刘知幾言辞犀利地批判了唐代史馆的弊病，但实际上是在为官方史学把脉问诊，是在为改善官方修史工作提出积极建议。因而他所力陈的史馆修书"五不可"，也就往往成为后世改良史馆运行机制的反面教材而被人们提起，对官方修史发挥着重要的警示作用。

六、重申并强调了关于史学功用的传统理念

中国史学自先秦产生以来，就确立了以史为鉴、以史辅政、以史惩劝和以史教化的史学功用论。在前人基础上，《史通》对史学的功用作了很多申论。

刘知幾在《直书》中说："史之为务，申以劝诫，树之风声。其有贼臣逆子，淫君乱主，苟直书其事，不掩其瑕，则秽迹彰于一朝，恶名被于千载。言之若是，吁，可畏乎！"《史官建置》也在篇首序中说，只要史书存在、史学不亡，人们就可以借此而"神交万古""穷览千载"，更可以借此"见贤而思齐，见不贤而内省"，从而对提高个人道德素养、增强政治清明、纯洁社会风化起到重要作用，因此无论于国于民，史学都是"其利甚博"。这不仅光明正大地宣示了历史学的功用价值和存在意义，而且也坦然要求以史为职者必须具有高度的历史使命感、强烈的社会责任感和无尚的职业光荣感。

---

① 赵俊：《〈史通〉理论体系研究》，沈阳：辽宁大学出版社，1990 年，第 87 页。

总的来看，刘知幾对史学功用的论述并没有超出前人，他重申并强调了传统史学功用的理念，其意义在于"进一步阐发了'载籍'（'竹帛'）在人们'识古'中的关键作用。用今天的话来说，就是史书是帮助人们认识历史的工具和桥梁"；其所言"在史学思想上的价值在于：第一，他从正反两个方面提出问题，即有无史官、竹帛，是两种完全不同的结果；第二，他揭示了人们求善、敬贤之心，即史学功用是通过人的主观能动作用才能表现出来；第三，他强调了史学功用对于个人和国家都是非常重要的，即所谓'急务'与'要道'；第四，他丰富了唐太宗《修晋书诏》关于史学功用思想的内涵，即超出政治功能而具有广泛的意义"①。

以上所述，就是刘知幾和《史通》这部史学理论著作给予中国历史和中国文化的主要贡献。梁启超曾经指出：从史学所赖以建设、成立与发展的角度说，中国自有史学以来两千年间，最重要、最有关系的是唐代刘知幾、宋代郑樵和清代章学诚。此三人皆不见容于当时之流俗，但皆具卓识，"代表时代特色而且催促史学变化与发展"。梁启超说："自有刘知幾、郑樵、章学诚，然后中国始有史学矣。至其持论多有为吾侪所不敢苟同者，则时代使然，环境使然，未可以居今日而轻谤前辈也。"②这段话不但明确评判了刘知幾对中国史学发展的贡献，而且也

---

① 瞿林东：《论刘知幾〈史通〉关于史学构成的思想》，《苏州大学学报》2016 年第 3 期。
② 梁启超：《中国历史研究法》，上海：上海古籍出版社，1998 年，第 24—25 页、第 307 页。

提出了对其思想学说应秉持的客观评价态度。

恩格斯说："一个民族要想站在科学的最高峰，就一刻也不能没有理论思维。"[①] 问世于 8 世纪初的《史通》，不但是中国第一部史学理论著作，同时也是世界上最早的史学理论著作。其中，"创写史学史，开辟史学方法论，建立求真的批判史学，气象之宏，识见之卓，千年以后，难有其比"[②]。作为 8 世纪初的史学家，刘知幾竟能"发近代史学之伟论，其卓见洞识且有超越时人千年以上者"[③]。这表明，在史学理论方面，《史通》在当时确是站在了世界历史领域的高峰之上。中国传统史学绝不是像西方学者所说的那样没有理论思维、没有批判思维，相反，我们不但有，而且还更早地出现了专门讲述史学理论与史学方法的著作，这就是唐代史学家刘知幾撰写的《史通》。从这个意义上说，研究、推广、继承和发扬《史通》，是当今中国增强史学文化创造力的一个必备环节，在国际上，则是增强中华文明影响力的一个必备环节。我们可以真切地向世界表明，中国文化传统中有着自己深厚的理论思维和丰富的理论遗产，特别是《史通》中对史料收集与选择的理论论述、对历史评论原则的理论论述、对史学家自身素养的理论论述等内容，都是用中国话语体系所表述的具有中国风格、中国特色，并具有世界性普遍意义的理论，值得国际史学界细细咀嚼、反复玩味，以吸收其营养。

---

① 恩格斯：《马克思恩格斯文集》第 9 卷，北京：人民出版社，2009 年，第 437 页。
② 杜维运：《中国史学史》，北京：商务印书馆，2010 年，第 542 页。
③ 许冠三：《刘知幾的实录史学》，香港：香港中文大学出版社，1983 年，第 20 页。

《史通》的版本

　　《史通》写成后，刘知幾曾将其借给一些知近的朋友阅读。刘知幾去世后，其次子刘𫗧奉命将《史通》抄录，进呈给唐玄宗。因此，《史通》在唐代即以抄本形式流传。南唐时期，《史通》已有刻本。宋时，《史通》刻本渐多，至少出现了两三种不同的版本①，而且还从南宋流传到北方的金朝。可惜这些版本都没有流传下来。

　　明初，蜀藩司据宋代蜀刻本刊印《史通》，个别学者家里也藏有《史通》抄本。明世宗嘉靖十四年（1535），陆深将蜀藩司本重新校刻传世，由此促成了明代学者对《史通》研究的热潮。一般认为，这是今传《史通》的第一个主要版本。之所以称为第一个"主要"版本，是因为明初蜀藩司本现今仍有传世，但《史通》研究者好像从未加以利用。陆深曾说，经过他对蜀藩司本补残刊缪、订其错简、还其缺文，"《史通》始可读"②，但仍

---

① 傅振伦：《〈史通〉版本源流考》，《图书馆》1962 年第 2 期；傅振伦：《刘知幾年谱》，北京：中华书局，1963 年，第 122 页。

② ［明］陆深：《俨山集》卷八十六《题蜀本史通》，景印文渊阁四库全书集部第 1268 册，第 551—552 页。

"讹舛尚多，惜无别本可参对"①。由此可知，蜀藩司本《史通》文字错讹太多，这也应是其不被利用且很少被提到的主要原因。

万历五年（1577），张之象以无锡友人秦柱家中所藏宋刻本为底本，参合众本，重新校刻了一部新版《史通》，这对此后多种版本《史通》的形成起到了重大作用，是今传《史通》的第二个主要版本。

万历三十年（1602），张鼎思以陆深刻本为基础，以自己所藏的多种抄本为对照，重新校刻了一部《史通》行世，是为今传《史通》的第三个主要版本。

万历三十二年夏（1604），郭孔延在张鼎思刻本和李维桢提供的张之象刻本基础上，完成《史通评释》修订再刻本，并正式行世，成为今传《史通》的第四个主要版本。这是自《史通》问世以来，第一部对其进行全书注释、评论和校勘的著作，开启了后人对其全书进行评注的先河，这是《史通》在后世流传过程中的一个重大转折。

《史通评释》刊刻后流行一时，很快促成了另外两种《史通》版本的问世。一是李维桢受到启发，对《史通》进行了逐篇评论。之后由第三者，尤其可能是书贾，将其评论与郭孔延的《史通评释》合刻在一起，书名题为"史通"，卷首作者署为"李维桢评、附郭孔延评释"。这是今传《史通》的第五个主要版本。但其署名却本末倒置，李维桢虽然年行在郭孔延之前，又曾为郭孔延写作提供重要帮助，但事实却是先有郭书，

---

① ［明］陆深：《题蜀本史通后》，四部丛刊所收张鼎思校刻本《史通》卷末。

然后才出现李评①。二是王惟俭发现郭孔延的注释与自己的想法多有不合，于是就以郭书为底本，校以张之象本，自己另作注释而完成《史通训故》，是为今传《史通》的第六个主要版本。需要说明的是，郭孔延《史通评释》在明代还出现了一部盗版本，这就是流传于后世的所谓"陈继儒《史通订注》"。清代季锡畴曾指出，此书"即郭本重刊者"②，后来著名史家洪业又进一步明确说，此书"是明季江南书估盗窃郭孔延之《史通评释》"，而假借陈继儒之名"以售欺者"③。因而此书虽然也传到今天，但实在不能算是一个另外的版本，不过它正好从反面说明了郭书在当时影响之大。

乾隆十二年（1747），黄叔琳将王惟俭《史通训故》的注释进行删繁补遗，并作了一些校勘和评论性批语，题为《史通训故补》，刊刻行世，是为今传《史通》第七个主要版本。但因校勘工作不谨，该本新增加了不少文字错讹。

乾隆十七年（1752），浦起龙刊成《史通通释》，在吸取、借鉴前人成果的基础上，对《史通》进行校勘、注释与评论，虽有擅改原文之弊，但也取得了一定的校勘成就，特别是诠释较为明备，对各篇的每层（段）文意皆有疏通讲论，评论可取者也多，对阅读和理解《史通》提供了很多便利，对研究《史通》有重要的参考价值和启发意义，是学界公认的古代各版本

---

① 王嘉川：《李维桢〈史通评〉编纂考》，《首都师范大学学报》2014 年第 5 期。

② ［清］季锡畴：《史通通释》跋，陈先行、郭立暄：《上海图书馆善本题跋辑录（附版本考）》史部史评类《史通通释二十卷附录一卷》，上海：上海辞书出版社，2017 年，第 231 页。

③ 王锺翰：《记半通主人藏半部〈史通〉》，《王锺翰清史论集》第四册，北京：中华书局，2004 年，第 2471 页。

中最为重要者，是为今传《史通》第八个主要版本。

乾隆三十七年（1772），纪昀以浦起龙《史通通释》为底本，完成《史通削繁》一书，删去了《史通》中违背封建道德的内容及他所认为的冗滥之处，并有少量批语和文字校勘，在后世有一定影响。但该书只是代表了纪昀个人意见的《史通》选本，最多可称之为最早的《史通》选本，却不能说是一个另外的《史通》版本。

1978 年，上海古籍出版社出版了由王煦华点校整理的浦起龙《史通通释》（2009 年又刊出新版）。这虽是浦氏原书的整理本，但成为此后《史通》研究的最重要版本，其便利学界之实用价值，使其成为今传《史通》的第九个主要版本。1985 年，张振珮依据中华书局 1961 年影印的明代张之象本《史通》，出版《史通笺注》；1990 年，赵吕甫依据整理本《史通通释》，出版《史通新校注》。二书皆为有评有注之作，因而既是《史通》研究的力作，也形成今传《史通》的两个不同版本，是为第十、第十一个主要版本。以上三本书，虽然文本皆为明清版本，但其整理之功、实用之便，远非明清版本可比，因而这里将其作为三个不同版本看待。

1997 年，姚松、朱恒夫依据整理本《史通通释》，出版《史通全译》，解题、注释与翻译兼具，是为《史通》第一部现代汉语全译本，对普及《史通》这部优秀传统文化著作起到了重要作用。此外，还有一些注释、评论、译注《史通》全书或选篇的作品，但从版本的角度说，与《史通全译》一样，均不出以上范围，兹不再述。

第二章
暗度陈仓：唐宋元时期的《史通》学术

自《史通》行世以后，官私学者们持续不断地对其进行褒贬评议、校勘注释、抄刻流传，并引用其中的各种资料和选录其中的篇章内容，这构成了中国古代《史通》学术史的基本内容。由于各人治学路向不同，各个时期《史通》学术的相关内容虽然在大的类别方面有其共同的相似性，但在具体工作表现方面则多有差异，从而体现了各自的不同特征。本书既然是从思想史的角度，考察《史通》在各个时期的学术发展历程，则本章也从这一角度，考察唐宋元时期《史通》的学术发展情况。

唐宋元时期的《史通》学术概况

刘知幾写成《史通》后，社会上的第一反应是"共以为愚"，互言其短。只有他的好友、史学家徐坚深重其书，认为以史为职者，都应置此书于座右。刘知幾去世后，唐玄宗读而善之，并特地对刘知幾赠官赐谥。因此，徐坚和唐玄宗可谓《史通》的最早知音。但因《史通》多讥往哲、喜述前非，锋芒太锐，徐坚和唐玄宗的赏识并没有使它免于被大张旗鼓地直接点名批评和贬斥，以致公开的肯定和褒扬并不占学界主流，这使唐宋元时期的《史通》学术，较多地呈现出"阴用其言而显訾其书"，即明面批评而暗里袭用其思想理论的特色，给人留下很深的明修栈道、暗度陈仓的印象。

一、对《史通》性质的认知，由混沌走向明晰

就今天的学术分类来说，《史通》在性质上是一部史学理论著作，但中国古代并无这一学术分类，将之列为史部"史评"类著作，就已是非常准确的划分。而就是这种分类方法，也不是一蹴而就的，也经过了一个由混沌到明晰的发展过程。

唐宪宗元和二年（807），刘肃撰成《唐新语》，在卷九

《著述》称《史通》"备陈史册之体"；后晋官修《旧唐书·刘子玄传》沿袭了这一说法，也称《史通》"备论史策之体"。这对《史通》的主要内容来说，是准确的概括和总结。但在性质上，《史通》究竟属于史部或其他部类的哪一种著作，《旧唐书》没能明晰指陈。而且非常遗憾的是，《旧唐书》虽设立了分类著录时存古今图书、反映学术发展源流的《经籍志》，但其中没有著录《史通》，使我们失去了考察《旧唐书》对《史通》性质认知的最便捷的方式。

北宋仁宗嘉祐五年（1060），官修《新唐书》编纂完成，其《刘子玄传》对《史通》内容的介绍只有一句"讥评今古"，说明它只注意到《史通》的史学批评这一外在表现形式，并没有抓住《史通》的本质，远不如《旧唐书·刘子玄传》所说的"备论史策之体"准确恰当；其《艺文志》"集部·总集·文史类"著录了《史通》等五部史书，这比《旧唐书·经籍志》没有著录《史通》胜出一筹，但与十九年前修成的《崇文总目》将《史通》列入"杂史"一样，类属并不妥当。此前，《隋书·经籍志》《旧唐书·经籍志》都设有"总集"类，但没有在"总集"下再细分类别。《新唐书·艺文志》在"总集"下又分出文史类，其中史类之书只著录了《史通》等五部著作。看来，这五部著作让《新唐书》颇费了一番心思，可惜它终究未能做出准确而明晰的分类，因为从书名上看，这五部著作都属于史评史论之书。不过，《新唐书》毕竟是看出了这五部著作与其《艺文志》史部中所著录的一般史书的不同，并开始积极寻找办法，为这五部著作单独划归类属，因而它的这一初次探索的努力还是值得肯定的，出现错误也是值得原谅的，毕竟没有先例可以参考借鉴。

南宋初期，史学家郑樵撰成《通志》一书，在《艺文略》中将《史通》归入"通史类"，可谓不伦不类。从《史通》在唐代中期产生至南宋初，虽然学术界对其内容有了比较准确的把握，但对其性质归属、类别划分的认识还处于混沌状态。南宋前期，晁公武编成《郡斋读书志》，是为中国现存最早的书籍解题目录，其在史部第一次单独设置了"史评类"，著录了刘知幾的《史通》，并在该书解题中对设立"史评类"的缘由进行了说明。从中可知，晁公武根据当时史学的总体发展情况，废弃了原来的史部"史抄类"，而把集部"文史类"中的"论史者"摘出，独立设为"史评类"，并将《史通》置于其类之首，也就是认为《史通》开创了这一类别。由此，晁公武准确地判定了《史通》的性质，开创了"史评类"的类目划分，从而第一次使《史通》的性质得到了明晰且恰当的说明。

当然，对复杂事物的认知，往往不是一次就能完成的，对《史通》"史评"性质的认识也是如此。晁公武的正确认知，并没有立即得到官私学者的普遍认可。南宋晚期，私人藏书家陈振孙编有《直斋书录解题》，虽然被后人与晁书并誉为南宋私家目录双璧，但它并未采纳晁书"史评"的分类方式，而是沿用前人"文史类"的著录方式，将《史通》收入其中。元末时，官修《宋史·艺文志》也在"集部·文史类"中著录了《史通》一书。这就又回到了晁公武之前的《新唐书》的著录方式，体现出官私学者对《史通》性质认知的徘徊态度。这期间，宋元之交的马端临曾在《文献通考·经籍考》的"史部·史评史抄类"著录《史通》一书，但他只是单纯辑录晁公武和陈振孙的有关论述，因而他只是简单地沿袭了晁公武对《史通》"史评"性质的类属划分方式，还不能代表他个人对《史通》性质的意见。直到明代以来，人们才更多地将《史通》归于"史评类"，并逐渐得到大家的普遍承认。"可见，在较长一个时期内，人们对《史通》的性质归属处于一种茫然不知所措的境地。这除了说明当时目录分类尚不如后世细致周密外，同时还说明一些学者对其性质的认识是模糊不清的。一种新生事物的出现，人们对它总有一个认识的过程。《史通》作为一种新的史体出现，自然也有一个被认识的过程"[1]。

二、对《史通》思想观点的探讨、接受与发挥

（一）对《史通》二体论的探讨与发挥

中国传统史学的编年体产生于先秦时期，《春秋》《左传》为其代表。西汉司马迁著《史记》，又创立了前所未有的纪传体，并被东汉官修《东观汉记》和私家学者班固撰写《汉书》所继承。魏晋南北朝时期，纪传、编年两种史书体裁都得到较大发展，历史著述不断，于是官私学者们开始讨论两种史体孰优孰劣的问题，并很快分为两派，各相矜尚。针对这种情况，刘知幾在《史通》中专门写下了《二体》这篇文章，对纪传体、编年体的优劣问题进行集中论述，他认为两者"各有其美""互有得失"，主张二体"并行于世""欲废其一，固亦难矣"。

---

① 杨绪敏：《论〈史通〉的流传及其对后世史学理论的影响》，《徐州师范学院学报》1992 年第 1 期。

刘知幾的这一论断，是以具体史书记事为例而展开论述的，因而其结论也就客观公正，并具有辩证意识。

唐朝后期，皇甫湜撰作《编年纪传论》一文①，论说二体特点和纪传体在记事方面的优势，与《二体》所言一致，应是对《二体》文字的删略、提炼与发挥，因为在《二体》之前，从未有人发表过类似论述，而其中对"弃意而征迹"、拘泥"好古"的批评，也与《史通·摸拟》等篇所反对的"貌同而心异"的旨趣相同。是则，皇甫湜虽然没有提到刘知幾的姓名或《史通》的名称，但其所论与《史通》多相呼应，表明他正是在《史通》的基础上进行史学思考的，其所论正是对《史通》思想的回应、探讨与发挥。

继皇甫湜之后，南宋吕祖谦也对这一问题进行了探讨。他所说的"大抵史有二体，编年之体始于左氏，纪传之体始于司马迁"，是《史通》在起首的两篇文章《六家》《二体》中明确提出来的；他所说的二体"皆不可废"②，更是《二体》中"二体角力争先，欲废其一，固亦难矣"的简括性表述，可以说完全一样。因此，要说吕祖谦对二体的论述是受到了《史通》的启发，应该是没有问题的。

（二）对《史通》史文繁简论的探讨与发挥

史文繁简问题的提出，并不始自刘知幾的《史通》。据《晋

---

① ［唐］皇甫湜：《皇甫持正文集》卷二《编年纪传论》，景印文渊阁四库全书集部第1078册，第72—73页。

② ［宋］吕乔年：《丽泽论说集录》卷八《门人集录史说》，景印文渊阁四库全书子部第703册，第421页。

书·张辅传》记载，西晋张辅在评论司马迁与班固优劣时，以史书包举时间之长短与文字之多少这一对比来衡量史书繁简，并以此作为《史记》优于《汉书》的一个方面。这就提出了有关史书文字繁简问题的两个基本内容：何谓繁简，其标准是什么？能否以史书文字的繁简多少来评定史书之优劣？

对此，刘知幾在《史通》中第一次明确给予了回应。《烦省》指出，后世史书繁于前代，乃是历史运行的必然趋势和社会发展的自然结果。"亦犹古今不同，势使之然"，因此，"必量世事之厚薄，限篇第以多少，理则不然"，他认为不能简单地以史文繁简的不同来评定史书的优劣。这就对张辅评价迁固优劣之论给予了直接反驳。

刘知幾力主史书的文字表述必须秉持简要的原则，《表历》提出："文尚简要，语恶烦芜，何必款曲重沓，方称周备？"《叙事》更高调宣称："国史之美者，以叙事为工，而叙事之工者，以简要为主。"说"文约而事丰"是史书之"尤美者"，而"芜音累句，云蒸泉涌……应以一言蔽之者，辄足为二言；应以三句成文者，必分为四句"，是为"弥漫重沓，不知所裁"，属于"史道陵夷"的表现。篇中特别讲论省句、省字两种办法，以达到"言虽简略，理皆要害，故能疏而不遗，俭而无缺"的效果。《书事》又说："记事之体，欲简而且详，疏而不漏。若烦则尽取，省则多捐，此乃忘折中之宜，失均平之理。"《烦省》则以专篇的形式，针对干宝和张辅单纯崇尚简省、褒美《左传》和贬抑《汉书》的做法，指出《左传》记事也有不少繁杂之处，"岂得谓之省邪"？《汉书》记事也有很多缺漏之处，"岂得谓之烦邪"？鉴于自古以来史书记事往往"烦省不中"，即繁简失当，

《烦省》篇针锋相对地提出，历史时代不同，史书记事的繁简要求也就不同，但无论如何，史书叙事文字必须繁简得当，其标准就是："论史之烦省者，但当要其事有妄载，苦于榛芜；言有缺书，伤于简略，斯则可矣。"将是否"妄载"和"缺书"，作为考察史书记事繁简的基本原则，如果文字虽多但没有"妄载"而苦于榛芜，文字虽少但没有"缺书"而伤于陋略，即属于繁简得当。这就解答了张辅遗留下来的史书文字的繁简标准问题。

对于《史通》中的这些论述，唐宋元学者不断有所讨论，只是内容各有偏重，不如《史通》分析得全面。唐代后期，孙樵对史学问题多有论述，其中论及高锡望叙事的文字表述效果说："其说要害，在樵宜一二百言者，足下能数十字辄尽情状；及意穷事际，反若有千百言在笔下。"① 比较《史通·叙事》对史书文字表述问题的主张可知，这应该是在刘知幾论述基础上再作的发挥。其实清代学者已经注意到孙樵此文与《史通》的关系，清人储欣就评论说："史法略具于此，当与刘子元《史通》诸议论参看。"② 此语言简意赅，既说明了二者的渊源关系，也说明了孙樵对《史通》有所发展和补充。

如果说北宋吕夏卿《唐书直笔》卷三《太宗纪》一文，是从本纪应该记载哪些事件的体例上，讲论本纪中记载事件多少的"史法繁简"，而非叙事文字的繁简问题，则刘安世在他之后就直接针对史文繁简问题发表了自己的意见。他说："《新唐书》叙事好简略其辞，故其事多郁而不明，此作史之弊也。且文章

---

① ［唐］孙樵：《孙可之集》卷二《与高锡望书》，景印文渊阁四库全书集部第1083册，第68页。

② ［唐］孙樵：《与高锡望书》，景印文渊阁四库全书集部第1447册，第425页。

岂有繁简也？意必欲多，则冗长而不足读；必欲其简，则僻涩令人不喜读。……作史之法……可谓之文如风行水上，出于自然也。若不出于自然，而有意于繁简，则失之矣。"① 此文貌似有理，其实也没有说出什么。其意是说，文字应"出于自然"，该繁则繁，该简则简，不该事先"有意于繁简"。但这等于没说一样。什么是"自然"？恐怕人人对此理解不同，很难取得一致的认识。对于任何一部史书的编写来说，还是应该先有个基本的是繁是简的叙述标准，然后在具体行文时该繁则繁、该简则简。如果连个基本的标准都没有确定，纯任"自然"，恐怕会混乱不堪，即使草成初稿，也难以修订成一部谨严有序的著作。刘安世对"繁"的理解是文字多，认为文字多就会"冗长而不足读"；对"简"的理解是文字少，认为文字少就会"僻涩令人不喜读"。这与张辅之论有些相像，但明显是偏颇片面之论。《史记》是繁还是简？是"冗长而不足读"还是"僻涩令人不喜读"？然而《史记》位于享誉古今的"前四史"之首，被誉为中国古代最伟大的史学著作，被称为"史家之绝唱，无韵之《离骚》"。就算《史记》是繁简得当，但《三国志》从西晋问世以来就一直以简著称，它是"僻涩令人不喜读"吗？当然不是，否则也就不会被列为享有盛誉的"前四史"之一。《新唐书》列传部分有不少"僻涩令人不喜读"之处，那是因为主修者宋祁一味求简而造成"其事多郁而不明"，既没有做到《史通》所主张的"简而且详，疏而不漏"，又犯了《史通》所批评的"言有缺书，伤于简略"的毛病，这也正是《史通》所明

---

① ［宋］马永卿：《元城语录解》，景印文渊阁四库全书子部第 863 册，第 384 页。

确斥责的"省则多捐，此乃忘折中之宜，失均平之理"。所以，刘安世的这段论述，不但没有说出什么所以然，反而疏误不少。

南宋洪迈说："夫文贵于达而已，繁与省各有当也。"[①] 他是直接针对欧阳修等人自诩其所著《新唐书》的优点而言的，指出史书文字表述的优劣不在文字的繁与简、多与少，而在于繁简是否得当。他认为繁与简各有其当，贵在达意，重在对史实表述的合适与否。此论在当时有一定影响，赵与时《宾退录》卷十、罗大经《鹤林玉露》卷三，都曾予以引用和稍作引申。但两相比较，洪迈之论实与《史通》所提倡的"疏而不遗，俭而无缺"，所坚持的"折中之宜"和"均平之理"，所反对的"事有妄载，苦于榛芜；言有缺书，伤于简略"，意旨相同。而其所作探讨，当然是接续了《史通》第一次明确提出的史文繁简标准的论题。

金朝学者王若虚说："晋张辅论迁、固史云：'迁记二千年事而五十万言，固记二百年事乃八十万言，繁简不同，优劣可知。'此说大谬，刘子玄既辨其大节矣。抑予尝考之，迁记事疏略而剩语甚多，固记事详备而删削精当。然则迁似简而实繁，固似繁而实简也。安得以是为优劣哉！"[②] 他一方面明确直白地肯定了《史通》对张辅错误的纠正；另一方面则通过自己对《史记》和《汉书》文字繁简的考察，反对以文字多少的不同来评定史书的优劣，这显然是坚持了《史通》的观点。

元朝初期，罗璧《识遗》卷一《文繁省》以千余字的篇

---

① ［宋］洪迈：《容斋随笔》卷一《文烦简有当》，景印文渊阁四库全书子部第851册，第277页。

② ［金］王若虚：《滹南集》，景印文渊阁四库全书集部第1190册，第355页。

幅，详细探讨史书文字的繁简问题。全文以《史通》省句、省字的论述，作为唯一方法论性例证来引用，表明他是应用《史通》的论述，来讲解应该如何达到"语简"的方法。他把刘知幾所提倡的"文尚简要，语恶烦芜"和"疏而不遗，俭而无缺"，所反对的"言有缺书，伤于简略"的史书文字表述要求，提炼为"语简又须意足"和"意足方见简之工"两句话，并将这个理论应用于评诗论史之中，并以此特别批评了宋祁在撰修《新唐书》时一味求简而致"不详文义"的疏谬。应该说，他提出的"语简又须意足"，确实比刘知幾的表述用语更为明快达意，在语义表述上诚为后来居上。但从内容上说，他只是把《史通》"疏而不遗，俭而无缺"和"言有缺书，伤于简略"的反面论说转换成正面表述而已，仍不出《史通》所论范围之外。

同为元初学者，王构在《修辞鉴衡》卷二《繁简》中说，既存在"文有以繁为贵者"，也存在"文有以简为贵者"，只有"繁而不厌其多，简而不遗其意，乃为善也"。他在举例中列有《史记》一书，可知该条所论是包括史书在内的。之后的《作史》一文，王构又全文照录上述刘安世关于史文繁简问题的论说，这也可证《繁简》是通论史书文字的。他说文字无论繁简，都有可贵之处，关键是要掌握繁简的标准，恰到好处，"乃为善也"，这个标准就是"繁而不厌其多，简而不遗其意"。这一表述很精练也很到位，但毫无疑问的是，这也正是《史通》所说的"论史之烦省者，但当要其事有妄载，苦于榛芜；言有缺书，伤于简略，斯则可矣"之意的另一种表述方式。他所用语言的表达方式（"不厌其多"和"不遗其意"）同样使用了《史通》反面论证的形式（"事有妄载，苦于榛芜"和"言有缺书，伤于简略"），因而表述方法也就与《史通》完全相同，而且其所说的"厌其多"正是《史通》所云"事有妄载，苦于榛芜"之意，其所说的"遗其意"正是《史通》所云"言有缺书，伤于简略"之意，因而在意旨上也就与《史通》并无两样。

总观这一时期学者对《史通》提出的史文繁简理论的回应，可以说都在不同程度上进行了探讨，也提出了一些较为简明精到的论述；但其内容，都还没有跳出《史通》所讨论的范围，都还只是在《史通》划定的圈内变化，更多地是停留在赞同、肯定《史通》繁简理论的层面，还谈不上对《史通》有多少新的发展。而从《史通》学术史来看，对其繁简理论做出很多创新性的发展，是明代学者的贡献。

（三）对《史通》所持适俗随时之义的接受与发挥

《史通》具有历史进步论的思想，很重视讲求适俗随时、与时更革。唐代孙樵在《与高锡望书》中，从史书记述"一时"俚言以表现实录的角度，强调适时随俗的重要性。《史通·杂说中》指出，通过各个时代的"当时"语言，"足以知氓俗之有殊，验土风之不类"；《言语》专篇更是明确主张史书应该使用所述朝代"当世口语"来书写，强调当时口语在记事方面的实录价值，强调史书作者完全可以使用这些富有时代性特征的言语，记录历史。但这样的做法要求自然地使用这些言语，而不是故意效法或模拟其言语。显然，孙樵是受到了《史通》的启发。

顺着这一思路，孙樵指出，史家记述历史上的职官、礼乐、衣服、山川、地理等内容，"亦宜直书一时制度，使后人知某时如此、某时如彼"①，而不沿袭和使用前代的名称。《史通·邑里》曾对史书如何记述地理问题进行了专门讨论，主张"国有弛张，乡有并省，随时而载，用明审实"。受全书主旨所限，《史通》对职官、礼乐、衣服等问题没有专门讨论，但《因习》开篇有一段宏观性论述说："盖闻三王各异礼，五帝不同乐，故传称因俗，《易》贵随时。况史书者，记事之言耳。夫事有贸迁，而言无变革，此所谓胶柱而调瑟，刻船以求剑也。"刘知幾明确主张史书记事"贵随时"，反对"事有贸迁，而言无变革"。如此来看，则孙樵之论必与《史通》有着重要的渊源关系，其所论明显是对《史通》所持适俗随时之义的接受与发挥。

（四）对《史通》所论记载人物之标准的接受与发挥

对于客观的历史进程来说，人是历史活动的主体，史书中不可能不记载历史人物。特别是纪传体史书，是以人物为中心，来记载某时期的历史大事。但历史人物众多，不可能全部予以记载，这就涉及如何选录人物的标准问题。《史通·人物》专门讨论这个问题，开篇即指出，史书应该记载那些"其恶可以诫世，其善可以示后"者。至于恶者中"其恶不足以曝扬，其罪不足以惩戒"，善者中"或才非拔萃，或行不逸群，徒以片善取知，微功见识"者，"缺之不足为少，书之唯益其累"。他指出："名刊史册，自古攸难；事列《春秋》，哲人所重。笔削之士，其慎之哉！"要求史学家必须严肃认真地对待记载历史人物的标准问题。在《杂说下》，刘知幾还明确提出了官品高低与入传的

---

① ［唐］孙樵：《与高锡望书》，景印文渊阁四库全书集部第 1447 册，第 425 页。

问题，反对以官品高低作为选录人物的标准，提出史书不能仅记载那些官高者，而应记述值得记载之人。这当然是正确的观点。

孙樵在《与高锡望书》也讲到史书记载人物的标准。他说，史家记录各种历史人物，"宜存警训"，不该因为官高权重和受帝王宠遇较多就予以记载，"故大恶大善虽贱必纪，尸生浪职虽贵得黜"。① 显而易见，孙樵所论，正是对《史通》上述两篇内容的剪辑与翻版。这个事实，不论他提及还是不提及刘知幾或《史通》的名称，都是无法改变的。

（五）对《史通》论史馆集众修史问题的回应与发挥

刘知幾在《史通·辨职》中，对史馆监修和一般纂修官员缺乏史学才能、敷衍塞责的种种表现，给予了严厉批评，提出要成就自己一家之言的独断著述，不必非要进入史馆去做史官不可。在《忤时》中，刘知幾又明确对史馆集众修史的弊端，提出了"五不可"的严正批评。不过刘知幾并非要否定官修，他并不反对史馆修书，他所反对的只是史馆内部制约着优秀史书产生的运行机制。因此，他提出的"五不可"也就成为后世改良史馆运行机制的反面教材，对官方修史发挥着重要的警示作用。

宋代官方修史繁荣昌盛，但也面临着一些急需解决的难题，如修史人才问题、如何避免史馆集众修史的弊端问题，就是非常现实也需要刻不容缓地予以解决的两大难题，于是这些问题

①　［唐］孙樵：《与高锡望书》，景印文渊阁四库全书集部第1447册，第425页。

也就自然地被学者们提出来讨论。北宋时，刘弇在"史学策"中向应试举子们提出了这两个问题。其中关于史馆集众修史的问题，刘弇的策问也采取了和《史通》同样的态度，在坚持史馆修史的同时，指出唐朝和五代时期官修诸史造成的失误也不在少数，要求士子们针对"五不可"之论，发挥其反面教材的作用，寻找和提出如何避免集众修史弊端的方法。① 这自然也是接受了刘知幾对史馆修史弊端的批评意见，承认其论述的真理性，是官方明确接受《史通》思想的重要表现。

宋徽宗大观二年（1108），起居郎石公弼上奏，历陈当时史馆诸多弊端，"至于宰相监修，刘子玄以为十羊九牧"，认为"如此等事，所宜变更"，"乞诏公卿议定其例"。② 这是以《史通》"五不可"中的第四"不可"，来批评现实中的宰相监修问题，并建议改变这一制度。

南宋高似孙对此问题的回应，则是另一番景象。他在理宗宝庆元年（1225）写成《史略》，其卷三《东观汉记》两次直接引《史通·忤时》之语来批评《东观汉记》，最后加以自己的评论，指出集体所修之史因各种客观原因，其质量不可能与私人一家独断之书相比。高似孙的引文与《史通》原文不尽相同，但意思完全一样，他自己的评论也与《史通》主旨相同，因此他是赞同并接受《史通》的观点，并旗帜鲜明地反对集众

---

① ［宋］刘弇：《龙云集》卷二七《策问上·第九》，景印文渊阁四库全书集部第1119 册，第288—289 页。

② ［宋］赵汝愚：《宋名臣奏议》，［宋］石公弼：《上徽宗请复还史馆之职》，景印文渊阁四库全书史部第431 册，第733 页。

修史，主张一家独断①。只是高似孙所作《史略》作为一部解题性史部专科目录著作，却没有直接对《史通》本身进行论列，不能不让人引以为憾。

（六）对《史通》论《古今人表》问题的回应

《史通》多次对《汉书·古今人表》予以批评，归结起来，大旨有二。一是批评《古今人表》有违断限之义。《题目》《表历》中指出，《汉书》记载西汉历史，但《古今人表》却只记载汉朝以前的人物，"古诚有之，今则安在"？"不言汉事，而编入《汉书》。鸠居鹊巢，茑施松上，附生疣赘，不知翦截，何断而为限乎"？二是认为《古今人表》对人物的等次评价有失误之处。《品藻》中对此有具体论列，并称之为"是非督乱，善恶纷挐，或珍碔砆而贱璠玙，或策驽骀而舍骐骥。以兹为监，欲谁欺乎"。

南宋前期，王观国在其《学林》卷三《古今人表》中，专门批评该表的错误。他一方面直接批评《古今人表》对历史人物的等级评判有"升降不伦"的失误之处，另一方面批评表中只有汉朝以前的人物，"有古人而无今人"，有悖于篇名"古今人表"的范围。显然，其全文所论，正是《史通》所批评的《古今人表》的两个方面。因而尽管他没有提到刘知幾或《史通》的名称，但仍是沿袭了《史通》的观点。

---

① 高似孙在对史书评价过程中，主张叙事简要精核、剪截浮词、直而能婉、尚信求真，并把史书义例作为衡量其优劣的重要标准，这都与《史通》的观点相一致，见宋馥香：《高似孙〈史略〉之史学批评管窥》，《郑州大学学报》2009年第5期。

晚于王观国的陈埴也认同《史通》的观点，其《木钟集》卷十一批评《古今人表》"专说古而不说今，自悖其名，先辈尝讥之。中间科等分别人物，又煞有可议"。他说他的观点来自于"先辈"，但并未说明这一"先辈"是谁。从《史通》在唐宋时期往往被"阴用其言而显訾其书"的情况看来，这里的"先辈"很可能是指刘知幾，由于刘知幾被安上了"非圣无法"的罪名，陈埴不敢说自己是采纳了刘知幾的观点。但不管他有没有提到刘知幾的姓名，他的观点与刘知幾对《古今人表》的批评都是完全相同的。

而同时代的熊方在将所著《补后汉书年表》进呈朝廷时，在进书表中明确提到了刘知幾和《古今人表》，但用意却与二人不同。《史通》批评《古今人表》只记载汉朝以前的古人而不记载今人，从史书内容断限的角度说，这个批评是完全正确的。熊方则以《史通·忤时》所揭示的"常人之情不能无畏"之论，来为班固不表"今人"做出辩解，指出班固也是"常人"，也有"常人之情"，担心自己品评西汉人物后，会招来那些人的后代或朋辈们的嫉恨仇视，因此他不敢写出对西汉人物的品评，还故意使用"古今人表"的名称，为的是留待后人对其中的"今人"部分予以补写。① 但熊方"有俟后人"补写之说应该不符合班固本人之意，因为包括《古今人表》在内的《汉书》八表都是班固去世后别人所写，与班固本人无关。但如果将这里的"班固"一词广义地理解为《汉书》所有作者的话，则熊方

---

① ［宋］熊方：《进〈补后汉书年表〉表》，《补后汉书年表》卷首，景印文渊阁四库全书第 253 册，第 739 页。

之论，确实符合"常人之情不能无畏"之意。后来清代学者钱大昕《廿二史考异》卷六《汉书一·古今人表》、梁玉绳《汉书人表考》卷一等有关论述，也都从这个角度立论，与熊方为班固辩解的方法如出一辙。

三、直接引用《史通》的观点论说来作为自己的立论

晁公武在《郡斋读书志》中，多次称引《史通》，以其观点或论说来作为自己的立论。从其称引形式上说，可分为两种情况。一种是明确标示引用刘知幾者，如卷二上《前汉书》说，"刘知幾又诋其《古今人物表》无益于汉史，此论诚然"；另一种形式，是不提刘知幾或《史通》的名称，但实际上是引用《史通》的有关论述，如卷二上《后汉书》《晋书》《宋书》《周书》，无不如此。

高似孙《史略》卷一《诸儒史议》中引述众人对《史记》的评论，其中有"刘知幾"一条，摘引了《史通·忤时》的有关文字。《史通》论《史记》者可谓多矣，但高似孙仅引用这条并非直接评述《史记》的文字，这只能说明他是赞成《史通》之论的。这些话的意思，就是强调一家独断，史家要有自己的是非标准。如此，则高似孙就是通过引用《史通》这一观点，来高度肯定《史记》"成一家言"的，他是以《史通》的思想来为自己立论。

宋末元初，王应麟在《玉海》卷五十四《唐七十五家总集》中说："史官欲明职业，有刘氏《史通》《史例》。"这就把刘知幾的《史通》及其次子刘𫗧的《史例》看作史官职业修养

的标准范本，说明王应麟对《史通》是相当推崇的。也正因此，他不但在《困学纪闻》卷十《诸子》、卷十三《考史》中，引用《史通》的《序传》《杂说下》《采撰》等篇中的观点来作为自己考证立论的根据，而且在卷十一《史记正误》、卷十三《考史》中，还直接引用《杂说上》《暗惑》《曲笔》《论赞》等篇的观点来作为自己的立论。

四、对《史通》思想观点的运用

《史通·书志》提出，史书应该设立都邑志、氏族志和方物志，认为这三者"实为志者所宜先"。虽然后来的纪传体正史并未采纳这一建议，但南宋郑樵在其所著纪传体史书《通志》中设有《都邑略》《氏族略》，宋末元初马端临在其所著典志体史书《文献通考》中立有《土贡考》，都是"遥承知幾此议而增辟者"[①]，虽然内容与《史通》所论不尽相同，但无疑都是对其思想的运用。

这一时期，金元两朝学者王若虚和苏天爵对《史通》思想观点的运用，也表现得比较突出。

王若虚在金朝时曾任史官，他在《滹南遗老集》中不但明确肯定了《史通》的观点，而且不时予以借鉴与运用。如该书卷九《史记辨惑一·采摭之误辨上》、卷三十二《杂辨》中，将《史通》的观点用作方法论指引进行学术研究，而卷十四

---

① 　张舜徽：《史通平议》，《史学三书平议》，第 40 页。关于《史通》对郑樵的影响，程千帆《史通笺记》第 48—49 页，傅振伦《刘知幾年谱》第 131—147 页，许凌云《刘知幾评传》第 305—306 页，以及杨绪敏《论〈史通〉的流传及其对后世史学理论的影响》一文（载《徐州师范学院学报》1992 年第 1 期），都有论述。

《史记辨惑六・姓名冗复辨》更有多条文字借鉴和运用《史通・点烦》的方法来评论《史记》，因而被称为实即"《点烦》之嗣音"①。

　　王若虚去世后，元好问为他作墓志铭，称其学无所不通，特别是"不为章句所困"，这说明他的治学路数与刘知幾很是相像；又称其在史学方面"以探赜幽隐为功，谓天下自有公是，言破即足，何必呶呶。……（于）史例不取宋子京，诗不爱黄鲁直，著论评之，凡数百条，世以刘子玄《史通》比之"②。这又可见，金朝学者本就是将其作为当代刘知幾来看待的，将其著述作为当代《史通》来看待的。这既说明了当时社会对刘知幾和《史通》的极大肯定，也从侧面透露出王若虚的学术成就与《史通》有着颇为紧要的渊源关系。

　　元朝末年，苏天爵向朝廷奏呈《修功臣列传》③。他首先以二百余字的篇幅，提出本朝列传亟宜修纂，"若复旷日引年，不复纪载，将见勋旧盛烈泯没无闻。为史官者，无所逃其责矣"，这是强调史官的职责。对比可知，其论是《史通・人物》开篇"史官之责"一段论述的具体展开。至于其中谈到的编年、纪传二体"皆不可缺"，更是《史通》的主要观点之一。

　　接着，苏天爵谈到如何收集资料的问题。他从司马迁《史记》采择资料谈起，建议由史官列出应当立传的功臣姓名，向其子孙宗族或亲旧故吏，或其人任职之地，"指名取索"有关资料，并多渠道征集功臣著述，交送史馆。同时"严立程限"，防

---

① 程千帆：《史通笺记》，北京：中华书局，1980年，第287页。

② ［金］元好问：《遗山集》，景印文渊阁四库全书集部第1191册，第215页。

③ ［元］苏天爵：《滋溪文稿》，景印文渊阁四库全书集部第1214册，第311—312页。

止史官工作拖拉，违者治罪，"庶几事无所遗，汗青有日矣"①。刘知幾在《史通·忤时》谈及"五不可"的第二个方面时，曾以两汉官方资料储备比较完备做对比，批评后来史馆采择资料不备的缺陷。显然，苏天爵的上述建议，正是针对刘知幾的这一批评而提出的改进措施。

既然是修功臣列传，自然就有一个入传人物如何选择的问题。苏天爵在批评金朝只以官品高低为标准，选择官高者写入国史的错谬做法之后，提出"今二品以上，虽有官爵，别无事迹，自可削去；三品以下，或守令之贤，政绩可纪，或隐逸之善，著述可传，或人子之事亲，若王祥之孝感，或义士之赴难，若南霁云之杀身，并宜登载于编，以为将来之劝"②。刘知幾在《史通·人物》专篇讨论列传人物的入选标准时，虽然没有反对以官品高低作为选录人物的标准，但实际上已经包含了这方面的内容，因为他提出的可以选入列传的人物，有些就是官位不高者。而《杂说下》则明确提出了官品高低与入传的问题，反对为"才德缺如而位宦通显"之人立传，对"止具其生前历官、殁后赠谥"的传记予以坚决否定，但对有才有德、政绩可纪之人，则明确要求为之立传。显然，苏天爵的建议，正是《史通》的观点和论述在元代的重新表述。

入传人物的标准既已确定，人物事迹又该如何记载呢？苏天爵说，史书应该"善恶并载，善者所以为劝，恶者所以为戒"，所谓"诛奸谀于既死，发潜德之幽光"，如此，"则善恶

① ［元］苏天爵：《滋溪文稿》，景印文渊阁四库全书集部第1214册，第312页。
② ［元］苏天爵：《滋溪文稿》，景印文渊阁四库全书集部第1214册，第312页。

备书，而无虚美隐恶之讥"。①《史通·人物》开篇即云："夫人之生也，有贤不肖焉。若乃其恶可以诫世，其善可以示后，而死之日，名无得而闻焉，是谁之过欤？盖史官之责也。"接着列举"为恶纵暴，其罪滔天"的人物，认为"此而不载，缺孰甚焉"，必须予以记载。《直书》《曲笔》也反复申说此意，对曲笔隐恶的现象提出批评。而在谈及史才三长时，刘知幾还明确指出："犹须好是正直，善恶必书，使骄主贼臣所以知惧。"显然，苏天爵"善恶备书"和"无虚美隐恶"的追求，与《史通》并无两样。不过，《史通·人物》对书"恶"的标准也进行了探讨，即"干纪乱常，存灭兴亡所系。既有关时政，故不可缺书"，至于"其恶不足以曝扬，其罪不足以惩戒"，则不必记载。这却是苏天爵所没有注意到的，表现出刘知幾作为史学理论家确实具有高于常人之处。

非常明显，苏天爵的《修功臣列传》，正是充分领会并吸收了《史通》的思想要旨，然后在官方史学中进行推广、应用与实践，是元代官方接受与发挥、运用《史通》思想的代表。

五、对《史通》的思想观点进行批评

《史通》的思想观点中，最受古代学人诟病的，是其批判儒家经书《尚书》《春秋》和"圣人"孔子的部分，各时期的学者都对此进行了公开点名的批评，本时期也不例外，唐代柳璨，宋代赞宁、孙何、张唐英等人即为代表。不过《史通》仍是一部全面总结中唐以前中国传统史学发展的理论著作，不但具有

---

① ［元］苏天爵：《滋溪文稿》，景印文渊阁四库全书集部第 1214 册，第 313 页。

很多真知灼见，"后史不能易者，十得六七"，而且内容广博而又丰富，因此就不是仅仅从维护儒家名教思想一个方面即能否定了的，这是《史通》在经历了柳璨、赞宁、孙何、张唐英等人的猛烈批判后，仍能岿然存世的根本原因。但自《史通》问世之后，学术界的大方向、大潮流，乃是儒学的重新振兴、儒家思想权威地位的重新确立。在这一大背景下，《史通》因其"妄诬圣哲"的内容而遭到以卫道者自居的学人的批判，而且这种批判还主动融入到儒学复兴的潮流之中，这样一来，《史通》虽曾在问世后得到著名史学家徐坚的高度褒扬，被称为"居史职者，宜置此书于座右"，也曾得到当朝皇帝唐玄宗读而善之的称赏，唐宋时期也有很多人阴用其言，或以其为基础提出和发挥自己的史学思想，或以其为纂修史书的理论指导原则，但在整个唐宋时期，很少有人敢于公开对《史通》表示赞赏，明确反对和批评者却时时出现，并占据上风。大背景如此，奈何！

另外，北宋著名政治家和文学家王十朋曾专门就《史通·六家》发问，认为刘知幾"最善著论"，"其所列六家，必有考据。然理有可疑者，不得不与之辩"，随后从六个方面提出辩难。他希望生员们能够对这些问题，根据《六家》的说法予以详辩①。从其全文看来，他既反对《史通》把儒家经传当作史书看待，更未能准确理解《六家》的分类原则和方法，因此他对《六家》的观点基本上是全盘否定的。

在这一时期，南宋章如愚对《史通》的贬斥，可谓对《史

① ［宋］王十朋：《王十朋全集》文集卷八《策问》，上海：上海古籍出版社，1998年，第705页。

通》进行批评的又一突出代表。他编有类书《群书考索》，其卷九《诸经门·诸经》评论《史通》时，仅仅因为《疑古》《惑经》两篇批评了《尚书》《春秋》有记事不实的错误，便得出了"圣人之经而犹有疑焉，亦足以知子玄之学"①的结论。其意就是，连孔子编修的经书都敢怀疑，可见刘知幾的学问实在不咋地。毫无疑问，这等于是将刘知幾一棍子打死了。

《群书考索续集》卷十五《诸史门·史通》，是章如愚从正反两方面对《史通》进行全面评价、篇幅最长的文字。他首先介绍前人对《史通》褒贬不同的态度，从而引入自己的观点，认为《史通》虽有"可予者"，但"可贬者"更多，特别是《疑古》《惑经》等篇的非圣无法，只能说明《史通》不识大体，在最重要的史识方面"有所不足"。因此他明确提出：有志于史学之人，必须以刘知幾为戒。也就是说，在思想上必须与儒家正统保持一致。或许是章如愚觉得上述评价仍然意犹未尽，他又在《群书考索别集》卷十二《诸史门·史通》，发出一通"才长识短"的长篇评论。此论与前论大同小异，大同者，批评、指责《史通》的地方不减于前，而且还有进一步深入的趋势；小异者，文章标题就给刘知幾冠上了"才长识短"的定论。前论中对《史通》"可予"的内容虽在此继续有所保留，但赞许之意已经无影无踪，而是换成了"挟己见以攻诃古人易"，没什么值得夸奖的。最后重申，刘知幾是"长于才学而短于识"，比前文更强调了对刘知幾的"可贬"之意。

《史通·书志》对纪传体史书中的《艺文志》采取了否定

---

① ［宋］章如愚：《群书考索》，景印文渊阁四库全书子部第 936 册，第 135 页。

的态度。《群书考索续集》卷十七《文章门·总集文集》从两个方面对此予以了反驳。一是根据《周礼》记载可知，"藏书之策，一代盛典，古传于今，今验于古"，因此从制度层面上说，《艺文志》不可废；二是从《艺文志》本身所具有的价值和意义上说，古今之事由各种典籍记载，这些典籍需要一套分门别类的办法来加以著录，而通过对各时代典籍的著录，也可以使人清晰看出典籍流传的情况，成为考察学术文化发展史的重要途径，其功绩"非小补"。因此章如愚认为，刘知幾虽善言"作史之法"，但他关于《艺文志》的论述则"未可尽信"。章如愚第一个从理论和现实两个层面，明确要求纪传体史书必须设立《艺文志》，批驳了刘知幾废除《艺文志》的片面之论，这是其重要学术贡献，更是对刘知幾的补弊救偏。从章如愚"暇日因观诸史《艺文》《经籍志》"之语可知，他的这一认识乃其平日读书所得，是其个人独得之见，并非源自他人。后来，明清学者如胡应麟、朱彝尊、章学诚、姚振宗等人，都提出了与章如愚相类似的观点。可惜章如愚此论是在其所编类书中提出的，因而一直隐没不彰，没有被后人注意到。

值得顺便提及的是，章如愚还讨论了史官问题。《群书考索续集》卷十五《诸史门·史官》说："世不易职：古者之史，世不易业，不迁官，不贰事。……后世亦尚有此意，太史谈之后有史迁。……唐时，史官不易，如出使屡黜，亦以史自随；如刘知幾作《史通》，后其子㻃亦掌之。近世史官，皆为迁转之地耳。"这是把刘知幾及其次子刘㻃都曾做史官的事情作为典故性资料来使用，以论证他提出的史官应"世不易职"的观点。与此相关，该书卷三十五《官制门·史馆》在"古者史官皆世

掌与久任，今史官亟拜亟罢"标题后，引录宋朝吕祖谦"古者
史官皆世掌……盖作史不可造次，须是有传授，兼识得他本末
方可，故必当久任。……作史不出一人之手，本末易以失序，
多所乖异，要不若久任之善"的论述。从前者可知，吕祖谦
"史官必当久任"的主旨，也为章如愚所认同和提倡。《史通》
在《核才》《辨职》等篇对史才问题有很多探讨，但对史官
"世不易职"和"必当久任"讨论不多，因此，章如愚的这两
段文字，是对《史通》的有益补充，并成为明代学者对这一问
题探讨的先声。

以上所述，就是本时期《史通》学术史所涉及的一些基本
方面，包括对《史通》性质的认识，对《史通》思想观点的探
讨、接受与发挥、运用，直接引用《史通》的观点来作为自己
的立论，以及对《史通》的思想观点进行批评，等等。当然，
其具体内容并不止上文所列，如北宋《新唐书》《资治通鉴》
《新唐书纠谬》等著作对《史通》思想理论的暗里明里的接受
与运用，南宋朱熹在史学实践中对《史通》思想的阴相承续，
以及这一时期对史才三长论的探讨等内容，将在下文专节讲述。

对《史通》思想的接受与运用，表明了《史通》对后世学
术发展的积极影响。对《史通》思想的各种批评，既显示出人
们对《史通》思想的关注，也凸显了《史通》对学术界造成了
很大影响的事实，致使一些人不能不起而讨论。只是其中的一
些批判，如柳璨、赞宁、孙何、张唐英等人对《史通》的批判，
并不属于纯粹的学术批评性质，而是为了振兴儒学，树立和维
护儒家思想的绝对权威，因此他们的首要选择是维护儒家名教，

这就决定了其著作内容的片面性和狭隘性，而他们的这些著作最终无一传世，被他们猛烈批判的《史通》却岿然独存，这不能不说是历史的公正选择。

总的来看，这一时期对《史通》的认识与评论，直接的点名批评和贬斥占了上风，公开的肯定和褒扬则只居次要地位，像徐坚、王应麟那样明确把《史通》看作史官史家职业修养的标准范本的，则更是仅有之二例，这就使本时期的《史通》学术较多地呈现出了"阴用其言而显訾其书"的特点。另外，这一时期《史通》的学术影响虽然已经多有呈现，但当时对这方面内容的总结梳理则尚未出现，这应该与《史通》行世时间不长、其学术影响尚未得以充分展现有重要关系，因而人们对其认识不深、反思不足，其次也与批评和贬斥《史通》占学界上风的主流状态分不开，公开肯定和褒扬《史通》尚不被广泛认可，则更何谈梳理其学术影响呢？从《史通》学术史来看，历经唐宋元明时期的发展，反思和梳理《史通》学术影响的内容到清代才真正进入了学者们的讨论视野，因而本时期没有出现这些内容，也就不足为奇了。

欧阳修、司马光等人对《史通》的阴用其法

一、欧阳修等人对《史通》的阴用其言

前文已述，《新唐书》对《史通》倡明史学理论的主旨及性质的认识都不明确。不过，欧阳修（1007—1072）等人在主修《新唐书》的过程中，对《史通》的史学理论却多有吸收，虽然他们从未公开坦承这一点。据《史通》研究专家赵吕甫考察，欧阳修"是第一个继承和具体运用了王充、刘知幾的史学思想和历史编纂学的优良传统来编撰正史的优秀史学家"，"欧撰《新唐书·地理志》除了吸取前史的优良传统外，并接受了刘知幾的许多合理建议，因而体例之缜密，记述之翔实，远非前代史志所能及"①。而另一《史通》研究专家傅振伦在撰写《刘知幾年谱》时，逐条考察了《史通》二十二篇文章所含史学理论对后世学界的影响，指出："唐后诸史中，采《史通》之说者，以欧阳《唐书》为最多。《新唐书》而后，刘氏之学说，

---

① 赵吕甫：《欧阳修史学初探》，《历史教学》1963 年第 1 期。

始大盛行。盖《史通》不易之说，十有八九也。"① 这不但指出了《史通》对《新唐书》的影响，而且还揭示了《新唐书》曾经有助于《史通》学说推广的事实。

当然，赵、傅两位先生并非最早认识到《史通》对《新唐书》有重要影响的学者。清代考史名家钱大昕就曾指出："刘知幾沉潜诸史，用功数十年。……用功既深，遂言立而不朽。欧、宋《新唐》往往采其绪论，如受禅之诏策不书，代言之制诰不录；五行灾变不言占验，诸臣籍贯不取旧望；有韵之赞全删，俪语之论都改；宰相表世系，与志氏族何殊；地理述土贡，与志土物不异。从亭（刘知幾为彭城丛亭里人）之说，一时虽未施行，后代奉为科律，谁谓著书无益哉！"② 钱大昕从八个方面，具体考察了《新唐书》对《史通》思想理论的"拿来主义"做法。但据今人分析，钱氏所论，还"远不足以概《史通》沾丐后学之全"③，而且钱大昕也不可能不知道，他的授业之师、早于他半个世纪的浦起龙已经指出了这一点。在浦起龙看来，包括《新唐书》在内的唐朝以后所成纪传体史书，对《史通》"罔敢不持其律"，但它们并未明言是取法于《史通》，因而浦起龙直接斥之为"阴用其言而显訾其书，吾不知其何说也"！④

除主修《新唐书》外，欧阳修还私撰了《五代史记》即《新五代史》，其书志部分仅有《司天考》《职方考》两篇文章

① 傅振伦：《刘知幾年谱》，北京：中华书局，1963 年，第 146 页。
② ［清］钱大昕：《十驾斋养新录》卷十三《史通》，《嘉定钱大昕全集》第 7 册，第 352—353 页。
③ 程千帆：《史通笺记》，北京：中华书局，1980 年，第 187 页。
④ ［唐］刘知幾：《史通·自叙》，［清］浦起龙：《史通通释》，上海：上海古籍出版社，2009 年，第 273 页。

与此前有志的纪传体史书迥然不同。对此，清代官修《四库全书总目》卷四十六《新五代史》明确指出："此由信《史通》之谬谈（自注：刘知幾欲废表志，见《史通·表历》《书志》二篇），成兹偏见。……破坏古法，不可以训。……此书之失，此为最大。"在他们看来，《新五代史》的最大失误就在于书志内容太少，而这个失误乃是由于欧阳修遵从了《史通》的观点，是受《史通》影响所致。其实，《新五代史》接受自《史通》的观点与主张，又何止书志部分。据当代学者王天顺研究：《新五代史》虽是欧阳修独家之学，但编纂方法多与《史通》理论相合，只是欧阳修的各种著作从未论及《史通》，属于清代章学诚所说的阴用其法①。此说当然是事实。当我们再把目光从《新唐书》《新五代史》向外扩展开来，更可以发现，欧阳修"不没其实"的史学主张和辨伪考据的工作，其实都是在"继承刘知幾的传统"②。也就是说，欧阳修虽然没有说过他的学术思想和史学思想都曾受到刘知幾《史通》的重要影响，但其间的源流关系，还是清楚可见的，因而他在事实上也就成为浦起龙所说的阴用《史通》之言、"罔敢不持其律"的重要代表。

① 王天顺：《欧阳修〈五代史记〉的修撰与〈史通〉理论》，《宁夏大学学报》1986 年第 3 期。
② 许凌云：《刘知幾评传》，北京：中国电影出版社，2005 年，第 310 页。许冠三说，《史通》对唐后史学的指导作用，远大于浦起龙、钱大昕、傅振伦所言，"在欧、宋《新唐书》与郑樵《通志》之外，《通典》《通鉴》又何尝不采其说？而历代著名之大家，由杜佑而欧阳修、司马光、郑樵，以至顾炎武、王鸣盛、纪昀与崔述，又何尝不读其书，而师承其治史之例，窃取其商榷之意，推广其实录之旨"，见其《刘知幾的实录史学》，香港：中文大学出版社，第 132 页。

二、司马光等人对《史通》的接受与阴用其法①

北宋神宗元丰七年（1084），司马光等人修成编年体巨著《资治通鉴》，其中三次记载了刘知幾事迹。司马光编修该书，取材原则是"专取关国家盛衰，系生民休戚，善可为法、恶可为戒者"②，其所记刘知幾三事中，前两条（卷二○五、二○七）都属于事关国家大政的政治事件，符合该书取材要求，因而这两条记事除本身所具有的史料价值外，并不具有特殊的史学意义；第三条是记载刘知幾卒于唐玄宗开元九年事（卷二一二），其文云："安州别驾刘子玄卒。子玄即知幾也，避上嫌名，以字行。"安州别驾并非重要官职，"刘知幾卒"更不关军国大政，何以会在记事内容"专取关国家盛衰，系生民休戚，善可为法、恶可为戒"的《资治通鉴》中占一席之地？对此，元初胡三省在为该条记事作注时解释说，这是"重史臣"之意。但是，唐代史官并不止刘知幾一人，就是新旧两唐书的刘知幾本传中，也都同时记载了吴兢等其他几位著名史官，为何只有刘知幾一人能够受到如此"重"的高规格待遇？

刘知幾在《史通·史官建置》中说：人生一世，上起帝王，下至匹庶，皆以图不朽之事，疾没世而名不闻。何者而称不朽呢？盖青史留名而已。假使世无史书、时缺史官，虽明主贤臣

---

① 许冠三说："《史通》对司马光的影响，素为历代史家所忽略，不知温公史学义例与知幾实大有关系。总括而言，约有三端：一曰宗《左（传）》；二曰据事直书；三曰疑古辨异。"见其《刘知幾的实录史学》，香港：中文大学出版社，第135—136页。

② ［宋］司马光：《资治通鉴进书表》，《资治通鉴》附录，北京：中华书局，1956年，第9607页。

与暴君奸臣、品德高洁之士与污浊盗贼之人，一旦过世，"坟土未干，则善恶不分，妍媸永灭者矣。苟史官不绝，竹帛长存，则其人已亡，杳成空寂，而其事如在，皎同星汉"。联系《史通》此文可以看出，《资治通鉴》将"刘知幾卒"庄严地写入书中，一方面正实现了刘知幾本人"称不朽"的愿望，另一方面也是直接回应刘知幾："史官未绝，我等即是！"显然，在司马光等人看来，刘知幾已然成为唐代史官的杰出代表，并对北宋学界发挥着重要影响，所以才要在他卒年特地写上一笔，将他书名青史，流芳百世。

《资治通鉴》研究专家陈光崇指出，《资治通鉴》记载刘知幾去世属于"特笔"，"刘知幾一向反对曲笔，主张直书；反对天命，重视人事；反对模拟，提倡创造，不信五行灾祥之说，富有怀疑和批判精神，这对司马光的历史观无疑具有重要的影响"。在记载刘知幾去世的条目下，《资治通鉴》还打破全书的编年记事体例，补记了刘知幾卒后，其好友吴兢所经历的一件与刘知幾有关的修史故事，"再一次表示了司马光对史家秉笔直书的史德的极度推崇"。①

当然，司马光所接受自刘知幾的史学理念，尚不止陈先生所提到的几个方面，例如"司马光等人在预先拟定体例指导史籍编纂全过程的问题上，比前代史家更自觉、更严谨"②，之所以会如此，也与《史通》专设《序例》一篇，特别强调凡例的意义与价值，明确提出"夫史之有例，犹国之有法。国无法，

---

① 陈光崇：《通鉴新论》，沈阳：辽宁教育出版社，1999 年，第 114 页。
② 林校生：《〈资治通鉴〉与编年体》，刘乃和、宋衍申主编《〈资治通鉴〉丛论》，郑州：河南人民出版社，1985 年，第 83 页。

则上下靡定；史无例，则是非莫准"，凡例一辨，"彪炳可观"，有重要关系。《史通》研究专家张舜徽曾就《史通》对"称谓"的体例要求指出："唐以前人修史，罕有先定义例而后从事纂述者，故称谓之际，不免牴牾。自知幾此论出，而后史家讲求及之。宋以下益臻详密，如欧阳《五代史记》、涑水《资治通鉴》，皆尝自定其例，故书法较为整齐。"① 这揭示了《资治通鉴》与《史通》之间的思想源流关系。

在史料处理问题上，司马光秉持"搜之欲其备，而辨之欲其精"的态度②。他"采择史料不存偏见"，曾说"实录、正史未必皆可据，杂史、小说未必皆无凭"，因而"《通鉴》之修，取材欲其博，裁断欲其精。欲其博，则可信可疑，皆在搜罗之内；欲其精，则必多方考求以达其信"③。而博采慎择正是《史通》所一意强调的史料学思想。《史通·采撰》专门谈史料采择问题，认为编撰史书，只有"征求异说，采摭群言，然后能成一家，传诸不朽"；但必须对所有史料进行是非真伪的考证，指出"作者恶道听途说之违理，街谈巷议之损实"，"异辞疑事，学者宜善思之"。《杂说中》还具体批评了唐代官修《晋书》多采《世说新语》等小说资料入史，说其记事真伪缺乏考证，并斥之为"以此书事，奚其厚颜"！《杂述》篇末又总结性地评论说："刍荛之言，明王必择；葑菲之体，诗人不弃。故学者有博闻旧事，多识其物。若不窥别录，不讨异书，专治周、孔之章句，直守迁、固之纪传，亦何能自致于此乎？且夫子有云：'多

---

① 张舜徽：《史通平议》，《史学三书平议》，北京：中华书局，1983年，第53页。
② 张煦侯：《通鉴学》（修订本），合肥：安徽人民出版社，1981年，第70页。
③ 宋衍申：《司马光评传》，南宁：广西教育出版社，1995年，第189—190页。

闻，择其善者而从之'，'知之次也'。苟如是，则书有非圣，言多不经，学者博闻，盖在择之而已。"该篇在纪传、编年之外，将各种杂史厘为十类，"有郡书、地理，则方志入史矣。有家史、别传，则谱牒入史矣。有琐言、杂记，则小说入史矣。于是治史取材，其途益广。学者致力之端，知不局限于纪传、编年之书。则知幾是篇，启牖之益为多"，而其最后的这段总结性论述，更是"极其圆通"，"尤为精要！信足以矫俗士之僻陋"。①是则，如此明晰精要而又深刻的理论论述，自然成为推崇刘知幾的司马光所要吸纳的精神食粮，以及他编修《资治通鉴》所要取法和奉行的指导性意见。

此外，编年体史书虽也记述历史人物，但"多不详其邑里世系，学者颇费稽考。司马光于行文中，凡遇始见的人物都载明邑里或世系"②。而这两个方面，正是《史通·邑里》所强调的记述人物"宜详录"邑里及《书志》所强调的氏族志的内容。关于《通鉴》的记事始末，也就是开篇和收篇的限断问题，司马光有自己的"独特见解"③，"反映了司马光对历史的分期主张"④，而这也正是《史通·断限》专门强调的问题。《资治通鉴》要记载哪些历史内容，"这是取舍问题"⑤，司马光有自己的考量，而《史通·书事》即以专篇形式讨论史书记载史事的标准。《资治通鉴》中有史论218处，其中司马光自己的评论119处，都以"臣光曰"三字发端，另外引述前人之论99处⑥，

① 张舜徽：《史通平议》，《史学三书平议》，北京：中华书局，1983 年，第 96 页。
② 陈光崇：《通鉴新论》，沈阳：辽宁教育出版社，1999 年，第 153 页。
③ 柴德赓：《史籍举要》（修订本），北京：商务印书馆，2015 年，第 174 页。
④ 宋衍申：《司马光评传》，南宁：广西教育出版社，1995 年，第 193 页。
⑤ 柴德赓：《史籍举要》（修订本），北京：商务印书馆，2015 年，第 177 页。
⑥ 宋衍申：《司马光评传》，南宁：广西教育出版社，1995 年，第 196 页。

这些史论在书中的分布，"最多的一卷中有五篇，也有几卷、十几卷没有一篇论的。大抵事情善恶很明显的，不需要作论。刘知幾《史通·论赞》篇所谓'论者所以辩疑惑、释凝滞，若愚智共了，固无俟商榷'，《资治通鉴》正是这样"①，这是遵循并践行了《论赞》提出的不必每篇或每卷都"各书一论"，如"理有非要"，则不必"强生其文"的主张。

有学者指出："唐代刘知幾对史馆监修制度提出批评后，并未引起历代封建政府的重视，因此照样历代相仍，所编史书很少令人满意。而司马光却以个人身份，自己选择一批志同道合的学者共同努力，编出一部众口称颂、千古不朽的史学名著，这个经验至今仍有总结的价值和现实意义。"② 此言甚是，《资治通鉴》的编修成功确是需要认真加以总结的史学现象，因为就其成就来说，"《资治通鉴》是我国极负盛名之通史，论到编纂的方法，史料的充实，考证的详细，文字的简洁，综合评论，确算它首屈一指"③。但也不能不指出的是，《资治通鉴》成就的取得，除了司马光等编修者的个人努力外，《史通》思想理论的启迪也扮演了重要角色，在其"编纂的方法，史料的充实，考证的详细，文字的简洁，综合评论"等方面，都时常可见《史通》的身影，虽然司马光从未说过他主编《资治通鉴》时曾经以《史通》的史学思想为理论指导。

---

① 柴德赓：《史籍举要》（修订本），北京：商务印书馆，2015年，第179页。
② 仓修良：《〈通鉴〉编修分工及优良编纂方法》，刘乃和、宋衍申主编《〈资治通鉴〉丛论》，郑州：河南人民出版社，1985年，第58页。
③ 岑仲勉：《通鉴隋唐纪比事质疑·自序》，《通鉴隋唐纪比事质疑》卷首，北京：中华书局，1964年。

吴缜对《史通》思想的明确接受与运用

北宋哲宗元祐四年（1089）八月，杰出史学评论家吴缜为其《新唐书纠谬》作序，其中涉及刘知幾的内容有三个方面，一是评论《史通》，二是评论刘知幾所修史书，三是以《史通》的思想理论和方法对当朝官修《新唐书》的失误进行订讹纠谬。刘知幾在《史通》中，不但以当朝人的身份对唐朝官方修史的体制、运作及人才等问题进行了整体性的集中批判，而且对唐朝官修《晋书》《北齐书》《周书》《隋书》等多部史书有程度不同的具体批评，其言辞之激烈，不亚于他以后人的身份对唐朝以前史书的批判。吴缜要批评当朝官修《新唐书》，《史通》的这些内容自然成为他取法的首要历史遗产和精神源泉。而他评论《史通》的行为，也等于将他接受《史通》思想的事实向世人做了公开昭示，这与其他人对《史通》阴用其法是截然不同的。

吴缜序言①，开篇提出了"史才之难"的问题，强调"史才之难，尚矣！游、夏，圣门之高弟，而不能赞《春秋》一

---

① ［宋］吴缜：《新唐书纠谬·序》，景印文渊阁四库全书史部第276册，第620页。

辞"。在中国史学发展史上，明确表述"史才之难"的，当然是刘知幾，其《史通·核才》开篇即云："夫史才之难，其难甚矣！"而他提出的史才三长论，更是以文士多、史才少的对比方式，强调史才难得。因此吴缜的序言，可谓从开篇就接续了刘知幾的史学思想。吴缜在列举唐朝以前一些著名史家之后，称赞唯有刘知幾"能于修史之外，毅然奋笔，自为一书，贯穿古今，讥评前载"，认识到《史通》与其他史书性质不同，是一部独到的以良史"自命"的著作。但他认为刘知幾所修唐朝国史等书，也有与刘知幾所批评的前人一样的"谬戾"之处，"由是言之，史才之难，岂不信哉"！① 这与《核才》篇末所言"斯则自古所叹，岂独当今者哉"，如出一辙。

那么，什么才是好的史书呢？吴缜提出"信史"的概念，指出"必也编次事实，详略、取舍、褒贬、文采，莫不适当，稽诸前人而不谬，传之后世而无疑，粲然如日星之明、符节之合，使后学观之而莫敢轻议，然后可以号信史"②，这也就是他眼中的"良史"。刘知幾史学思想的最主要内容之一，就是强调直书实录，主张史书一定要记载真实的历史，反对曲笔写史，以至后人直接指称他的史学为"实录史学"，但他尚未提炼出"信史"的概念。《史通》虽然对史书记事的详略、取舍、褒贬、文采等内容全都有所论及，可是并未像吴缜这样集中而又宏观的阐述。因此，吴缜对"信史"的探讨，是在《史通》之上的提炼和升华，是在理论上、思想上对《史通》的发展和

① ［宋］吴缜：《新唐书纠谬·序》，景印文渊阁四库全书史部第 276 册，第 620 页。
② ［宋］吴缜：《新唐书纠谬·序》，景印文渊阁四库全书史部第 276 册，第 620 页。

深化。

由"信史"出发，吴缜指责《新唐书》自相矛盾"亦已太甚，揆之前史，皆未有如是者"①，究其原因，主要有八个方面的失误。其中第一、三、五、六条，都明显受到《史通》思想的启发。

第一条，"责任不专"。吴缜说："何谓责任不专？夫古之修史，多出一家，故司马迁、班固、姚思廉、李延寿之徒，皆父子论撰，数十年方成，故通知始末，而事实贯穿，不牴牾也。唯后汉东观，群儒纂述无统，而前史讥之。况夫唐之为国几三百年，其记事亦已众矣，其为功亦已大矣，斯可谓一朝之大典。举以委人，而不专其责，则宜其功之不立也。今《唐史》本一书也，而纪、志、表则欧阳公（欧阳修）主之，传则宋公（宋祁）主之，所主既异，而不务通知其事，故纪有失而传不知，传有误而纪不见。岂非责任不专之故欤？"②自唐代确立史馆修史的制度后，责任不专一直是古代史馆修史的通病。最早对史馆修史弊病进行公然抨击的就是《史通·忤时》的"五不可"之论，其中第一、四、五都涉及责任不专的问题："古之国史，皆出自一家，如鲁、汉之丘明、子长，晋、齐之董狐、南史，咸能立言不朽，藏诸名山。未闻藉以众功，方云绝笔。唯后汉东观，大集群儒，著述无主，条章靡立。……人自以为荀（悦）、袁（宏），家自称为政（刘向）、骏（刘歆）。每欲记一事、载一言，皆阁笔相视，含毫不断。故头白可期，而汗青无

---

① ［宋］吴缜：《新唐书纠谬·序》，景印文渊阁四库全书史部第276册，第620页。
② ［宋］吴缜：《新唐书纠谬·序》，景印文渊阁四库全书史部第276册，第620—621页。

日。其不可一也。”“古者刊定一史，纂成一家，体统各殊，指归咸别。……顷史官注记，多取禀监修，杨令公则云必须直词，宗尚书则云宜多隐恶。十羊九牧，其令难行；一国三公，适从何在？其不可四也。”“窃以史置监修，虽古无式，寻其名号，可得而言。夫言监者，盖总领之义耳。……今监之者既不指授，修之者又无遵奉，用使争学苟且，务相推避，坐变炎凉，徒延岁月。其不可五也。”① 对比可知，吴缜本条即是由《史通》这些论述转化而来的。而吴缜文中“惟后汉东观，群儒纂述无统，而前史讥之”的“前史”，显然是指刘知幾和《史通》此文。

第三条，“初无义例”。吴缜说：“何谓初无义例？夫史之义例，犹网之有纲，而匠之绳墨也。故唐修《晋书》，而敬播、令狐德棻之徒，先为定例。盖义例既定，则一史之内，凡秉笔者皆遵用之，其取舍详略、褒贬是非，必使后人皆有考焉。今之《新书》则不然，取彼例以较此例则不同，取前传以比后传则不合，详略不一，去取未明，一史之内，为体各殊。岂非初无义例之故欤？”② 这段话很好理解，先是强调史书义例的重要性，然后批评《新唐书》不讲求义例之弊。两相比较可知，这段话正是改写自《史通·序例》。《序例》先是指出：“夫史之有例，犹国之有法。国无法，则上下靡定；史无例，则是非莫准。昔夫子修经，始发凡例；左氏立传，显其区域。科条一辨，彪炳可观。”继而又云：“凡例既立，当与纪、传相符。案皇朝《晋书》例云：‘凡天子庙号，唯书于卷末。’依检孝武崩后，竟不

---

① ［唐］刘知幾：《史通·忤时》，［清］浦起龙：《史通通释》，上海：上海古籍出版社，2009 年，第 555—556 页。
② ［宋］吴缜：《新唐书纠谬·序》，景印文渊阁四库全书史部第 276 册，第 621 页。

言庙曰烈宗。又案（李）百药《齐书》例云：'人有本字行者，今并书其名。'依检如高慎、斛律光之徒，多所仍旧，谓之仲密、明月。此并非言之难，行之难也。"而在《史通》其他篇中，刘知幾也多次以记事与义例是否相称来评价史书优劣。可见，《史通》对义例的讲求，从思想到实践，都对吴缜产生了重要的启发作用。

第五条，"多采小说而不精择"。吴缜说："何谓多采小说而不精择？盖唐人小说类多虚诞，而修书之初，但期博取，故其所载或全篇乖牾。岂非多采小说而不精择之故欤？"①《史通·采撰》专门谈史书的史料采择问题，认为只有广泛收集资料，"征求异说，采摭群言，然后能成一家，传诸不朽"。但是，对于"苟出异端，虚益新事"和"或恢谐小辩，或神鬼怪物"之类的材料，必须严加审核，"务多为美，聚博为功，虽取说于小人，终见嗤于君子"。并以范晔《后汉书》、魏收《魏书》和唐代官修《晋书》为例，详细展开评论，最后指出："作者恶道听途说之违理，街谈巷议之损实"，对于刍荛鄙说、异辞疑事，学者宜善思之。《杂说中》又批评《晋书》在对史事真伪缺乏考证的情况下，多采《世说新语》等小说资料入史。如果用一句话来概括刘知幾的史料采择思想，就是博采善择。两相对比，吴缜的论述，与《史通》并无两样。

第六条，"务因旧文而不推考"。这是在批评《新唐书》直接沿袭唐朝所修史书内容，而不考察其是非真伪，但唐代史官"书事任情者多矣，安可悉依徇而书？今之《新书》，乃殊不参

---

① ［宋］吴缜：《新唐书纠谬·序》，景印文渊阁四库全书史部第 276 册，第 621 页。

较，但循旧而已，故其失与唐之史臣无异"①。《史通》的《因习》《邑里》两篇专门谈史书互相因袭的情况。《因习》开篇即明确反对因袭以前史书原文而不知变通，然后对《史记》《汉书》《后汉书》《魏书》等史书在记事方面的这类失误进行批评，特别对唐朝官修《隋书》等因袭前史原文，"仍旧不改"，造成褒贬失当的错误进行了驳斥。《邑里》则专就史书中记载的地理问题，批驳一些史书沿用前史地名而不改的错误。显然，《史通》所论，正是吴缜"安可悉依徇而书"的思想来源，说明吴缜从《史通》中得到了很好的借鉴。

在指出《新唐书》的致误原因后，吴缜又将其谬误分成二十类：一曰以无为有，二曰似实而虚，三曰书事失实，四曰自相违舛，五曰年月时世差互，六曰官爵姓名谬误，七曰世系乡里无法，八曰尊敬君亲不严，九曰纪志表传不相符合，十曰一事两见而异同不完，十一曰载述脱误，十二曰事状丛复，十三曰宜削而反存，十四曰当书而反缺，十五曰义例不明，十六曰先后失序，十七曰编次未当，十八曰与夺不常，十九曰事有可疑，二十曰字书非是。这二十个方面，《史通》在行文中，绝大部分都曾涉及，只是因全书体例所限，未能像吴缜这样，专门就某一部具体史书而展开评论。因此我们完全可以说，吴缜对《新唐书》谬误类型的划分，也在很大程度上得益于《史通》的启发。

综上所述，吴缜既认识到《史通》不同于一般记述历史之

---

① ［宋］吴缜：《新唐书纠谬·序》，景印文渊阁四库全书史部第276册，第621页。

书的特殊性质，又运用其思想理论和方法对《新唐书》的失误进行了订讹纠谬的工作，并在实践中对《史通》的发展做出贡献。《史通》主要是通过对众多史书展开史学批评的方式来阐发其史学理论的，吴缜则是专门就《新唐书》进行史学批评的，两者在写作方式上相同，这是吴缜能够直接借鉴《史通》的重要原因，也是《史通》对吴缜产生影响的一个方面。总的来看，《史通》以其卓越的成就，从思想到实践，都对吴缜写作《新唐书纠谬》产生了重要的启发作用。

朱熹对《史通》思想的阴相承续

朱熹是宋代理学的集大成者，也是一位著名的史学家。他与《史通》的关系，最常被人提起而一直被作为事实引用的，是明代张之象所说的"宋儒朱晦翁犹以未获见《史通》为恨"①这句话。如果此言属实，则朱熹肯定没有见过《史通》。但是揆诸实情，这个说法不能成立，这句话只是张之象等人为其校刻《史通》而做出的宣传性广告用语，并无确凿证据可以证明其所言的真实性。相反，朱熹应该见到并受到了《史通》的影响。

宋孝宗淳熙二年（1175），朱熹为袁枢《通鉴纪事本末》作跋，起首称："古史之体可见者，《书》《春秋》而已。《春秋》编年通纪，以见事之先后；《书》则每事别记，以具事之首尾。"②对于《尚书》《春秋》二书，"自来列诸六艺，视为垂世立教之书"③。而明确把二者作为史书，并以史学原则进行分析、解读和批判，将二者作为两种史书体裁，"分别视为史之一个流

---

① ［明］张之象：《史通序》，张之象刻《明本史通》卷首，北京：国家图书馆出版社，2019 年，第 1 册，第 5 页。

② ［宋］朱熹：《朱熹集》卷八一《跋通鉴纪事本末》，成都：四川教育出版社，1996 年，第 4171 页。

③ 张舜徽：《史通平议》，《史学三书平议》，北京：中华书局，1983 年，第 6—7 页。

派，纳入史部分类之中，这是刘知幾的创举"，是他的"一大发明"。①《史通·六家》就专门讲论这一思想，《疑古》《惑经》两篇又完全从史学的角度对二者记事的疏误进行了批评。而朱熹之前的王十朋对《六家》提出的第一个质疑，也是其中把《尚书》《春秋》当作史书看待的做法，指责其犯了僭窃之罪。由这些事实可知，朱熹称"古史之体可见者，《书》《春秋》而已"，正是传承了《史通》把《尚书》《春秋》作为两种史书体裁看待的观点。至于他说的"《春秋》编年通纪，以见事之先后；《书》则每事别记，以具事之首尾"，与《史通》的观点相异者多，这说明他们二人之间对《尚书》《春秋》作为两种史书体裁的具体内涵有着不同的理解。但也不能不说，朱熹的论述是接续了《史通》提出的课题，是在《史通》之后对《尚书》《春秋》作为两种史书体裁的继续探讨。

宋光宗绍熙五年（1194），朱熹撰作《史馆修史例》②，为实录院如何收集史料提供具体建议。《朱子语类》卷一○七对此事讲述更详，并特别点明当时的背景是"实录院略无统纪"③。《史通·忤时》在批评史馆修书的"五不可"中，第二个方面即是批评史馆收集史料的方法不当，以致史料不充分，无法修史。两相比较，虽然具体所论不同，但还是有异曲同工之处。因而从思想来源上说，《史通》当然是朱熹此论最早的思想泉源。

---

① 许凌云：《刘知幾评传》，北京：中国电影出版社，2005年，第186、256页。

② ［宋］朱熹：《朱熹集》卷七四《史馆修史例》，成都：四川教育出版社，1996年，第3887—3888页。

③ ［宋］黎靖德：《朱子语类》，景印文渊阁四库全书子部第702册，第246页。

　　此外，朱熹在讨论史学人才时，也以才、学、识三个方面为主要切入点来论述，他与刘知幾的区别是，"他是以理学家的眼光、而不是用史学家的眼光对史学人才作评述的"，因此，"朱熹对史家三长的论述，都贯穿着'义理'这一标准"。① 但这只是二人具体观点的不同，却不能不说朱熹接续了刘知幾史才三长论的探讨。

　　更为明显的是如下两个论点：一是朱熹认为编年体和纪传体史书在记事方面"各有优劣，互为补充"，二是朱熹"极力主张编纂史书必须用时代语言"②。这两个观点都是刘知幾在《史通》中明确提出来的，带有刘知幾个人的鲜明印记，因而要说朱熹没有受到《史通》的影响，恐怕实在有点说不过去。他与《史通》之间的关系，不是"犹以未获见《史通》为恨"，而是见到并受到了《史通》的影响。

　　如果再从朱熹与其学生赵师渊合撰的历史著作《资治通鉴纲目》一书来考察，则更可以发现朱熹本人对刘知幾有着特殊的感情。该书"纲"为朱熹手定，"目"为赵师渊所作。其卷四十三，以"纲"的形式，特别记述了"安州别驾刘子玄卒"一事。《资治通鉴》记事，专取关国家盛衰、系生民休戚者，《资治通鉴纲目》又从中选其要者著于篇，以便"大纲概举而监戒昭"③。《资治通鉴》中三次记述刘知幾，前两次都有关军国大政，但《纲目》一概不取，仅取其中无关军国大政的"安州

---

① 汤勤福：《朱熹的史学思想》，济南：齐鲁书社，2000 年，第 230 页。
② 汤勤福：《朱熹的史学思想》，济南：齐鲁书社，2000 年，第 167、201 页。
③ ［宋］朱熹：《朱熹集》卷七五《资治通鉴纲目序》，成都：四川教育出版社，1996 年，第 3948 页。

别驾刘子玄卒"一事，因而这条记事就显得非常特殊。由于《纲目》全书之中，"'卒'别驾"者仅此一例，所以后来有人为此进行解说，指出："别驾未有书'卒'者，'卒'子玄何？录良史也。"① 由此可见，朱熹对刘知幾真可谓是特别眷顾。而由此也可知，如果他真的"犹以未获见《史通》为恨"，能不积极努力地去寻找吗？更何况他找起来还并不费事呢！因为他的好朋友尤袤家里就收藏有《史通》，朱熹还曾从尤袤手里得到一些世上较少流传的书，将其刊印行世②。如果朱熹在生前真的"犹以未获见《史通》为恨"，他大可方便地向尤袤借阅，并进而重刊《史通》以雪"恨"，根本不需抱"恨"终了。

总之，朱熹虽没有提到刘知幾姓名，也没有提到《史通》书名，但从其传世著述来看，他既对刘知幾有着特殊感情、特别眷顾，也显然接续了《史通》中的一些史学探讨，其中有的问题还突出带有刘知幾个人的鲜明印记，因而要说他没有受到《史通》的影响，恐怕是说不过去的。明人张之象所说的朱熹"犹以未获见《史通》为恨"，只是张之象为其校刻《史通》而做出的宣传性广告用语，并非事实。朱熹和他的前辈学者欧阳修、司马光，以及其他更多的前朝、本朝和后朝苏天爵等学者一样，都是对《史通》阴用其法，都是对《史通》思想的阴相承续。

---

① ［清］康熙：《御批资治通鉴纲目》卷四三上，"安州别驾刘子玄卒"条"书法"，景印文渊阁四库全书史部第 691 册，第 277 页。
② 束景南：《朱熹年谱长编》，上海：华东师范大学出版社，2001 年，第 692—693、862—863、703 页。

唐宋元时期的史才三长论

自刘知幾在唐代中期提出有关史家标准问题的史才三长论之后，唐代以来就不断有学者续做讨论和发挥，并直接应用到史学实践中来，经过宋朝的推扬，不但讨论得更为具体深入，而且终成史家标准论的不二法门。史才三长论的这一发展历程，自然是《史通》学术史的重要内容，并从一个具体层面展示了中国传统史学理论深化演进的轨迹。

一、刘知幾史才三长论的提出

才、学、识史才三长论，是刘知幾在总结前人的基础上，提出的有关史家标准问题的理论论述。虽然他在与同僚对话，最初提出这一史才三长论时，并未明确解释才、学、识三个史学理论范畴及其内在联系，而是以比喻的方式做出论述，给后人留下了进一步深入探索的空间，但其思想还是比较明确的。究其意，史才是指史家的撰史才能问题，史学是指史家的知识结构问题，史识则是包括了史家正直无私、善恶必书的品德修养和撰著态度在内。《史通》因是以各篇分题撰述的方式写成，未能将史才三长这一整体性表述进行集中阐释，但其意在《采

撰》《书事》《核才》《鉴识》《辨职》《品藻》《直书》《曲笔》
《暗惑》《忤时》等篇中都有讨论,因此这一理论论述自然是
《史通》的重要组成部分,而其对后世影响之深远,则更在《史
通》本书之上。

二、唐宋元时期对史才三长论的讨论发挥

对于刘知幾史才三长亦即史家标准的论述,在他之后的唐
朝学者,就已不断有人继续讨论探索。从目前所见资料看来,
最早直接沿用才、学、识三长概念来讨论史官、史家标准的,
是唐德宗时期的史官赵元一,其《奉天录·序》说:"史官之笔,
才、识、学也。苟无三端,难以措其手足。元一不敏,敢窃凤
皇之一毛,以效麒麟之千里。"① 虽然他所说"才、识、学"三
个概念的前后顺序与刘知幾所论稍有不同,但总的来看,他不
但赞同刘知幾提出的史才须有三长的观点,而且也是以这个标
准来要求自己的。也正因此,其书内虽间有失实之处,但"叙
事记言往往较正史详尽可信,可据以考订事实真相"②。

此后,文学家白居易也代表朝廷,讨论了史家标准问题。
他一方面强调史官"甚难其选",提出史官必须是"雄文""博
学""通识"三者兼备,否则就是不称职,这与刘知幾探讨的
才、学、识三长一一对应,他虽然没有进一步指明怎样才能算
是文"雄"、学"博"、识"通",但这一提法显然要比刘知幾
以比喻形式的探讨更为具体。另一方面,白居易同时也以其标

---

① [唐]赵元一:《奉天录·序》,《奉天录》卷首,续修四库全书第 423 册,第 153 页。
② 黄永年:《唐史史料学》,北京:中华书局,2015 年,第 142 页。

准来选择史官，认为授予沈传师史馆修撰一职，是符合"雄文""博学"和"通识"的三长标准的，希望沈传师"继前志、率前修，无忝尔父之官之职"①，这与《史通·核才》所说的"苟非其才，则不可叨居史任"，也是相应的。

但是，白居易并没有提到刘知幾、《史通》和三长等名称概念，他是真的受到了《史通》的影响，还是暗合于《史通》而英雄所见略同呢？答案应该是前者。因为除对史家标准的探讨外，白居易还高扬刘知幾在《史通》中所大声疾呼的"直笔""实录"精神。对此，张少康、刘三富明确指出："白居易提倡'直笔''实录'，当然是由司马迁《史记》写作中的实录精神而来，但其直接思想来源则是唐代刘知幾的《史通》。"② 陈允锋沿着这一思路，从史家精神与创作主体的品格、史家笔法与诗歌创作方法两个方面，详细考察了白居易诗学思想与刘知幾《史通》的具体关系。③ 这可见，白居易与刘知幾《史通》有着莫大渊源。可惜的是，白居易也和刘知幾一样，并没有对他自己所说的"雄文""博学""通识"的具体标准展开论述，相反，他甚至比刘知幾对才、学、识三长的论述更为简略，这实在令人遗憾。

唐代后期，自称是韩愈四传弟子的孙樵对史学问题多有论

① ［唐］白居易：《白居易集》卷五四《授沈传师左拾遗、史馆修撰制》，北京：中华书局，1979 年，第 1139 页。
② 张少康、刘三富：《中国文学理论批评发展史》上卷，北京：北京大学出版社，1995 年，第 367 页。
③ 陈允锋：《论白居易诗学思想与刘知幾〈史通〉之关系》，首都师范大学文学院主办《文学前沿》第 7 辑，北京：学苑出版社，2003 年，第 128—137 页。

述，代表作即其《与高锡望书》①。其中起首所论涉及史才问题，孙樵说："文章如面，史才最难。"这与刘知幾回答"自古文士多而史才少"时所说的"史才须有三长，世无其人，故史才少也。……自复古已来，能应斯目者，罕见其人"②的论述，及《史通·核才》中说的"史才之难，其难甚矣"等论述，意旨相同。

两宋时期史学发达，对史才三长论的讨论发挥也就更多，不但对其理论内涵阐述得非常详细明了，而且还很有深度。重要者，如北宋前期著名学者杨億认为，在"学"方面必须"博物稽古，多识旧章"，在"才"方面必须"变例发凡，深穷微旨"，在"识"方面必须"书法不隐""多闻缺疑"。③ 毫无疑问，他的认识与刘知幾的史才三长论和《史通》中的有关论述是基本相同的，但他的具体说明则显然要比刘知幾的比喻式论述更为贴切得多。这是刘知幾之后，较早地对史才三长论进行讨论发挥而提出的具体见解，拓开了后人对这一史学理论范畴的继续探索之路。

苏颂在哲宗绍圣元年（1094）为友人吕夏卿文集作序，其中既以三长称颂吕夏卿，同时也对三长这一理论范畴进行了讨论发挥。按照他的理解，在"才"方面，为文记事必须"辞虽精奥而不取奇僻，理虽切著而不事抑扬"；在"学"方面，必须"博学多闻，拾遗补艺"；在"识"方面，必须"立言创意，深

---

① ［清］孙樵：《孙可之集》卷二《与高锡望书》，景印文渊阁四库全书集部第1083 册，第 68—69 页。

② ［后晋］刘昫等：《旧唐书》，景印文渊阁四库全书第 274 册，第 248 页。

③ ［宋］杨億：《武夷新集》卷二十《与史馆检讨陈秘丞启》，景印文渊阁四库全书集部第 1086 册，第 604 页。

微婉约，不戾经传之旨"，"独得胸襟，自成机杼"，"爱君忧国之虑远"，"表善抑奸之意切"，"明识独见，劝惩之意深"，"发幽隐，甄是否，使读之者知善恶之所归"。在苏颂看来，做到了这些，就是三长兼备，而且是"三长之最"。① 这是历史上第一次提出"三长之最"的说法，对后人继续探索这一史学理论问题，具有积极意义。

刘弇在策问中以三长发问②，其第一句话"文章如面，史才最难"，虽然用的是唐代孙樵的原话，但前文已经指出，这句话本身即是从刘知幾而来；随后提到刘知幾三长之论，认为史家必须具有刘知幾所说的三长，但大量事实表明，"从事乎史者，类非全才"，因此要求士子们回答，"如何而后可以无憾"，也就是史家如何才能真正做到三长兼备，"全才"应该是什么样的。显而易见，这是希望士子们对史才三长的理论进行发挥、完善，以求得史学"全才"。

南宋初期，吴垌于高宗建炎四年（1130）撰成《五总志》一书，其中有云："史官谓才、学、识为三长，而三长之难，识尤居甚。"③ 这是历史上第一次明确表达出三长之中以"识"为最难之意。刘知幾专门论及才、学、识三长时，在指陈才、学的重要性后，紧接着说："犹须好是正直，善恶必书，使骄主贼臣所以知惧，此则为虎傅翼，善无可加，所向无敌者矣。"④ 他把直书实录视为史学第一要义，因此就把正直的品德作为史识

---

① ［宋］苏颂：《苏魏公文集》卷六六《吕舍人文集序》，北京：中华书局，1988年，第1013页。
② ［宋］刘弇：《龙云集》卷二七《策问上·第九》，景印文渊阁四库全书集部第1119册，第288—289页。
③ ［宋］吴垌：《五总志》，景印文渊阁四库全书子部第863册，第807页。
④ ［后晋］刘昫等：《旧唐书》，景印文渊阁四库全书史部第270册，第248页。

的一个重要方面提出来，并用在这里来代指史识，强调有了包含正直品德的史识，就会"为虎傅翼，善无可加，所向无敌"。之后，他又在《史通·鉴识》中专门探讨"识"的问题，一再强调"识"难，慨叹"其唯千载一遇乎"！① 综合刘知幾的论述，他认为才、学、识三者中"识"为最难。因此，吴缜"三长之难，识尤居甚"的表述，实际上是从刘知幾的繁复论述中提炼出来的，并非完全是他自己的独创，但他能如此简要地表述出来，不能不说是个新发展。

大致与吴缜同时，周麟之不但以三长选人，而且还对三长进行讨论发挥，认为三长的标准是才胜、学充、识卓。其言曰："才不胜则俚，学不充则殆，识不卓则胶。三者具而用之，无不宜焉，岂唯史哉！"② 在他看来，才不胜就会文章鄙野，学不充就会内心疑惑而不能定夺，识不卓就会拘泥于他人见解而自己无所创见。应该说，周麟之的这一解说是非常精到的。特别是他还认为，三长"具而用之，无不宜焉，岂唯史哉"！这打开了将史才三长拓展应用于其他学术领域的思路，此后往往有学者对此发出应和之声。

南宋中期，魏了翁在为蔡幼学《百官公卿年表》作序时，对该表予以高度评价，反映出他对撰写史表所持的原则和方法，其中特别强调，不能仅仅钩稽史料，而要写出史料背后所寓含的政治"理乱"，这样才能体现出作者对历史的"弘远"见识。

---

① ［唐］刘知幾：《史通·鉴识》，［清］浦起龙：《史通通释》，上海：上海古籍出版社，2009 年，第 189 页。
② ［宋］周麟之：《海陵集》卷十七《杨邦弼、陈俊卿并除著作郎》，景印文渊阁四库全书集部第 1142 册，第 136 页。

因此他赞同刘知幾提出的作史者必有才、学、识三长的观点，并指出三长是"才、学固不易，而有识为尤难"①。他和吴埧都和刘知幾一样，首重史识。

宋末遗民卫宗武在《秋声集》卷二《和野渡为青溪赋》七言诗中，由衷赞叹友人的不俗才华，最后说："何如耆俊里社全，时得亲薰才学识！"② 显然，这里提到的才、学、识，更是古人从"通学"这个角度讲的，远远超出了史学这一个方面。

元朝对史才三长论的探索不多，但有些还是很有意义的。如元成宗大德二年（1298），冯福京等撰成《昌国州图志》，冯福京在序言中开篇即云："史所以传信，传而不信，不如亡史。故作史者必擅三者之长，曰学、曰识、曰才，而后能传信于天下。盖非学无以通古今之世变，非识无以明事理之精微，非才无以措褒贬之笔削。三者缺一，不敢登此职焉。"③ 冯福京所说的三长的具体顺序与刘知幾所云有所不同，对三长概念的解说也非常具体明了，反映了他对三长之论的进一步深入思考。特别是他强调，史家"必擅三者之长"，写出来的史书才能"传信于天下"；而史书也必须做到"传信"，否则"不如亡史"。这其实就是要求，凡是史家，凡是以史为职者，必须具备三长，也就是冯福京所说的"三者缺一，不敢登此职焉"。这与刘知幾在谈论三长问题时所言史才须有三长，"脱苟非其才，不可叨居史任"的表述，并无轩轾。但冯福京从史书"传信于天下"的

---

① ［宋］魏了翁：《鹤山集》卷五六《蔡文懿公百官公卿年表序》，景印文渊阁四库全书集部第 1172 册，第 627—628 页。
② ［宋］卫宗武：《秋声集》，景印文渊阁四库全书集部第 1187 册，第 657 页。
③ ［元］冯福京：《昌国州图志前序》，《昌国州图志》卷首，景印文渊阁四库全书史部第 491 册，第 268 页。

角度来强调"作史者必擅三者之长",则是他的新发展,比刘知幾单从三长之一的"识"方面来要求"善恶必书",视野要宽广得多。

三、唐宋元时期对史才三长论的直接应用

刘知幾在《史通》中虽然没有集中提到史才三长论,但书中的许多篇章都在运用才、学、识的标准来评史论人,其中尤以《核才》《鉴识》等篇为典型,因此刘知幾不仅从理论上提出了这一史家标准论,而且也是这一理论的第一实践者。

此后,最早直接沿用才、学、识三长概念来讨论史官、史家标准的,是唐德宗时期的赵元一。他在《奉天录·序》中的自述表明,他不但赞同刘知幾的三长论,而且也是以这个标准来要求自己的。因此,他是除刘知幾本人外,第一个应用这一理论成果之人。而之后的白居易,也无例外地代表朝廷用这一标准来选拔史官。

两宋时期官方史学发达,刘知幾提出的史才三长论逐渐成为朝廷选择史官的指导性纲领。在北宋前期,著名学者王禹偁即在《上史馆吕相公书》中,直接用才、学、识三长来评论史官,并要求以此来选拔史官,以史官不具有才、学、识三长为耻。① 从其所言可知,时任监修国史的"吕相公"也曾说过"史笔之难有三焉,才也、学也、识也",所以王禹偁也就不必提出刘知幾的姓名,而是直接以"吕相公"之论还治其人之身,

① [宋] 王禹偁:《小畜集》卷十八《上史馆吕相公书》,景印文渊阁四库全书集部第 1086 册,第 177—178 页。

迫使其真正以才、学、识三长来选拔史官。才、学、识三长论当然是刘知幾的专利性创发之论，因而不管这里是否提到刘知幾的姓名，都足见其史才三长论影响之大。

百余年后，刘安世在宋哲宗元祐三年（1088）弹劾新任著作郎欧阳棐不堪史才时，则径直以"刘知幾之论，以才、学、识为史官之三长"为理据，认为欧阳棐不具三长，不可"列职太史"，并称"朝廷不至乏材如此之甚"，请求追还任命，别加遴选。① 奏上，诏"从之"②。而北宋末张扩所云"真儒通天地人，良史兼才学识"③，以才、学、识兼备的"良史"和兼通天地人的"真儒"相提并论，更可谓是对三长论的高度褒美与阐扬。

南宋前期，王十朋在策问中说，"良史之才，亦不世出"，但也"不难得"，只要具备才、学、识三长即可，这与刘知幾所言"史才须有三长，世无其人，故史才少也"是同一意旨。王十朋批评欧阳修等所撰《新唐书》对唐太宗、陈子昂、李泌、刘蕡等人的评价，"不能无疑于其间"，也就是识见不高；又认为欧阳修独撰的《新五代史》效法《春秋》是"以史拟经"，犯有"僭窃之罪"，当然也是无识了。可见，王十朋不但明确赞同刘知幾提出的史才三长论，而且也在运用三长，特别是以其中"识"的标准来评价《新唐书》和《新五代史》。他还要求

① ［宋］刘安世：《尽言集》卷一《论欧阳棐差除不当》，景印文渊阁四库全书史部第 427 册，第 194 页。

② ［宋］李焘：《续资治通鉴长编》卷四一○，哲宗元祐三年五月，北京：中华书局，1979 年，第 3885 页。

③ ［宋］张扩：《东窗集》卷十六《代贺赵右丞启》，景印文渊阁四库全书集部第 1129 册，第 177 页。

学生们也从才、学、识三个方面，去讨论《新唐书》和《新五代史》的"议论去取之际"和"用心处"①。这当然是对史才三长论的推广和应用。

洪迈在请辞史官之职时，称自己"初无才、学、识之三长，以裨笔削"②。周必大也曾请辞史官之职，但朝廷不允，原因是他"兼才、学、识之三长"③。周必大在《高宗实录误字》一文中，从正反两方面论曰："史官宜用才、学、识三长，又须专任，乃无牴牾。近世止作兼职，人人为之。《高宗实录》成，尝求外祖王给事中靓列传观之，殊可叹。"④ 指出史官一定要专门选用才、学、识三长兼备之人，否则所修史书必然牴牾错出，并举例说《高宗实录》之所以会出现错误之处"殊可叹"的情况，原因即在于此。这是以正面讲道理和反面摆事实相结合的方式，强调史馆在选官用人时，必须秉持史才三长论的原则。

而据李心传《建炎以来系年要录》卷一八八记载：绍兴三十一年（1161）正月庚寅，宋高宗曾问宰执大臣："三朝国史何日可进？"陈康伯对曰："帝纪已成，列传未就。"高宗曰："史官才难，刘知幾谓必具才、学、识。卿宜谨择之。"⑤ 这是以皇

---

① ［宋］王十朋：《王十朋全集》文集卷九《策问》，上海：上海古籍出版社，1998年，第722页。

② ［宋］洪迈：《辞免兼修国史奏状》，［元］富大用《古今事文类聚新集》卷二三，景印文渊阁四库全书子部第928册，第440页。

③ ［宋］周必大：《文忠集》卷一二三《辞免转官奏状》后附《不允诏》，景印文渊阁四库全书集部第1148册，第362页。

④ ［宋］周必大：《文忠集》卷一八一《高宗实录误字》，景印文渊阁四库全书集部第1149册，第52页。

⑤ ［宋］李心传：《建炎以来系年要录》，景印文渊阁四库全书史部第327册，第681页。

帝的身份，要求选择史官必具才、学、识三长。

此后，许应龙《东涧集》卷三《袁甫除著作佐郎诰》，真德秀《西山文集》卷十六《辞免兼修史状》，徐元杰《梅野集》卷六《李性传授端明殿学士、签书枢密院事兼参知政事制》，李曾伯《可斋续稿》卷二《谢尤内翰四六札》，方逢辰《蛟峰外集》卷一《除著作郎诰》等文，都以才、学、识三长为史官标准，用许应龙的话说，就是："专司论撰，非兼才、学、识之三长，曷膺是选？"[①] 而浙江金华人王柏则在悼文中，称永嘉学者蔡范不沽直而不徇时，以节用爱人，以静重为威，"直方大之德、才学识之长"[②]。从全文可知，王柏主要还是从史学方面讲的。尤其值得注意者，是他把"德"与才、学、识三长并列，并冠于三长之前。王柏如此做法，或许属于无心插柳的偶然所为，但无意间开启了"史才四长"讨论的渊源。不知清代浙江会稽（今绍兴）章学诚，是否曾从中得到启发，从而在才、学、识三长之外，明确补以"德"字？而近代梁启超对这一问题的探讨，虽然对这四个范畴的具体排序有所不同，对其具体内涵的阐释也有所差别，但仍然坚持把"德"冠于"四长"之首，与王柏的做法并无不同。

在具体学术实践中，明确把史才三长推广到史学之外的，是宋末民族英雄谢枋得。他编有《文章轨范》一书，共集录汉、晋、唐、宋之文六十九篇，每卷有小序一篇，讲明该卷录文要

---

① ［宋］许应龙：《东涧集》卷三《袁甫除著作佐郎诰》，景印文渊阁四库全书集部第 1176 册，第 434 页。
② ［宋］王柏：《鲁斋集》卷十八《悼蔡修斋》，景印文渊阁四库全书集部第 1186 册，第 266 页。

旨及为文之法。对每篇文章，他亦各作批注圈点，"凡所标举，动中窾会。要之，古文之法亦不外此"①。其中卷六小序云："此集才、学、识三高，议论关世教，古之立言不朽者如是。……人能熟此集，学进、识进而才亦进矣。"② 内中辑录诸葛亮《前出师表》、韩愈《送浮屠文畅师序》和《柳子厚墓志》、元结《大唐中兴颂序》、柳宗元《书箕子庙碑阴》、范仲淹《严先生祠堂记》、辛弃疾《跋绍兴辛巳亲征诏草》、李觏《袁州学记》、李格非《书洛阳名园记后》、范仲淹《岳阳楼记》共十篇文章。这些文章，为研究相关历史提供了很有价值的资料，但也毋庸讳言的是，没有一篇属于正规的史学文章。由此可知，谢枋得已经把原本属于史学领域的才、学、识三长标准，用在教人如何学习古文之法的文学领域了。清代袁枚曾说："作史三长，才、学、识，缺一不可。余谓诗亦如之，而识最为先，非识，则才与学俱误用矣。"③ 郭沫若指出：袁枚将刘知幾提出的史才三长，推广扩充，"而适用之于诗，并谓'识最为先'，良有见地"④。而从上述内容可知，袁枚"诗亦如之"和"识最为先"的两层论述，都可以从宋代学者这里找到源头。

---

① ［清］永瑢等：《四库全书总目》卷一八七《文章轨范》，北京：中华书局，1965 年，第 1703 页。

② ［宋］谢枋得：《文章轨范》卷六《小心文》，景印文渊阁四库全书集部第 1359 册，第 601 页。在谢枋得之前，已有学者从文学角度对《史通》进行评论，此后这类评论历有出现，近代以来更有不少专题研究。本书是从史学的角度进行研究，因而对文学性的《史通》学术史内容不予述及。

③ ［清］袁枚：《随园诗话》卷三，北京：人民文学出版社，1982 年，第 87 页。

④ 郭沫若：《读随园诗话札记》十，《郭沫若全集》文学编第 16 卷，北京：人民出版社，1989 年，第 318 页。郭先生还说："实则才、学、识三者，非仅作史、作诗缺一不可，即作任何艺术活动、任何建设事业，均缺一不可。"此论自然完全正确，因而也就更加凸显出刘知幾才、学、识三长之论的圆融弘通。

经过宋朝的推扬，史才三长终于成为史家标准论的不二法门。元朝史学不盛，但不论私人史家，还是朝廷选择史官，都沿袭了史才三长这一传统。由宋入元的文学家王义山曾指出，唐朝杜佑《通典》、北宋官修《续通典》都"有可议者"，但随即又谦称："余何人，斯无才、学、识之长而敢论史？多见其不知量也。"① 金元时期，著名理学家刘因在送王之才赴史馆编修时，盛称王之才"擅才、学、识"，认为他担任史馆编修一职，是"公躭史癖今史荣，奸魂夜哭崔浩直。善恶磊磊轩天地，笔头休放波涛息"②，对三长兼备的王之才寄予了厚望。

综上所述，随着由唐至元的时代发展和两宋时期史学的兴盛发达，史才三长论的理论内涵明显地呈现出不断深化、进步的趋势，不但才、学、识三个范畴的内涵被阐述得越来越具体、详细，而且三者之中识为最之意也被明确揭示出来，这使才、学、识三个范畴之间又有了主次轻重之分、基础与核心之别，从而使史才三长这一史学理论的系统性更为严密。从外延方面看，史才三长论最初只是作为"良史"的史家标准而提出的，随着时代的发展，到南宋时，人们不但在思想上打开了将其拓展应用于其他学术领域的思路，而且还在具体学术实践中，明确将其推广到史学之外。

除了从理论上对史才三长论展开进一步探索外，唐宋元时

---

① ［元］王义山：《稼村类稿》卷四《宋史类纂序》，景印文渊阁四库全书集部第1193册，第28页。

② ［元］刘因：《静修集》卷十九《送王之才赴史馆编修》，景印文渊阁四库全书集部第1198册，第633页。

期也直接应用这一理论于史学实践之中。就刘知幾本人而言，他不但是这一理论的提出者，而且也是第一实践者。此后，唐宋学者或是以这个标准来要求自己，或是用这一标准来为朝廷选拔史官，或是从才、学、识三个方面去评论史家史书，这都是对史才三长论的推广和应用。经过宋朝的推扬，史才三长终于成为史家标准论的不二法门。元朝史学不盛，但不论私人史家，还是朝廷选择史官，都沿袭了史才三长这一传统。

是则，在刘知幾以比喻的方式提出史才三长论之后，无论是从理论探索上就这一理论的内涵与外延来说，还是从史学实践上直接应用这一理论来说，唐宋元时期都是史才三长论发展的重要时期，不但其文雄、学博、识通或称才胜、学充、识卓，"才、学固不易，而有识为尤难"的基本内涵得以确定下来，而且三长"具而用之，无不宜焉，岂唯史哉"的外延也被明确提出并付诸实践。而经过宋朝的推扬，史才三长论终成中国传统史家标准论的代名词。一言以蔽之，史才三长论自唐代中期被提出以后，到宋元时期终于发展成熟。而从《史通》学术史来说，这也正是《史通》思想内涵和理论学说被后世接受、应用、发挥和发展的典型事例。

第三章

大张其军：明朝时期的《史通》学术

  《史通》在两宋时期以至元朝前期都还流行易得，但在元朝后期文献中已不多见。明代前期的百余年中，理学已经完全成为官方统治思想，整个学术思想界沉闷无生气，《史通》也难以得到世人的关注，以致世间传本甚少。明世宗嘉靖十三年（1534），陆深读到明初蜀藩司据宋代蜀刻本翻刻之《史通》，虽亦颇恨其未尽善，但以世间难得，乃采为《史通会要》。第二年，他又校刻了一部新的《史通》传世，于是《史通》始可读，陆刻本也因此为学者所宗，成为促进《史通》在明清时期大为盛行的最重要基础。陆深这两个方面的工作，使刘知幾《史通》这部史学理论著作彻底摆脱了在明代前期不绝如缕的传布境况，而发展到相当流行，并由此促成了明代学者对《史通》研究的热潮，以至有学者认为，正是从明代开始，"研究《史通》成为一门学问"①。本章即是从思想史的视角，考察明朝时期的《史通》学术发展情况。

---

① 杨艳秋：《刘知幾〈史通〉与明代史学》，《史学史研究》2002 年第 4 期。

明朝时期的《史通》学术概况

整个明代，虽然前期对《史通》关注较少，但中期以来，评论和注释《史通》全书者大有人在，校勘和刻印《史通》全书者也不乏其人，而《史通》史学理论的践行情况也达到了新的高度，对《史通》进行的专深研究更是超出了前人的水平。从后来的情况看，清代研治《史通》的学者，正是直接继承了他们的工作。因此，明代是《史通》研究和版本流传取得重要突破的关键时期，是中国古代《史通》学术史上，《史通》研究大张其军、承上启下的重要时节。

一、对刘知幾和《史通》的总体认识与评价

就目前资料所见，明人最早对《史通》进行评议者，是明代中期学者何乔新。他评价《史通》是"可予者十有三四，可贬者十有五六"，有才有学而"识有所不足"。[①] 这是他为《策府十科摘要·史科》而有意摘录的南宋章如愚之论，与那些有

---

① ［明］何乔新：《椒邱文集》卷二《策府十科摘要·史科·诸史》，景印文渊阁四库全书集部第 1249 册，第 25 页。

闻必录而未必代表本人意见的读书札记不同，因此这个摘录代表了他本人对《史通》的总体评价。可惜他只是直接借用前人的观点来作为自己的评论，并没有提出自己的评价。

明代第一博学家杨慎对《史通》多有论述，其《升庵集》卷四十七《老泉评史通》一文，虽然承认宋代苏洵和杨万里对《史通》的批评有其道理，但明显是在褒奖《史通》，纠正了他们对《史通》仅有批评的做法。不过，文中除了大而空泛的一句"子玄《史通》妙处，实中前人之膏肓，取节焉可也"①，实际上没有说出什么所以然来，而且这句话的重点是强调《史通》对前人的批评有可取之处，尚停留在《史通》所使用的史学批评这一形式的层面，对《史通》的认识并没有超过宋代学者。也正因此，杨慎对《史通》的这一评论，很少被后人引用，倒是他有意无意地错误引述的宋代黄庭坚之论，引起了后人更多的注意。

黄庭坚不但自己喜读《史通》，还在与友人通信中，积极向友人推荐《史通》，认为应该精读和研究此书，但他是从学习写文章的角度来谈的，因而说"刘勰《文心雕龙》、刘子玄《史通》，此两书曾读否？所论虽未极高，然讥弹古人，大中文病，不可不知也"②。他确实对《史通》给予了高度褒奖，但并非是从史学的角度立论的。他拓广了对《史通》开展研究的领域，但不能说是抓住了《史通》的根本，因为《史通》虽具有文学价值，但这只是它在表现形式方面的价值。刘知幾"耻以文士

---

① ［明］杨慎：《升庵集》，景印文渊阁四库全书集部第 1270 册，第 370 页。
② ［宋］黄庭坚：《山谷外集》卷十《与王立之四帖》（之二），景印文渊阁四库全书第 1113 册，第 457 页。

得名，期以述者自命"①，他是要通过《史通》来阐明其史学理论，"讥弹古人，大中文病"只是其表述形式。当然，这并不妨碍通过读《史通》来学习写文章的方法和提升文学水平，两者并不矛盾，所以黄庭坚的做法也无可厚非，关键是要正确理解和认识黄庭坚的出发点和目的，不能误以为他是从史学的角度对《史通》给予了高度赞扬和肯定。

但是杨慎在引用时却说："黄山谷尝云：'论文则《文心雕龙》，评史则《史通》，二书不可不观，实有益于后学焉。'"②显然，杨慎是按照自己从史学角度的理解，而改编了黄庭坚的说法，其意无非是要借助黄庭坚来加强自己的论说，可惜其所引并不符合黄氏本意。不过，自杨慎这一引述出现之后，明末王惟俭在其《史通训故序》中，又直接将杨慎的引述一字不差地转引下来，成为促使他在注释《文心雕龙》之后，决心注释《史通》的重要缘由。实际上这段话是杨慎对黄庭坚原文的误引，王惟俭没有检核黄庭坚原书，就径直引用了杨慎的说法，却直接说成是黄庭坚所说，这大概是出于他对杨慎的高度信任。清初杰出诗人王士禛告诫儿孙说："黄山谷云：'论文则《文心雕龙》，评史则《史通》，二书不可不观。'明王侍郎损仲（王惟俭）作《雕龙》《史通》二书《训故》。以此二《训故》援据甚博，实二刘之功臣。余访求二十余年始得之，子孙辈所当宝惜。"③不用说，他对黄庭坚之语的引述，不是直接转引自杨慎，

① ［唐］刘知幾：《史通·自叙》，［清］浦起龙：《史通通释》，上海：上海古籍出版社，2009 年，第 271—272 页。
② ［明］杨慎：《升庵集》，景印文渊阁四库全书集部第 1270 册，第 370 页。
③ ［清］王士禛：《古夫于亭杂录》卷一《文心雕龙（训故）、史通训故》，北京：中华书局，1988 年，第 9 页。

就是直接引自王惟俭而又间接引自杨慎。而日本学者内藤湖南曾说，杨慎"在史学方面一直予以关心的两部书是《文心雕龙》和《史通》。不过这种重视并不起于杨慎，宋代黄山谷曾说：论文则《文心雕龙》，评史则《史通》，此二书不可不看"①。其中所述黄庭坚的话，也仍是转引自杨慎而没有核对黄庭坚原文。杨慎关于黄庭坚评论《史通》的假信息，直接促成了明末王惟俭注释《史通》、清初王士禛告诫儿孙，以至 20 世纪的内藤湖南还要引述其说，可见其影响之大！

晚于杨慎的陆深在明世宗嘉靖十四年（1535），将明初蜀藩司所刻宋代蜀刻本《史通》重新校勘刻行，于是此前文字错谬、难以通读的《史通》"始可读"。陆深在评论中指出，刘知幾虽有短处，但有史才，加以其耿介正直的性格也适合史官这一职务，因而他作为史官是非常称职的，其《史通》对各种史学理论问题的阐发"亦可谓当矣"，善读书者应该从中节取精华②。总的来说，陆深对《史通》是以褒扬为主。

在为陆深校刻《史通》写作序跋的过程中，有关人员也对刘知幾和《史通》进行了评议。如王阁和高公韶都将《史通》定为讲"史法"的著作，认为《史通》对当时及后世的史学发展，有方法论性的指导意义。这是对《史通》性质的准确评论。彭汝寔说刘知幾是一位"不愧良直"的史学"名家"，并称他"生秉异质，少有伟志"，这俨然是说刘知幾为天生史才。杨名

---

① ［日］内藤湖南：《中国史学史》，马彪译，上海：上海古籍出版社，2017 年，第 220 页。
② ［明］陆深：《俨山集》卷八六《题蜀本史通》，景印文渊阁四库全书集部第 1268 册，第 551—552 页。

说，刘知幾是以"良史"之才和多年修史经验来写作《史通》的，因而《史通》能够"自成一门户"，也就是自成一家之言，有其独到见识；虽"是非谬于圣哲，不能使人无遗憾"，但《史通》是不可磨灭的，史书编撰需要有这样一部理论性著作来指导，"辅吾志而助吾力"。① 可以看出，他们虽然对《史通》的缺点有所论列，但批评、指责之意并不突出，褒扬、赞许之意则时见叠出，这与陆深的观点是一致的。

作为"嘉靖八才子"之首的王慎中强调："人之才力赋受，各有所至，不可强致，亦难以相易。"他举例说，唐代韩愈好古，但"史法不能与刘知幾之论"，虽晚年著有史书《顺宗实录》，可是"《实录》非工笔"②。这是明确把《史通》推为史法典范。而按其"人之才力赋受，各有所至""不能兼也"的语境，他已经明确把刘知幾作为天生史学家看待。

焦竑《焦氏笔乘》卷三《史通》评论说："山谷称《史通》《文心雕龙》皆学者要书。余观知幾指摘前人，极其精核，可谓史家申（不害）、韩（非）矣，然亦多轻肆讥评，伤于苛刻。"③他认同黄庭坚所说的《史通》为"学者要书"的说法，称刘知幾为史学界和史家群体的批评者、谏诤者，特别是其"史家申、韩"一语，还从来没有人用过如此生动形象而又恰切的比喻，清代《四库全书总目》卷八八《史通》提要称其"可云载笔之

---

① 本段引文见［明］王阁《刊正史通序》、［明］高公韶《跋新刊史通》、［明］彭汝寔《序》、［明］杨名《跋史通》，上海涵芬楼影印，四部丛刊所收张鼎思校刻本《史通》卷末。
② ［明］王慎中：《遵岩集》卷二二《与傅锦泉》，景印文渊阁四库全书第1274册，第535页。
③ ［明］焦竑：《焦氏笔乘·上》，北京：中华书局，2008年，第124页。

法家，著书之监史"①，应即由此语演化而出。焦竑说，《史通》对前人有"轻肆讥评，伤于苛刻"的地方，这虽然击中了《史通》的一些弊病，但其实《史通》的目的并不在于批评和指摘前人。关于这一点，刘知幾在《自叙》中说得很清楚，他是以史学批评的形式，辨明史学的指归与体统，阐明著史的宗旨、目的和历史编纂学理论等内容。因此，焦竑把他对《史通》的评价定格在指摘前人的形式问题上，只能说明他和杨慎一样，并未把握到《史通》的真谛。

于慎行在《谷城山馆文集》卷四十《刘子玄评史举正》中，从史官起源谈起，认为自古以来罕有称为"良史"的史官出现，而刘知幾天资卓异、学博识高、见解通透、品行正直、文笔高超、志向端庄，"足称一代良史"②。显然，从其"代罕称良"的角度说，他称刘知幾为"一代良史"，已是极高的评价。只是他对《史通》长处的评价，虽然比较符合刘知幾的实际情况，但没有明显超出前人的新见解。

胡应麟也从总体上对刘知幾的才学修养进行了评论，认为刘知幾只能是一个史学评论家，而不能成为史学家或撰史者。他说："刘知幾之论史也，晰于史矣，吾于其论史而知其弗能史也。其文近浅猥而远驯雅，其识精琐屑而迷远大，其衷饶讦迫而乏端平。善乎子京（宋祁）曰：呵古则工，而自为则拙也。"③ 在他看来，刘知幾虽然善于讥弹往哲，而且所讥往往多

---

① ［清］永瑢等：《四库全书总目·上》，北京：中华书局，2003 年，第 751 页。
② ［明］于慎行：《刘子玄评史举正》，［明］王锡爵：《增定国朝馆课经世宏辞》，四库禁毁书丛刊，集部第 92 册，北京：北京出版社，1997 年，第 309 页。
③ ［明］胡应麟：《少室山房笔丛》卷十三《史书占毕一》，北京：中华书局，1958 年，第 176 页。

中，但他自己在文笔（属于撰史才能的内容）、见识、品德和态度等方面都存在严重不足，因而不可能在实际撰写史书方面有所作为。胡应麟进一步解释说："夫谈者固有未必用，用者固有不必谈。刘子玄非真能史，其论史即马、班莫能难。严羽卿（严羽）非真能诗，其论诗即李、杜莫能如。藉令马、班、李、杜自言之，或未必如二子凿凿也，而责二子以马、班、李、杜，则悖矣。（自注：陆生谓非知之艰，行之惟艰。余谓作者固难，谈亦匪易。古今工用兵者至众，工谈兵者几人哉！）"① 胡应麟批评刘知幾"非真能史"，写不出好的史书，但他没有举出任何证据，而且《旧唐书》刘知幾本传还曾明确说刘知幾所修史书"甚为当时所称"，因此胡应麟的这一批评并不见得正确。但他随后对评史和作史所做出的区分则是正确的，善于评论不等于善于创作，评史也并不等于作史，理论与实践还是有区别的，二者都不容易，也不能互相替代。胡应麟是在论"孙武谈兵"一事时说这番话的，故其文末有"古今工用兵者至众，工谈兵者几人"一语扣题。联系"余谓作者固难，谈亦匪易"一语合观之，则在评史与撰史的问题上，胡应麟所要表述的意思是："古今工撰史者至众，工评史者几人哉！"细味其文，胡应麟是寓含此意的。而到了清朝，这一认识也果然彰显于世，《四库全书总目》卷八八《史评类》小序说："考辨史体，如刘知幾、倪思诸书，非博览精思，不能成帙，故作者差稀。"这一称述，可以作为对胡应麟之意的明确表白。他们都从史学评论的角度，

---

① ［明］胡应麟：《少室山房笔丛》卷二七《九流绪论上》，北京：中华书局，1958 年，第 354 页。

高度肯定和评价了刘知幾的卓越才识与突出贡献，但这显然不包括实际撰史方面在内。

与上述诸人不同，袁黄探讨了《史通》产生的原因。他从司马迁作《史记》、班固作《汉书》，而后人褒贬评论纷纷不断谈起，认为《史通》是史学评论自身发展的产物，"是在众家评史众说纷纭的情况下产生的一部总结性著作"①。这与刘知幾所自言的《史通》撰作缘起不尽相同，但《史通》中史学评论的内容占了很大比重，特别是它有着建立一套规范的史学理论来指导史学实践的目的，因此袁黄所述，在很大程度上也是符合《史通》实际内容的。而他所提出的问题，也是此前学者极少谈到的，显示出他思考的深度。

二、如何阅读《史通》

明代中期，知名学者祝允明在向别人传授治史经验时，把读史治史的步骤分为三个层次，将《史通》及同类著作排在第二层次。祝允明把《史通》作为治史者的必读之书来看待，认为《史通》应该是"少（稍）有简辑议评之力者"才能阅读，强调读者要有自己的"决择自得"，其中的关键就是读后要对自己"有用"。在他看来，《史通》是史学评论著作，其中有"精评缪断、收掷刚察"之处，如果读者不能"决择自得"，势必为其所囿，因而读者必须具有一定的"简辑议评之力"。② 这就提出了阅读《史通》的前提条件问题，是前人从没有讨论过的。

---

① 杨艳秋：《刘知幾〈史通〉与明代史学》，《史学史研究》2002 年第 4 期。
② ［明］祝允明：《怀星堂集》卷十二《答张天赋秀才书》，景印文渊阁四库全书集部第 1260 册，第 535 页。

今人谈论《史通》读法，从源头上说，都须上溯至祝允明。

三、对《史通》思想观点的赞同与阐发

（一）对《史通》史学宗旨论的赞同与阐发

李梦阳是明代中期著名学者，其《空同集》卷六十二《论史答王监察书》一文，至少从三个方面秉持了《史通》的理论，其中之一就是对《史通》史学宗旨论的赞同与阐发。其言曰："作史之义，昭往训来，美恶具列；不劝不惩，不之述也。"①《史通·直书》说："史之为务，申以劝诫，树之风声。"《曲笔》说："史之为用也，记功司过，彰善瘅恶，得失一朝，荣辱千载。"《品藻》说："夫能申藻镜，别流品，使小人君子臭味得朋，上智中庸等差有叙，则惩恶劝善，永肃将来，激浊扬清，郁为不朽者矣。"《人物》则专篇讲论史书如何记载人物的问题，开篇即说："夫人之生也，有贤不肖焉。若乃其恶可以诫世，其善可以示后，而死之日，名无得而闻焉，是谁之过欤？盖史官之责也。"然后以此为标准，对《尚书》《春秋》《史记》《汉书》《三国志》《后汉书》等多部史书提出批评，指出史书虽然以"记善"为主，但"干纪乱常，存灭兴亡所系，既有关时政，故不可缺书"。《史通》极力反对两种倾向，一是："不才之子，群小之徒，或阴情丑行，或素餐尸禄，其恶不足以曝扬，其罪不足以惩戒，莫不搜其鄙事，聚而为录，不其秽乎？"二是："或才非拔萃，或行不逸群，徒以片善取知，微功见识，缺之不

①　［明］李梦阳：《空同集》，景印文渊阁四库全书集部第 1262 册，第 568 页。

足为少，书之唯益其累。而史臣皆责其谱状，征其爵里，课虚成有，裁为列传，不亦烦乎？"可见，李梦阳所言，正是对《史通》之意的提炼与推阐，虽然他没有提到刘知幾或《史通》的名称，但毫无疑问是源于《史通》，是《史通》思想在他文中的体现。

（二）对《史通》二体论的赞同与阐发

明世宗嘉靖二十七年（1548），黄姬水作《刻两汉纪序》，对二体问题做出了较早探讨。他没有沿用编年、纪传的名称，但他所说的"书有二体，曰书、曰纪。书之体创自马迁，纪之体沿于左氏"，显然是指纪传和编年二体而言的。他认为纪传体史书内容广泛，又以纪、表、志、传四种体例分门别类记事，使各种事件记载得比较清晰，容易形成一家之言、是不能缺少的；编年体史书也有其长处，即"平易质直，综括简要"①。他的讨论，只谈纪传、编年两种体裁的长处，不如《史通·二体》长短并论更为全面，而且其观点也多同于《二体》的论述，但他说纪传体容易形成一家之言、称编年体平易质直，则是刘知幾所未明言的。

对二体优劣的认识，明代一流史学家王世贞有着客观、公正的意见。他在万历元年（1573）所作《湖广策问》第三问说："史有二家，左氏志编年，而太史公列传纪，其得失亦大略相当。"于是他向士子发问，应该如何评判编年、纪传二体得失优

---

① ［明］黄姬水：《刻两汉纪序》，［晋］袁宏：《后汉纪校注》，天津：天津古籍出版社，第891页。

劣的问题。王世贞自己在所拟答策中说，编年体史书重在事，是以事件为叙述中心，故"不能旁及人，苦于略而不遍"；纪传体史书重在人，是以人物为叙述中心，故"其事不能无重出而互见，苦于繁而不能竟"。二体既各有优劣，所以终究"可相有而不可偏废"。这当然是正确的，但他说编年体史书是"以备一时之览"，纪传体史书是"以成一代之业"，则未免欠于妥当，其一，至少编年体史书同样可以"成一代之业"，而纪传体史书如果质量不佳，也不可能"成一代之业"，问题的关键在于纂修的质量，而不在体裁的选择。其二，就王世贞个人来说，他坚信纪传体可以"成一代之业"，因此他最后说，欲仿《史记》体例，编写一部自成一家的纪传体通史。① 由此可知，王世贞在坚持二体"可相有而不可偏废"的认识基础上，还是有些偏重纪传体的。

与黄姬水、王世贞相异，思想家许孚远在万历十八年（1590）春致信魏显国，讨论魏氏《历代史书大全》时，提出了刘知幾绝没有想到的问题。他说魏著采用纪传体裁，但在书法、义例方面则遵循编年体《春秋》和《通鉴纲目》。他承认编年、纪传是两种独立的史书体裁，但认为可以兼合二体之长来写作史书。在他看来，纪传体史书的帝纪体现了编年体的形式，就可以像编年体史书那样，把帝纪部分所载事迹扩大范围，使其"更加详核"；而那些"最显著、足为百代鉴法者"，则可采用纪传体的列传形式，专门设立列传以记载之。如此，则将兼有

---

① ［明］王世贞：《弇州四部稿》卷一一六《策问四首·湖广第三问》，景印文渊阁四库全书集部第1280册，第810—812页。

编年、纪传二体的优长之处。他希望魏氏能够"更思而裁之"①。这就提出了择取各种史体之优长而融于一书的思想，是许孚远变革史书体裁的新贡献，也是明代在探讨史书体裁问题上的一项重要推进成果。

此外，一些学者在涉及二体问题时，虽没有提出自己独到的意见，但也都坚持了《史通》各有优劣、不可偏废的正确观点，如陈于陛在奏请开局纂修国史时坚持编年、纪传二体并行的观点②，郭孔延《史通评释·二体》称各有优劣、不可偏废的观点"是公论"，焦竑《澹园续集》卷一《刻通鉴纪事本末序》认为二体"各有所长"。

（三）对《史通》所论本纪体例思想的赞同

《史通·本纪》专门讲论纪传体史书中本纪体例的记事原则，说"又纪者，既以编年为主，唯叙天子一人。有大事可书者，则见之于年月；其书事委曲，付之列传。此其义也"。明末清初的学者冯舒评云："此则诚然。"③完全赞同《史通》对本纪体例的思想认识。这当然可以，但需要指出的是，《史通》这一认识是在总结魏晋南北朝以来史学成果的基础上形成的，所以，第一，不能以这一认识来评价之前的纪传体《史记》《汉书》；第二，这一认识主要还是刘知幾个人和一部分学人的意

---

① ［明］许孚远：《与魏古渠学博论史书》，黄宗羲《明文海》卷一七四，景印文渊阁四库全书集部第 1454 册，第 802—803 页。
② 《明实录·神宗实录》卷二六四，万历二十一年九月乙卯，上海：上海书店，1982 年影印台湾中央研究院历史语言研究所 1963 年校印本，第 4896—4897 页。
③ ［明］张之象：《明本史通》，第 1 册，第 49 页。下引此书所录冯舒评语，凡有《史通》篇名出现者，不再注出。

见，并非整个学界公认的、每个学人都认同的思想原则，因而在评价其他史书时，还不能将其看作是唯一正确的理论观点去运用，必须结合所评之书的实际情况予以讨论，不能脱离实际而空谈体例。

（四）对《史通》世家体例思想的赞同

《史通·世家》讲论纪传体史书中世家体例的记事原则，冯舒对该篇评云："持论最当！"这当然是对该篇主旨的极大肯定，然而其言过简，难以视为对该篇的确论。因为该篇虽然表现了刘知幾的卓越史识，但也比较充分地表现了他灵活变通不足的主要缺点，例如他对《史记》设立赵、魏、韩、田齐等四篇世家的批评，不考虑史书记载内容和叙述历史事件的完整性，仅就体例而论体例，未免偏执己见，拘泥僵化。刘知幾论史崇尚通识，但其识见也有未能通透之处，这是研读《史通》时必须注意的。

（五）对《史通》讲求断限思想的赞同与阐发

《史通》特别重视史书内容的断限问题，专门写有《断限》一篇，强调任何史书记事都不能违背其所涵括的时间范围、地域范围。书中还以这一思想，对违背断限要求的史书进行了批评，尤其是多次批评《汉书·古今人表》，因为它仅记载了汉朝之前的历史人物。

杨慎在《升庵集》卷五《古今人表论》中也对该表进行了批评，指出该表存在识见之谬和名义之谬等四大错误。其中，识见之谬是批评该表对人物等次高低的评价有失误之处，与

《史通·品藻》对该表的批评是一致的，杨慎说唐代张晏、宋代罗泌曾指出此误，但没提刘知幾。名义之谬则正与《史通·表历》批评该表有违断限思想的内容相一致，杨慎却说前人"未有及之者"，是他自己首先发现了该表的这一失误，这显然是不知道刘知幾和宋代王观国、陈埴早已指出这一点。杨慎肯定是读过《史通》的，但他竟然忘记了《史通》曾对《古今人表》进行具有刘知幾个人鲜明印记的批评，实在令人诧异。不过这不妨碍他与《史通》观点相同的事实，说明他是赞同《史通》观点的，并总结为名义之谬和识见之谬两个方面进行阐说。

詹景凤在《詹氏性理小辨》卷三十《史学》中说，《古今人表》记述汉朝以前历史人物，超出了《汉书》断限，不合体例，不该撰写，这自然是对《史通·表历》之论的赞同。詹景凤接着指出，班固之所以会有此失误，是他太"希艳"《史记》，以致忘记了自己的《汉书》是断代史而非《史记》那样的通史，这又与《史通·断限》称断代体《汉书》拘泥于通史体《史记》以致胶柱调瑟的论述意旨相通。

冯舒对《史通》的断限思想也很赞同。他在《书志》批语中，对"国史所书，宜述当时之事"一语，直接给予"笃论"的高度评价。实则这样简单、笼统的评论是不周密的，例如纪传体史书中"志"的内容，如果不向前追溯一些更早时期的相关史事，就说不清楚各种典章制度的来源，因而不能完全或者仅仅"述当时之事"。而朝代更迭之际的史事记载更是如此，如果不加追溯，很多是说不清道不白的。因此"当时"这一断限是要讲求，但也不能绝对化地、僵化地予以限定。在《表历》评语中，冯舒赞同对《古今人表》有违断限的批评，并进一步发挥说："子玄既有此言，何为后人又表《宰相世系》?"批评《新唐书·宰相世系表》记述唐朝之前内容违背了该书断限。不过他的这一批评并不合适。如果仅就体例而空谈体例，从史书记事断限的角度说，记载唐代历史的《新唐书》不该记载唐朝之前的历史内容。但史书是反映实实在在的历史内容的，不能脱离历史实际而空设空谈体例。从《新唐书·宰相世系表》序论可知，唐代士族门阀之风甚盛，该书设立此表就是要"显示唐代门阀政治的盛衰"，从而"鲜明地反映出历史时代的特点"[①]。因此不能因为有人反对《古今人表》，就连带此表也一棍子打死，冯舒误在未能联系唐代历史实际而空谈体例。

（六）对《史通》所论一家独断修史思想的赞同与阐发

詹景凤在《詹氏性理小辨》卷三十《史学》中，对一家独断修史与集众官修进行了总体论述，明确主张一家独断修史，反对官方集众修史，认为"一人所为，得尽其长"，而集众修史则往往"聚讼纷挐，各持其议，既不能相下，又罔能兼收？以故文不能成一家，事亦散失无伦"。《史通·辨职》提出，史家不必出任史官，完全可以"退居清静，杜门不出，成其一家，独断而已"。《忤时》论"五不可"，第一"不可"也是主张一家独断修史，批评集众修史，说"古之国史，皆出自一家……咸能立言不朽，藏诸名山"，而后世集众修史，"人自以为荀、袁，家自称为政、骏。每欲记一事，载一言，皆阁笔相视，含毫不断。故首白可期，而汗青无日"。对比可知，詹景凤的讨论

---

① 瞿林东：《中国史学史纲》，北京：北京师范大学出版社，2017 年，第416 页。

是继续了《史通》的探讨。不过两者也有一个共同的偏失，那就是：对一家独断的缺点与集众官修的优点都没有具体论述，而只是以一家独断的优点来与集众官修的缺点对比，这当然有失客观、全面。

四、引用《史通》的观点来作为自己的观点

这在明代多位学者的身上都有表现。如杨慎《丹铅余录》卷九在评价徐淑和陈寿时，直接引用《史通》的《人物》《曲笔》《史官建置》等篇的有关论述来作为自己的意见；其《丹铅续录》卷三《李白》和《升庵集》卷三《李太白诗题辞》，则引用《史通·邑里》的论说，来批评《新唐书》对李白籍贯的记载。

焦竑在读书过程中，对一些史书进行评论时也往往引用《史通》的观点，表现出对《史通》的明显肯定和赞同态度。如《焦氏笔乘》卷二《史公疏漏》条，即引用了《史通·杂说上》批评《史记》的论述，虽然焦竑引用时说的是"前辈讥其疏漏"[1]，没有直接说出刘知幾或《史通》的名称，但一经比对，真相立现。考察其全书可知，焦竑对《史通》的批评都是直接点名进行的，但对《史通》的观点给予肯定时，从未点出《史通》或刘知幾的名称。

崇祯十年（1637），沈国元编刊《二十一史论赞》，在选录每部正史论赞之前，都写一篇"小引"，对该书作简要介绍和评论，以体现他对每部史书的认识和评价，其中多次引用《史通》

---

[1] ［明］焦竑:《焦氏笔乘》，北京：中华书局，2008 年，第 65 页。

的观点来作为自己的观点。如卷三《汉书小引》说，"《史通》谓《古今人物表》无益汉史，此论良是"；卷十一《宋书小引》说，裴子野删沈约《宋书》为《宋略》后，"世（人）以裴《略》为上、沈次之，此公论也"。其实所谓"世（人）"、所谓"公论"，乃是刘知幾《史通》最早作出的论说，沈国元不但引用，而且称为"公论"，显然是赞同、肯定《史通》的评论。不过，《史通》的评论不一定就正确无误，因而沈国元对《史通》的赞同也就未必正确。

崇祯十二年（1639），蒋之翘刊刻其史学著作《删补晋书》，其卷首《释例》第一条说："纪以编年，年以系事，犹《春秋》之经，止存大纲。"毫无疑问，此正《史通》在《二体》《本纪》《列传》等篇中所主张的思想。第二条云："传者，列事也，录人臣行状，犹《春秋》之传。一则传以解经，一则传以释纪。"① 此为《史通·列传》开篇的序言性论述。第四条起首曰："荀子曰：'略近录远。'则知史之详略不均，其为患也久矣。"② 此乃直接引录《史通·烦省》之言。而其第十三条对史书论赞的认识，则与《史通·论赞》所言完全相同。此外，对《史通》评论《晋书》的具体论述，蒋之翘还选录了其中与己意"惬者"，作为辑评的内容。由此可知，除了宏观的思想理论外，蒋之翘对《史通》的具体评论也是多有引用。

---

① ［明］蒋之翘：《删补晋书》，济南：齐鲁书社，四库全书存目丛书史部第 31 册，第 553 页。
② ［明］蒋之翘：《删补晋书》，济南：齐鲁书社，四库全书存目丛书史部第 31 册，第 554 页。

五、对《史通》的思想观点加以运用

在《丹铅总录》卷二十七《琐语类》中，杨慎以六百余字的篇幅批评元朝官修《宋史》，主旨在于反对集体修史，主张一人独撰。但很明显的是，他主要是通过运用《史通·忤时》的论述，对官方集体修史予以明确指责。当然，杨慎借鉴、应用《史通》思想的典型事例，是该书卷十九《伪书误人》条，不但题目名称言简意赅，而且文中明确赞同《史通·杂述》提出的思想认识，并在其基础上举一反三，以"推其余"，诚可谓善学善用。

明世宗嘉靖时期，瞿景淳写下《古今史学得失》和《续史》两篇文章[①]。其中《古今史学得失》从任用者和任职者两个方面，对"作史者"进行了总结论述。他说，"上之任夫人也，贵行四事"，即重委任、假岁月、专职业、访遗书，强调对史官要专职专用，既不能"以他务乱其心思"，也不能让他随便离开史职，同时要给史官足够的纂修时间，不能急于求成，另外要给史官提供充足的资料。这些都不是史官自身所能解决的，需要上层管理者来解决和完成，而且也只有做到了，才能使执笔修书的史官们"意向笃"，才能算是"在上之道尽"。显然，这是从正面阐述了统治者应该如何为史官修史创造良好条件的问题。《史通·忤时》曾对史馆修史中存在的五大弊端进行批评，涉及史官人浮于事、资料不备、史官所受到的政治压力、

---

① ［明］瞿景淳：《古今史学得失》《续史》，［明］林德谋《古今议论参》卷二五《经籍·子史诸家》，北京：北京出版社，四库禁毁书丛刊集部第21册，第17—22页。

史馆监修指划不一而又无能等问题，从反面提出了史馆修史难于成书，或虽可成书但质量欠佳的问题。自此论一出，如何避免史馆修史的弊端，就一直成为官方修史的努力方向。因此，瞿景淳的正面探索虽与《史通》所论不尽相同，却无疑义地成为对《史通》所论问题的回应。至于"下之任其职"者，也就是史官自身，瞿景淳要求他们在记述历史时，必须做到荀悦和干宝所说的"五志"、刘知幾所说的"三科"，才算是"笔削严而在下之道尽"，而这正是《史通·书事》中所说的"以此三科，参诸五志，则史氏所载，庶几无缺"。瞿景淳认为，只要"上之任夫人"和"下之任其职"两个方面都做到了，就一定能够达到"史书之成美善"。可见，他正是以《史通》的史学理论，来讨论官方修史如何才能写成"美善"之史学著作的。

在《续史》一文中，瞿景淳将"居摄不附于汉平，孺子下列于新莽；抑圣公于传内，登文叔于纪首"，列为有关史书失误之例，其实这几句乃是化用《史通·编次》的话："居摄建年，不编《平纪》之末；孺子主祭，咸书《莽传》之中""抑圣公于传内，登文叔于纪首"。此下，瞿景淳又把"晋史党司马氏，而魏之王凌、诸葛诞、毌丘俭遂为叛臣；齐史党萧氏，而宋之袁粲、刘秉、沈攸之遂为逆贼"，作为有关史书列传失误之例，而这正是直接来自《史通·曲笔》之论。可见，瞿景淳的这些论述，也是以刘知幾《史通》为先导的。

万历七年（1579），博学家何良俊重刊其《四友斋丛说》，其卷五《史一》评论唐代官修《晋书》说："自唐以前诸史，唯《晋书》最为冗杂。……盖经五胡云扰之后，晋事或多遗失。……唐之诸公，遂以郭颁《世语》、刘义庆《世说新语》

诸小说缀辑成书，其得谓之良史乎？"批评《晋书》多采小说入史，算不上好的史书。毫无疑问，这一批评正是改写自《史通》之《采撰》《杂说上》《杂说中》篇的论述，其所言正是对《史通》观点的翻版重述。只是何良俊仍像很多前人那样，并未提及刘知幾或《史通》的名称。

焦竑对《史通》理论的运用，最明显的是他向史馆提出如何更好地进行国史纂修的两篇文章。一篇是其《澹园集》卷四《论史》，此文开篇强调史官的人选和才能发挥的问题。焦竑提出，史官必须"得其人"，这样才能正常开展修史工作；又必须"专其任"，让史官享有比较充分的"史之权"，免受他人制约，这样才能保证最终修史成功。《史通·核才》说："夫史才之难，其难甚矣。……苟非其才，则不可叨居史任……亦犹灞上儿戏，异乎真将军。"焦竑的第一点与此是相同的。至于史官还必须"专其任"，《史通》中没有正面阐述，但《忤时》在批评史馆修史"五不可"时，第四"不可"曾谈到性质相同的问题，说史官受到牵制，无权按照自己观点进行写作，最终只能"阁笔相视，含毫不断，故首白可期，而汗青无日"。这正是焦竑在文中所强调的"不专其任，如将（从）中制，何以成功"[1]。唯一的区别是，刘知幾所说的受人牵制，直接说的是"取禀监修"，而焦竑所言，则范围可能更广。但无论如何，他们说的都是同一意旨。如此，焦竑这段开篇论述，正与《史通》有着莫大的渊源。

焦竑接着衍伸《忤时》论史馆修史"五不可"中的前四个

---

[1]　［明］焦竑：《澹园集上》，北京：中华书局，1999 年，第 19 页。

方面，其中一些语句更是直接引用和化用《史通》原文而来，最后以"刘知幾谓之'白首可期，汗青无日'，盖叹之也"[①] 结束这一层探讨，这就明晰地说出了《史通》为其思想来源的事实。

之后焦竑继续谈论史官问题，意思有两个：其一是认为史馆集众修史很难胜过一家独断，这不但与《忤时》所讲的第一"不可"意思相同，而且就连其论说的文字也与《忤时》相同相类。其二是更进一层，认为即使是同一位史学家，其个人修史则优，一旦参与集体纂修，则所成之书必不如其个人所修。对比《史通》可知，这第二层所言正是《核才》篇末通过引述傅玄之论而重点申说的内容，该篇还分析了造成这种情况的原因，即史家个人才能在集体修书时得不到有效发挥，"不得自尽"，并发出感慨说："此管仲所谓'用君子而以小人参之，害霸之道'者也。……斯则自古所叹，岂独当今者哉！"很明显，焦竑之论正是对《史通》见解的进一步运用与发挥，与《史通》有着明显的前后继承关系。正因此，焦竑这段论述也就理所当然地被今人评为"亦自知幾之言，推演而出"[②]。

关于如何选择称职的史官，焦竑认为，明代翰林院官员虽是"终其身以史为官"，但称职的史官应该是"有志与才者"，而且其才必须能在"中外雷同之外"[③]，有其个人独到见解。《史通·辨职》开篇即要求"史职求真""使上无虚授，下无虚受"，还列举事例反复申论，并对不称职的史官提出严正批评。

---

① ［明］焦竑：《澹园集上》，北京：中华书局，1999 年，第 20 页。
② 张舜徽：《史通平议》，《史学三书平议》，北京：中华书局，1983 年，第 98 页。
③ ［明］焦竑：《澹园集上》，北京：中华书局，1999 年，第 20 页。

这些论述归结到一点，就是强调史官一定要有真才实学。与《史通》相比，焦竑所论简洁得多，而且始终集中在史官一职问题上，不像《史通》那样旁征博引，但二者主旨并无不同。因此，要说焦竑此论也是从《史通》"推演而出"，应该是没有问题的。

焦竑最后强调，史馆成书既"藉众手"，要修成一部"可以备采来兹"的好史书，除了需要有称职的史官外，还必须在史料方面公私兼顾、广收博采；在人员配置方面，要有能够胜任的"总之一家"的负责人，也就是监修和总裁、副总裁等，负责统一事权。在焦竑看来，史官在全面考察史料的基础上，负责具体撰写工作，总裁等人则主管刊削与诠配等总体事务，上下协调合作，虽不一定能够写出可以称为"创作"的史书，但也可以"备采来兹"了。① 在史料采择方面，《史通》明确主张博采慎择，如《采撰》强调"征求异说，采摭群言"，《杂述》畅言"书有非圣，言多不经，学者博闻，盖在择之而已"。关于监修职责，《史通·辨职》说："大抵监史为难，斯乃尤之尤者。若使直若南史，才若马迁，精勤不懈若扬子云，谙识故事若应仲远，兼斯具美，督彼群才，使夫载言记事，藉为模楷，搦管操觚，归其仪的，斯则可矣。"《忤时》也曾专论史馆监修说："窃以史置监修，虽古无式，寻其名号，可得而言。夫言监者，盖总领之义耳。如创纪编年，则年有断限；草传叙事，则事有丰约。或可略而不略，或应书而不书，此刊削之务也。属词比事，劳逸宜均，挥铅奋墨，勤惰须等。某褒某篇，付之此职；

---

① ［明］焦竑：《澹园集上》，北京：中华书局，1999年，第20—21页。

某传某志，归之彼官。此铨配之理也。斯并宜明立科条，审定区域。倘人思自勉，则书可立成。"两相比较，焦竑之论显系从《史通》化而出之。

以上所述焦竑《论史》的文字，并非其全文，但已是绝大部分，因而无论是从篇幅分量上说，还是他自己明言的"刘知幾谓之"云云，都说明他是赞同并运用《史通》的思想，来指导现实的修史工作的。

焦竑为史馆修史写下的另一篇重要文章是《修史条陈四事议》，载于其《澹园集》卷五。其中第二个建言是列传应该"阐明公道，昭示来兹"，"当贵贱并列，不必以位为断"，"当善恶并列，不必以人为断"①。这与元代苏天爵《修功臣列传》的主张相同，但从源头上说，他们都是沿袭了《史通》的观点，因前文论述已详，兹不再赘。至于焦竑所强调的后修之史应当改正前修对历史人物褒贬评价的错误，《史通》也曾屡发此言，如《编次》指出，东汉史臣所修国史《东观汉记》为光武帝刘秀设立本纪，而不为之前的更始帝刘玄设立本纪，这种"谄于当时"的境况是可以理解的，到南朝范晔编修《后汉书》时，早已时过境迁，不必再向东汉皇室阿谀奉承了，竟也采取了同样做法，于是刘知幾批评范晔无识，对前史"理当刊革者"不予更革；《自叙》批评三国时谢沈所著《后汉书》不为更始立纪，也是出于同一理由；《因习》还就其他史事指出，当朝史官对于前朝历史人物的评价"迫于当世，难以直言"，是无可厚非的，但时间相隔较久的后来史官在"时无逼畏，事须矫枉"的

---

① ［明］焦竑：《澹园集上》，北京：中华书局，1999 年，第 30 页。

情况下，"皆仍旧不改"的做法就不可谅解了，"书事如此，褒贬何施"？可见，焦竑的这一讨论仍是遵循了《史通》的思想。

焦竑的第三个建言是"职官之当议"，也就是史官问题。其中虽谈到要有"精通"史学的"专门之人"，但只是顺便提及，主旨是在批评当时选择史官"未得学行之人，徒为奔竞之地，其于纂修，无益有损"，因而大声疾呼："决当谢绝，勿启倖门！"[①] 这与《史通·史官建置》所反对的"近代趋竞之士，尤喜居于史职，至于措辞下笔者，十无一二"，以及《核才》《辨职》中所批评的史官无才，"凡有国有家者，何事于斯职"的愤慨之论，是相同的。

焦竑的第四个建言是"书籍之当议"，也就是收集资料的问题。他说，"古之良史，多资故典，会萃成书，未有无因而作者"，而如今却是图书"散失甚多，存者无几。藉令班、马名流，何以藉手？考之前汉，郡国计书先上太史，副上丞相。后汉公卿所撰，初集公府，亦上兰台。史官所修，于是为备"[②]。因此，他建议朝廷责成有关部门寻访书籍资料。再看《史通》，它不但多次谈到史料需广搜博采，而且《忤时》批评史馆修史的第二"不可"又专就史馆资料不备的问题进行批评。两相对比可知，焦竑的这个建言直接来自《忤时》。

在焦竑之后，沈国元在《二十一史论赞》卷十四《梁书小引》中，以《史通》的《曲笔》《人物》对唐代史家姚思廉等人的批评性论述为标准，批评姚思廉"但知为祖父扬名，而言

① ［明］焦竑：《澹园集上》，北京：中华书局，1999 年，第 30 页。
② ［明］焦竑：《澹园集上》，北京：中华书局，1999 年，第 30—31 页。

不求其实"的错误做法。卷十五《陈书小引》又说："史有三等。彰善贬恶，不畏强御者，上也；编次勒成，郁为不刊者，次也；高才博学，名重一时，又其次也。思廉父子续成《陈书》，褒贬之迹著于赞语，其所取法，亦有可观焉。"所谓"史有三等"云云，是直接来自《史通·辨职》中"史之为务，厥途有三"的论述。沈国元不但赞同此说，而且还运用这一理论，通过《陈书》，来评价其作者姚察、姚思廉父子，认为他们是"取法乎上"。

蒋之翘在《删补晋书》卷首《释例》第三条自述其删补工作说，他是以《史通》之《叙事》《人物》等篇阐述的理论，作为删节《晋书》的原则，而在这段文字的自注中，他还多次以《史通》的有关论说为立论的依据；第十四条对"志"的内容及其时间断限的认识，则是从《史通·书志》而来；第十六条述说删节《晋书》文字的具体做法，明言是采纳《史通·点烦》的做法。可见，蒋之翘在写书时，不仅以《史通》的理论为思想原则，而且对《史通》行文用笔的具体方法也着意加以仿效，真可谓《史通》思想的忠实执行者。

朱明镐在明朝灭亡前写有《史纠》一书，专门考订纪传体正史的疏误错漏，其中颇有沿袭《史通》之论者。如卷一《三国志·魏志·董卓传、臧洪传》认为"《史通》限断之说，诚不可易"[1]，并以之对《三国志·魏书》的相关情况进行评论，同卷《三国志·魏志·诸葛诞传》则是从《史通》的《因习》《曲笔》之文推演而来；卷二《北魏书·释老志》对纪传体史

---

① ［明］朱明镐：《史纠》，景印文渊阁四库全书史部第688册，第455页。

书"志"的价值的认识，及其对《释老志》所记非国家要事应予废除的评价，都是在发挥和运用《史通·书志》的思想；卷三《隋书·房彦谦传》批评史官往往为朝廷贵臣先辈设立佳传，乃是直接运用《史通》的《曲笔》《人物》两篇中的思想，同卷《南史·沈约传》批评该传直接移录沈约自叙文字的做法不合史体，显系由《史通·杂说上》的相关论述推演而来；卷五《宋史·总论》批评《宋史》"有七失"，其中前五个方面是批评《宋史》品评人物时分类定品不合理，运用的正是《史通·品藻》区分类聚、立名定品的方法，其论第六失乃是运用《史通》的《断限》《列传》《杂说下》中提出的史学理论，其论第七失乃是由《史通·书事》推演而出，可知他论《宋史》"有七失"的理论和方法论来源，正是《史通》的史学思想。由此，朱明镐也就成为《史通》史学理论的又一位忠实执行者，在《史通》学术史上留下了涂抹不去的印迹。

明末冯舒也在评校《史通》的过程中，运用《史通》的思想来开展自己的史学批评。如《史通·采撰》讲论史书采择史料的原则问题，将"事无邪僻"的真实性放在首位，批评唐修《晋书》采入了很多"恢谐小辩"和"神鬼怪物"的资料。对此，冯舒评云："《南北史》《新唐书》俱不免此病。"这是赞同并运用《史通》的思想，来批评《南史》《北史》《新唐书》等在采择史料方面的失误。

六、对《史通》思想观点的辩难与发展

这突出地体现在明代中后期浙东史学评论家胡应麟对《史通》一些偏颇之论的补弊救偏方面。胡应麟以自己对《史通》

的发展性研究，成为当时《史通》研究热潮中的一名得力干将。

（一）关于正史《艺文志》的编撰和评价问题

《史通·书志》对《艺文志》（《经籍志》）采取完全否定的态度，虽然篇中还同时说"必不能去"，可变其体例，"唯取当时撰者"，但所谓"必"者，乃假设之辞，其前提仍然是"去"，因而否定正史《艺文志》才是《史通》的基本态度。

针对《史通》的议论，胡应麟从典籍流传的角度，大力肯定史志目录对考察学术文化发展史的功绩，批评《史通》之说是"疏卤之谭，匪综核之论"①。他还作《读隋书》一文，专门考论《隋书·经籍志》的贡献，批评"刘子玄乃骤讥之，是岂知史学者哉"②！然而《史通》之论也并非没有回音，陆深编修《史通会要》，就直接照录了《史通》废除《艺文志》的主张。于是胡应麟对陆深也给予了严正批评，从理论和现实两个层面，明确要求纪传体史书必须设立《艺文志》，并提出了如何著录，即"当专记本朝所有"的原则性意见。③

胡应麟对刘知幾、陆深等人的批驳，对《隋书·经籍志》等史志目录的肯定，得到了后世学者的普遍赞同，清代著名学者朱彝尊、章学诚、姚振宗以及官修《四库全书总目》的有关议论，都与胡应麟所论基本相同。近代学者刘咸炘论史志目录

---

① ［明］胡应麟：《少室山房笔丛》卷三《经籍会通三》，北京：中华书局，1958年，第50页。

② ［明］胡应麟：《少室山房集》卷一〇一《读隋书》，景印文渊阁四库全书第1290册，第738页。

③ ［明］胡应麟：《少室山房笔丛》卷四《经籍会通四》，北京：中华书局，1958年，第62页。

的重要性，则直接以胡应麟之说论之；蒋伯潜在论及刘知幾对史志目录的认识时，论述史志的重要性也与胡应麟所云并无二致。① 这都可证胡应麟的论述是准当合理的。

（二）关于史注的评价问题

《史通·补注》专门探讨史书的注释问题，总结了史注的形式，但并不重视史注，对《三国志》裴松之注等补充事迹的史注，更是"几乎完全否定"，因为在刘知幾看来，"为史书作注，不能成为自具体例的著作"，他"把史注与其他历史著作一样看待，要求它也有一定的体例和系统的内容，而忽略了它本身的特点，及其增广史料以留益后人的作用。这种看法自然是很片面的"。②

胡应麟认为著史不易，而注史"尤难"，必须引据资料丰富，并考订精详，辨误正谬，评论是非，只有这样，史注才可以成为"史之忠臣，古之益友"③，与所注之书同为不朽。在他看来，裴松之《三国志注》、刘孝标《世说新语注》即做到了这一点，因而认为"能注若二君可也"④。

与胡应麟的高度评价相反，刘知幾对《三国志》裴注持鄙夷否定的态度，在《补注》中讥其喜聚异同、甘苦不分，"难以味同萍实"。但据裴松之《上三国志注表》，他作注的目的主要

---

① 王嘉川：《胡应麟论刘知幾》，《史学月刊》2006 年第 4 期。
② ［明］杨翼骧：《刘知幾与〈史通〉》，《历史教学》1963 年第 7 期。
③ ［明］胡应麟：《少室山房笔丛》卷十三《史书占毕一》，北京：中华书局，1958 年，第 175 页。
④ ［明］胡应麟：《少室山房集》卷一〇一《读三国志裴注》，景印文渊阁四库全书第 1290 册，第 736 页。

在于增广事实，补充《三国志》的缺略，故而兼采众书，宁繁勿简，不厌其多，以与本书相辅而行，其间还时下己意，对各种记载的疑误进行是非考辨、真伪审核。刘知幾不明就里，因而他的评论虽在理论上讲得通，但实际上却是对裴注的轻议误诋，他所着力批评的，根本不是裴松之作注的主观动机和实际工作的重心所在。而胡应麟对裴注傍引博据、宏洽淹通的评价，则正是从裴注本身的主旨来讨论的，可谓深得裴注三昧。

刘知幾之后，裴注所引各书大都散佚，其部分资料反赖裴注引述而得以保存，于是裴注增广史料的本来目的也就更加凸现，学界也就越来越多地倾向于胡应麟的意见，如清代四库馆臣以及当代史家金毓黻、杨翼骧等，都高度评价了裴注对研究三国史的重大意义，从而有力地证实了胡应麟称裴注为"史之忠臣、古之益友"的准当恰切。[①] 还有的学者从体例方面肯定了胡应麟对史注的认识，如清人侯康说："注史与修史异，注古史与注近史尤异。史例贵严，史注贵博，注古史者，搜采尤贵完备。"[②] 当代文献学家张舜徽则更为明白地指出："注之者，势必博采广征，辨其异同，补其疏漏。"[③] 他们没有引证胡应麟的论述，但在事实上是对胡应麟的支持，而批评了刘知幾的偏颇之见。

在讨论中，胡应麟将刘孝标《世说新语注》与裴松之《三国志注》相提并论，并称之为"深于史学"，说明他实质上也是

① 王嘉川：《胡应麟论刘知幾》，《史学月刊》2006 年第 4 期。

② 转引自吕思勉：《史通评》，《史学与史籍七种》，上海：上海古籍出版社，2009 年，第 156 页，并参第 150 页。

③ 张舜徽：《史通平议》，《史学三书平议》，北京：中华书局，1983 年，第 61 页。

把刘孝标之注作为史注来看待的。他还说："刘义庆《世说》十卷，读其语言，晋人面目气韵，恍忽生动，而简约玄淡，真致不穷，古今绝唱也。"并盛称："孝标之注，博赡精核，客主映发，并绝古今。"①　此皆可见他对刘孝标《世说新语注》的极高评价，而其所谓"史之忠臣，古之益友"②，也是包括刘注在内的。相反，刘知幾对《世说新语注》亦是贬斥有加，在《补注》中称其"劳而无功，费而无当"。然而，后世学界的评论又以支持胡应麟者居绝对优势。南宋高似孙曾在《纬略》卷九《刘孝标世说》中纠正刘知幾之论的偏谬，肯定了刘孝标旁搜博引的"奇""绝"之功。胡应麟通过研读《世说》及刘注，接受了高似孙的观点，并以其深厚的文献学功底，补以往籍赖以存和考究精严、辨驳明审之誉。此后，《四库全书总目》卷一四〇《世说新语》说："孝标所注，特为典赡，高似孙《纬略》亟推之。其纠正义庆之纰谬，尤为精核。所引诸书，今已佚其十之九，惟赖是注以传。故与裴松之《三国志注》、郦道元《水经注》、李善《文选》注，同为考证家所引据焉。"张舜徽则直接批驳刘知幾之论云："即以《世说新语注》而论，征引繁博，考订精审。高似孙《纬略》亟称其书可为注书之法，殆非偶然。徒以昔之簿录群书者，列《世说新语》于子部小说家，故知幾从而目为委巷小说、流俗短书耳。其实此书得孝标为之注，足以羽翼后汉、魏、晋诸史，乃乙部之支流，佚籍之渊薮。知幾

---

① ［明］胡应麟：《少室山房笔丛》卷二九《九流绪论下》，北京：中华书局，1958 年，第 378 页。
② ［明］胡应麟：《少室山房笔丛》卷十三《史书占毕一》，北京：中华书局，1958 年，第 175 页。

斥为劳而无功，失之远矣。"① 可见，在对刘孝标《世说新语注》的认识问题上，胡应麟也是独具慧眼的。

（三）关于小说史料价值的评价问题

胡应麟对小说史料价值的认识，是非常清醒的。他说，小说"纪述事迹，或通于史"，其中"纪述见闻，无所回忌；覃研理道，务极幽深。其善者，足以备经解之异同，存史官之讨核。总之有补于世，无害于时。乃若私怀不逞，假手铅椠，如《周秦行纪》《东轩笔录》之类，同于武夫之刃、谗人之舌者，此大弊也。然天下万世，公论具在，亦亡益焉"②。

针对《史通》的《采撰》《杂说》等篇中否定小说史料价值的议论，胡应麟又具体论述说："《世说》以玄韵为宗，非纪事比，刘知幾谓非实录，不足病也。唐人修《晋书》，凡《世说》语尽采之，则似失详慎云。"③ 这说明他认识到被归入小说一类的《世说新语》虽非记事之史学著作，"尽采"以入史并不妥当，但可以把它作为史料来看待，适当地采以入史。因此，他认为刘知幾以实录征实之史法来衡评《世说新语》，是强人就己，大为偏颇。胡应麟的这一论述，也得到了清人的肯定，如《四库全书总目》卷一四〇《世说新语》就说："义庆所述，刘知幾《史通》深以为讥，然义庆本小说家言，而知幾绳之以史法，拟不于伦，未为通论。"

---

① 张舜徽：《史通平议》，《史学三书平议》，北京：中华书局，1958 年，第 63 页。
② ［明］胡应麟：《少室山房笔丛》卷二九《九流绪论下》，北京：中华书局，1958 年，第 374—376 页。
③ ［明］胡应麟：《少室山房笔丛》卷二九《九流绪论下》，北京：中华书局，1958 年，第 378 页。

　　唐朝官修《晋书》多采诙谐小说入史，《世说新语》就是其一，时隔不久，刘知幾就在《史通》中对此进行了严厉批评。明朝时，李梦阳极论《晋书》芜杂当修，王世贞也以其为稗官小说。就是到了清代，《四库全书总目》卷四五《晋书》对此还在喋喋不休：“其所采择，忽正典而取小说。……取刘义庆《世说新语》与刘孝标所注一一互勘，几于全部收入，是直稗官之体，安得目曰史传？”这些讥贬确实都切中《晋书》之弊，但是，《晋书》采择史料之法是否就完全不足取呢？胡应麟以一个“尽”字表明了他的史料择取态度，即史书“尽采”小说以为史料的做法是不足取的，但并不是说不能采择小说以为史料；又以一个“似”字表明了他对小说史料价值的态度，即引小说入史往往会使史料采择有失详审，但也并非一无是处。他说，李梦阳、王世贞之论《晋书》，“皆得之矣，第惜自竹林而后，风流崇尚，芬溢齿牙，而此书备载话言履历，故清声雅致，往往有使人绝倒者，犹胜于《宋》《元》之尘陋也”①。从晋朝的社会风尚及《晋书》所反映的社会风尚与其时代相合的角度，肯定了《晋书》采小说入史以反映时代特色的史料价值。

　　当然，胡应麟的这一评价态度，很可能也是受到了《史通》的启发。《史通·杂说中》曾盛称王劭《齐志》多载时言，反映和保存了当时社会风俗，“其为弘益多矣，足以开后进之蒙蔽，广来者之耳目”。胡应麟当是把《史通》的这一评价标准，移植到自己对《晋书》的评论之中了。刘知幾则将这一美誉毫

---

① ［明］胡应麟：《少室山房集》卷一〇一《读晋书》，景印文渊阁四库全书集部第 1290 册，第 735 页。

无保留地奖给了他所喜爱的王劭《齐志》，而于同样备载当时语言而不为自己所喜的《晋书》却是吝啬得很，丝毫不言其反映时代风俗之美。这种做法本身就是偏见，胡应麟以子之术，纠子之偏，未尝不是对刘知幾的弥漏补缝。

要之，小说之作为史料，不可尽用，亦不可尽弃，对于其价值，不可一概贬斥，必须如实分析、客观评价。胡应麟对小说的这种史料学态度，实事求是，客观公正，得到了后世学者的肯定和赞同。如近代史学大师梁启超就说："作小说者，无论骋其冥想至何程度，而一涉笔叙事，总不能脱离其所处之环境，不知不觉，遂将当时社会背景写出一部分，以供后世史家之取材。小说且然，他更何论。善治史者，能以此种眼光搜捕史料，则古今之书，无所逃匿也。"① 这是从一般性上进行的宏观分析。张舜徽则直接针对刘知幾和胡应麟所讨论的主题进行解说："唐修《晋书》，采掇（《世说》及注）过多，容有失于甄别者。若谓一无可取，不当以入史，则非也。"② 显然，梁、张二先生所论，都从理论上肯定与支持了胡应麟对刘知幾偏颇观点的纠谬。

（四）关于项羽应否列入本纪的问题

司马迁《史记》将项羽列入本纪，《史通》则极力反对，在《本纪》《列传》中强调纪、传体例不同，批评《史记》把没有称帝的项羽列入本纪，是纪、传不分，"求名责实，再三乖谬"。胡应麟则认为："史迁列羽纪也，班氏列羽传也，各有当

① 梁启超：《中国历史研究法》，上海：上海古籍出版社，1998 年，第 53 页。
② 张舜徽：《史通平议》，《史学三书平议》，北京：中华书局，1983 年，第 136 页。

焉。迁通史前代，虽秦、楚弗容贬也；班独史当代，虽唐、虞不得详也。"① 以通史和断体史的分别，来解释司马迁、班固对项羽的不同处理方式。他认为，《史记》既是通史，则把秦亡之后具有最高统治权、对天下发号施令的项羽列入本纪，通过该篇反映秦亡汉兴之际的历史，将其与之前的秦朝历史、之后的汉朝历史上下串联起来，从而贯通性地叙述出客观历史的前后发展序列，保证了《史记》本身通过本纪这一体例纵向记载历史的连续性和完整性，正是恰当的做法。不能不说，胡应麟的这一分析，是对《史记》通史体裁体例及其所反映的历史内容完整性的深刻分析。也正因如此，近代史家刘咸炘大力肯定胡应麟"此论明矣"，并以此为基础，进行了阐述发挥。②《史通》的论述，只是局限于史书体例而空谈体例，并没有结合《史记》所要反映的实际历史内容来考虑体例的设置问题，因而其所论也就脱离实际，凿空蹈虚。

从胡应麟传世著述来看，除了那些涉及名教观念的不可取的思想言论外，他对刘知幾的一些具体史学理论、观点的批评辩难，往往能切中要点、发论有据，深得后世学者的普遍赞同。他所提出的一些理论原则和意见，如三长需补以"二善"，史书繁简"各有攸当"（均详见下文），正史需立《艺文志》，史注有其独特价值、可与史书同为不朽，小说可以适当采以入史等，其识见都显然超过了刘知幾，实现了对《史通》的较大程度的

---

① ［明］胡应麟：《少室山房笔丛》卷十三《史书占毕一》，北京：中华书局，1958 年，第 177 页。
② 刘咸炘：《推十书》（增补全本）丙辑壹《汉书知意·陈胜项籍列传》，上海：上海科学技术文献出版社，第 197 页。

超越，对后世也产生了积极影响，可谓深谋远虑。由此，他也成为《史通》学术史上的一位重量级人物。

七、对《史通》思想观点的批评

《史通·暗惑》曾批评《史记·滑稽列传》所载优孟模仿孙叔敖之事，好像"梦中行事"一般，"使竹帛显书，古今称怪"。但杨慎《丹铅余录》卷九提出不同意见："《滑稽传》：'优孟为孙叔敖衣冠，抵掌谈语，岁余，像孙叔敖，左右不能别也。庄王置酒，优孟为寿，王大惊，以为叔敖复生，欲以为相。'刘子玄讥之曰：'人心不同有如其面，非由仿效，俾有迁革。又况叔敖之殁，时日已久。岂有一见无疑，而遽欲加以宠荣，复其禄位者哉？'予按：此传以'滑稽'名，乃优孟自为寓言。云欲复以为相，亦优孟自言，如今人下净发科打诨之类。岂可真以为王欲复相之事乎？"此条很能显现出杨慎的读书有间，而其所论亦可"足解子玄之惑"[①]。诚如杨慎所说，《滑稽列传》的题目已经说明了该传内所记之事只可取其大意，而不可事事当真。但是力主变通、也尽可能如此去做的刘知幾，恰恰有时就比较拘泥固执、不知变通。他主张史书必须直书实录，事事必真，反对虚夸修饰，对史家、史书的评价往往先从记事是否真实出发，因而他对史书记事的理解有时过于拘泥而不知变通，对优孟之事的评价即是其表现之一，是他自己误把史书中的"滑稽"之事作为实事看待，并由此对《史记》进行了不当批评。杨慎的反批评，对人们正确看待《史通》的实录思想，

---

① 程千帆：《史通笺记》，北京：中华书局，1980年，第313页。

有着重要的启发与警醒作用。

　　焦竑最不满意《史通》之处，是其中对孔子和《尚书》《春秋》的批判，并因此在《焦氏笔乘》卷三《史通》中，将刘知幾定性为"小人之无忌惮者"，批评刘知幾浅妄无识。这说明他有着根深蒂固的封建正统思想，而在史学求真求实方面，则远不能望刘知幾之项背。

　　于慎行在《谷城山馆文集》卷四十《刘子玄评史举正》中，批评刘知幾"小则取笑于方家，大则得罪于名教"。所谓"大则得罪于名教"，反映了于慎行的封建正统思想比较强烈。他针对《疑古》《惑经》两篇，批评刘知幾侮圣、离经，称刘知幾的行为是"人之不聪，一至于此"，"是可忍也，孰不可忍"？这鲜明反映出其思想局限性。所谓"小则取笑于方家"，是批评《史通》选材有好奇之弊，立论有过于自信自负、拘泥己见、发言苛刻之弊，这符合《史通》的实际情况，而今也已成为学界的共识。围绕这一批评，于慎行又具体指出，《史通》"其失有三"。第一是"其失也浅"，即见识浅陋。他举出《史通·点烦》的例子说，如果像刘知幾那样删除语句，叙事文字是简洁了，但读之索然，了无神采，"天下之奇观，何从而睹哉"！表面上看，于慎行说得不无道理，但细一分析即可发现，他主要是从文笔的角度立论的，强调的是文学意境，但《史通》讲的是史书文字的表述效果，强调求实求真，反对妄载和浮词。两人的出发点是不同的，这就决定了于慎行的这一批评成了无的放矢。第二是"其失也固"，即拘泥固执。于慎行列举《史通》中的四个事例，指出史书固然贵于求真求实，但在立言和褒贬评论时，可以使用比拟借喻之法，对此不可以实求之，否则就会出现拘泥固执之弊。此论在理，也击中了《史通》的毛病。第三是"其失也昧"，即不明事实。于慎行列举《史通》中的五个事例，批评刘知幾未能对司马迁、项羽、刘备、曹操等人和魏晋时期社会风气有准确的认识，未能"得其情"。应该说，于慎行所举各例，不见得一定就是刘知幾错误，这里面有一个仁智互见的问题。但是他强调历史评论必须明于史实而"得其情"，则是正确的史评原则。于慎行最后说，他之所以要指出"才识特达"的刘知幾的不足，指出其瑕疵，是为了更好地凸显其长处和优点。此亦有理，而由此也可知，于慎行是以"诤友"的身份，来开展他对《史通》的批评的。他对刘知幾好奇自信、拘泥深文的缺点的揭示，也准确地抓住了刘知幾和《史通》的缺陷与不足，对人们正确认识刘知幾和《史通》有着启发和借鉴意义。他不愧为刘知幾之"诤友"，这就是他在《史通》学术史上的地位。

胡应麟对刘知幾的批评，既涉及学识，也涉及思想观念。他说《史通》长于辨析，但刘知幾"才弗任史"，也"不能无憾"。为什么呢？胡应麟说，《史通》之所谓惑，"皆非所惑者"，之所谓疑，"皆亡可疑者"，但存在当惑而不惑、当疑而不疑者，"余谓刘有史学，无史笔，有史裁，无史识也（自注：唐柳璨有《史通析微》十卷，专驳子玄之谬，宋世尚存，今无刻本。刘书必与此并行，庶无害名教。不尔，恐所益微，所损大也）"①。所谓"无史笔"，是指"其文刘勰而藻绘弗如"，而所

① ［明］胡应麟：《少室山房笔丛》卷十三《史书占毕一》，北京：中华书局，1958 年，第 178、176 页。

谓"无史识"，则是指刘知幾攻讦名教的行为。"无史笔"之憾，刘知幾或许难免，"无史识"之憾，则只是胡应麟自己的名教观念在作怪。从其全部文字看来，胡应麟最不满刘知幾而批评较多的，就是刘知幾敢于疑圣惑经、攻击名教的行为。对此，胡应麟不遗余力地大加挞伐，讥诋刘知幾缺乏史识，"务以《春秋》乱臣贼子臆度前圣"，是"真所谓言奸而辩、记丑而博者"[①]，并称他是整个唐代见识鄙陋的突出代表，属于"名教之首诛"[②]。综观胡应麟对刘知幾的评价，是持基本否定态度的，这除了刘知幾本人确实存在一些缺点外，主要原因还是胡应麟自己的名教观念在起支配作用。随着专制集权的加强，名教观念对人们的束缚也越来越严，作为程朱理学信徒的胡应麟，自然对刘知幾"非圣无法"的行为批评得更加厉害。这是时代的局限，无须苛求，但也不能不予以指出。

作为古书批点名家，明末冯舒对《史通》一些思想偏谬处的批评，往往能切中要点，为人们准确、全面地理解和认识《史通》，提供了重要帮助。

《史通·载言》提出，纪传体史书应在纪、表、志、传四种体例之外，专门设立"书"体，把原来纪、传中所收录的君臣诏令奏表之类言辞文章全部移到"书"中。但实际上，这一想法是不合适的，因为纪、传中所录文章，大都与当时政治、学术以及传主生平行事有重要关系，可以反映当时的历史形势、

---

① ［明］胡应麟：《少室山房笔丛》卷十六《史书占毕四》，北京：中华书局，1958 年，第 214 页。

② ［明］胡应麟：《少室山房笔丛》卷十三《史书占毕一》，北京：中华书局，1958 年，第 176 页。

学术发展、人物的思想性格和出色才华，如果不收录此类文章，势必影响对当时政治、学术以及传主的认识。对此，冯舒的评论从两方面展开：一是如果设立"书"部，专门收载制册章表等文章，则这部分就与集部的总集类相同，"并史与集而混之矣"。此驳有理，不过在他之前，郭孔延《史通评释》已经指出了这一点。二是冯舒单就本纪的情况指出，"纪中所载诏令，大抵求贤、赦罪、蠲税诸事耳，主之圣否、辅之贤奸、生民之治乱"，都在这些文章中得到体现，移出本纪，并不合适。显然，他意识到了载录这些文章在史书编写体例和编写内容上的重要性。他在这里仅谈本纪而未提列传，并非没有注意到列传载录文章的重要性，而只是在运用举一反三的方式来说明问题，读者自可以例其余，这对于批驳《史通》的错误偏见，已经足矣。

　　《史记》立有《项羽本纪》，《史通》认为项羽没能做皇帝，不该以本纪的体例来书写，遂在《本纪》中提出批评。冯舒则持反对意见。他首先指出，本纪是记载"政之所从出"之人，即握有最大权势、号令天下的最高统治者，并不在其最后为帝与否，而当时"项王手握太阿，指挥天下，虽真天子（指刘邦）亦俯躬听命入蜀"，因而他认为《史记》应该为项羽设立本纪。此论正确，准确地把握了《史记》本纪的体例。晚清著名学者朱一新也在《无邪堂答问》卷三说："项羽曾宰天下，诸侯听命，自当立纪，《史通》之所讥，非也。"对冯舒的观点持赞同态度。其次，冯舒指出，如果《史记》不为项羽设立本纪，则从秦王子婴系颈投降到刘邦建立汉朝，这期间四五年的历史，该以何人为本纪来记载？不能不说，此问一下子击中了要害。刘知幾在《史通》中，往往只认为自己对史书体例的设定无比正确、一言九鼎，因而一贯以自己的标准严格要求前人、批评前人，却不愿意静下心来思考前人著述的实际，这是《史通》的一个主要缺陷。具体到此处，就是只顾批评《史记》不该设立《项羽本纪》，却没有设身处地、周全细致地想一想，作为通史的纪传体《史记》，不立《项羽本纪》是否可行？如果可行，为什么聪慧的司马迁还要多此一举？古人未必不如今人。刘知幾的一大性格缺点，即在于过度自信以至非常自负，于是我们也就看到了他在这里的轻率片面之论。

在《列传》中，《史通》又以《汉书》为项羽立传作为参照，继续申说不该为项羽设立本纪之论。冯舒批评说，"纪以纪其政之所从出"，不必非正式称帝之人；如果是写五帝以来迄汉武帝太初年间的通史，则没有称帝的项羽也必须列入本纪，《史记》的做法是正确的，如果仅写汉朝断代史，则班固《汉书》将项羽立传是正确的；《史记》和《汉书》不同，不能用二者互相非难。这与之前胡应麟所说"史迁列羽纪也，班氏列羽传也，各有当焉"的观点是一致的，都属于客观辩证之论。不同史书，其撰写体例往往不同，要灵活机动地评价，具体情况具体分析，而不能偏执任何一种体例，将其作为固定的、一成不变的体例到处套用。

《史通·书志》认为，纪传体史书的《艺文志》可以删除不作，如果一定要予以保留，则应改变其记载方式，"所列书名，唯取当时撰者"。冯舒指出，史书中著书者的传记可能会漏载其著述情况，这就需要依靠《艺文志》对其著述情况的著录来查知，所以《艺文志》是不可少的，不能删除。这与之前胡应麟的意见是一致的。至于如何记载，冯舒也不同意刘知幾所说的"唯取当时撰者"的做法，但他没有明确表明自己的意见，只是说"但列一朝作者，可否允当"。按照他评价《书志》"国史所书，宜述当时之事"为"笃论"的观点，"当时之事"在此是指当代所有著作，包括了前代存世之书和当代作者所写之书，而并非仅指当代作者所写，否则就是同意《史通》所说的"但列一朝作者"的意见。所以，冯舒对《艺文志》撰写的原则，是要包括一代所有，这也与胡应麟的观点相同，而且是大多数学者所认同的。

《史通·载文》论说史书收录文章的标准问题，认为应该专门收载"其理说而切，其文简而要，足以惩恶劝善，观风察俗者"，至于司马相如《子虚赋》《上林赋》、扬雄《甘泉赋》《羽猎赋》、班固《两都赋》、马融《广成赋》等，"喻过其体，词没其义，繁华而失实，流宕而忘返，无裨劝奖，有长奸诈，而前后《史》《汉》皆书诸列传，不其谬乎"！冯舒评云："入传之文，大约取其辞而已。'无裨劝奖'，固非所虑。"《史记》《汉书》《后汉书》等在文学家传记多载其文学辞赋，是要通过这些文章，更好地展现其人文学艺术的成就与贡献，并非将文学辞赋当作叙述史实的文字看待，有无惩恶劝善的史学价值并不在考虑范围之内。刘知幾以史学标准来要求文学辞赋，可谓偏执过甚。冯舒的分析是正确的。

《史通》不重视史注，对于裴松之《三国志注》等补充事迹的史注，更是近乎完全否定，在《补注》中批评裴注"喜聚异同，不加刊定，恣其击难，坐长烦芜。观其书成表献，自比蜜蜂兼采，但甘苦不分，难以味同萍实者矣"。但冯舒却认为，"妙正在此"。其言甚是。一方面，刘知幾在这里又犯了他的老毛病，总爱把自己的意见强加给古人，而根本不考虑古人的实际情况。据裴松之《上三国志注表》，他作注的目的主要在于增广事实，他要做的是"聚异同"，而刘知幾却不明底里地要求他"分甘苦"，因而刘知幾的评论并不符合裴松之作注的主观动机和实际工作的重心所在。另一方面，裴注引据资料宏富浩博，而这些资料，因原书后来大多亡佚，反赖裴注得以保存下来，为研究三国历史提供了不可多得的资料，这也有力地证实了冯舒"妙正在此"之论的准当恰切。

《史通》主张史书以简要为主，为达此目标，《叙事》要求采取省句省字等方法，并举例示范说："《公羊》称：'郄克眇，季孙行父秃，孙良夫跛，齐使跛者逆跛者，秃者逆秃者，眇者逆眇者。'盖宜除'跛者'已下句，但云'各以其类逆'。必事加再述，则于文殊费，此为烦句也。"对这一删除烦句的省句之法，冯舒评云："恐亦未免成铁。"成铁即点金成铁之简称，比喻把别人的好文章改坏。冯舒的意思是，叙事简要不是不好，但如果不考虑实际情况，一味求简、过于求简，就会弄巧成拙。不能不说，这是对《史通》持论的重要矫正。

以上所述，就是明代《史通》学术史所涉及的一些基本方面，包括对刘知幾和《史通》的总体认识与评价，如何阅读《史通》，对《史通》思想观点的赞同、阐发与运用，引用《史通》的观点来作为自己的立论，对《史通》思想观点的辩难与发展，以及对《史通》的思想观点进行批评等方面。至于其具体内容，则不止上文所列，如郭孔延第一个在《史通》学术史上写出了集评论、注释和校勘于一体的《史通》研究专著，其中对《史通》思想观点进行的平实讨论占了很大比重，李维桢也对《史通》全书思想进行了评议，另外明代学者对史才三长论和史文繁简问题的探讨也取得了一些新的成就，这些将在下文专节讲述。

和前一时期相比，明代出现了纯粹学术性质的《史通》研究著作，其中既包括郭孔延《史通评释》这样集评论、注释和校勘于一体的《史通》研究专著，也包括李维桢所撰写的专门评论《史通》的著作，以及王惟俭注释和校勘《史通》的《史通训故》；陆深的《史通会要》虽然质量不高，但也是从学术研究的角度出发的，体现了对《史通》进行选编和续写的工作性质。这都是以前没有的新现象。把刘知幾作为天生史学家看待；认为《史通》是史学评论自身发展的产物，是对之前史学评论的总结；对《史通》"史圣"地位的肯定，对《史通》僵化"粗笨"思想缺陷的揭示；对阅读《史通》的前提条件进行探讨，开始关注《史通》在后世的影响等等，都是前人从未涉及的新内容。至于在前代基础上，对《史通》思想理论的研究、运用与践行，也都达到了新的水平和新的高度。凡此种种，都显现出明代《史通》学术史内容的丰富与发展，体现了明代《史通》研究的新境界。

郭孔延对《史通》思想的平实议论

万历三十二年（1604），郭孔延以"子玄忠臣"① 的态度，完成并刊刻《史通评释》修订本。这是自《史通》问世之后，第一部为其全书做注释、评论和文字校勘三种研究工作的著作，也是第一部以学术态度而非以卫道态度对《史通》全书展开评论的著作，对后人全面解读、认识、评价和研究《史通》的史学思想，有着重要的参考价值。

一、对《史通》的总体认识与评价

郭孔延在《史通评释·序》中，认为《史通》有四个方面的长处，在内容和立论方面"考究精核"，在体例方面"义例严整"，在遣词造句方面"文词简古"，在语言风格方面"议论慨慷"，因而承认徐坚对《史通》"当置座右"的评价"良非虚誉"。至于其短处，郭孔延讲了三个方面：一是从维护儒家正统观念方面，批评《史通》对儒家经书和自古相传的尧、禹等圣

---

① ［明］郭孔延：《史通评释》卷十《自叙》"评曰"，续修四库全书第447册，第131页。本章下引郭孔延评语，凡有《史通》篇名出现者，不再注出。

王多有抨击指责。郭孔延还在书中对此类行为多次予以直接回击，明确表达了他维护儒家思想的正统观念。二是从对具体史家的评价方面，指责《史通》对司马迁批评过多，对其长处论述不多，但对王劭却多有爱护之词，以致"忘其佞"。这是指出《史通》有评论不公之处。三是对《史通》的立论方式，批评它"高自标榜，前无贤哲"，也就是《史通·自叙》所说的"多讥往哲，喜述前非"，认为《新唐书》刘知幾本传批评他"工诃古人"之语"亦非诬善"。总体来看，郭孔延这一长短优劣的评议，"比较实事求是，比较全面，可代表历代的评论"①。

郭孔延还在《史通评释》卷一《六家》"尚书"一节"评曰"中说："子玄首驳《尚书》为例不纯，次驳《逸周书》滓秽相参，可谓眼空千载，前亡古人矣。"这是全书第一个"评曰"的第一句话，相当于开篇即高度评价刘知幾与《史通》的气魄宏大与空前。卷十《自叙》的"评曰"中说："《史通》考究精核，义例森严，一团光彩，不可磨灭。"也是总论《史通》全书，与《史通评释序》对《史通》长处的称颂一致。

二、对《史通》思想观点的赞同与称扬

《史通·二体》认为，编年、纪传两种史书体裁"考兹胜负，互有得失"，郭孔延《史通评释》评云："此是公论。"赞同刘知幾对二体各有优劣的总体评价。

《史通·断限》强调，史书内容必须严格讲求断限之义，不能超出所记载的时代和地区的历史，并以此批评《汉书》表、

---

① 许凌云：《刘知幾评传》，北京：中国电影出版社，2005 年，第 303 页。

志不该记载汉朝以前的历史。郭孔延评云："《汉书》表、志以汉为限，其例乃纯。"完全肯定刘知幾所持的史书断限必须与书名相统一的观点。但实际上，"史之载事，实有不容截然划分时代者"①，特别是记载典章制度的"志"的部分，如果不向前追溯，有很多是说不清、道不明的。因而，刘知幾不分具体情况，一概强调严格断限而忽略了有所变通，未免僵化教条，郭孔延无条件地予以赞同，当然也就不免偏颇。

《史通·杂说上》提出，"论成败者，固当以人事为主"，郭孔延评曰："子玄之论正矣。"这无疑是不能抹煞的正确思想。不过需要说明的是，刘知幾虽然有此正论，但他并非彻底的无神论者，而郭孔延也同样如此，他在对《书志》《杂说中》《汉书五行志错误》《暗惑》等篇的评论中，都表现出比刘知幾还要强烈得多的天人感应和鬼神迷信思想。

对于史书所记载的人物和事件，《史通》特别强调要具有彰善瘅恶价值的内容，《杂说中》还以此为思想原则，批评唐朝官修《晋书》的刘伶、毕卓传，说："直载其嗜酒沉湎，悖礼乱德，若斯而已。为传如此，复何所取者哉？"郭孔延评曰："刘、毕二传，无关名教，信可已矣。"赞同刘知幾对史书内容的思想性要求，认为不该记载那些"无关名教"和"悖礼乱德"之事。实际上，刘伶、毕卓二传所记载的嗜酒沉湎之类事件，正反映了玄学影响下的晋朝社会风尚，是有助于后人了解和认识当时历史的。刘知幾和郭孔延的一致态度，表明他们在正统观念的影响下，史学思想受到了很大局限。

---

① 张舜徽：《史通平议》，《史学三书平议》，北京：中华书局，1983 年，第 34 页。

三、对《史通》思想观点的探讨、补充与发挥、运用

《史通》强调史书体例的整齐划一，认为本纪只能记载帝王，世代传家的诸侯可写入世家，其他臣子则立传记载，因而对《史记》设立《项羽本纪》很是不满，在《本纪》《列传》中多次予以批评，并称项羽为"僭盗"。郭孔延在《本纪》"评曰"中，不同意将项羽贬为"群盗"，但赞同不该为项羽设立本纪的观点，并继续探讨本纪、世家、载记的体例设立原则，思考如何更好地将项羽归类记载的方法，提出"称本纪，未为天子；称世家，又无继祀。如此等类，别为载记可也"，认为可以用载记来记述项羽。从其最后的思考结果说，郭孔延也像刘知幾一样，没有明白司马迁设立《项羽本纪》的思想宗旨，但他在《史通》仅批评为项羽设立本纪不妥而又没有提出应该如何记载的情况下，独自探索这一问题，这种研究精神还是值得肯定的。

对于本纪和列传在体例上的区别，《史通·本纪》提出，如果其人仅是死后被追加帝号，而生前并未实际称帝，则只能以立传的形式加以记载，不该为之设立本纪。郭孔延评曰："异日者，本朝懿文、睿祖，当以此例为正。"不仅认同其观点，还进而发挥、运用其意，以之讨论自己所处时代的当代史的写作问题，鲜明表现出对《史通》思想的继承。

对于纪传体史书的表这一体例，《史通》总体上持反对态度，在《表历》中明言史表"无用"，但考虑到动荡纷乱时期诸国并立的实际情况，又稍加变通，认为"列国年表或可存焉"，因为诸国各自纪年，"若申之于表，以统其时，则诸国分年，一时尽见"，并以此对《史记》的诸侯国年表和崔鸿《十

六国春秋》的史表予以表扬。郭孔延赞同这一立表思想，并"由是推之"，对萧方等《三十国春秋》、路振《九国志》、刘恕《十国纪年》、欧阳修《新五代史》缺少相关年表提出批评，直接运用其思想来进行自己的学术研究。

《史通·书志》提出，纪传体史书应撰写方物志，列在《食货志》之前。郭孔延肯定这一思想，但对设立方物志的体例、记载内容及设立目的进行了限定，提出"一准《（史记）货殖传》书竹木、载鱼盐以遂民生之利可也"，但不可有"夸示后世"的心态而使其内容过滥。《史通》提出应该撰写方物志，但对如何撰写则没有论述，郭孔延对这一缺环的补充，可谓必不可少的重要论述。

《史通·采撰》专门讲述史书采择史料必须坚持博采慎择的原则，郭孔延在全篇性"评曰"中说："采撰当博，踳驳当择，是此篇大旨。"继而在两条针对具体论述的"评曰"中指出："史臣爱憎，未足深信。子玄采之，岂无谓邪？""行路之口，岂可尽信？"既赞同《史通》的史料采择思想，又运用这一思想对《史通》自身的做法展开评论，诚可谓活学善用。

《史通·叙事》反对史家"事不类古，改从雅言"的做法，郭孔延对此表示认可，但又举例加以补充说，"时异势殊，亦有不得不改者"，需要根据变化了的具体时势有所变通，不能采取硬性僵化的"一刀切"做法。很明显，对于《史通》立论时有僵化而不知变通的思想缺陷来说，这是一个必要且恰当的补充。

《史通·摸拟》提出效法古人的做法有二，即"貌异而心同者，摸拟之上也；貌同而心异者，摸拟之下也"。郭孔延对此极为赞赏，在篇末"评曰"中说"模拟一篇，考究精详，议论确当"，并继续为之推演发挥说："尝闻之《（文心）雕龙》曰：
'楚之骚文，矩式周人。汉之赋颂，影写楚词。'此模辞者也。
《雕龙》曰：'寂然凝虑，思接千载。悄焉动容，视通万里。'此
模意者也。模辞者，优孟学（孙）叔敖，言动，敖也，衣冠，
敖也，而实非敖也。模意者，慈石引针，琥珀拾芥，铁石异类，
珀芥异形，而气相通也。故模辞者似，模意者真。"将刘知幾所
说的"貌同而心异"比为"模辞者似"，将"貌异而心同"比
为"模意者真"，诚为恰切。

《史通·人物》专门讲述史书记载历史人物的原则与方法问
题，并对《史记》《汉书》等著作缺载一些历史人物的现象进
行了批评。郭孔延在篇末"评曰"中，既赞同《史通》记载重
要历史人物的思想，赞同《史通》对《史记》《宋略》遗漏一
些重要历史人物、存在"谨毛失貌"之缺陷的指责，同时也对
《史通》所指出的《汉书》《三国志》《晋书》中未记载的历史
人物进行了分析，认为他们"皆非巨公"，不记载也不算什么失
误。显然，这是运用和发挥《史通》记载重要历史人物的思想，
对《史通》自身评价其他史书的做法，进行再评价。

《史通·杂说上》曾以晋朝张辅《班马优劣论》为例，反
对片面地仅以文字多少来评价不同史书的优劣。郭孔延在评论
中，既对此加以肯定，指出"字之烦简，未足以定优劣"，又进
一步提出了评价史书优劣的方法论原则："史之优劣，一曰好恶
有公私，私者劣；一曰书事有真伪，伪者劣；三曰义例有精疏，
疏者劣；四曰笔力有整庞，庞者劣。"第一个方面，主要涉及史
家的品质与态度问题；第二个方面主要讲史书的内容；第三、
第四方面，关涉史家的见识与写作能力问题。显然，这四个方

面组成了一个比较全面的方法论原则，是郭孔延在《史通》基础上，继续研讨而取得的新贡献。

四、对《史通》思想偏颇之论的批评

《史通·二体》专门讲论纪传、编年二体的优劣，并以《史记》为例，指出纪传体史书在编写合传、类传方面的短处是："编次同类，不求年月……遂使汉之贾谊将楚屈原同列，鲁之曹沫与燕荆轲并编，此其所以为短也。"这涉及如何编写合传、类传的方法与原则问题。对此，郭孔延并不认同，他说，屈原和贾谊、曹沫和荆轲都属同类人物，"既以类传，安能拘先后辈？此无足为《史记》累者"。此言在理，远胜刘知幾的偏颇之论，深得后世的赞同，《史通》研究专家张舜徽即说："纪传之史，以人物为中心，某事宜载某篇，某人宜附某传，尤贵量其主从，善为铨配。……合传之例，以事类分，不以时代分。屈原与贾谊同传，曹沫与燕荆轲并编，皆取其行事相类耳。铨配之例，于斯为大。知幾反举此相讥，目为弊短，异乎吾所闻。"[①]

《史通·载言》提出，纪传体史书在君臣纪传中收录了不少制册奏表等文章，与叙事相夹杂，打断了叙事的前后连贯性，倡言将纪传中所收录的这些文章全部移出，另设"书"部，按其内容，"以类区别"，分别收录。但郭孔延认为，这种做法虽然"为目甚新，为体亦异，第云'以类区别'，又似一部类书、文选，不似史体，故数千年来无遵此目。不若仍旧……更为安焉。"应该说，《史通》对叙事连贯性被打断的担心有一定道理，但其意见

---

① 张舜徽：《史通平议》，《史学三书平议》，北京：中华书局，1983年，第19页。

也确实不可行，这除了郭孔延提到的原因外，更重要的还在于纪传中所录文章，大多与人物生平行事及当时学术、政治有重要关涉，如果不收载此类文章，势必会影响对人物、政治和社会的全面认识，后来冯舒、浦起龙就都从这两个方面进行了分析论述。所以，郭孔延的意见更为安妥，《史通》的观点偏颇片面。

《史通·书志》偏激地主张删除《艺文志》，郭孔延提出反对意见，这当然是正确的。但他又说，"汉人之籍入于《隋志》、唐人之书著于《宋纪》则芜矣"，可知他赞同《史通》提出的"唯取当时撰者"的做法，只记载史书所反映的当时之人的著述，前人传世著作不予著录。实际上，这种方法舍弃了《艺文志》在考察典籍源流和学术发展史方面的意义，并不全面得体。这表明郭孔延的史学思想有被《史通》偏颇思想所囿的一面。

《史通·人物》论说史书记载人物的标准问题，强调"略小而存大"，认为汉代傅宽等"或才非拔萃，或行不逸群，徒以片善取知，微功见识，缺之不足为少，书之唯益其累"者，不该写入史传。郭孔延则以逐人解说的方式，对其所列傅宽等五个事例，一一提出反驳。透过这种具体意见，郭孔延所要表达的是，史书入传人物不应该有一个超时空的、固定的、永恒不变的标准，而要根据历史人物所处具体时代、具体形势来判断其功绩和行为，以便确定可否写入史传。这比刘知幾抽象、笼统的论说"拔萃逸群、片善微功"，要全面得多，很有辩证的、历史主义的思想意识。

《史通·序传》提出，史书作者自序所记述的内容，不能超出该书记事的时间范围，郭孔延径称此论"失之拘"。这个批评是正确的，史书作者自序并非书中记事，不必与书中所记述的时代相匹配。《史通》的这一要求，是对断限思想的滥用。

　　《史通·叙事》批评李百药《北齐书》不明事实，错误地以李广恂恂善诱的典故来虚夸王琳。这种史学评论必须据实而发，不能无根妄谈、凭空虚夸的原则，当然是正确的。但郭孔延通过考证史实发现，王琳深得人心的程度，"恐李将军当日或未有也，百药岂'虚引古事，妄足庸音'哉"。不是李百药，而是刘知幾自己于史实尚未考证清楚，于是郭孔延对其妄责前人的做法提出严正批评。从《史通》全书看来，不明史实而轻于立论，确为其缺陷之一。郭孔延明确揭示出这一点，对全面、准确地认识《史通》有积极意义。

　　与上例性质相同，北齐史学家魏收所撰《魏书》因有曲笔之处，被时人称为"秽史"。痛恨曲笔写史的刘知幾，没有深入考察就接受了这一说法，在《史通》中多次痛斥《魏书》，并在《古今正史》说"世薄其书，号为秽史"。实际上，"秽史"之称乃是否定《魏书》的诬蔑之词，不可为据。郭孔延在《古今正史》"评曰"中，不但肯定《魏书》"必有一段不可磨灭者"，而且明确指出，"秽史"之称不足尽凭。这既是对《史通》以讹传讹的偏谬认识进行批驳，也是对《魏书》被诬为"秽史"进行平反翻案。之后，清代王鸣盛《十七史商榷》卷六五《魏收魏书》、清朝官修《四库全书总目》卷四五《魏书》，都继承了郭孔延这份学术遗产，继续为《魏书》蒙受的"秽史"之称进行雪诬辩白。而晚清周中孚（号郑堂）《郑堂读书记》卷十五《魏书》说："余谓魏收手笔虽不高，亦未见出诸史下，而被谤独甚。乃其后改修者甚多，而总不能废收之书，千载而下，他家尽亡，而收书特存，虽有残缺，不掩全美。岂非其精神命脉，自能贯注于千古者欤？"更明显与郭孔延之论有相通之处。由此而论，郭孔延是对《魏书》作出肯定评价的第一人。

《史通·杂说上》批评《汉书》说，据《成帝纪》所载成帝登车修仪的情况看，成帝可谓穆穆天子，而据《五行志》所载其微行乱服的情况看，其人根本无人君之望，则《汉书》的记载，"前后自相矛盾者矣"。郭孔延评云："成帝升车则修仪，微行则乱服，时既不同，语从实录，原非矛盾。"郭孔延的批评是准确的，《汉书》是通过不同篇章前后互见的形式，将汉成帝表里不一的两面性完整展现出来，并非刘知幾所说的自相矛盾。刘知幾仅注意到两处记载自相矛盾的表面现象，而没有深入思考为何会出现如此明显的自相矛盾，因而他的认识，流于肤浅表象，思想囿于一点，是不知通盘考量、灵活变通的表现。

五、梳理和揭示《史通》的思想来源及其思想对后世的学术影响

《史通·本纪》提出，被后世追加帝号者，只能以立传的形式加以记载，不该为之设立本纪。郭孔延说，"《元史》不纪裕宗以继世祖，子玄之例也"，指出此论对《元史》编修的影响。

《史通·书志》提出，纪传体史书应设立氏族志和都邑志。对此，郭孔延一方面以实例指出，"汉史未尝无氏族也"，唐代"未尝不志氏族也，特未著于史耳"，这就指明了《史通》设立氏族志的意见并非绝对前无所承，而是有所借鉴的，其思想来源于汉唐时期的史学实践。另一方面，郭孔延说："至宋，郑夹漈《通志略》独详氏族、都邑，岂读《史通》而兴起邪？至其自序则云'出臣胸臆，不涉汉唐诸臣议论'，亦几穿窬。"明确

指出郑樵《通志》的《氏族略》《都邑略》是受到《史通》的启发而设立的，这是学术界第一次点明二者之间的继承关系，是对《史通》学术影响的揭示，而其观点也得到了清代官私学者和当代学者的肯定。[①]

《史通·称谓》说，三国时期，"论王道则曹逆而刘顺"。郭孔延评云："自是正论。"继而又在篇后"评曰"中说："'论王道，曹逆刘顺'，此二语遂为《纲目》帝蜀之根，嗣是而萧常之《后汉书》、谢陛之《季汉书》相继而作，则子玄发之矣。"揭示出《史通》此论对后世史学的影响。

在《史通·申左》中，刘知幾阐述了自己对《春秋》三传的认识，认为《左传》有三长，而《公羊》《穀梁》二传有五短。郭孔延在篇后评云："昔人谓杜元凯（杜预）为《左氏》忠臣。子玄申左之功，不在杜下。"之后又在《杂说上》一针见血地评云："子玄似亦有《左传》癖。"当代学者指出，刘知幾虽师承遍及四部，但从根本上说，他"宗主《左传》"[②]，"《左传》是知幾史学入门之启蒙业师，亦是他终身受用、仰慕不已之'述者冠冕'，更是他创建实录史学原理之实存典范，故其影响实渗透于《史通》之字里行间"[③]。由此反观郭孔延的这两处评论，可以说是深刻揭示了刘知幾与《左传》的关系，对于后

---

① ［唐］刘知幾：《史通》，［清］浦起龙：《史通通释》卷三《书志》篇后"按"语，上海：上海古籍出版社，第69页；［清］永瑢等：《四库全书总目》卷五十《通志》，北京：中华书局，1966年，第448页；程千帆：《史通笺记》，北京：中华书局，1980年，第48—49页；张舜徽：《史通平议》卷二，《史学三书平议》，北京：中华书局，1983年，第40页。

② 马铁浩：《〈史通〉与先唐典籍》，北京：人民出版社，2010年，第314页。

③ 许冠三：《刘知幾的实录史学》，香港：香港中文大学出版社，1983年，第31页。

人继续探索《左传》在刘知幾史学思想中所占的位置，有着画龙点睛的作用。

综上所述，郭孔延《史通评释》对《史通》思想观点的评议，体现出平实、具体，就事论事，不多做引申的特点，虽然存在一些不妥或错误之论，但诚如晚清学者李慈铭所说，"诸评亦多佳者"①，其正确之论、有创见之论、对后世史学发展有很大启发者较多，表明传统史学理论在明代又取得了新的发展。此外，《史通评释》的形式，也在《史通》学术史上有着开创意义。这首先在于它是第一部对《史通》进行注释而且是全书注释的著作，这为人们阅读和研究《史通》提供了极大便利。其次，它是第一部将注释、评论和校勘融于一体的《史通》研究著作，虽然文字校勘内容相对不多，但是前两个方面，其中任何一个方面都不是轻易就能做到的，郭孔延却以《史通》"忠臣"的态度，竟然将这两个方面毕其功于一役，这为后世的《史通》全书整理和研究创造了典范。此后，明末王惟俭《史通训故》接过了它的校勘与注释合一的体例，清代黄叔琳《史通训故补》和浦起龙《史通通释》则继承了它的校勘、评论与注释合一的体例，这都是它在后世的影响所结出的硕果。而自它问世之后，世间流行之《史通》，已然变成了各种评释本的天下，仅仅刊行《史通》原书者退居次要地位，显示出《史通评释》对《史通》研究与流行的影响之大。因此，就是单单从《史通》传世版本上说，《史通评释》也是《史通》学术史上的一个重大转折。

---

① ［清］李慈铭：《越缦堂读书记》，上海：上海书店出版社，2000年，第604页。

李维桢对《史通》"史圣"
与"粗笨"的评议

李维桢年行在郭孔延之前，但他是在看到郭孔延《史通评释》之后，才受启发而对《史通》进行逐篇评论的。正是这些评论，使我们得见他在《史通》学术发展史中的基本形象。

一、对《史通》的总体认识与评价

李维桢对刘知幾和《史通》的称扬，很有毫无保留地、无限地钦佩与赞誉之意。其《史通·序》全文近五百字，对刘知幾和《史通》进行了完全肯定，或者说推崇到极点，以至没有一点质疑和指责的成分，这是《史通》问世以来的八九百年间从未受过的待遇。如，李维桢称《史通》广博精深，言辞犀利，思虑缜密，见识高超，就如出海琼光一样，熠耀靡定，"足以生擘太华之峰，直立东溟之水"①，令人心折。李维桢当然可以有这样的认识和评价，但他用"通而无蔽"来赞扬《史通》，显然是言过其实的偏颇之论，因为《史通》也有不少立言失检乃

---

① ［明］李维桢：《史通序》，四库全书存目丛书史部第279册，第1—3页。

至错误之处。至于刘知幾自己在《史通》中曾经多次抱怨遭到不公正待遇，李维桢竟然称他是"通乎其遇"，这简直就是睁眼说瞎话，否则何以会有这样的评论？

在对《史通》诸篇进行具体评论的过程中，李维桢对刘知幾也时常给予至高评价。如评论《题目》时，他称刘知幾为"史圣"[①]。评论《编次》时，他称刘知幾"识空千古"。评论《杂说下》时，他就《史通》批评嵇康把寓言假说"定为实录"的错误明确指出："古今事被明眼人抉出，然后能飞行自在，不为史传所笼。"在其他评论中，李维桢也多次表示此意，可知他是把刘知幾赞许为"明眼人"的。在评论《汉书五行志错误》时，李维桢高度赞扬刘知幾"细心钻研，一字不肯放过"，称其"分疏事应，燎然令人不猜哑谜，可谓笔补造化天无工"。这些评论之语，如果用一个词语来概括，就是推崇备至。这是此前对刘知幾的所有评论中，从未有过的现象。

二、对《史通》思想观点的赞同与称扬

《史通·表历》主张纪传体史书应该废除史表，如若保留，则诸国并立时期的列国年表"或可存焉"，而大一统时期就没有必要设立史表。对此，李维桢予以全盘继承。实则刘知幾的这一思想是相当片面的，是对史表价值和意义缺乏全面认识的表现，因而李维桢的态度也就并不妥当。

《史通·断限》从时间和空间两个方面，强调史书记事应该

---

① ［明］李维桢评、郭孔延评释：《史通》卷第四，四库全书存目丛书史部第 279 册，第 54 页。下引李维桢"评曰"，凡正文中列出《史通》篇名者，不再注出。

断限分明，超出其时间和空间范围的内容，都不该予以记载。李维桢赞同之，于是用自己的话，把《史通》的意思重新复述了一遍。在评论《杂说上》"诸汉史"一节时，李维桢又说："作史之体，各有分段。若将前置后，如人有宝玩，能收藏而不能诠次，亦其病也。"强调断限分明，而且把它提到"诠次"的见识高度，这是很有眼光的，反映出李维桢对史书内容架构的全局意识。不过断限之意虽然应该讲求，但也需要具体问题具体分析，不可拘泥僵化于某一固定程式，不知变通。《断限》持论即犯有这样的错误，因此李维桢全盘接受该篇之意，也就存在思想偏颇之处。

《史通·辨职》专门论说史官的职守问题，对史馆监修官员的史学素质提出明确要求，强调他们必须"直若南史，才若马迁，精勤不懈若扬子云（扬雄），谙识故事若应仲远（应劭）。兼斯具美，督彼群才，使夫载言记事藉为模楷，搦管操觚归其仪的，斯则可矣"。李维桢深表赞同，说："舟大者任重，马骏者远驰。一代鸿裁，必得大手笔为之监修，而后可以作纪事之（周）亚夫，当极东之悬象。若后世惟以爵秩之崇者为监修国史，溺其旨矣。子玄之言，洵万世修史之龟鉴也！"认为刘知幾提出的史馆监修的标准，乃属万世不易之法则。

鉴于纪传体史书的人物传有时采自其个人自作传记，《史通·杂说上》以司马迁《史记》和班固《汉书》为例，专门讲论这一问题，指出史书为人作传记，不能直接沿袭其人自传而毫无增损，该补叙的内容必须补叙，该修饰的言语措辞也必须补加和改写。李维桢完全赞同，说"自叙与叙人不同。固之为迁传，断宜如子玄之所裁，不该依样画葫芦，仍其本传，了无损益也"。这个观点是正当的。

关于史书录载人物的选择标准问题，《史通·人物》有专篇论述，《杂说下》又补论官品高低与人物入传的问题，认为史书不能仅记载那些官高者，而应记述值得记述之人。李维桢大加称颂，认为"后世史臣止为贵显者立传，而奇材杰士，名湮没者何限？子玄此论，有益世道"，明确肯定和赞同《史通》选录人物标准的思想。

三、对《史通》思想观点的探讨、补充与发挥

《史通·载言》提出，纪传体史书应专门列出"书"这一体例，把原来纪传中所收录的君臣诏令奏表之类文章全部移到"书"中，以"制册章表书"等题名，分类载录。刘知幾认为纪传中有长篇文章夹入，影响前后叙事，所以产生这个想法。但后世却无人奉行，其中一个原因是此类文章实在太多，全部收入史书根本不可行。不过自他提出以后，把君臣诏令奏表之类文章单独编成专书的情况却蔚为大观，明朝也有人编纂此类书籍。李维桢认为，这些书籍的编纂"深合子玄之旨"，但他马上又提出："必有相兼者，又有类别者，两行于世方得。"所谓"相兼者"，是指还像原来那样，在纪传中适当收录一些有关文章；所谓"类别者"，是指将有关文章单独编成专书的情况。这是一个重要补充，比刘知幾所论更为周全。

《史通·书志》力主纪传体史书设立都邑志、氏族志、方物志，认为三者"实为志者所宜先"。李维桢说，史书中虽没有都邑、方物的单独记述，但并非没有这方面的内容，只是不详细而已。至于氏族志则"难言之"，一方面，统治者自己宣称的族

属起源不可尽信，另一方面，如果真实记述统治者的族属起源，还可能酿出北魏杀史臣崔浩的惨祸，如实记载又谈何容易？可见，李维桢并不反对设立三志的观点，并从记载历史的角度进行了客观分析。刘知幾只谈了该不该设立的问题，而李维桢则进一步补充分析了如何记载的问题。

《史通·邑里》对史书中记载人物籍贯而沿用旧时名称的现象提出了批评，主张使用历史人物在世时的地名，"随时而载，用明审实"。李维桢指出，史书记载地名可以遵从明朝的办法，"以县著称"。这虽有尊崇本朝之意，但也表明了他在《史通》基础上继续有所探讨与发挥。今人在填写表册时，于籍贯一项往往写到县级，这与李维桢的提法是有相通之处的。

《史通·叙事》力主叙事简要，李维桢不但赞同，更进一步发挥说，"简者乃作史之秘诀"，这比《史通》的提法要更上一层。《史通·烦省》又专论繁简问题说："论史之烦省者，但当要其事有妄载，苦于榛芜，言有缺书，伤于简略，斯则可矣。必量世事之厚薄，限篇第以多少，理则不然。"李维桢赞同之，并加以推广发挥说："作史固不论烦简，而精严典核，乃称上品。"他举例说，《汉书》"叙事紧密，其犹有简之意"，陈寿《三国志》"铨序可观，事多审正"，魏澹《魏书》"时称简正，条例详密"，这都是质量很好的史书，但元修宋、辽、金三朝史书，内容过于琐细，"腐烂极矣，何足以为史哉"！这些论述，特别是"精严典核，乃称上品"八字，比《史通》的表述更加深入到位。《史通·杂说上》也提到史书繁简之事，李维桢评曰："史之为体，有一句而包数义，简之妙也；有累言而后尽，详之妙也。何得以烦简为轩轾乎？"这可以看作是他对"作史固不论烦简"一语的详细解释，既肯定了《史通》的观点，也提出了自己的意见，即繁简各有其妙，简有简之妙，繁有繁之妙，不能一味尚简抑繁。可见，他在坚持"简者乃作史之秘诀"的基础上，也承认繁言详叙的妙用，这当然是客观、全面的思想认识。

《史通·叙事》倡言，编写史书要使用当代语言文字，反对以古语改易今言等妄饰情况，特别对少数民族政权史书将本族语言改从"华音"加以批评。李维桢深表赞同，并具体指出应该如何记载少数民族语言："须于土音之下，注以华音，如夷言'鸟古论'犹华言'商'也，夷言'乞石烈'犹华言'高'也，方得体。"这就比《史通》仅仅批评改用"华音"不妥的做法前进了一步，毕竟仅仅指出问题所在是解决不了问题的，更需要考虑的是如何解决的办法。

在《杂说中》，《史通》以王劭《齐志》为例，继续阐发其关于史书语言的思想认识，赞扬王劭多记当时鄙言俗语，使读者"足以知甿俗之有殊，验土风之不类"，明确反对别人对王劭这一做法提出批评。李维桢也以举例的方式评论说："方言俗语，用得恰当，最为得体。如淮阴善用兵，市人入其手，皆成龙骧。"文字不多，却为《史通》之论补充了两个前提：一是要"用得恰当"，二是要有"善用"之人。显然，这是两个必要的补充。

《史通·疑古》批评《尚书》记事之可疑者十条，其中第二条否定《尚书》所说尧舜禅让之事，然后说："观近古有奸雄奋发，自号勤王，或废父而立其子，或黜兄而奉其弟，始则示相推戴，终亦成其篡夺。求诸历代，往往而有，必以古方今，千载一揆。斯则尧之授舜，其事难明，谓之让国，徒虚语耳。"本着这一思想认识，李维桢进一步发挥推论说，这些"近古奸雄"，既包括曹操和曹丕父子、司马懿和司马昭父子，以及刘裕、萧道成、萧衍等人，也包括建立唐朝的唐高祖李渊，他们沿袭了过去历史上的旧有事例，始则示相推戴，终亦成其篡夺，"可嗤可鄙"。这是把刘知幾作为唐代臣子不便明说的事情，明白揭示出来。而自李维桢如此推论之后，清代浦起龙、钱大昕以及近代陈汉章等人，也都继续做出了类似推论。①

《史通·杂说下》批评一些史家说，"复有怀嬴失节，目为贞女；刘安覆族，定以登仙"，如此立论，还有是非观念吗？李维桢说："史书之作，顾其人何如耳。蔡琰入胡，复嫁董祀，而范晔传之《列女》；贺知章老乞鉴湖，而宋祁传之《隐逸》。盖修史者，悖节之臣、难进之士故也。以怀嬴、刘安为贞女、登仙者，修史之人可想。"既赞同《史通》之论，又进行发挥，认为史家的思想素养是影响史书编纂的重要因素，深刻影响着史家对历史人物的评价问题。这是《史通》很少论及的，却是史学评论中不能忽略的重要问题。

四、对《史通》思想偏颇之论的批评

李维桢虽然在序言中对《史通》给予了完全肯定，没有一点批评、指责和质疑的成分，但在具体评论《史通》内容时，也对他所认为的各种疏误进行了批评、纠谬，而且篇幅、条目并不比赞扬、肯定者少。

---

① ［唐］刘知幾：《史通》，［清］浦起龙：《史通通释》，上海：上海古籍出版社，2009 年，第 354—355 页、第 640 页；［清］钱大昕：《十驾斋养新录》卷十三《史通》，《嘉定钱大昕全集》第 7 册，南京：江苏古籍出版社，1997 年，第 352—353 页。程千帆不同意上述诸人观点，见其《史通笺记》，北京：中华书局，1980 年，第 259—261 页，不过笔者也不完全赞同程先生意见。

　　《史通·六家》专门考察自古以来的六种史书体裁及其史学流派，其中对《史记》及其所代表的通史的短处多有揭示，对其长处则不予考察，而对《汉书》及其所代表的断代史的评论，却恰好与之相反。李维桢指出，《史通》的评价只是其一家之言，并非公正的"通方之至论"。这个批评是实事求是的，《史通》评价方式明显不公，说明它在思想深处对通史和断代史确实存在着优劣有别的偏谬认识。实际上，通史和断代史是考察历史的两种不同方式，就像《史通》所说的编年和纪传二体一样，是各有其美、并行于世的，它们之间本无优劣之可分。

　　《史通·世家》以"开国承家，世代相续"作为世家体例选录人物的标准，批评《史记》将陈胜列入世家。李维桢在评论中表述了三层意思：一是既赞同以"开国承家，世代相续"为基本原则，又强调"史有变例"，要结合实际情况灵活处理，不能被这一原则所囿，拘泥僵化，不知变通。二是具体考察陈胜的功业，指出西汉建立政权，"由陈胜首事"。而《史记·太史公自序》在谈到为什么写《陈涉世家》时，也是强调陈胜发起农民起义、"卒亡秦族"的历史功绩，并将其与商汤灭夏、武王灭商相提并论，可见李维桢是领会了《史记》的本意。但《史通》却只顾用自己对世家体例的理解和认识去强求《史记》迁就自己的意见，而对《史记》的主旨不予理会，犯了脱离古人实际而妄论古人体例的错误。三是运用以子之矛攻子之盾的驳论方式，引述《世家》所说入传"则下同臣妾"的观点，来说明陈胜既然"非汉之臣妾"，不该设"传"来记载，则"编之世家，正为当耳"。应该说，李维桢的评论，不论是在对史书体例的认知方面，还是在对《史记》的理解上，都是正确的。

《史通·书事》探讨史书记事的选材原则，强调要记载那些"事关军国，理涉兴亡"者，至于州闾细事、委巷琐言等，"其事非要，其言不经"，无须记载。但李维桢认为《史通》的选材范围过小，主张在其基础上扩大取材范围，说："凡稗官野史、童谣里谚，悉可以资弋获。而持螯嗜痂，见诸简牍，虽非大官珍膳，亦可以佐宾筵、驰翰墨，有不胜于山肴野蔌者乎？胡可尽废也？"此言在理，作为通记一代历史之书，应该比较全面地记载当时政治、经济、社会、文化等各项内容，但《史通》所重仅在军国政事，更强调记功书过、彰善瘅恶者，思想过于狭隘，对史学内容缺乏总体全面的认识。

《史通》主张史书记事必须真实，讳饰、诬书等皆应摒弃，《杂说上》还以此意批评《左传》说："《左传》称仲尼曰：'鲍庄子之智不如葵，葵犹能卫其足。'……寻葵之向日倾心，本不卫足，由人睹其形似，强为立名。……而《左氏》录夫子一时戏言，以为千载笃论。成微婉之深累，玷良直之高范，不其惜乎！"其实，"此论殊失之拘"，因为孔子之言"乃比喻之辞，非谓葵果有自卫之智也……特因事连类，托物以为言耳"，不可以实对待。[1] 对此，李维桢评曰："古人兴之所到，率尔摘词，不必太加着意，如青山老、流水住，亦是此意，纯以兴味为主，恰似初唐诗家法脉。若粘皮带骨，则为粗笨矣。"此评甚卓，特别是"粗笨"一词，虽然寓含了一根筋、愚钝不化之意，直白得令人难以接受，却一下子将刘知幾思想僵化拘泥之弊生动形象地揭示出来，是符合事实的、客观的、学理性的批评。

---

[1] 张舜徽：《史通平议》，《史学三书平议》，北京：中华书局，1983年，第132页。

　　《史通·杂说上》多次批评司马迁在史料采择与运用方面存在失误。刘知幾先是以《史记·孔子世家》为例进行批评，说"太史公孔子世家，多采《论语》旧说，至管、晏列传，则不取其本书，以为时俗所有，故不复更载也。案《论语》行于讲肆，列于学官，重加编勒，只觉烦费"。对此，李维桢评论说："管、晏列传不取其本书，论其轶事，此著史活法，不足多病。"认为著史要讲求灵活多变。这当然是正确的，只是如何"活法"，李维桢并没有说明，不免有些遗憾。继而《杂说上》又以《报任安书》为例，批评司马迁在信中列举"自古刑余之人为士君子所贱者，唯以弥子瑕为始"，而不提及更早的夙沙卫，属于资料使用不当，并质问司马迁：你此前游历全国，寻访资料，却连夙沙卫都不知道，"亦何为者哉"？其实，司马迁在信中谈及"自古刑余之人为士君子所贱者"，只是举例说明像自己这样的阉宦之人为社会所不齿的事实，而并不是考察阉宦之人以谁为最早，《史通》不但自己理解有误，还进一步给予了苛刻的批评，实在是荒唐无理。对此，李维桢写有两条评语，一是："子长上下数千年，郁蟠胸中，随口吐出，白凤瞥然而逝，岂暇拘拘以类相从哉？如后人画雪里芭蕉，赏鉴者以此为奇。如子玄之为，见雪中何自有芭蕉哉？"二是："古人立言，矢口成文。取其大意所在，不必取清配白，逐字切贴。若规规以阉人为言，则类书一考，高出马迁头地矣。子玄之驳，毋乃太苛！"这两条评语，确实是理解了司马迁的行文，将刘知幾思想僵化粗笨、不能灵活变通的一面揭示得清清楚楚。

　　《史通·杂说中》批评李百药《北齐书》说，其列传记人叙事有时前后顺序颠倒，"故时日不接而隔越相偶，使读者瞀乱而不测，惊骇而多疑"。李维桢则指出，"叙事之体，或先时而起例，或后时而终义"，因而有时打乱时间的先后顺序，"不足为累"。此言是也，撰写史书需要从全局通盘考虑，讲求"著史活法"，予以灵活变通，而不能为僵死的条条框框绊住手脚。在评论《汉书五行志错误》时，李维桢还直接批评说，"单举一事，首末宜详；错综成章，不必太泥"，《史通》论史，存在拘泥固执之弊。此论确然，像这些事例，不是"读者瞀乱而不测，惊骇而多疑"，而是刘知幾自己头脑僵化，死板固执。

《史通·暗惑》以举例的方式，批评一些史家史书缺乏史识，以致真伪莫辨、受人欺诬，它希望通过自己的讲论，使人开悟，"然后辨其纰缪"。其中说："《东观汉记》曰：赤眉降后，积甲与熊耳山齐云云。难曰：案（刘）盆子既亡，弃甲诚众。必与山比峻，则未之有也。昔《武成》云：前徒倒戈'血流漂杵'。孔安国曰：盖言之甚也。如'积甲与熊耳山齐'者，抑亦'血流漂杵'之徒欤？"批评《东观汉记》虚夸修饰，言过其实，不可相信。对此，李维桢评曰："杜子美题武侯树曰：'霜皮溜雨四十围，黛色参天二千尺。'亦工为形似之语。知此，可以悟'积甲山齐'之说。"李维桢的理解固然是正确的，而刘知幾通过引述孔安国"盖言之甚也"一语，也已经明白了"积甲山齐"之说的真实含义，它只是比喻之词，不是非要"必与山比峻"不可，因此他的这一条批评完全可以不写。但他还要把这一条郑重其事地写入书中，那也就怪不得李维桢对他进行开蒙性的评论了。另外，魏晋时有"文鸯（文俶）侍讲，殿瓦皆飞"的说法，刘知幾又误以为真，于是摆事实、讲道理，考证其虚妄不实。其实这只是夸张性的描写，根本无须考证，此诚如李维桢所评："翼德（张飞）据水断桥，嗔目横矛，后人谓其喝断。文鸯声洪，故极其模拟云耳，岂其能'殿瓦皆飞'乎？即鼓噪'屋瓦尽振'，亦属描写，钜曰实然？"刘知幾强调直书实录，这本无可非议，但他将一般常见的比喻性、夸张性描写，全都当作叙述事实来看待，以实录征实之法来要求，则不但思想偏执，而且简直愚钝不化，其头脑粗笨死板的一面，在这些论述中都淋漓尽致地展现出来。《暗惑》开篇云："夫人识有不烛，神有不明，则真伪莫分，邪正靡别。"显然，刘知幾有时就正是"识有不烛，神有不明"。李维桢能够耐心地为其解说释疑，用语宽和敦厚，毫无疾言厉色，更没有称其"真伪莫分，邪正靡别"，可说是很好地体现了君子之风。

综上所述，李维桢对《史通》的评论，既有赞同、肯定《史通》的思想观点的，也有批评《史通》思想偏谬之处的，既涉及具体问题的是非正误，也有很多属于历史评论原则和方法论性质的论述，而他对《史通》所论问题的探讨、发挥，则有很多新的创见，表现出传统史学理论在明代发展的新境界。虽然他对《史通》批评儒家经典《尚书》《春秋》进行了反批评，体现出盲目崇信圣人的思想，反映了理学统治下人们思想的禁锢状态，不过这主要还是由时代局限性造成的，我们不能苛求于李维桢本人。从其所取得的总体成就来看，"所评往往精当，史学殊为有得"①，因而他也就成为明代《史通》学术史上的一位重要人物。

---

① ［清］李慈铭：《越缦堂读书记》，上海：上海书店出版社，2000 年，第 604 页。

明代对史才三长论的探讨与发展

宋元时期，刘知幾提出的史才三长论已经为学界普遍接受，并成为史官选任的基本标准。明朝时期，学者们继续以之为"良史"标准，用来评价他人或作自我评价，并继续对之进行讨论和发挥，取得了一些新的突破，成为明代《史通》学术史上的重要内容。

一、以史才三长论为史家标准来衡评他人和要求自身

明初官修《元史》成书后，监修总裁李善长谦称史官们"愧其才识之有限，弗称三长"[①]。此后，明中期的商辂、丘濬、李梦阳、陈昌积，明后期的陈文烛、李维桢、丁奉、顾起元、黄汝亨、董其昌、沈国元、蒋之翘等，都曾以三长标准来评价他人，其中被评价者皆为史学家或著有史书之人。而倪元璐在《倪文贞集》卷七《黄白安侍御奏疏序》中，称赞黄尊素（号

---

① ［明］李善长：《进元史表》，［明］宋濂等：《元史》附录，北京：中华书局，1976年，第4674页。

白安）"以议埒史，则领其三长；以权准相，亦综于五视"，将
三长作为史学家最高标准，以拟称黄尊素之才高，从而将三长
的史家标准扩及于一般人才标准。

　　至于以三长标准来要求自己的，当然也不乏其人。《元史》
监修总裁李善长称史官们才识有限、不称三长之语，实也寓含
自称之意，因为他既担任史馆监修总裁，自然也就是史官的代
表。史家邵经邦说："刘知幾有言：'史有三长五难'。今余愧乏
一长，而有千万之难。"① 此外，张时泰、杨孟瑛等都谦称自己
"才乏三长"，陈建、黄洪宪、朱国祯、高汝栻等都以三长标准
要求自己。由于各种因素，每个人的史学水平不可能没有差别，
因而所撰史书的质量也就有高低上下之分，但是作者们能够主
动以三长标准来严格要求自己，总可以使其著述不至偏离史学
的正轨。

二、对史才三长论的新探讨

　　刘定之在完成于明宣宗宣德九年（1434）的史学策中发问：
"史笔之难尚矣。或谓史有三长、史有三等，可详言欤？"继而
在自拟答策中以对比的方式指出，世上未尝无才、学、识也，
而"史"之才、学、识之长为难，"此论者所以有三长之说"，
并自注"刘知幾论史有三长"，对"史有三等"之问，则直接
引述《史通》文字作答。② 但他没有引述刘知幾关于史才三长的

---

① ［明］邵经邦：《弘简录》卷首《读史笔记》，续修四库全书第304册，第183页。
② ［明］刘定之：《刘文安公呆斋先生策略》卷四，四库全书存目丛书集部第34
　　册，第286页。据卷首《呆斋公年谱》，其《策略》稿成于宣德九年（1434），
　　第227页。

原文表述，而是用自己的话，通过比较的方式，述说了所有学问中史才三长最难之意。刘知幾最初谈及史才三长不易具备时，只是就文学和史学两个方面比较而言的，刘定之则统括世间所有学术领域来强调这一主旨，是在更大范围内推广了刘知幾的思想。

明武宗正德八年（1513），湖广道御史余珊上言，史官"苟非有刘知幾所谓才、学、识三者之长，曷足以堪之"，请求以三长标准，将冗滥或可议者加以裁汰，"务拔其尤者而留之"，并建议史官选任宁少勿多，以求"真才"。① 虽然他没有具体解释"真才"的标准，但从其所言可知，必是才、学、识三者兼备之人。换言之，在他看来，只有才、学、识三长兼备之人，才可称为史学"真才"，这就是他对史才三长问题讨论的结果。刘知幾在《史通·辨职》中倡言"史职求真"，在《核才》中提出"史才之难，其难甚矣。……苟非其才，则不可叨居史任"，并在这两篇文章中都以汉文帝目周亚夫为"真将军"的典故来比拟，但就是没能提出"真才"这一概念。唐宋元时期有不少人讨论史才三长问题，但也没有人提出这一概念。概念作为名词，当然不具有最终的决定性意义，但是概念作为对现象的理性概括，尤其是言简意赅、精到达意之概念的提出与应用，可以使问题的探讨更加明朗，使人们的认识更加明晰，从而进一步促进和加深人们对问题的认识。显然，余珊"真才"这一简明精到的概念的提出，正是七八百年来史才三长问题不断讨论并得到深化的结果，是明代在史才三长问题探讨上取得的一个新

---

① 《明实录·武宗实录》卷一〇五，正德八年十月甲子，第2164页。

突破。

在余珊之后，彭汝寔在为陆深校刻《史通》所作序言中，称史才三长是"世称笃论"，说作史如同绘画，虽然"家数种种"，但只有"不虚美，不隐恶"，"貌形肖物逼真者"，才是"名家"。在他看来，刘知幾就是这样的"名家"。[1] 由此可知他在坚持史才三长的综合评价基础上，突出强调了史家要具有"不虚美，不隐恶""貌形肖物逼真"的实录品格。

明穆宗隆庆元年（1567），著名文学家归有光受人之托，代作浙江乡试策，其中要求士子们结合当时正在进行的《明世宗实录》的纂修工作，就刘知幾提出的史才三长和曾巩提出的"四足"论的史家标准问题展开论述。归有光在自拟答策中，引述刘知幾、曾巩原话，认为只要达到史才三长，即可"得为良史"，若能达到曾巩所称"其明必足以周万事之理，其道必足以适天下之用，其智必足以通难知之意，其文必足以发难显之情"四个方面，"则又追迁、固而上之，盖唐、虞、三代之史官也"。[2]很明显，这是认为曾巩的"四足"论比刘知幾的史才三长论更为高明。但实际上，一来曾巩的标准基本上无人能够达到，则其标准也就成了空话；二来曾巩的标准貌似有理，但其本身具有很强的空洞的意味，如此也就难以让人参照应用；三来曾巩的标准貌似全面，实则并不如刘知幾的三长论更为周全，因为曾巩所说的"明、道、智"都属于三长论中"识"的内容、"文"属于三长论中"才"的内容，但三长论中"学"的内容，

① ［明］彭汝寔：《序》，四部丛刊所收张鼎思校刻本《史通》卷末。
② ［明］归有光：《震川先生别集》卷二上《隆庆元年浙江程策四道》之二，《震川先生集》，上海：上海古籍出版社，2007年，第748、751—752页。

曾巩则一句未提，而这一部分却是史学家绝不可缺少的最基本内容，否则"才、识"两个方面皆无从谈起。因此，曾巩的说法虽然时常被后人提起，但对后世史学基本没有发生什么作用，大家经常挂在口头的、实践中也可操作的，还是刘知幾提出的史才三长论。所以，归有光的回答，在史才三长研究上并没有讲出什么创新性的内容。不过史学策的功用既然在发掘史学人才，因此用《史通》中的有关论题来做考题，实际上也就等于是用《史通》来作为培育史学人才的重要指导，从而对《史通》的流行及其论题的探讨有了重要的推动和促进作用。

明世宗万历四年（1576），周贤宣在为《永安县志》作序时，从正反两个方面讨论了三长问题。他说："昔刘知幾谓作史贵三长：学也、识也、材也，三者备而后史称良焉。故必学以本之，识以贯之，材以运之，三长备而后可以信今而传后矣。匪学，则忽于大义而综核弗严也，蔽于行私而采纳弗公也，泥执己见而扬榷弗虚也；匪识，则诬实罔众而暗也，矜细忽大而偏也，摘疵弃醇而隘也；匪材，则芜杂无伦而冗也，浮泛失则而靡也，闒茸弗振而蠹也。"① 周贤宣所说的"材"，即刘知幾所用的"才"，二字古代通用。周贤宣说，史家必须"学以本之，识以贯之，材以运之"，然后其书才可以"信今而传后"，这是从正面对刘知幾的三长论进行了恰切而又精当的发挥。如果史家不具有三长，周贤宣指出，无学则"弗严""弗公""弗虚"，无识则"暗""偏""隘"，无材则"冗""靡""蠹"，这是从

---

① ［明］周贤宣：《永安县旧志序》，福建省地方志编纂委员会整理《永安县志》（明万历本、清顺治本合刊本），北京：方志出版社，2004年，第3页。

反面对三长的标准进行讨论和发挥，提示人们避免这些方面的失误。不过从今天的认识看来，其所言"忽于大义而综核弗严也，蔽于行私而采纳弗公也，泥执己见而扬榷弗虚也"的无"学"三弊，更应属于"识"方面的内容，是史学家无识或见识不高的表现。

李维桢对史才三长的探讨，篇幅不长，但颇具新意。他说："刘知幾以才、学、识为三长。……余则以为识先于学，而才实兼之，未有无识而可言学、无学而可言识、学识不备而可言才者。才者天授，非人力也。"① 在他这里，才、学、识三者为互补相融关系，任何一项都不可缺少，无识不可言学，无学不可言识，而才兼学、识两项内容，学、识不备不可言才。这些论述很有新意，同时也很有道理，才、学、识三者虽然具体内涵有所区别，但到了真正运用这三者的时候，就需要三者协同共力，你中有我，我中有你，不可能再将三者单纯而又严格地区分开来，所以三者在实际运用中实为互补相融关系。但李维桢最后说，"才者天授，非人力"所成，则不免与前面冲突，因为至少"学"肯定要由"人力"达成，而才既兼"学"，又怎么会完全不由"人力"而直接来自"天授"呢？由此看来，李维桢的思考尚在探索之中，他对三长问题的探讨，还不能说完全成熟。

詹景凤在《詹氏性理小辨》卷三十《史学》中，也对三长问题做出自己的讨论。他以"该核在学，删取在识，宣叙在

---

① ［明］李维桢：《大泌山房集》卷十一《王奉常集序》，四库全书存目丛书集部第 150 册，第 529 页。

才"，对三个概念的内涵及其表现给予了明确定位，这比刘知幾只是用比喻的方式来表述其内涵，自然要进步得多。在他看来，"才"侧重于史家的文笔表达能力，史家有"才"，则其书在表述方面就会流畅通达而无滞碍；"学"侧重于史书的内容方面，史家有"学"，则其书内容赅博、翔实而又准确；"识"侧重于史家的历史见识方面，史家有"识"，则其书就会取舍得当、主次分明、轻重得体、褒贬适宜。联系刘知幾和《史通》的有关论述来看，詹景凤对史才三长的阐释是比较准确精到的，而其言简意赅地对才、学、识三个方面"宣叙""删取""该核"之概念内涵的明确表述，也是在唐宋元时期学者探讨的基础上取得的新成果。

詹景凤认为："作史在学博，尤贵识高。"史书首先要保证内容赅博、翔实而又准确，以真实可靠、极其丰富的资料，来反映它所描述的社会时代的内容，这是基本要求。在此基础上，要成为一部好的、优秀的史书，必须"识高"，必须具有超出他人的历史见识。学须该博之意，《史通·采撰》即已提出，并把它作为对史书的基本要求来看待。尤贵识高之意，此前刘知幾和南宋吴埛、魏了翁等人强调的都是"识为尤难"。应该说，两者在讨论的实质上是相同的，但也不能不说，詹景凤"尤贵识高"的正面倡言，显然比刘知幾等人中性地表述"识为尤难"，更具有积极意义。

詹景凤说，三长之中，"才自天成，非由力致，学则可以力求"，认为"才"是天生的，不是靠后天的学习就能学到的，但"学"则可以通过后天学习而达到学博的境界。至于"识"，他说"识非见道明，即高，终涉过当"。但"道"都是后天学得的，要想"见道明"，必须努力学习，因此在他这里，"识"也是通过后天学得的。他认为，只有"见道明"，才能透过事物的表象而认识其本质，即"见超物表"，才能做到公正无私。所以如果不能"见道明"，没有正确的思想根基和理论指导，就算"识高"，也会"终涉过当"，不能"无私"，不能写出内容和观点都得当的史书，从而最终不可能达到"识高"的境界，这是一体两面、互相制约的关系。

从詹景凤最后所说"故也刘知幾曰：史有三长，才、学、识，然自昔罕能兼之"可知，他认为史学家是难于三长兼擅的。这确是事实，不但古代如此，詹景凤所处的明代如此，现今也依然如此。大概正是有感于这一点，所以詹景凤才要对"史才三长"问题进行探讨，并在前人基础上做出了新的探索。不过他说三长之中"才自天成，非由力致"，则不免有些绝对化了。人的才质确实有些可以归结为天性所成，所谓生有异禀、天资聪慧、颖敏过人、天分尤异，或性情所近、智商极高等话语，大都指此而言，但如果仅凭这些先天才质，完全没有后天的学习，则恐怕也不会形成优秀的"才"。在詹景凤之前五百余年，北宋王安石怀着沉痛惋惜之情写出的《伤仲永》一文，讲的不就是这个道理吗？

著名文学家屠隆也曾专门谈论三长问题。他先述说自己的一般看法，认为"搜罗古今，囊括千载，可言学矣，而长于积聚，短于剪裁，才不足也。驰骋下上，飙发雷击，可言才矣，而是非或谬，持论靡当，识不足也"。可知他对才、学、识三者内涵的认识，没有超出刘知幾之上，但其正面表述三者内涵的方式，则明显超过刘知幾的比喻表达方式。然后他对杨慎、宗臣、王世贞、蔡邕等人进行具体评论，继续申说他对三长的认识，并由此指出："然则三长之中，识其最难乎！"这个观点确实是他自己通过对前辈学者的认识和评价得出的，但也显然与刘知幾及唐宋时期很多学者的观点并无不同。屠隆最后说："学成于人，才与识得之天授者也。"[1] 这涉及才、学、识三者的养成问题。屠隆认为学由人们的后天努力积累而成，这当然是符合事实的。但他又说，才与识，文章写作能力和个人独到见识都是天生的，"得之天授"，这比詹景凤"才自天成"的观点还要更甚一层，因而也就更加偏激错误。才、学、识三者，无论哪一方面，虽各人天性有所差异，但没有后天的博学积累和实践训练，是不可能达到一定水准的，更遑论达到优秀的程度。不过也必须指出的是，屠隆对三长问题的探讨，并未局限在史学范围内，其所举例之人，更多的也是以文学见长，因此他的这一探讨，是在通论一般人才标准的视野下进行的，从而也就扩大了史才三长的适用范围。这一点，还是有其积极意义的。

万历四十二年（1614），文学家、画家钱允治提出："窃意汉人之文，晋人之字，唐人之诗，宋人之词，元人之曲，各擅所长，各造其极，不相为用。纵学窥二酉，才擅三长，不能兼盛。"[2] 很明显，这里的三长也并非仅局限于史学领域，而是作为一般人才标准来讲的。而他所说的即使"才擅三长"，也不可能兼斯具美的观点，亦是正确的。不过这倒不是他比别人看得通透，而是因为才、学、识三长本就具体地表现于某一学科领

---

[1]　［明］屠隆：《鸿苞》卷十七《三长》，四库全书存目丛书子部第89册，第235页。
[2]　［明］钱允治：《类编笺释国朝诗余序》，［明］顾从敬和钱允治辑、钱允治和陈仁锡笺释《类编笺释国朝诗余》卷首，续修四库全书第1728册，第212页。

域之中。不同学科之间，虽然各自都有三长的要求，但三长的具体内涵是有明显区别的。由于各种主观和客观、必然与偶然的因素的存在，任何人都无法做到门门精通、样样胜任。因而钱允治所说的"纵学窥二酉，才擅三长，不能兼盛"云云，虽然是对三长论的新探讨，说的也对、也好、也在理，但对深入探讨三长之论，没有多少实质意义。

三、对史才三长论的补充与发展

在这方面，明代中期著名理学家丘濬，是其中一位较早的重要人物。他通论古今史官，认为"史官所任者，万世之事"，属于"是非之权衡、公议之所系"。史官责任既如此重大，应该选择什么样的人来充任呢？丘濬指出："自非得人如刘知幾所谓兼才、学、识三者之长，曾巩所谓明足以周万事之理、道足以适天下之用、智足以知难知之意、文足以发难显之情，不足以称是任。"① 认为史官必须要像刘知幾所说的那样，兼具史才、史学、史识三者之长。他还同时并列了曾巩提出的良史"四足"论标准，但正如上文所说，曾巩的说法对后世史学基本没有发生什么作用，大家经常挂在口头的、实践中也可操作的，还是刘知幾提出的史才三长论。

不过，无论是三长论，还是"四足"论，丘濬都不认为就是史官的极致。在他看来，"此犹非其本也。若推其本，必得如元揭傒斯所谓有学问、文章、知史事而心术正者，然后用之，

---

① ［明］丘濬：《大学衍义补》卷七《治国平天下之要·正百官·简侍从之臣》"宋置会要所，以修纂国史；置修国史、同修国史、修撰、同修撰、编修官、检讨官"条，景印文渊阁四库全书第712册，第108—109页。

则文质相称，本末兼该，而足以为一代之良史矣"。元代揭傒斯
曾说：修史用人，"有学问、文章、知史事而心术不正者，不可
与。用人之道，又当以心术为本"①。但他此言并非是在谈论三
长时提出的，还不好直接将其与三长之论进行钩连。而丘濬敏
锐地注意到并接过了他提出的史学家必须"心术正"的观点，
强调史家在史才三长之外，还必须"心术正"，才能"足以为一
代之良史"，这就把心术和三长紧密联系起来，提出了"三长 +
心术"的史家标准论。其实刘知幾所讲的"史识"，既包括历史
见识方面的内容，也包含了"好是正直、善恶必书"的品德修
养和撰著态度方面的内容，但刘知幾只是用比喻的方式阐述其
史才三长论的，没有直接地正面揭示其含义。这种表述方式的
不妥，造成了后世对其三长特别是"史识"的理解歧异，人们
更多地认为其所讲"史识"仅是指历史见识问题，因而揭傒斯
才会在理学思想统治的氛围中，特别提出"心术正"的问题，
而这个概念又指向明确，于是也就有其一定的意义。而在明代
官方修史过程中，史书编纂往往成为朝堂上政治斗争的阵地。
在这样的背景下，丘濬再次举起"心术正"的旗帜，也就有了
特殊的史学意义。而丘濬也确是把他的讨论直接与现实紧密相
连，在提出"三长 + 心术"的史家标准论之后，立即倡言："朝
廷诚得斯人，付以纂述之任，储之馆阁之中，以为异日大用之
阶，其所关系，夫岂小哉！"他并非单纯地从理论上讨论史才三
长的问题，还要直接为现实修史服务，这就使其"三长 + 心术"

---

① ［明］宋濂等：《元史》卷一八一《揭傒斯传》，北京：中华书局，1976 年，第
4186 页。

的主张更能普及开来，从而自然也就推动着对史才三长论的探讨、推广和应用。

万历十七年（1589），胡应麟编刊读史笔记《史书占毕》，其中对史才三长论做了较多探讨和发挥。他受到丘濬"三长 + 心术"之论的启发，也认为史才三长作为一种选人标准，还不足以"尽史"，也就是不足以全面概括史家标准。他补充以"公心""直笔"两个方面，称之为"二善"，认为只有"三长二善"五者兼之，才是优秀的史学家。①

很明显，胡应麟所讲的公心、直笔，实质上也是指史家的品德修养与撰著态度问题，这与刘知幾所讲的"史识"，在内容上有高度的重合，而且刘知幾也在《史通》中专篇探讨了直书与曲笔的问题。就这点来说，胡应麟应该是与大多数人一样，也认为刘知幾所讲"史识"仅是指历史见识问题，这当然是偏颇片面地误解了刘知幾的"史识"论。

不过，胡应麟的真正创获，并不在于提出了公心、直笔这两个范畴，而是在于他敏锐地注意到了史家心术（即公心与否）与直笔的关系问题，而这正是此前明确提出心术问题的揭傒斯和丘濬都没有讨论的内容。胡应麟指出，公心和直笔相辅相成，"直则公，公则直"，不可分割，但二者"或有不尽符焉"，即二者还有不能完全相符的情况存在。② 这里有一个撰史者的主观动机（公心）与史书所反映出来的客观效果（直笔）之间的

---

① ［明］胡应麟：《少室山房笔丛》卷十三《史书占毕一》，北京：中华书局，1958 年，第 167—168 页。
② ［明］胡应麟：《少室山房笔丛》卷十三《史书占毕一》，北京：中华书局，1958 年，第 168 页。

契合问题。胡应麟指出，以往的史学实践证明，史家有公心，并非一定就会秉笔直书，而有直笔亦非就是存公心，主观动机与客观效果之间还是有着不能完全一致的情况存在。

那么，如何才能真正做到"直则公、公则直"呢？胡应麟特别强调了一个"尽"字，指出："夫直有未尽，则心虽公犹私也；公有未尽，则笔虽直犹曲也。"① 这就是说，必须完全依公心秉直笔，并完全以直笔应公心，才能达到公直统一，主观动机与客观效果完全符合、一致的目的。

值得注意的是，胡应麟对公心、直笔的"尽"的要求，还有着一层更为深远的意义。他说："仲尼谓臧孙（辰）不仁三、不智三，然春秋世远出文仲（臧孙辰）下者，夫子亟称也，而以文仲之贤而弗为少讳，弗几乎刻乎？噫！未可以浅近论也。"② 通过孔子对臧孙辰与春秋乱世的不同态度，说明孔子作为先师圣人都具有一种爱而知其丑、憎而知其善的公直精神，后人就更不该以为尊者讳、为亲者讳、为贤者讳为借口，违反对公心、直笔的"尽"的要求。这里，胡应麟绝口不提孔子的曲笔阿实行为，首先是出于对先师圣人的尊崇；其次，所谓"春秋笔法"，并非孔子所创，乃是当时世所公认、约定俗成的撰史原则，在时人看来，并非曲笔失实。胡应麟以孔子为例，不过是要借用先师圣人的灵光，为自己的立论张本。他的根本目的，是要从思想上排除为尊亲贤者避讳等封建礼教对史家撰著态度

---

① ［明］胡应麟：《少室山房笔丛》卷十三《史书占毕一》，北京：中华书局，1958 年，第 168 页。

② ［明］胡应麟：《少室山房笔丛》卷十三《史书占毕一》，北京：中华书局，1958 年，第 179 页。

的消极影响。这不但与力倡直书实录的刘知幾所言"史氏有事涉君亲，必言多隐讳，虽直道不足而名教存焉"的论调正好完全相反，并胜其一筹，而且也是整个封建时代少有的大胆创议。

当然，胡应麟所讲的"公心"，在其主观本质上还是指封建统治阶级的整体利益而言，绝不能和我们今天所讲的公心相提并论，这是由其史学思想的封建性根本原则决定的。这也就使其"尽"的要求受到很大局限，使其所谓"尽"不可能突破阶级性的藩篱，做到如其字面所表白的那样。不过，在客观的抽象意义上，胡应麟以公心和直笔互为补充、互相发明，从主观动机与客观效果两个方面共同制约和规范着史家的品德修养与撰著态度，这就比刘知幾单纯讨论直书与曲笔更为丰富和深入，进一步拓展了讨论的广度和深度。因此，"二善"论的加入，无疑是对刘知幾史才三长论的重要补充和发展。

之后，顾允成在为《天台山方外志》撰序时提出，史家"苟擅三长，宁缺四善"[①]。所谓"四善"，据《唐六典》卷二《吏部》："凡考课之法有四善：一曰德义有闻，二曰清慎明著，三曰公平可称，四曰恪勤匪懈。"这四个方面，含义有所不同，但总体上说，都是指对品德方面的要求。从顾允成序文所述作者的撰修情况看，他所说的"四善"也是指这四个方面，表现出他对史家道德品质问题的重视。

但顾允成显然是和丘濬、胡应麟等人一样，把刘知幾所说的史才三长中的史识，仅是片面地理解为史家的历史见识，所

---

① ［明］顾允成：《天台山志序》，［清］嵇曾筠等《（雍正）浙江通志》卷二六四，景印文渊阁四库全书第 526 册，第 175 页。

以才要特地独立补充品德方面的要求。当然这也不能完全责怪他们，因为"识"字确实很容易让人想当然地、顾名思义地认为是见识之意，是观点、见解和识断的问题，而不包含品德的内容于其中。就是后来的章学诚，也是如此看待"识"字，说"击断以为识"，遂在清朝乾隆五十六年（1791），更以《史德》专篇论述的方式，在才、学、识三者之外，明确补以"德"字，说"德"为"著书者之心术"，要求"善善而恶恶，褒正而嫉邪"，强调只有心术正，具备史德，才算是有史识，从而形成了其"史才四长"的表述。①而近代史学大师梁启超也认为章学诚"此种补充甚是，要想做一个史家必须具备此四种资格"，并将才、学、识、德顺序变更为"先史德"，之后才依次为学、识、才。②今天的学者们更加重视"史德"概念的提出，认为章学诚的"史德"论"提出和论辩了史家治史的思想修养和态度问题。这在史学理论上是个宝贵的财富，对于史学有重要的意义"③。由此可知，丘濬、胡应麟、顾允成等人在三长之外，特别强调并单独补充品德的要求，也是有其重要意义的，而章学诚、梁启超的论说则是他们的要求在后世结出的硕果。而由此我们也可断定，不论刘知幾本人对其史才三长中"史识"的概念是如何界定和认识的，但到明代中后期时，已经最终被认定为仅指历史见识这一个方面，丘濬、胡应麟、顾允成等人旗帜鲜明地对三长补以史德的内容，既是明证，也是这种认识和观念的结

---

① ［清］章学诚：《文史通义》卷五《史德》，《章学诚遗书》，北京：文物出版社，1985年，第40—41页。
② 梁启超：《中国历史研究法》，上海：上海古籍出版社，1998年，第156页。
③ 施丁：《再谈章学诚的"史德"论》，《中国史学之精华与传统》，北京：社会科学文献出版社，2014年，第355页。

果。清代善于理论思维的章学诚，依照才、学、识三者各自一字的表述方式，敏锐而简明地补以一个"德"字，以与之相配，虽然在本质上也只是丘濬、胡应麟等明人观念的延续，但比他们提出的"心术正""二善""四善"等概念更具表达优势，因而被后人认为是"史才四长"的创发者。其实准确地说，章学诚只是"史才四长"的最后论定者，而不是最早创发者。若论创发其旨，则至少可以追溯到明代的丘濬、胡应麟等人，钱锺书即曾指出，章学诚《史德》"指归"，"已为"胡应麟"抉发"。① 而梁启超特地将章学诚才、学、识、德的表述顺序，意旨明确地调整为"先史德"，不消说，自然更是对丘濬、胡应麟等人特别强调史德要求，在事实上的极大肯定。

万历三十八年（1610），袁黄刊行《历史纲鉴补》一书。熊明遇在为其所作序中，曾简短地说出这样一句话："作史贵擅三长，读史尤须独见。"② 把作史和读史、作者和读者一并论列，并把重点投放在阅读史书的读者方面。这也是对史才三长论的重要补充，因为史书是写给他人看的，即使是"名山事业"，也是要"传之其人"的。因而即使作者具备三长，但如果读者不能深切领会作者的宗旨，那也不能使其著作发挥应有的意义。由此，读者也必须具有一定的历史见识，熊明遇称之为"独见"，即独到的历史见解。在《史通》中，《鉴识》全篇即是讨论读史者的见识问题。从这个角度说，熊明遇补充的这句简短、明确而意旨精辟的论说，也与《史通》有着莫大的渊源。可惜

① 钱锺书：《谈艺录》（补订本），北京：中华书局，1984 年，第 263—264 页。
② ［明］熊明遇：《文直行书诗文》文选卷三《历史纲鉴补叙》，四库禁毁书丛刊集部第 106 册，第 246 页。

的是，对于何为"独见"，什么样的历史见识才称得上是"独见"，熊明遇没有做出更多说明，自然也就没有给出具体解释。三四百年后的 20 世纪 90 年代，著名学者张中行发表《有关史识的闲话》一文，以刘知幾说著史须具备才、学、识三个条件开篇，申明"我这里是想扩大'人'的范围，只说读史"，专门讲论"读史"之人的史识问题，说读史者"切不（可）少的是史识"。他通过列举事例，指出"识者，见识也，加细说是：一，记载有真有假，要有分辨的能力，取真舍假；二，记载的事真，会牵涉是非问题，要能够评定是非。第一步像是比较简单，但也不那么容易。……第二步就更难了，因为浅尝，会看到人各有见；深追，还会碰到人各有所好"。总之，"读史，具史识，能够分辨真假，不易，进一步评定是非，更不易"。但无论是分辨真假还是评论是非，都"不能不有史识，不然，如果不加思索，仍死抱着传统信念，随着欧阳修大骂冯道，说钱牧斋不随着崇祯皇帝死是无耻，就实际等于为压榨小民的专制帝王和专制制度唱颂歌，真是太可悲了"。① 明代的熊明遇当然不可能有张中行这样明达通透的历史见识，但是张先生所探讨的读史者的史识问题，在探讨中所表现出来的独到的见识，从学理上说，不能不说是熊明遇"读史尤须独见"之论的衍伸与现代诠释。

万历四十六年（1618），袁中道刊行《珂雪斋前集》，在其中《论史》一文中对史才三长进行了探讨，提出了自己的新见解。他说："作史之人，其所重如古所云三长者，固不可少，而

---

① 张中行：《有关史识的闲话》，《读书》1995 年第 12 期。

尤重在识。"因为,只有具备史识,才能"运其才与学"。史家无识,就会"拘挛庸腐,了无格外之见,其论甚狭,而其眼甚隘","能见人于皮毛,而不能洞人于骨髓",以致"出口下笔,俱是庸人雷同和合之见"。如果让这些人来修史,"则有眼如盲","安能于众是之中而断人非,于众非之中而得人是哉"?因此他的最终结论是,作史之人,"信乎非高识不可也"。① 他强调,史才三长之中,不但要以识为"尤重",而且还必须"非高识不可",非有出于众是众非之外的独到见识不可。这与之前詹景凤提出的"尤贵识高",既是英雄所见略同,又较之更进一层。

如果说袁中道上述所论还只是对史才三长的一般讨论,那么他紧接着对明代官方修史情况进行的评说,则具有很强的现实意义。他说,在当时的史馆组织下,要想顺利完成一部史书的纂修工作,不能光靠史馆现有的史官,这些人不但修史志向不一,而且应酬太多、责任不专,必须选用"有才、有学、有识之布衣",而"犹有至要者,曰独",要"专以一代史付之",给他们独任、独断的权力,给他们准备充足的资料和必要的物质条件,同时允许他们自行荐举称职的人员,"以备采录",如此则"不过三年,而史可成矣",其质量,"即不能如马迁,何至出班固下乎"?这就在史才三长之外,强调了独任、独断的重要性。袁中道是结合明代官方史学来讲论这个问题的,不过这也是刘知幾在史馆中曾经遇到的问题,《史通·自叙》自述其史

---

① ［明］袁中道:《珂雪斋集》卷二十《论史》,上海:上海古籍出版社,1989 年,第 843—844 页。

馆经历时说："凡所著述，尝欲行其旧议。而当时同作诸士及监修贵臣，每与其凿枘相违，龃龉难入。故其所载削，皆与俗浮沉。虽自谓依违苟从，然犹大为史官所嫉。嗟乎！虽任当其职而吾道不行，见用于时而美志不遂。郁怏孤愤，无以寄怀。"可见，刘知幾不是没有体察到独任、独断的重要性，可惜并没有把它作为重要问题而提出，这应与官方大规模修史尚只有百余年时间有很大关系。到了明朝，官方修史已经有了几百年的充分的经验，各种问题也都已表露无遗，因而袁中道也就能够指向明确地提出这一问题。他的意思很明显，如果不能保证史官史家有独任、独断的权力，则史才三长也必将无用武之地。毫无疑问，这是在为史才三长的实现补以充分而必要的前提条件，提出了史家才能得以正常发挥的前提保证的重要问题。客观条件不允许，即便史家主体才高、学富、识卓，他又怎能尽情地施展才华，发挥其应有作用呢！

综上所述，继刘知幾提出史才三长之论，并在宋元时期发展成为史官选任的基本标准后，明朝学者继续以之为"良史"标准，用来评价他人或作自我评价和自我追求的目标，并继续从正反两个方面对之进行讨论，提出了"真才"和"尤贵识高""非高识不可"等论断，比之刘知幾等唐宋学者的论述更为明快。而他们对实现史才三长条件的论述，则是提出了史家才能得以正常发挥的前提保证的重要问题，这是此前唐宋学者较少论及的内容。

从后世的反应来说，明代学者对史才三长论探讨的最突出成就，是他们最终将史识的概念内涵，疏离了刘知幾本人所界定的包含品德修养与历史见识双层涵义的本来意旨，而定格在历史见识这一观点和识断的层面，并在此基础上，特别强调品德对于史家的重要性，独立补充以"心术正""二善""四善"等品德方面的要求，从而搭建了由才、学、识三长向才、学、识、德四长转化与演变的桥梁和纽带，终致在二百年后的清代章学诚手里，完成了由史才三长向史才四长的转化。这其间，就个人而言，丘濬、胡应麟、顾允成等皆有力并有功于此，其中探讨之详细、解析之明晰、思虑之周密，则自以胡应麟为最。然就整体而言，就整个时代而言，是明代搭建了由唐代提出、宋元推扬的史才三长论，向清代以降史才四长论转化的桥梁与纽带，从而为以"德"字配才、学、识三字的史才四长的提出，奠定了坚实基础。这是明代在《史通》学术发展史上取得的最突出的成就。

明代对史文繁简问题的探讨与发展

明代前期的百余年中，整个学术思想界沉闷无生气，《史通》学术史也同样表现了这一特点。因而，对《史通》史文繁简论的关注就是在明代中期以后才逐渐出现并增多的，其中既有对《史通》繁简理论的赞同与肯定，更有明代学者自己的探讨，并取得了创新性的发展。

一、对《史通》史文繁简论的赞同与应用

著名文学家李梦阳在讨论史学问题时说，作史之义，"其文贵约而该，约则览者易遍，该则首末弗遗"。古史如《尚书》《春秋》《左传》《史记》《汉书》，不仅篇帙简省，而且辞义精详。但后来的史书，"义非指南，辞殊禁脔，传叙繁芜，事无断落。范晔《后汉》亦知史不贵繁，然剸精铲采，著力字句之间，故其言枯体晦，文之削者也。盖不知古史文约而意完，非故省之言之妙耳"。[①] 显然，"史不贵繁"和"其文贵约而该，约则

---

① ［明］李梦阳：《空同集》卷六二《论史答王监察书》，景印文渊阁四库全书第1262 册，第 568—569 页。

览者易遍，该则首末弗遗"等所言，与《史通》"文尚简要"
"疏而不遗，俭而无缺"等语，讲的是同一道理。《史通·叙
事》曾以《公羊传》《穀梁传》《史记》《汉书》等为例，讲述
省句省字以达到"简要"的方法。李梦阳则以范晔《后汉书》
为例，强调简约绝不是单纯地"着力字句之间"，他批评《后汉
书》删削过多，造成"言枯体晦"的简省过甚之失，由此提出
简的标准是"文约而意完"。李梦阳的批评是有道理的，因为
"无论史与文，尚简贵要，要在剪裁，非徒删字节句"，否则
"必至事迹不明，甚至舛误"。[1]而他最终的落脚点"文约而意
完"，则正是《史通》"简而且详，疏而不漏"的代名词。可
见，李梦阳坚持了《史通》的繁简之论，并在举例论证中用以
评论其他史书。而后来王圻《稗史汇编》卷九八《文史门·史
评类·晋宋元三史》几乎全文引录了李梦阳关于史书繁简的论
述，可知王圻也是认同《史通》之说的。

元朝官修《宋史》四百九十六卷，在二十四史中卷帙最多，
向以芜杂著称。明世宗时，史学家王洙以十余年时间，芟夷剪
裁，修成《宋史质》一百卷。秦鸣夏为该书作序，起笔即以近
二百字的篇幅，讨论史书繁简问题，主张繁简详略各有其当，
既反对繁而"猥冗而可厌"，也反对简而"不提其要""不钩其
玄"[2]。显而易见，这正是《史通》的观点。

袁中道在前述《论史》一文中，开篇即强调修史非简要不

---

① 刘咸炘：《推十书》（增补全本）丙辑贰《史学述林》卷三《史通驳议·叙事》，
上海：上海科学技术文献出版社，2009年，第482页。

② ［明］秦鸣夏：《史质序》，［明］王洙《宋史质》卷首，四库全书存目丛书史部
第20册，第1页。

可的道理，将简要列为修史的第一要义。虽然他使用的仅是一个"简"字，说"诚欲修之，非简不可也"，但从他所要求的"要约易诵""其人之有关于法戒者书之""事之有关于理乱者书之"来看，他强调的是简而有要，而不只是单纯求"简"，这与刘知幾所言"文尚简要""叙事之工者，以简要为主"完全相同。而袁中道"若琐琐庸流何用书""若米盐事何用书"的论述，反对"一句可明，衍之为一篇；一字可明，衍之为数句"的语句，与《史通》斥责"史道陵夷""事有妄载，苦于榛芜"的种种论述也如出一辙。因此他的论述，除了具体列举的事例与《史通》有所不同外，简直就是《史通》有关论述的翻版。

蒋之翘在《删补晋书》卷首凡例第三条说："《史通》云：'史之良者以叙事为工，而叙事之工以简要为主。'故凡繁冗者、琐杂者、傅会者、怪妄者、重复者、传讹者、矛盾者，以至浮词、伪套、禨祥、浪谑，则节删之，得什之四。"可知他是以《史通·叙事》阐述的简要原则作为其自己删节唐朝官修《晋书》的指导性意见，这显然是对《史通》繁简理论的直接应用。

二、对《史通》史文繁简论的探讨与发展

明代中期，文学家孙宜提出，"宇宙古今之事，千态万状，曷有穷罄？然皆学问之所当储，儒贤之所宜识也"，主张史书要把世间发生的各种事件全都详细记载，认为详比略好，"因详证略可也，沿略核详不能也"，不该"厌繁而就简"。[1] 这应该是

---

① ［明］孙宜：《通言》卷七《史论》，四库全书存目丛书子部第 102 册，第 258—259 页。

直接针对《史通》崇尚简要的观点而提出的。必须承认，此论有一定道理，因为"在史书编写的发展中，可以记述的内容越来越多，单纯追求简约也是不切实际的"①。不过，著书自有体要，史书记事的详略需根据自身的体例及著书宗旨等要素来确定，不可能将人世间万事万物全部容纳于一书之中，这是前人之所以提出史书记事繁简问题的一个重要原因，是不能不加以考虑的。因而像孙宜这样单纯地强调史书记事宜详不宜略，恐怕并不合宜。

对刘知幾史书繁简论进行讨论发挥，并取得重要发展的，首推明代后期学者胡应麟。他首先明确了繁简的概念内涵，指出："史恶繁而尚简，素矣。曷谓繁？丛脞冗阘之谓也，非文多之谓也。曷谓简？峻洁谨严之谓也，非文寡之谓也。"指出繁简不是简单的文字多少的问题，而是指史书的文笔和文字表述效果。在这一认识基础上，胡应麟认为："文之繁简可以定史之优劣，而尚有不必然也。较卷轴之重轻，计年代之近远，纰乎论哉！"② 批驳了晋朝张辅以文字多少作为繁简标准的浅陋认识，指出不能以史书所记述的时间范围之长短与篇幅卷帙之丰约这一对比来衡量史书繁简，更不能进而以这一简单衡量来评价史书优劣。胡应麟肯定"文之繁简可以定史之优劣"，但认为必须具备一定的前提条件，无条件地使用这种评价方法，则"尚有不必然"。当初张辅在以繁简评定司马迁和班固优劣时，是无条件地以文之繁简定史之优劣。胡应麟则取其内核，而加以限制

① 杨艳秋：《刘知幾〈史通〉与明代史学》，《史学史研究》2002 年第 4 期。
② ［明］胡应麟：《少室山房笔丛》卷十三《史书占毕一》，北京：中华书局，1958 年，第 169 页。

条件，既对其表述的同一意旨进行了部分肯定，也对刘知幾无条件地主张的不能以史文繁简不同来评定史书优劣的观点进行了否定。很明显，胡应麟对前人采取了一分为二的扬弃态度。

那么，如何理解和认识"文之繁简可以定史之优劣，而尚有不必然"呢？胡应麟从两个方面论述了这一问题。第一，不同史书可能记述同一件史事，切不可以其记述的文字繁简不同来评定这些史书的优劣高下。他说："昔人谓《史记》不如《左传》，《左传》不如《檀弓》，似也，而以一事之繁简，定三氏之等差，则非也。夫文固有简者不必工，而繁者不必拙。夫工与拙可以较等差，而较之乎一事，吾犹弗敢也。"① 由于各书都有自己对内容的分析与处理方式，因而它们对同一事件的记载肯定会有所不同，但这一不同是由各书自身的内在规定性所决定的，各书之间不一定具有可比性，因而不能不顾客观条件地肆意比较各书之优劣。

当然，虽不可以之来评定不同史书之间的优劣高下，但任何一部史书自身对史事记载的完整性还是有标准可言的，胡应麟说："矧一事之繁简也，举其全，挈其大，齐其本，揣其末，可与言古人矣。"就同一史书来说，是可以从所记事件的"全""大""本""末"四个方面，也就是始末全过程、重要大关节、起源梳理与结果追踪四个方面，考察叙事文字的繁简得失。这就需要在史料的剪裁排比上多下功夫，以卓越的史识统领史料运用与文字表达。

---

① ［明］胡应麟：《少室山房笔丛》卷十三《史书占毕一》，北京：中华书局，1958 年，第 171 页。

　　第二，胡应麟指出，繁简各有得失，"简之胜繁，以简之得者论也；繁之逊简，以繁之失者论也。要各有攸当焉。繁之得者遇简之得者，则简胜；简之失者遇繁之得者，则繁胜。执是以论繁简，庶几乎"！胡应麟并不绝然反对崇尚简要的观点，其言"史恶繁而尚简，素矣"，即是明证。不过，与这简短的一句话相比，他论述更多更细也更强调的，是繁简"各有攸当"，要具体问题具体分析，不可一概而论。这后一层意思，《史通·烦省》中也有相关表述，但就《史通》全书来说，有多篇文章都明确标举和推崇史文简要，而论繁之文则仅在《烦省》一篇之中，且没有明显突出的肯定之意，因而《史通》几乎只是注意到简要的重要性，"叙事之工者，以简要为主"仍几乎是它的唯一态度，这和刘知幾在思维方式上的最主要缺陷——僵化教条有余、灵活变通不足，是一脉相承的，或者说这正是其思维缺陷在繁简问题上的表现。由此，繁亦有得、繁之得者可以胜简之论，就成为胡应麟对《史通》的重要补充。而胡应麟提出的"繁之得者遇简之得者，则简胜；简之失者遇繁之得者，则繁胜"的繁简交相胜之论，更是《史通》从未谈及的内容，也具有很强的辩证意识，不但符合实际，也比《史通》单纯地、一味地强调"文尚简要""叙事之工者，以简要为主"，更胜一筹。至于繁简得失的标准，胡应麟说，得当，则"简者约而该，繁者赡而整"；失当，则"繁者猥而冗，简者涩而枯"①。此论精核圆通，并兼包正反两个方面，也明显超过了刘知幾的论述

---

① ［明］胡应麟：《少室山房笔丛》卷十三《史书占毕一》，北京：中华书局，1958 年，第 171 页。

深度。

对于繁简"各有攸当"的观点，胡应麟还以《史记》《三国志》《后汉书》和新旧两部《唐书》所载史事为具体例证，进行分析阐述。如他论《史记》说："卫青、李广均武夫也，广事终身如睹，而青寥寥也。曹沫、荆轲，同刺客也，轲事千载若新，而沫寥寥也：以叙有详略也。然则史固贵繁也？曰简哉而繁有当也。亦观太史之叙仓公乎？连篇累牍，靡弗厌焉？（司马）相如窃女，曼倩（东方朔）滑稽，虽其文瑰伟可喜，而大体不无戾也。"① 论陈寿《三国志》与范晔《后汉书》说："陈寿有余于质而不足于文，范晔有余于文而不足于质，品格政自相当。乃寿书失之太简，而东京一代故迹，读范籍粲然足征，洎辞亦丰藻奕奕，二史之优劣判矣。"② 针对当时社会更加重视《旧唐书》而轻视《新唐书》的现象，他又比较两部《唐书》说："《旧唐》叙事委缛，间有足称，而猥俚之词、冗蔓之调，旁午简编，果出《新唐》上否耶？故余尝谓，史畏繁，而繁若《后汉》可也，《旧唐》不可也；史贵简，而简若《三国》可也，《新唐》不可也。"③ 这其间，既有对同一史书内部记载不同事件的繁简不同的比较，也有对不同史书之间记事繁简不同的比较，对《三国志》的评价也因与之比较的对象不同而有些差异，但都毫无疑义地是在强调繁简"各有攸当"，需要具体考

---

① ［明］胡应麟：《少室山房笔丛》卷十三《史书占毕一》，北京：中华书局，1958年，第171页。
② ［明］胡应麟：《少室山房集》卷一〇一《读三国志》，景印文渊阁四库全书第1290册，第734页。
③ ［明］胡应麟：《少室山房集》卷一〇一《读新旧唐书》，景印文渊阁四库全书第1290册，第738页。

察，体现了辩证思维的特色。这都比刘知幾的有关论述更加详明具体，也更有很强的例示作用。

胡应麟高明于前人之处，还在于他以繁简评论史书优劣时，对历史文学在其中所起的作用给予了很大关注。历史文学，就是指历史记述的文学表现形式。文史结合本是中国古代史学的优良传统，以文学表述的效果评价史书的优劣高下，也是中国古代史学批评的重要方面。胡应麟在以其繁简理论对史书进行评判时，引入了有关历史文学的内容，进一步加强和充实了他的讨论。如他比较《史记》和《汉书》时说，"《史记》之于《汉书》，气胜也"，"读之阆肆沉雄，浩乎司马之气矣，而左规右矩，一字增损末由也"。并具体指出："子长叙事喜驰骋，故其词芜蔓者多，谓繁于孟坚可也，然而胜孟坚者，以其驰骋也。孟坚叙事尚剪裁，故其词芜蔓者寡，谓简于子长可也，然而逊子长者，以其剪裁也。"[①] 显然，这已经不再是单纯地探讨史书记事的文字繁简问题了，"气盛""阆肆沉雄""驰骋"等文字要求和表述效果，需要史学家具有高超的艺术性的文字表达能力，而这又与史家主体的情感价值、精神风貌、思想意态息息相关，都不是简单的文字繁简所能概括和包容的。《史通》虽然也认可言之不文、行而不远的古训，但它极力追求言必近真、句句求实，以致连古人因事连类、托物以言、陈古刺今、借人喻己的艺术性表达话语，全都责之以实录，并展开猛烈批判，不是斥之为"成微婉之深累，玷良直之高范"，就是斥之为"直

---

① ［明］胡应麟：《少室山房笔丛》卷十三《史书占毕一》，北京：中华书局，1958 年，第 171、170、169 页。

成狂惑"和"虚词损实"，对史书文字表述的艺术性追求基本上持一概否定的态度，这虽是为矫正六朝虚靡浮夸之风，但也未免矫枉过正，因噎废食。胡应麟在探讨史书记事的文字繁简问题时，补以艺术性的文字表达能力的追求，是完全正当的。

整体考察胡应麟对史书繁简问题所做的探讨工作，可以说既涵括了史书繁简理论的基本方面，也发展了刘知幾等前人的研究成果。他的史书繁简理论，既来源于他自己读史论史的学术实践，也得益于对刘知幾等前人已有成就的批判继承；既是《史通》学术史上的重要内容，也为中国古代史学理论的发展和建设作出了重要贡献。

胡应麟卒后两年（1604），郭孔延刊行修订本《史通评释》，在《烦省》"评曰"中，认可《史通》所说的记述时间远近在客观上造成了史书详略不同的论述，同时又补以政治动荡对文献的破坏，使立论更为全面。至于繁简适宜的标准，《史通》"妄载"和"缺书"的讨论当然合理，但随之而来的是，何为"妄载"，何为"缺书"，其具体标准又是什么，只怕还是言人人殊，因此归根结底，还是各人对历史的把握和认识问题。对此，郭孔延强调，"烦简适宜，肥瘠兼匀，则又存乎史臣"，这就抓住了问题的症结所在。虽然他只是说烦省之际难言、岂可易言，没有给出最终的解决方案，但毕竟是找到了问题的关键。此前学者更多地重视繁简问题本身和造成繁简不同的时代发展等客观原因，而极少谈到写出繁简文字的史家主体因素。郭孔延补上这一缺环，自然是对史文繁简问题探讨的进一步发展。

郭书《点繁》"评曰"又说："子玄《史通》以简为主，故于前史除字多、加字少。虽然，亦有烦简双美者，何妨两存？"

又在《杂说上》的评论中说："字之烦简，未足以定优劣也。如必以简为优，则荀悦之《汉纪》贤于《史记》《汉书》，朱子之《纲目》胜于《资治通鉴》矣。"首先说，郭孔延对《史通》以简要为主的观点是持基本赞同态度的，"虽然"二字可以为证。其次，郭孔延认为，史书记事"亦有烦简双美者"，认识到史书记事不仅仅是《史通》所说的"叙事之工者，以简要为主"，也有以"繁"为美者，不必单纯以简为优。这与元代王构所言"文有以繁为贵者"也有"以简为贵者"意同，但这是郭孔延自己提出来的，属于暗合性质的英雄所见略同。不能不说，他们的这一观点是个很好的见解，对《史通》持论是个重要补充。郭书《杂说中》的"评曰"还说："大氐子玄意主简笔大洁，故文稍美丽者，悉皆厌薄，此其偏见也。"直接用"偏见"一词批评《史通》不考虑实际情况而一味崇尚简要的观点，也是确当之论。《史通》研究专家程千帆就指出："文章无论叙事、记言、说理、抒情，皆有须繁复乃尽者，亦有以繁复成妍者。子玄尚简之论，乃以六代史籍行文浮冗，有激而言，矫枉过正，固不得视为恒规也。"① 程先生的这一论述，既肯定了郭孔延对《史通》"偏见"的批评，也肯定了胡应麟繁简交相胜的辩证论说。

继郭孔延之后，李维桢逐篇评论《史通》。他肯定、赞同《史通》所主张的史文崇尚简要的观点，但也明确反对一味尚简抑繁，指出"作史固不论烦简"，提出繁简各有其"妙"。那么怎样才算是臻于"妙"境呢？李维桢在《点繁》"评曰"中说：

---

① 程千帆：《史通笺记》，北京：中华书局，1980 年，第 118 页。

"词尚体要，有由来矣。一人之精，文重思烦，故其书刊落不尽，尚有盈辞，多不齐一。故婉而有则，繁而不芜，持论序言，钩深致远，乃可贵也。"所谓"婉而有则，繁而不芜，持论序言，钩深致远"，这十六个字即是繁简臻于"妙"境的具体表现。较之于《史通》所论，当然有相同之处，如简而有则、繁而不芜即是《史通》所强调的不能"缺书"和"妄载"的要求，但"钩深致远"则是《史通》繁简论中所没有的内容，而其"词尚体要"的表述也比《史通》"文尚简要"的提法更加圆融周备，可谓青出于蓝胜于蓝。

明末，沈国元编刊《二十一史论赞》，其卷首《二十一史总叙》明确宣称："作史之法，贵词简而事明。"卷二五《新唐书小引》又指出："史之所贵，在文不加烦而事自明。《新书》之病，正以文虽省而事则郁而不彰耳。且夫文章岂有繁简也？意必欲多，则冗长而不足读；必欲其简，则僻涩令人不喜。以是为言，此作史之弊也。"与《史通》文字相较，可知沈国元正是秉持了《史通》的史学观点，并以之来评价《新唐书》的。他虽然也引述了北宋刘安世之说，但从其序言和更为宏观的繁简问题而论，还是远承《史通》而来。他所说的"作史之法，贵词简而事明"和"史之所贵，在文不加烦而事自明"等语，则比《史通》的表述更加简洁凝练，意旨也更加突出显豁。这虽是在《史通》的基础上才取得的发展，但毕竟显示了后来居上的特色。

综上所述，明代学者对史文繁简问题的探讨，既肯定、赞同《史通》提出的文尚简要和繁简得当的观点，又随着时代的发展，提出了一些自己的新认识，特别是提出繁亦有其妙、繁亦有得并可胜简，以及繁简交相胜的辩证认知，是对《史通》一味强调文尚简要的重要补充和发展，在广度和深度上推进了史文繁简问题的探讨，并得到了后世学者的赞同，对更好地认识和研究《史通》的思想、继承与发展《史通》的理论，有着重要地推进作用。如果说宋金元学者的讨论更多地是体现了对《史通》繁简理论的赞同与肯定，则明代学者的讨论，更多地是体现了对《史通》繁简理论的创新性发展，这是明代在史文繁简论方面超出前人的新贡献，是明代在《史通》学术史上的一个重要贡献。

第四章

纵深拓展：清朝时期的《史通》学术

  《史通》流传到清代，已经成为朝野上下共同关注的史学热点之一。从清初开始的官修《明史》历时九十余年，《史通》在其中扮演了重要的理论指导的角色。清代中期，乾隆皇帝诏修四库全书，《史通》不但被收入其中，还成为四库馆臣评论考证的根据之一。而通观有清一代的科举考试，史学策问也往往就《史通》的理论主张和提出的问题来考查应试举子的史学功力与见识。这都是《史通》在清代官方史学领域得到重视的突出表现。若就私家学者来说，关注《史通》的表现更为丰富，其中有对《史通》全书进行校勘、注释、评论者，有对《史通》进行改编而整理《史通》选本者。这些研究既与当时官方的做法不同，其学术水平也明显超越前代。至于对《史通》的具体微观的零散评论、整体宏观的简短评论、对《史通》资料的广泛运用等，更是其众至夥。凡此种种，都体现了清代《史通》研究向纵深发展的特色。不过本章和前述各章一样，仍以思想史的视角，来考察清朝时期的《史通》学术发展情况，与此关系较远者，一概从略。

清朝时期的《史通》学术概况

整个清朝时期，对《史通》这部史学理论著作的探讨研究一直未曾中断，只是不同时期具体表现有所不同而已。就是在乾嘉时期考据学风占据学界主流之际，《史通》研究仍然大放异彩，不但出现了三部集注释、评论和校勘于一体的研究著作，即黄叔琳的《史通训故补》、浦起龙的《史通通释》和纪昀所撰选本性质的《史通削繁》，而且有很多学者纷纷从事对《史通》的文字校勘工作，其中还包括了清代最著名的四位校勘学家中的卢文弨、顾广圻两位①，而顾广圻又以其卓越的校勘学成就，被日本学者称为"清代校勘学第一人"②，被晚清学者誉为古今校勘学第一人③。这都反映出，《史通》研究在当时已经成为一门显学，清代《史通》学术史的内容异常丰富。

---

① 另二人为戴震、丁杰，见［清］张之洞著、范希曾编《书目答问补正》附二《国朝著述诸家姓名略·校勘之学家》，上海：上海古籍出版社，1983 年，第 355 页。

② ［日］神田喜一郎：《顾千里先生年谱》，孙世伟译，北京图书馆编《北京图书馆藏珍本年谱丛刊》第 130 册，北京：北京图书馆出版社，1999 年，第 324 页。

③ ［清］李慈铭：《越缦堂读书记》集部别集类《思适斋集》，上海：上海古籍出版社，2000 年，第 1094 页。

一、对刘知幾和《史通》的总体认识与评价

经过唐宋元明时期的学术发展，清代对刘知幾和《史通》的评价总体上已经趋于冷静、客观和公正，因而也就越发得体和实际。

黄叔琳在乾隆十二年（1747）刊行《史通训故补》，在自序评论刘知幾说："知幾幼时受《古文尚书》业不进，听讲《春秋左氏》则心开。异哉！同一学问之事，而胎性中各有着根处，不自知其所以然。后来领国史三十年，卒以史学垂名，岂所谓'性也有命焉'者耶！"他认为刘知幾属于天生的史学家，其胎性着根处即在史学。无独有偶，焦循也对此有明确认识，他在《里堂家训》卷下引述刘知幾幼时学习《古文尚书》和《左传》的经历，并举出自己幼年读书的相似经历，指出"人性质不同，各有所近，一概施之，鲜能皆当。……性有善记诵者，有善论断者，有宜于经者，有长于史者，有探赜索隐则有余者，有雕龙绣虎而适足者"，强调各人有其性之所近，应顺应和发展其天性所近。这是继明代学者提出刘知幾为天生史家之后，学术界再次明确阐说这一点，对研究刘知幾成长为史学理论家的历程、多角度看待人才的成长问题，有一定的认识价值。

黄叔琳在序中指出：《史通》提出的理论观点，不可移易者多，"观其议论，如老吏断狱，难更平反；如夷人嗅金，暗识高下；如神医眼，照垣一方，洞见五藏症结。间有过执己见以裁量往古，泥定体而少变通，如谓《尚书》为例不纯，史论淡薄无味之类。然其荟萃搜择，钩铍排击，上下数千年，贯穿数万卷，心细而眼明，舌长而笔辣，虽马、班亦有不能自解免者，

何况其余。书在文史类中，允与刘彦和之《雕龙》相匹。徐坚谓'史氏宜置座右'，信也"！黄叔琳充分肯定《史通》见识高超，烛照幽隐，思维缜密敏锐，论辩凌厉有力，一般人难以企及，所有史学工作者都应将《史通》置于座右，时时参考借鉴。他同时指出，《史通》存在着自负其能、固执己见和对前人进行不当批评的错误，同时还存在着对史书体裁体例的认识僵化固执、拘泥教条，缺少变通等情况。黄叔琳的评价是准确到位的，特别是他对《史通》缺点的指陈，抓住了《史通》最主要的两类错误，归结到一点，就是主张通识的《史通》也在一定程度上存在着思想偏颇、拘泥僵化的弊病。虽然前代学者如明朝杨慎、李维桢等人都已通过评述具体例证，指出《史通》的这一弊病，但黄叔琳的这一指陈，乃是从总体上、一般性上进行的更高层次的理论总结，具有更强的思想认识性，因而对全面认识和研读《史通》来说，仍是一个重要的提示。

乾隆十七年（1752），浦起龙刊行《史通通释》，他在自序中说："稽古之途二，经学、史学备矣。"按理说，史学产生更早，可是汉代却只立经学博士，刘向等人的《七略》也没有设立史学一类，直到唐代之前，史书的编写都是史学家各自为政、各自设立体例，没有一部总揽史学发展全局、通论史学一般原理的著作出现。刘知幾鉴于此，奋笔撰著《史通》，对自古以来的史学发展做出总结，无论是官私著作，还是世间通行与已经废止的史书体裁，以及史书的编撰方法、写作态度、评价原则等内容，无不一一指陈，提出理论和方法论性的观点和原则，有若"画井疆、陈绵蕝，岂非一大快欤"！浦起龙认识到《史通》乃中国史学自身发展的产物，是适应中国史学发展到一定阶段，需要通论史学原理的著作出现，以便继续向前发展的时代的产物，而且《史通》取得了创新性的独特成就。但他认为《史通》也存在着"褊以苟"的偏激片面的缺陷，从而导致立论苛刻，甚至以诡辩之词批评古人，一定程度地助长了主观空论之风。这个评论，是立足于中国古代史学发展长河来讨论《史通》的产生问题，为横空出世的史学理论著作《史通》找到了赖以产生的客观时代背景和学术基础，可谓眼光独到、高瞻远瞩。

　　作为乾隆时期最负盛名的官方学术领袖之一，纪昀也从正反两个方面对《史通》做出总体评价，认为"《史通》号学者要书，其间精凿之论，足拓万古之心胸，而迂谬褊激之处，亦往往不近人情、不合事理，固宜分别观之"①。他还从撰述体例的角度指出："说经不可有例，而撰史不可无例。刘氏之书，诚载笔之圭臬也。顾其自信太勇，而其立言又好尽，故其抉摘精当之处，足使龙门（司马迁）失步、兰台（班固）变色，而偏驳太甚、支蔓弗翦者，亦往往有之。"②纪昀认为《史通》所提出的史学思想特别是历史编纂学的理论与方法，完全可以作为史学界共同遵守的准则和法度，但因刘知幾过于自信自用，有时不免立论轻率支蔓，又因拘泥褊激，时有过于绝对之论，导致《史通》中不时出现不近人情、不合事理之论，需要我们区别对待，分别观之。显然，纪昀对《史通》的态度是实事求是

---

① ［清］纪昀：《纪晓岚文集》卷十一《书浦氏史通通释后》，石家庄：河北教育出版社，1995年，第1册，第250页。

② ［清］纪昀：《史通削繁序》，《史通削繁》卷首，上海：上海古籍出版社，续修四库全书第448册，第2页。

的，所作评价也是符合《史通》的实际情况的。

乾隆时官修《四库全书》，在史部史评类收入《史通》一书，并在提要中称其"贯穿今古，洞悉利病，实非后人之所及"，虽有诋诃太甚、偏驳谬妄、琐屑支离等疏漏之处，"然其缕析条分，如别黑白，一经抉摘，虽马迁、班固几无词以自解免，亦可云载笔之法家，著书之监史矣"。① 这与纪昀的评价如出一辙。这也难怪，因为纪昀就是《四库全书》编修过程中唯一始终其事而总其成的总纂官，其中各书提要均由他一手裁定，因而《史通》提要的上述论说，自然也就与纪昀之论有相同相通之处。

乾隆五十二年（1787），史考名家王鸣盛撰成个人代表著作《十七史商榷》，卷一百《史通》专门论说他对《史通》的认识及其与《史通》的学术关联。他指出，《史通》"评史家得失，有精确者，有苛碎差谬者"，鉴于前人论之已详，他没有展开细说，但他认为，《史通》既是"商榷史篇"，又"有意务实"，因此"商度虽仅粗略，而初学观之，不啻涉水之得渡矣"，对人们学习史学特别是对初学者，提供了重要的理论和方法论指导。这说明，他对《史通》史学理论著作的性质的认识，还是比较到位的，对其理论价值也给予了正面肯定。在文中，王鸣盛更多的是将其《十七史商榷》与《史通》对比，一则是内容上的对比，指出其书"体例与知幾异，而'商榷'之义亦窃取之"；一则是著书旨趣的对比，说刘知幾写《史通》是"期以述者自

---

① ［清］永瑢等：《四库全书总目》卷八八《史通》，北京：中华书局，2003 年，第 751 页。

命"，他"亦窃比'述者自命'之意"。由此可知，他在撰写《十七史商榷》时，是以《史通》为模仿对象的，是以效法《史通》自认的。明乎此，我们就不难理解，为什么王鸣盛在《十七史商榷》自序中高调申明"读史者不必横生意见、驰骋议论"，称"议论褒贬皆虚文"，但他在书中还是作了很多议论褒贬，原来他是"窃比"《史通》，既要"商榷史篇"，又"期以述者自命"，于是自然也就要时常发表议论、"评史家得失"了。

除以上评论外，有些学者对《史通》发表了简短评论。如臧琳《经义杂记》卷二十五《三刘三绝》说："刘勰《文心雕龙》之论文章，刘劭《人物志》之论人，刘知幾《史通》之论史，可称千古绝作，余所深嗜而快读者。著书人皆刘姓，亦奇事也。"张之洞《輶轩语·语学》说："唐刘知幾《史通》，最为史学枢要，必当先读。"还有学者将刘知幾与清代史学理论家章学诚并论，如叶廷琯《吹网录》卷四《章实斋修志体裁之善》说："刘子元《史通》一编独擅千古，斯人（章学诚）可为继声矣。"萧穆《敬孚类稿》卷五《跋文史通义》说："前人有专为一书论史事者，在唐为刘氏知幾之《史通》，在国朝为章氏学诚之《文史通义》。……两人才识既高，而文笔犀利又足以达其所见，而恃才傲物、轇轕古今，几于前无古人，后无来者矣。……有时逞其笔锋，放言高论，不察事实，凿空蹈虚，以致全书得失具陈、醇驳互见者，亦往往有之。"这些评语，简明精要，对刘知幾性格、缺陷的指陈，说的也都是事实。

还有学者在阅读《史通》之后，以诗歌形式将其对《史通》的认识抒写出来，这在《史通》学术史上还是第一次。此人即是乾隆四十年（1775）的进士顾宗泰，其《月满楼诗集》卷三十八有《阅刘知幾史通题后》两首，其一说："纵横上下百千年，领史犹将孤愤宣。纵趄马班排独议，敢疑舜禹托微权。《文心》刘勰矜推重，《玄草》扬雄信必传。钩贯三长同不朽，岂徒知己是徐坚。"其二说："万卷搜罗殚见闻，全从襟腑出精神。岂雠蠹简诃前代，直准麟经例后人。心有鉴衡操不爽，语时矛盾臆偏申。数年史句兼中秘，座右空翻愧问津（自注：余修史者七年，检书文渊阁者九年。徐坚谓《史通》一书，史氏宜置座右）。"顾宗泰肯定《史通》是一部必传于后世、有独特创见的不朽著作，其中虽有些矛盾和偏颇之论，但有很多正确不爽之说，对后人发挥着法典性的指导意义。

另外，乾嘉学者赵怀玉还欲续写《史通》，其《亦有生斋集》"诗"卷三《哭钱进士（璟）》，称对方"品合居文苑，才应续《史通》"，表现出自己内心对续写《史通》的热诚；卷六《客有以读史诗相质，口号三截句答之》其三说："几度闲窗阅古今，蠹鱼干死负初心。输君先具兰台望，早与知幾作嗣音（自注：余尝拟荟萃唐以后史，为子元《史通》之续，卒卒未成也）。"他还在《亦有生斋集》"文"卷五《收庵年谱序》中说："（予）家世读书，少即从事铅椠。……尝以韦氏《国语解》颇略，欲傅以正义；欧阳氏《五代史》文工而事简，欲仿裴世期纂集补注；又欲撰《续史通》，以继刘氏之后。既念斯事体大，且人有为之者，遂辍弗作。"由此可知，赵怀玉续写《史通》之心曾经非常热烈，后因种种原因，最终弃而未作，但他心有不甘，于是将此事写出，以抒其心境。

二、对《史通》思想观点的接受与发挥

（一）对《史通》六家论的接受

《史通·六家》以体裁体例为主，将古往今来一般叙事性史书分为《尚书》家、《春秋》家、《左传》家、《国语》家、《史记》家、《汉书》家六种流派，这是将中国古代史学的发展源流以史书流派的宏观梳理来统领，是中国古代史学自产生以来千余年发展中的第一次，表现了作者对中国古代史学所具有的高屋建瓴的全局把握能力。对此，黄叔琳情不自禁地予以盛赞："六家体制，人日习而不知，一经提明，觉灿若列眉。"① 毫无保留地赞同和接受了《史通》的"六家"思想。

（二）对《史通》论本纪、世家体例的接受

对本纪、世家体例及其区别，《史通》既有正面讲论，也通过批评司马迁《史记》而继续申说其思想。刘知幾在《本纪》中说，司马迁"以天子为本纪，诸侯为世家，斯诚说矣"，但在设置篇目时却自乱其例，如西周从后稷至于西伯、秦国自伯翳至于庄襄王，都属于诸侯的身份，不是天子，《史记》却设立《周本纪》和《秦本纪》予以记载，如果将《周本纪》改作周世家、《秦本纪》改作秦世家，将西伯和庄襄王之后的各自历史以"本纪"为名，写为《周本纪》和《秦始皇本纪》，"使帝王

---

① ［清］黄叔琳：《史通训故补》卷一《六家》眉批，四库全书存目丛书史部第279 册，第488 页。（下引黄叔琳批语，凡正文中列出《史通》篇名者，不再注出）

传授昭然有别，岂不善乎"？对此，黄叔琳许为"卓见"，纪昀赞为"子元驳之甚伟"①。《本纪》接着说：如果认为西伯以前的周人事迹不多，难以单独写成一篇周世家，那么将之与西伯以后的历史统编为《周本纪》是可以的。但是秦国从伯翳至庄襄的历史，事迹较多，《史记》已经将之单独写成一篇《秦本纪》，则从篇幅上说，其内容也可以写为一篇世家；可是《史记》没有将之写入世家，以与其他诸侯王世家并列，而是题为《秦本纪》，与其他本纪编在了一起，"此尤可怪也"。黄叔琳认为，此论可以将《史记》用本纪体例来写《秦本纪》的做法"驳得倒"。显然，黄叔琳和纪昀完全接受了《史通》的思想。而除了他们二人之外，蒋湘南《七经楼文钞》卷三《读史记六国表书后》亦云："太史公为秦始皇作本纪，并其先世僻在西戎者，亦称本纪，而不称世家……自乱其例，误矣。"这也与《史通》观点一致。但实际上，《史通》的论述并不合适。"以天子为本纪，诸侯为世家"，乃晋朝以来形成的观念，司马迁创立纪传体时并未给自己做出如此规定，《史通》不该以后世才产生的体例来批评和要求司马迁。此外，《史通》这两段话，无非是严格区分本纪与世家的不同，将史书体例的整齐划一强调到绝对化的地步，但显而易见的是，它忽略了史书记事的完整性、系统性要求。《史记》设立《周本纪》以完整记载周朝兴亡史，以《秦本纪》《秦始皇本纪》完整叙述秦国兴起至秦朝灭亡的整个秦史，这就把西周至秦朝的客观历史发展进程前后有序地

---

① ［清］纪昀：《史通削繁》卷一《本纪》眉批，续修四库全书第448册，第12页。（下引纪昀批语，凡正文中列出《史通》篇名者，不再注出）

展现了出来。如果将秦王嬴政之前的秦国历史单独设为《秦世家》，将嬴政以来的历史设为《秦始皇本纪》，则嬴政之前的秦国历史就要在全书中呈现于《秦始皇本纪》后面的世家部分，那么本纪部分所表现的秦史就会造成历史记载的缺环。"《史记》贯通，《本纪》兼叙朝代，所以夏、商、周三代《本纪》上溯先公先王；又，《秦始皇本纪》之前有《秦本纪》……完全符合历史发展的序列，章法义例是严谨的。如果形式主义地看问题，就会认为《史记》为例不纯"①。在史书体例和历史进程之间，只能是"用体例去适合历史，而不是要历史来适合体例，这是司马迁的过人之处，也是他不同于刘知幾的地方"，"刘知幾把体例的整齐划一强调到绝对化的地步，因此便以一种冷漠的态度去对待客观历史，并竭力使它适合于自己所阐发的关于史书体例的见解"，这是他在史识方面的局限性。② 因此，《史通》的论述并不能驳倒《史记》，它仅考虑了对史书体例的整齐划一的要求，而未顾及它的要求是否与史书完整反映客观历史发展实际相符合，因而黄叔琳、纪昀、蒋湘南的认识也就同样偏颇。

《史通·世家》又专论世家体例说，世家就是"开国承家，世代相续"之意，"至如陈胜起自群盗，称王六月而死"，无世可传，无家可宅，而《史记》却设立了《陈涉世家》，"岂当然乎？夫史之篇目，皆迁所创，岂以自我作故，而名实无准"？对此，黄叔琳评为"议论极当"，实则完全错误。一方面，司马迁在《史记·太史公自序》说，他创立世家，是记载那些为国家

---

① 张大可：《史记体制义例简论》，《兰州大学学报》1983 年第 1 期。
② 瞿林东：《读〈史通〉札记》，《史学史研究》1982 年第 2 期。

效辅弼股肱之力的社稷之臣，并没有提到开国传家之意，书中的三十世家，既录载开国承家、世代相续的分封诸国和因功德取得世袭爵位的重要人物，还记载了陈胜和孔子这两位没有开国传家但长久享受公众祭祀的特殊人物。刘知幾固执地认为世家是开国传家之意，他自己当然可以有这样的认识，但这并不代表司马迁的观点，不能以此来责备司马迁体例混乱、名实无准。另一方面，司马迁《太史公自序》解释了撰作《陈涉世家》的原因，将陈胜比作建立商朝的汤、建立周朝的武王，强调其首先发动起义的灭秦之功，高度赞扬陈胜开辟了一个历史新时代，而刘知幾却将陈胜称为"群盗"，这是二人历史认识的区别。总之，刘知幾不但犯了以自己观点强加于前人的老毛病，而且对司马迁写作《陈涉世家》缺乏知人论世之明，这正是他在《鉴识》中所感叹的："苟不能探赜索隐，致远钩深，乌足以辩其利害！"刘知幾如此，黄叔琳亦然，黄氏"议论极当"的高度评价，显示的正是他的偏谬之见。

（三）对《史通》附传思想的接受

《史通·列传》认为，人物列传的编写方法可以灵活多样，就是附传也可采用。刘知幾反对一看到附传的名称就遽加轻视的偏颇做法，指出历史人物的功绩与贡献，并不在于史书对其记载的详与略，也不在于被列入本传还是附传，而在于"其事竟如何耳"，只要于国于民有利，即使事迹不多，难以单独成篇而被列入附传，也照样"能传之不朽"，百世称之。纪昀赞曰："精论不刊！"对刘知幾这一客观公正的历史思想表示了高度赞许。

（四）对《史通》论赞思想的接受

《史通·论赞》主张史书可以有"论"，发表作者对历史的评论和见解。《史记》《汉书》分别以"太史公曰"和"赞曰"发表史论，但范晔《后汉书》先以"论曰"发表散文体的史论，接着又以四言诗体的"赞曰"叙述写作各篇之意。范晔本人对其论赞很是自负，直视为前无古人，后代史书也纷纷效法。但这样一来，就等于是在散文体的史论之后，又加了一层四言韵语形式的史论，因而《论赞》斥之"为黩弥甚"，强调"论"可有而"赞"必除。黄叔琳在评语中说"'赞'实可已"，认为在史论之后不需再写"赞"语，纪昀则称"此篇持论极精核"，都对《史通》的正确思想表示接受。

（五）对《史通》断限思想的接受

《史通》强调史书编写必须讲求断限之意，不能记载超过其书所述时间范围的内容，并通过批评相反事例讲明这一思想。其中对《汉书·古今人表》的批评是一重要事例，引起宋朝以来学者不断纷纭聚讼。《史通》的意思是，该表仅记载汉朝以前历史人物，不言汉事而编入《汉书》，违背断限之意，因此《表历》批评它"不知翦截，何断而为限"；《题目》又从篇名必须与内容相符的角度，批评该表"以'古今'为目，寻其所载也，皆自秦而往，非汉之事，'古'诚有之，'今'则安在"，指责其名实不副。

对此，清代学者赞同接受者多，如彭孙贻《茗香堂史论》卷一评论《汉书》时说："名为《汉书》，而（《人表》）泛及五帝三皇，何也?"尤侗《艮斋杂说》卷二云："班马优劣，论者互有异同……予谓不必多论，只《古今人表》一篇，固之刺谬多矣。既是《汉书》，不应述古；既是述古，何云古今?"赵吉士《寄园寄所寄》卷六《焚尘寄·谭屑》引《蜩笑偶言》说："《前汉书》表古今人物，其失也浑。"查慎行《得树楼杂钞》卷十二称："《汉书》只应纪汉事，而《古今人表》乃上下数千年"，中间对人物的分等评价又有舛讹者，"直是不作可也"。陶元藻《泊鸥山房集》卷十《书班固古今人表后》说："史家体例既立，则断制宜严。……孟坚以汉名书，所载之人当以汉为断，而《人表》之人，乃汉代以前，不惟自乱其例，抑亦自忘其书矣。"叶廷琯《吹网录》卷一《汉书古今人表》称："班书《古今人表》最无谓，刘知幾《史通》驳之，云（有违断限）……其论极确。"这都是接受《表历》对《古今人表》有违断限的批评。至于《题目》之论，纪昀也赞为"推释允惬"。此言在理，书名、篇名必须与所记载的内容相符，否则就是名实不副，在逻辑上、思想上都是错误的。

但章学诚《亳州志·人物表例议上》、蒋湘南《七经楼文钞》卷三《书汉书古今人表后》、吴汝纶《桐城吴先生文集》卷四《读汉书古今人表》，不赞同《史通》对《古今人表》有违断限的批评。他们认为《汉书》是为补续通史著作《史记》而作，凡《史记》所未备者皆可补之，《古今人表》既是补《史记》所未备，则其中有古人而无汉人就不算违背断限。此论看似有理，实则似是而非，因为他们的理论根据是错误的。《汉书》并非续写《史记》，而是自我独立的一部史书。班固的父亲班彪曾经续写《史记》并留有遗稿，班固确实承袭了这些遗稿，但他自己重新撰写时，为了强调"汉绍尧运，以建帝业"，突出西汉的历史地位，改变通史著作《史记》将西汉"编于百王之末，厕于秦、项之列"的状况，果断废止了续写《史记》的做法，而采取了断代为史的做法，独立撰写专门记载西汉历史的《汉书》。这在《汉书·叙传》中说得非常清楚，因此《汉书》的写作并不是续《史记》，不存在专门为《史记》补续所未备的问题。而上述学者也没有举出证据证明其观点，其所说完全是推测之论。但他们在论说过程中所秉持的"断代之史""一代之史"的《汉书》不该有《古今人表》的观点，恰可证明他们也是认同《史通》的批评的。至于周寿昌在《汉书注校补》卷十三《古今人表》中，明确使用"似乎"的疑似之论和以偏概全之说来为《古今人表》辩解，其做法本身就违背常理、逻辑不通，因而也不能驳倒《史通》的批评。

除《古今人表》外，《史通·断限》还以批评陈寿《三国志》为例，讲述断限思想，称董卓、臧洪、陶谦、刘虞、公孙瓒等人与曹操没有关涉，《后汉书》可以记载他们，但《三国志·魏书》也记载了他们，"岂非流宕忘归，迷而不悟者也"？孙志祖《读书脞录》卷三《三国志失限断》专门讨论这一问题，认为"董卓诸人俱非魏臣……安得列于《魏志》乎？此陈寿之失于限断也。蔚宗传于《后汉书》是矣。后之作史者，皆当以是为断"。虽然他没有提到刘知幾或《史通》的名称，但显然是接受并沿袭了《史通》之论。不过，《史通》此处所论"似谨严而实非"，因为董卓等人虽与曹操无涉，但曹操为勘定汉乱之人，略此诸人，则汉末之乱相不明，曹操之功业亦不能睹其全，而"史家记事，必求完备"，"陈寿既非兼修《后汉书》之人，其修《三国志》，亦非承接某一家之汉史而作，于此诸人，安得而略乎"！① 因而《史通》此处对《三国志》的批评，是基于滥用断限思想的错误做法。孙志祖予以接受，自然也是错误的。

（六）对《史通》录载文章思想的接受

《史通·载文》主张，史书在人物传记中收录其所写文章时，应专门收录"其理说而切，其文简而要，足以惩恶劝善，观风察俗者"，而像司马相如《子虚赋》《上林赋》、扬雄《甘泉赋》《羽猎赋》、班固《两都赋》、马融《广成赋》等，喻过其体，词没其义，繁华失实，无裨劝奖，"书诸列传，不其谬乎"！对此，纪昀评云："持论甚正！《史》《汉》所录诸赋，实非史体，不得以马、班之故，曲为之词。"其实他们的观点是相当偏颇的。司马相如等人的主要体现其文学艺术价值的辞赋，都不是叙述史实的文章，《史通》以"惩恶劝善，观风察俗"的史学要求来责备它们，本身就是错误。《史记》《汉书》《后汉书》将它们收入传记中，是为了凸显这些文学家的文学艺术水平，是以其文章为其人立传，显现这些人的文学家的身份、性质和造诣，即章学诚所说的"以文传人"② 之意。纪昀赞同《史通》之论，自然也是没有明白马、班等人"以文传人"的思想主旨。

---

① 吕思勉：《史通评》，《史学与史籍七种》，上海：上海古籍出版社，2009 年，第150 页。
② ［清］章学诚：《文史通义》卷一《诗教下》，《章学诚遗书》，北京：文物出版社，1985 年，第 6 页。

（七）对《史通》从实记载当世言语思想的接受

《史通·言语》提出，史书作者记其当世口语，应该从实而书，不可"追效昔人，示其稽古"，否则就会混淆各个时代的真实状况。黄叔琳评曰："信史务在纪实，则文词、口语俱从其实，是史法也。"肯定《史通》之论符合史法。

（八）对《史通》记载人物和事件的标准的接受

关于史书应该记载哪些人物和事件，《史通》在《人物》《书事》中都强调记载有关时政理乱兴衰之人，何焯在《人物》批语中说："此论最善！"① 而《晋书》刘伶、毕卓等传，"直载其嗜酒沉湎、悖礼乱德"之事，有异于记功书过、彰善瘅恶者，因而《史通》在《书事》《杂说中》批评《晋书》为刘伶、毕卓等人作传是毫无取义。黄叔琳《砚北杂录》卷六《晋书》赞同其论，说"酒人如刘伶、毕卓之伦，无闻于理乱兴衰，而《晋史》载之，不知何所取于是"。其实，记载一代全史的史书，其记事不该仅仅关注政治兴衰，社会风气、人们的生活状态和精神风貌也都应是历史书写的重要内容，而刘伶、毕卓等人的情况恰恰能够反映这些时代性内容。刘知幾见不及此，观点偏颇，何焯、黄叔琳也同样如此。

（九）对《史通》记事繁简思想的接受与发挥

《史通·烦省》提出，古今史书记事繁简不同，"亦犹古今

---

① ［明］张之象刻：《明本史通》，第 1 册，第 228 页。下引此书所录何焯批语，凡有《史通》篇名出现者，不再注出。

不同，势使之然"，认为历史向前发展是古今变化的原因。对此，纪昀赞为"通人之论"。对《烦省》全篇，纪昀赞为"推寻尽致，持论平允，子元难得此圆通之论"。对于《烦省》中关于繁简标准的论述，"论史之烦省者，但当要其事有妄载，苦于榛芜；言有缺书，伤于简略，斯则可矣"，除最后四字外，黄叔琳将其余文字加上圈点，以表示其言精当，然后评云："所论当矣。然作史者要以简省为着耳。"《史通》的意思是，只要史书记事没有妄载而苦于榛芜、缺漏而伤于简略的两种弊病，则其记事就属于繁简得当、详略得体。黄叔琳赞同《史通》对记事繁简标准所持的观点，但又认为终究应以简省为先，这是他在《史通》基础上做出的个人发挥。应该说，其所言也并非一点道理没有，问题是，这样笼统地讨论记事繁简孰优孰劣、哪一种方式更好，是没有意义的。各种历史事件都是具体的，是否应该予以记载，是详细记载还是简要记载，既要看事件本身的价值和意义，也受制于作者撰写史书的目的和要求，而脱离具体情况，固执于某一种或简或繁的标准，都是片面的教条之论。因而就一般而言，还是《史通·烦省》之论更加周全。

（十）对《史通》反对以骈体文写史的思想的接受与发挥

《史通·核才》特别反对以骈体文写史，纪昀在全篇起首处评云："论甚严正。"又在篇内评云："甘苦之言，分明之论！微特俪体不可为史，即以东坡之工为散文，亦自云'某于此事非当家'，所作志文亦大略可睹。而南丰（曾巩）《隆平集》中即太祖一论，已大乖史体矣。"马星翼《东泉诗话》卷三也说：

"（《史通》）讥骈俪之病，实为切中。何独为史不可如是，即诗亦然，重梁积架，不足尚也。必句各有义，乃为得之。"他既赞同《史通》批评以骈体文写史的做法，又将其意引申发挥到作诗方面。

除以上所述十个方面外，彭孙贻《茗香堂史论》卷一对《史记》《汉书》《后汉书》《晋书》、卷二对《宋书》《南齐书》的评价，多有赞同、接受《史通》之处，但很少提到《史通》之名。查慎行《得树楼杂钞》卷十二对《汉书·五行志》的论述，明言"宜其以辞费，见讥于《史通》"；卷十四说班固既然改《太史公自序》为《司马迁传》，"则当从列传体裁，而乃因袭原文，一无损益，宜其见讥于刘知幾"。纪昀称《史通·采撰》"持论最严正，颇中文士爱奇之病"；称《杂述》"详核而精审"；称《叙事》反对虚浮文风，倡导平实质朴的行文风格，是"其言深切而著明，可以贬俗"；对《杂说上》所言"论成败者，固当以人事为主，必推命而言，则其理悖矣"，誉为"正论不刊"；对《杂说下》有关"直笔"的论述，赞为"此论最允"。如此等等，都表现了纪昀对《史通》思想的赞同与接受的态度。

三、引用《史通》的观点论说来作为自己的立论

唐朝官修《梁书》等正史对当朝贵臣"必父祖有传"，且言多爽实，《史通》则力主直书实录，于是在《曲笔》中给予《梁书》明确批评。赵吉士《寄园寄所寄》卷七《獭祭寄·书籍》批评《梁书》《陈书》"但为祖父扬名，而言失实，不免《史通》'安在为史'之讥"。黄叔琳《砚北杂录》卷六《梁书》

第一条也论述此事，称"知幾有安在为史之诮"，而同卷《魏书》第二至六条，《北齐书》前三条（共四条），《后周书》第一、三、四条，《隋书》最后两条，无一不是引述《史通》之论，批评各书虚伪不实、态度不公、自相牴牾、重复违戾、人物评论失当、记事烦碎等问题。

此外，杭世骏《史记考证》卷七《扁鹊仓公列传》《佞幸列传》《滑稽列传》《龟策列传》《货殖列传》及《三国志补注》卷三《魏书·嵇康传》《崔毛徐何邢鲍司马传》、卷四《魏书·徐胡二王传》、卷五《蜀书·后主传》《诸葛亮传》，蔡新《缉斋文集》附录下《史》评论《汉书》《后汉书》《宋书》《北齐书》，康发祥《三国志补义》卷一《蜀书一·先主传》，谭莹《乐志堂文集》卷八《晋书跋》等，都引证《史通》之论来作为自己的评论。梁玉绳《史记志疑》亦是如此，当然他对《史通》之说多有批评驳议，也是事实。

四、对《史通》思想观点的运用

关于本纪的记事体例，《史通·本纪》提出，应以编年形式简要记载天子一人大事，至于事件的详细始末，则列入其他相关人员的传记之中予以记载。何焯说："《宋》《金》《元》诸史皆昧此体。"他不但赞同《史通》的观点，而且运用这一观点，对元朝所修《宋史》《金史》和明朝所修《元史》昧于这一体例提出批评。与何焯殊途而同归，邵晋涵在《南江文钞》卷十二《旧唐书提要》中，则以《史通》对本纪的认识来肯定《旧唐书》本纪之得体。

对《晋书》多采"恢谐小辩""神鬼怪物"之类小说杂史

资料，《史通·采撰》予以严正批判。何焯评云："博采杂书，李延寿亦同斯累。刘氏抉摘，痛快若是！《新唐书》辄蹈此覆辙，何哉？"此论有三层意思：其一是运用《史通》之论，批评李延寿《南史》《北史》也有"博采杂书"的弊病。后来《四库全书总目》卷四六《南史》也批评李延寿采杂史为实录，不可尽信。其二是用"痛快"一词，大力肯定《史通》对史书多采杂书而不注意考辨史料真伪的批评，这当然是正确之论。其三是批评《新唐书》不采纳《史通》意见，以致出现博采而失误之弊，这也是运用《史通》的观点进行批评，而所论亦符合事实，吴缜《新唐书纠谬原序》就指出该书有"多采小说而不精择"之弊，陈振孙《直斋书录解题》卷四《新唐书》和晁公武《郡斋读书志》卷九《韩魏公家传》也指责该书拾取小说私记，"徒繁无补"而"乱正史"。

　　对《史通·断限》，纪昀誉为"议论特精切"，并在《钦定河源纪略》卷首《凡例》第九条，以《史通》断限思想阐述其书记事原则。《四库全书总目》卷七十六《浯溪考》批评该书记载了浯溪以外的内容，"殊乖体裁，盖断限之难，刘知幾尝言之矣"，这也是接受并运用《史通》所强调的断限思想进行史学评论。

　　《史通·邑里》主张史书记载人物籍贯应该使用今名而不用旧称。对此，纪昀评云："此论甚伟！而《唐书》犹称族望，何也？"他不但赞同，而且运用《史通》的这一思想批评《新唐书》沿用过去族望的做法。黄叔琳在《砚北杂录》卷七《旧唐书》中也赞同《史通》这一思想，并用以考察晋、隋等史书记载的籍贯情况。

　　《史通》多次倡言史书叙事以简要为上，又在《点烦》中举例说明如何删除史书中的繁芜字句以达到记事简要的方法。清代学者对此也予以效法，如臧琳《经义杂记》卷十一《义疏句繁》自述说，他欲模仿《点烦》之法，剪裁唐人九经义疏，撰写《九经小疏》，"但不必如《史通》法之太密"。钱大昕《廿二史考异》卷十《后汉书一·皇后纪上·郭皇后》、卷六二《五代史二·刘鄩传》、卷九十《元史五·选举志一》，也都依《点烦》之例，删减各书原文。

　　此外，陶元藻《泊鸥山房集》卷十二《征两浙诗存启》，黄彭年《陶楼文钞》卷八《畿辅通志凡例》，张之洞《（光绪）顺天府志》卷一三〇《序志·修书略例》"通例"第十五条，也都自述运用《史通》的思想作为编书的体例原则。

五、对《史通》思想观点的辩难与发展

　　《史通·书志》提出，纪传体史书应删除《艺文志》，如果实在不愿割舍，应当改变著录方法，仅记载当时作者所著，之前作者传世著述全都不予登录。朱彝尊指出：《艺文志》"诚良史用心，而史家体例之不可少者。"① 黄叔琳在《书志》评语说：《艺文志》记载了书籍之存亡，"若并删此志，则读史者焉知旧有是书而今亡也"？这都直接批评了《史通》的错误论述。何焯则更为全面地指出："遭秦灭学之后，幸其仅存，防其伪托，《艺文》之志，何可少哉！至于后来述史，则前志已录

---

① ［清］朱彝尊：《经义考》卷二九四《著录》，景印文渊阁四库全书第 680 册，第 751 页。

（者），当核其存亡，后来作者，续志其篇目，斯得之矣。"既批驳了《史通》的不当见解，又提出了《艺文志》的著录原则，即著录所有现存之书，这与明代胡应麟的观点相同，也是学界大多数人所坚持的正确意见。

《史通·断限》批评《宋书》志的内容兼载魏晋，超出书名所涵盖的南朝刘宋一朝的历史范围，有失断限。黄叔琳《砚北杂录》卷六《宋书》说："志取相承，且补前缺……正不必以限断为拘也。"这个论述是客观合理的，志的内容"苟不追叙前代，则源委不明"[1]，因而对志必须灵活讲求断限之意。黄叔琳本是在纠正南宋《中兴馆阁书目》和晁公武《郡斋读书志》的偏颇之说，但二书之说既然直接来源于《史通》，故而黄叔琳也是在纠正《史通》的偏见。

《史通·叙事》主张史书文字必须简要，并提出省句省字两种办法来追求简要的效果。黄叔琳评云："《汉书》裁节《史记》处，天然之致不及；《新唐书》事增于前、文减于昔，其不及《旧书》，正坐此。《檀弓》叙石骀仲卒，四见'沐浴佩玉'，转增其态，不厌繁复。省句省字，固不可一概论也。"在论述省句省字之后，《叙事》又以捕鱼打猎为喻，继续申说省句省字的简要之论："盖饵巨鱼者，垂其千钧，而得之在于一筌；捕高鸟者，张其万罝，而获之由于一目。夫叙事者，或虚益散辞，广加闲说，必取其所要，不过一言一句耳。苟能同夫猎者、渔者，既执而置钓必收，其所留者唯一筌一目而已，则庶几骈枝尽去，而尘垢都捐，华逝而实存，滓去而渖在矣。"对此，黄叔琳评

---

① 梁启超：《中国历史研究法》，上海：上海古籍出版社，1998 年，第 21 页。

云："论固美矣，然使饵鱼捕鸟者止用一筌一目，可得鱼鸟乎？足之蹑地也有限，使蹑足之外不留寸土，尚可以行乎？"此言是也。如果史书上所写的仅是最主要的语句，其他辅助性、修饰性的铺垫语句全都没有，虽然可以做到骈枝尽去，华逝而实存，但如此表述，只能是枯燥干瘪，味同嚼蜡，不成文矣。因而，省句省字也要适可而止，因事制宜。刘知幾有感于魏晋南北朝时期文章浮靡之风，故力倡简要，此虽属有为而发，可谅可解，但终究有矫枉过正之弊，不可视为一成不变之法。黄叔琳说，省句省字不可一概而论，"不厌繁复"有时亦有必要，正是对《史通》一味追求简要之论的补弊救偏。

六、对《史通》思想观点的批评

（一）对《史通》论《尚书》"为例不纯"的批评

《史通·六家》沿袭汉代以来观点，认为《尚书》为记言体史书，但又发现其中有不少非记言的篇章，于是认为《尚书》"为例不纯"，自乱其例。黄叔琳在《六家》《载言》批语中提出反对意见，认为《尚书》有非记言的内容，但并不能说明《尚书》体例不一，因为《尚书》产生之时，并无"成例可尊"，以后世的成例来衡量《尚书》，未免"可笑"。黄叔琳的观点是合乎事实的，上古之时，史书初兴，尚无完备、固定之体例，这不是《尚书》体例不纯，而是《尚书》本即无例。但《史通》竟拘泥于后来产生的记言之说，并以之讥评前代的《尚书》，未免胶柱鼓瑟，僵化教条。

（二）对《史通》论项羽不该立本纪的批评

对《史记》将项羽列入本纪，《史通·本纪》提出批评，认为项羽没能做皇帝，不该以本纪的体例来书写。何焯先引明代冯舒评论说："纪者，纪其事，政之所从出而已。项王手握太阿，指挥天下，虽真天子（指刘邦）亦俯躬听命入蜀。……（《史通》）持论，难夫免讥。"然后自作评论说："当时羽实主约。汉封巴蜀，羽之为也。故史迁……列于本纪。"在他们看来，本纪是记载"政之所从出"即有最大权势、号令天下的最高统治者，并不在其最后为帝与否，因而可以为项羽设立本纪。这个意见，准确地认识到了《史记》的体例，是正确的。之后钱大昕《十驾斋养新余录》卷中《太史公、李延寿》，周广业《经史避名汇考》卷五《帝王二·秦、楚（附陈）》，朱一新《无邪堂答问》卷三，都从"项羽曾宰天下，诸侯听命"的角度，指出《史记》应该为项羽设立本纪，对《史通》的批评提出了反批评。《史通》误在不明白《史记》的体例，就以自己的思想对《史记》进行了不当批评。

（三）对《史通》史表"无用"思想的批评

《史通》不重视史表，在《表历》中批评史表烦费，并说读者也缄而不视，"语其无用，可胜道哉"，主张予以废除。对此，朱鹤龄《愚庵小集》卷十三《读后汉书》，朱彝尊《曝书亭集》卷三十五《万氏历代史表序》，钱大昕《潜研堂文集》卷三十八《万先生（斯同）传》所引万斯同之论，以及何焯、纪昀对《表历》的批语，都从史表有用的角度，直接批驳了

《史通》的偏颇之见。黄叔琳则不但认为"表不可废",而且指出:"岂可以世人之缄而不视,遂谓无用乎?"批评了《史通》因为有些读者对史表缄而不视就称其无用的做法。二百多年后,刘咸炘、吕思勉也从史表价值和读者阅读两个方面对《史通》的观点进行了批评,这正是对黄叔琳论证方式的继承与发展。

(四) 对《史通》废除不实称谓思想的批评

《史通·称谓》讲论史书对人物的称呼问题,其中就帝王庙号一事指出,"古者天子庙号,'祖'有功而'宗'有德",但魏晋以来,祖、宗之名多被滥用,与其人实际作为不能相符,应该删除这些称谓不实的庙号。纪昀评云:"此论最纰缪。史臣载笔,各以当日之号书之。功德不称'祖''宗'者,即削其'祖''宗'之名,然则功德不称帝王,志即削其帝王之号乎?"[①]史书必须从实记载,历史上真实发生过什么,史书就应该记载什么,特别是历史上真实产生的各种称谓,不管后人承认不承认,但历史是什么就是什么,不该由后来编修史书的作者们以自己的主观好恶来决定其是与不是,因此纪昀的批驳是正确的。后来刘咸炘《史通驳议》也对《史通》的这一错误进行了批驳,可谓是对纪昀之论的肯定。《史通》极力主张据实直书,但这种类似掩耳盗铃的做法,恰恰是违背了如实记载的原则。

(五) 对《史通》滥用断限思想的批评

《史通·杂说上》批评说,荀悦撰写记载西汉历史的《汉

---

① 见张三夕《〈史通〉三家评校钞》,王元化主编《学术集林》卷十一,上海:上海远东出版社,1997年,第60页。

纪》，却将班彪规讽隗嚣、翼戴东汉光武帝刘秀的《王命论》列在末篇，有违断限之意。何焯评云，列《王命论》于末篇，"固未为失"。周中孚《郑堂读书记》卷十六《汉纪》说，班彪此文"正发明新莽之所以速亡、光武之所以中兴。时当汉室衰微，强臣窥伺，仲豫（荀悦）存此论于卷末，自有深意存焉"。什么"深意"呢？《汉纪》鼓吹神意天命史观，"宣扬和论证'圣汉统天'"，因而其正文开篇部分，"用了近五百字，详述刘向父子的五德相生之说，说明刘汉继尧之运。卷三十末尾，又用一千四百余字，载班彪对隗嚣的说辞及其《王命论》，反复论证'神器有命'。这和卷一首尾呼应"①，用来"表明汉家王朝是受命于天"。② 可见，荀悦录载班彪《王命论》，是有其特殊的政治目的的。刘知幾不明白荀悦的这一思想主旨，而只是拘泥于史书记事断限的问题，因而其所言也就成为不求甚解的表象肤浅之论。何焯说《汉纪》载录《王命论》属于"固未为失"，这是正确的评价，但其言过简，没有进一步说明其得出观点的缘由。周中孚要言不烦，点到即止，因而也没有说得透亮。

　　《史通·序传》通过批评班固《汉书》，提出史家自序中所述自传的时间范围，应与史书所记内容的时间断限一致。纪昀评论说："文有不得不追叙原始者，孟坚自叙姓源，非记事也，安得以断限疑之？此说太固。"③ 作者自序并非书中记事，不必与书中记事断限相应，《史通》之论拘泥不通，明显是对断限思

---

①　尹达主编：《中国史学发展史》，郑州：中州古籍出版社，1985 年，第 111 页。

②　吴怀祺：《中国史学思想史》，合肥：安徽人民出版社，1996 年，第 134 页。

③　见张三夕《〈史通〉三家评校钞》，王元化主编《学术集林》卷十二，上海：上海远东出版社，1997 年，第 107 页。

想的滥用。纪昀称之为"太固",即思想僵化固执,指出了其错误的思想根源。

（六）对《史通》天人感应思想的批评

《史通》在重人事、轻天命的同时,也在《书志》中表达了比较明显的天人感应思想,主张记载那些与政治兴亡有关的灾祥事件,"以彰灵验"。黄叔琳对此给予了严正批评,指出"天道不系人事,不可以立训。如欧阳子《司天考》'赞'为说,乃圆通"。欧阳修在《新五代史·司天考》中,明确反对天人感应思想,并在书中仅记载日食、月食、地震、流星雨、彗星等自然现象,而不与人事相配,体现了比较彻底的无神论思想。黄叔琳赞同其观点,因而也直言"天道不系人事",主张史书中不该记载所谓的天人感应事件。这比《史通》的思想要进步得多,确实做到了后来居上。

除上述六个方面外,王鸣盛《十七史商榷》卷二十九《刘昭、李贤注》、卷三十九《三国志一·裴松之注》,批驳《史通》贬斥刘昭《后汉书注》和裴松之《三国志注》的观点;周中孚《郑堂读书记》卷十五《周书》,对《史通》批评《周书》的论述提出反批评,都属于正确之论。与之相反,严书开、黄叔琳、纪昀、钱大昕以及《四库全书总目》等,都对《史通》批评儒家圣贤经史的做法进行了反批评,体现了他们思想的时代局限性。

七、梳理总结《史通》对后世的影响

作为中国古代第一部史学理论著作,《史通》泽被后世,影响深远，明代郭孔延《史通评释》曾对此有所关注，但仅有个别论述，至清则关注、挖掘较多，成为清朝《史通》学术史研究的一大特色。

《史通·二体》称荀悦《汉纪》优于班固《汉书》。《四库全书总目》卷四十七《汉纪》提要说，《史通》对《汉纪》"推之甚至，故唐人试士，以悦《纪》与《史》《汉》为一科"，认为正是因为《史通》对《汉纪》的高度评价，确立了《汉纪》在当时科举考试中能够与《史记》《汉书》并列为一科的社会地位。至于《史通》对《汉纪》在唐代拥有这样的社会地位是否有过这样重大的推进作用，可能还需要寻找其他更为充分周密的论据，但清代四库馆臣愿意相信这一点，则是无可置疑的。

《史通·载言》提出，应在纪传体史书中单独设立"书"部，将纪、传中收录的君臣制册章表等文章全部移入其中，以免它们在纪、传中影响前后叙事的连贯性。清初傅维鳞撰修《明书》，设有《纶涣志》，专门记载明朝皇帝诏书，《四库全书总目》认为这是对《载言》之论的部分实践，于是在卷五十该书提要中明确指出，"《纶涣》一志惟载诏令，此刘知幾之创说"。然后《四库全书总目》大胆推论说，虽然过去"史家未有用之者"，但从此以后，"不用其《载言》之例不止矣"，认为《载言》不但对傅维鳞有积极影响，而且还会影响到其他更多的史学家。这种乐观的态度，体现了《四库全书总目》对《史通》史学思想的无限推崇与极大信任。

《史通·载言》批评《史记》《汉书》在纪传中收录诏疏等各种文章太多，以致贾谊、晁错、董仲舒、东方朔等传，"唯上录言，罕逢载事"。何焯评云："《新唐书》文减事增，盖本此指。"《新唐书》本纪删削诏令，列传也尽可能不载骈体文奏疏，是《新唐书》能够做到文省于旧的方法之一，而与《史通》的主张又确实相通，故而何焯认为《新唐书》事增于前、文省于旧的编纂原则，导源于《史通》对前代史书较多收录文辞的批评。后来钱大昕也指出，《新唐书》不书受禅诏策、不录代言制诰，是受到了《史通》的影响。

《史通·世家》肯定梁武帝主持编修的《通史》将三国时孙吴和蜀汉列为世家的做法是"得折中之规"。对此，何焯评云："此欧公十国世家所本，《宋史》中诸僭君世家又沿之也。"认为《史通》的这一肯定，是欧阳修《新五代史》设立十国世家的理论指导，而元修《宋史》中的十国世家又是沿袭了《新五代史》的这一做法。

《史通·列传》开篇以《春秋》经传相比拟，简要论述了纪、传之间的区别。对此，何焯评云："欧公缘此论，《唐书》本纪遂直拟《春秋》。"他认为欧阳修主修的《新唐书》本纪效法《春秋》的做法，是受到了《史通》的启发。

对纪传体史书的志，《史通·书志》虽然给予了一定程度的肯定，但总体上并不重视。宋初王溥编撰《五代会要》，成书三十卷，之后欧阳修编撰《新五代史》，志的内容仅有《司天考》《职方考》两篇，与前者相差悬绝。《四库全书总目》卷四六《新五代史》指出，志的内容太少是该书"最大"的失误，"此由信《史通》之谬谈（自注：刘知幾欲废表、志，见《史通·表历》《书志》二篇），成兹偏见"。《四库全书总目》认为《新五代史》很少作志，是欧阳修误信《史通》之说的结果。之后陈鳢在《简庄诗文钞》续编卷一《续唐书叙》中也说："（欧史）误信《史通》欲废志之言，仅作司天、职方二考，以致唐季典章法度无可稽求。"应该说，对于欧阳修是否遵从了《史通》之论，他们的论证尚不充分，不过他们愿意相信这一点，此为其一；其二，这种无须证明就加以相信的态度，表明他们对《史通》学术影响的认识是刻骨铭心的，因而才会采取只要与《史通》观点相似就立即联系在一起的做法。

《书志》主张删除《艺文志》，如果非要保留不可的话，则应仅记录当时作者所著。对此，纪昀评云："此言有理，故《明史》竟用此例。"他认为《明史·艺文志》仅载明朝一代著作的方式，源自《史通》的思想启迪。之后，《四库全书总目》卷四十六《明史》、卷八十七《明艺文志》也都秉持了这一观点。但他们所谓"此言有理"的评论，并未得到后世学界的普遍认同。

《书志》说："茫茫九州，言语各异。……《尔雅》释物，非无往例。既艺文有志，何不为方言志乎？"对此，何焯评云："此《辽》《金》兼载《国语》所本，而较知取舍。"元修《辽史》的最后一篇为《国语解》，《金史》最后一篇附录有《金国语解》，对这两本书中以本族语言记载的典制、名物、人事、姓氏等进行训释，而并非记载两国全部的方言土语，这就是何焯所说的"较知取舍"，亦即其做法源自《史通》思想的启迪而又有所变通发展。此后，浦起龙《史通通释》、纪昀《史通削繁》也都认为这两篇与《史通》有直接关联。

《书志》提倡设立都邑志、氏族志、方物志，《四库全书总目》卷五十《通志》说："（郑）樵增《氏族》《都邑》《草木昆虫》三略，盖窃据是文。"指出《史通》之论对郑樵的影响。

此前浦起龙《史通通释·书志》按语曾表述过相同意思，但不如《四库全书总目》说得更为直白明晰。何焯则针对其中设立氏族志的主张，指出："此《新唐书》宗室、宰相《世系表》所由作，《宋史》因之。"他认为《新唐书》的《宗室世系表》《宰相世系表》和《宋史》的《宗室世系表》，皆是受《史通》此说启发而撰作。之后，钱大昕也指出《新唐书·宰相世系表》是源自《史通》的启发。

《史通·言语》主张史书应该使用所述朝代"当世口语"来书写。《四库全书总目》卷七十《梦粱录》说，该书有很多"俚词俗字"，可能是作者受到《史通》影响而特意予以收载和保存的。这个说法只是一个或然性的论断，但为探索《梦粱录》的编纂、探索《史通》对后世方方面面的影响，提供了有益的启示。

《史通·核才》反对以骈体文写史，对此纪昀评云："论甚严正。自唐以后，以俪体为史者遂绝，固由宋人之力排，而子元廓清之力亦自不少。"肯定了《史通》对后来史学发展的积极作用。

《史通·点烦》提出，史书收录帝王诏书，应该删略其词，简要述之，并对唐朝撰修国史时一字不遗的做法提出批评。对此，何焯评云："《新唐书》裁截过甚，亦本诸此。"他认为《新唐书》对诏诰章疏等文字删减过多的做法，是源自《史通》的这一思想。之后钱大昕也认为《新唐书》采纳了《史通》的这一观点。

《四库全书总目》卷五十《晋书别本》指出，该书作者蒋之翘"因"《史通》对《晋书》的批评，而对《晋书》进行删补。此论符合事实。从该书自序、凡例及其选录的《史通》评论《晋书》之文，都可以看出蒋之翘是《史通》思想的忠实执行者，他是以《史通》的理论为指导来编撰该书的。此外，《四库全书总目》卷八八《史纠》提要、卷九十《廿一史独断》提要，都指出了二书沿袭《史通》之论、受到《史通》影响的事实。

史考名家钱大昕曾专门考察《史通》对《新唐书》的学术影响，在第二章已讨论过，故此不再赘述。浦起龙在《史通通释》卷首《举要》第四条说："刘氏开发史例，后史不能易者，十得六七。"他又在该书卷十《自叙》按语整体阐述《史通》的学术影响说："篇中云：'贯穿者深矣，网罗者密矣，商略者远矣，发明者多矣。'……由今观之，所言皆验，盖攻刘见智者，鲜有不索其瘢，继唐编史者，罔敢不持其律。……第取唐后成书印证之，断可见矣。自其以编年、纪传辨途辙也，而二体之式定。自其以《史记》《汉书》昭去取也，而断代之例行。自其斥《秦纪》于末帝之先也，而开创无冒越之篇。自其拟世家以随时所适也，而载纪有变通之义。自其论后妃称纪或寄外戚皆非也，而传首始正。自其论篇赞复衍，更增铭体尤赘也，而骈韵都捐。自其力排班志之《五行》也，而灾祥屏谶纬之芜。自其痛诋魏收之标题也，而称谓绝诞妄之目。自其以书地因习为失实也，而邑里一遵时制。自其以叙事烦饰为深诫也，而琐噱半落刊章。约举数端，后史可覆。……夫古今人不相及，望两汉之雄俊则道远，效六朝之藻饰则真丧。唯夫约法严，修辞洁，可以学企，可使质全。为之向道者，《史通》也。综往饬归，功亦博矣……心喻者曰'导吾先路'。愿以告具眼读书者。"

浦起龙既从总体上指出，唐以后编修史书，往往以《史通》"为之向道""罔敢不持其律"的事实，又"约举数端"，集中列述《史通》对后世史学发展"导吾先路"的具体影响。至于《史通》各篇论旨对后世的启发，浦起龙也都随篇进行了梳理阐释，这将在下文有专门讲论。

以上所述，就是清代《史通》学术史所涉及的一些基本方面，包括对刘知幾和《史通》的总体认识与评价，对《史通》思想观点的接受、发挥与运用，引述《史通》的观点来作为自己的立论，对《史通》思想观点的辩难与发展，对《史通》的思想观点进行批评，以及梳理总结《史通》对后世的学术影响等。至于其具体内容，则不止上文所列，如《明史》编修过程中对《史通》思想观点的接受、发挥与运用，浦起龙对《史通》体系性的揭示及其对《史通》思想的评议，章学诚对《史通》思想的继承与发展，清代学者对史才三长论的运用与探讨等内容，将在下文专节讲述。

与前代相比，清代出现了集以往《史通》整理与研究之大成的著作，这就是浦起龙的《史通通释》。虽然该书在对《史通》原文进行校勘时常有擅改之弊，但总的来看，其评论、注释和校勘成就远超前人，对《史通》各篇段落章节进行梳理的文献整理水平也远为前人所不及，而且它对《史通》系统性、体系性的揭示，更为前人所未发。浦起龙还立足于中国古代史学发展长河来讨论《史通》的产生问题，认识到《史通》乃中国史学自身发展的产物，是适应中国史学发展到一定阶段，需要通论史学一般原理的著作出现，以便继续向前发展的时代的产物，这就为横空出世的史学理论著作《史通》找到了赖以产生的客观时代背景和学术基础，可谓眼光独到、高瞻远瞩。

清代《史通》学术史的另一重要成就，是对《史通》在后世的学术影响进行了梳理总结。明代郭孔延曾对此有所关注，在学术史上有其开新意义，但所论不多，价值不可高估。到了清代，何焯、浦起龙、纪昀、钱大昕、陈鳣以及官修《四库全书总目》等，都曾对此进行梳理总结，参与学者之多、涉及内容之广，使清代成为真正考察这一问题的时期。而这也确实是考察《史通》学术成就和学术贡献的一个非常重要的方面，浦起龙和钱大昕就由此发现，《史通》对后世有"导吾先路"的作用，并被后世"奉为科律"。虽然他们的评论用语不同，但主旨是一样的，都认识到并强调了《史通》对后世学术发展所具有的理论与方法论性的指导意义。

在清代《史通》学术史上，还有一个问题一向为人们所津津乐道，那就是在史家标准的问题上，出现了章学诚的史才四长论。因下文将专门讲论这一问题，这里仅做简单申说。章学诚在刘知幾提出的才、学、识三长之外，补以"史德"的要求，从而最终确立了才、学、识、德四长论，完成了从明代学者就已开始的由史才三长向史才四长的转变。如果我们不需要从章学诚的本意来理解"史德"的含义，而仅从一般语境、从正直品德的角度来理解"史德"的含义的话，则"史德"的补入是有意义的。但如果是在章学诚本意的语境下来理解他所说的"史德"的话，则其"史德"乃是以严守封建专制主义思想体系为准则的道德标准，强调不能违背封建纲常伦理，特别是不可诽君谤主，不仅不包含一般所说的尊重客观史实之意，而且也没有刘知幾等人所倡导的直书实录精神。因此，章学诚所提出的"史德"思想，在当时也是比较迂腐和落后的，并不值得赞扬。所以他的史才四长论，不但不是对刘知幾史才三长论的发展，反而是倒退。在是否遵循章学诚本人语境的问题上，这两者之间存在着原则性的、根本性的不同，需要我们清楚地予以把握。

《明史》纂修中的《史通》元素

清廷于顺治二年（1645）开始纂修《明史》，到乾隆四年（1739）刊刻成书，大体经历了准备阶段、奠基阶段、废弛与中辍阶段、完成阶段。[①] 虽然这四个阶段各有自己的工作特点，但每个阶段的纂修工作都或多或少地蕴含了《史通》元素。

一、准备阶段的《史通》元素

《明史》纂修的第一个阶段是准备阶段，时间是从顺治二年（1645）到康熙六年（1667）。其间，"只在史料搜罗和修史必要性的舆论上做了初步的准备"[②]，实际编纂工作则并未展开。

收集史料是史书编纂的第一步工作，中国古代史学至晚从司马迁开始，就已经意识到这一点。而刘知幾写出《史通·采撰》专篇，在历史上第一次专门从理论上阐述史料学的有关问题，开篇就提出广搜史料是史书编撰的第一步，也是史书能够成为一部优秀著作的重要标准。此后，随着唐宋史学的长足发

---

① 乔治忠：《清朝官方史学研究》，台北：文津出版社，1994 年，第 177—196 页。
② 乔治忠：《清朝官方史学研究》，台北：文津出版社，1994 年，第 180 页。

展，史料收集的重要性成为史学常识。《明史》开馆后，首先抓史料问题，是正确的，也是非常自然的，因此我们不好直接说它的这一做法导源于《史通》。但我们也不能忘记，《史通》不但在历史上第一次从理论上正面阐明了史料采择的重要性，为后世史书编纂提供了鲜明的、正确的理论指导，又特别就官方修史的弊病写下"五不可"的直接批判，其中第二个方面就是史料不足，从而又从反面强调了史料博采的重要性。从那以后，"五不可"就成为后世改良史馆运行机制的反面教材而被人们常常提起，对官方修史发挥着重要的警示作用，成为后世官方修史必须引以为戒的内容。因此清廷开馆纂修《明史》，不会不取鉴于《史通》，他们首先抓史料问题，不会不与《史通》从正反两个方面强调史料的重要性有所关联。

二、奠基阶段的《史通》元素

《明史》纂修的第二个阶段是奠基阶段，时间是从康熙十八年（1679）到四十八年（1709）。这是《明史》自编修以来第一次真正意义上的纂修时期，也是全部纂修过程中"最重要的时期"，虽然尚未最终定稿，但在官私学者朝野合作的共同努力下，一部由监修总裁徐元文及其个人出资所聘宾客万斯同合力删定的《明史稿》修成了，不但卷数多达四百一十六卷，而且纪、志、表、传各体具备，"史稿已初具轮廓，义例上的、史实上的疑难问题也大都有了定议，为将来纂修《明史》的成功奠定了基础"。①

---

① 乔治忠：《清朝官方史学研究》，台北：文津出版社，1994 年，第 184—185 页。

　　康熙十八年五月，内阁学士徐元文被任命为《明史》监修总裁，十二月正式开始纂修工作。次年正月，纂修官朱彝尊鉴于史馆"开局逾月矣，顾未见体例颁示"，特向史馆总裁上书，建议先讨论确定史书体例，再行动手修撰，"盖作史者，必先定其例、发其凡，而后一代之事可无纰谬"①。这显然是遵循和贯彻了《史通·序例》所提出的"史之有例，犹国之有法。国无法，则上下靡定；史无例，则是非莫准"的主张。朱彝尊列举了明朝历史上一系列特殊事件，要求首先对这些问题定下撰写义例，形成大体一致的认识，否则整个纂修活动就可能茫然失措。朱彝尊"这个建议有重要意义，在史馆主持人倡导宽松学术气氛的条件下，找到了纂修工作的关键性突破口，引发了一场热烈的讨论义例的活动。一时间，从总裁至一般纂修官以及在野不仕的学者纷纷发表意见，使《明史》的纂修活动一开始就相当深入地展开"。朱彝尊"以自己的史识、热情和责任感，首发义例之论，从而推动了修史活动第一个高潮的兴起，避免了僵持和冷清，在一定程度上将《明史》纂修在方式方法上导入正确的方向"。② 唐代的《史通》当然不可能解决清代《明史》纂修中涉及的各种问题，但《史通》对史书体例重要性的认识和宣讲，为《明史》馆臣寻找纂修工作的关键性突破口、保证修史的正确方向、促进修史活动第一个高潮的出现，提供了理论指导和思想指引。

　　很快，朱彝尊又第二次上书，提出"史馆急务，莫先聚

---

① ［清］朱彝尊：《曝书亭集》卷三二《史馆上总裁第一书》，清代诗文集汇编第116 册，第 273 页。下文所引"七书"皆出此，不再注出。
② 乔治忠：《清朝官方史学研究》，台北：文津出版社，1994 年，第 195 页。

书"，请求"搜访遗书，自实录、正史而外，杂编、野纪可资证援参考者"，莫不加以采择，绝不能指望"止据实录一书，遂成信史"。毫无疑问，这正是《史通·采撰》开篇即强调的"盖珍裘以众腋成温，广厦以群材合构。自古探穴藏山之士，怀铅握椠之客，何尝不征求异说，采摭群言，然后能成一家，传诸不朽"的史料博采的思想。

在《史馆上总裁第三书》中，鉴于"体例犹未见颁"，而馆臣已有"具稿宜速"的想法，朱彝尊继续强调先行确定体例的重要性，指出"凡例既立，然后纪、传、表、志相符……是史家之遗法"。所谓"史家之遗法"，当然是指刘知幾，因为朱彝尊所言正是《史通·序例》中"凡例既立，当与纪、传相符"一语的翻版。朱彝尊同时要求放弃速成全书的想法，他特地引述《史通·暗惑》篇末"书彼竹帛，事非容易"的总结之语，请求总裁"勿易视"《明史》纂修工作，"幸少宽其期"，千万不要像明修《元史》那样急匆匆地草率从事，否则一定会推倒重来，"虽欲速，而汗青反无日"。这是化用《史通·忤时》批判官修史书弊病的"头白可期而汗青无日"之语。显然，这第三书更是鲜明体现了《史通》元素。

在《史馆上总裁第四书》中，朱彝尊根据众人所撰史稿中的互相矛盾处，指出明代官修史书有曲笔不实的记载，应该积极寻找其他野史资料，加强史料考证，"毋相矛盾"，强调"作史之贵乎有识者，此也"。《史通·采撰》既要求博采史料，更强调慎择之意，要求所选史料必须是"当代雅言，事无邪僻"者，如果同说一事而互相矛盾，则须"别加研核"，"以详其是非"，明确提出"异辞疑事，学者宜善思之"。可见，朱彝尊第四书的内容，其实就是在发挥和践行《采撰》的思想观点，而其所云"作史之贵乎有识者，此也"，正是《采撰》篇末的画龙点睛之语"异辞疑事，学者宜善思之"的另一种表述方式。

朱彝尊撰写《史馆上总裁第五书》，是因为看到监修总裁徐元文拟定的体例初稿，内有设立《儒林传》和《道学传》的主张，但他反对像《宋史》那样设立《道学传》，于是写此第五书进行讨论，并重申其第一书中"体例本乎时宜，不相沿袭"的观点。最后，史馆采纳了朱彝尊等人不设《道学传》的建议。《史通》很重视因时制宜的"随时"之意，如《称谓》强调"取叶随时，不藉稽古"，《杂说中》强调"随时而革"和"适俗随时"，《题目》强调"择善而行，巧于师古"和"从时之义"，可惜他在批评前代史书史家的过程中，没有很好地贯彻这一思想，时常出现过于绝对、拘泥僵化、不知变通的弊病。朱彝尊"体例本乎时宜，不相沿袭"的认识和相关做法，不但坚持了《史通》因时制宜的思想，而且实际践行了《史通》这一思想。他是在《史通》自身未能贯彻执行之处，切实贯彻了《史通》的思想，这当然仍是《史通》元素的体现。

在《史馆上总裁第六书》中，朱彝尊强调"信史"原则，主张以公心写"信史"，反对以门户之见判定史事之是非，提出"区区之诚，以南、董望阁下，冀裁择焉"。求真求实的信史原则是《史通》所坚决主张的，但这一原则在先秦时期即已出现，此后也一直为正直史家所追求，早已成为史学常识，因此朱彝尊强调"信史"原则，并不必然与《史通》有所关联。但他"以南、董望阁下"，将南史、董狐作为史家最优秀的代表，来比拟和期望于史馆总裁，则可能就与《史通》有关。《史通·辨职》专门讨论史官的职责，将史官分为三类，其中"若晋之董狐、齐之南史，此其上也"，将南、董列为最上等。此后，南宋章如愚《群书考索》卷十五《正史门·史通类》第十三条"史有三等"，明代何乔新《椒邱文集》卷二《策府十科摘要·史科·诸史》引录章如愚之文，沈国元《二十一史论赞》卷十五《陈书小引》"史有三等"云云，袁黄《群书备考》称刘知幾有"三等"之说，都认为将南、董列为史官最上等，是出自《史通》的典故。南朝刘勰《文心雕龙·史传》有"辞宗丘明，直归南董"的说法，但只是把南、董作为秉笔直书的代表，而非上等史官史家的代表。因此，朱彝尊"以南、董望阁下"一语，透露出他这第六书与《史通》有直接关联，也蕴含了《史通》元素。

在《史馆上总裁第七书》中，朱彝尊批评史馆中编修崇祯时期历史长编，"止据十七年《邸报》缀其月日，是非何以明？同异何以别"。他提出应该仿照南宋李焘《续资治通鉴长编》的做法，在国史、官文书而外，"家录、野纪靡不钩索质验，旁互而参审焉，无妨众说并陈，草创讨论，而会于一"，而后才可能本末具见，是非不可掩，"不然，以宜书者不书，是编出，览者将谓识大识小无一具焉，可不深虑也哉"，要求对史料博采慎择。这与《史通·采撰》的要求是一致的。而《史通·杂述》还曾专门考察正史之外的十类杂史著作，指出："刍荛之言，明王必择；葑菲之体，诗人不弃。故学者有博闻旧事，多识其物。若不窥别录，不讨异书，专治周、孔之章句，直守迁、固之纪传，亦何能自致于此乎？且夫子有云：'多闻，择其善者而从之'，'知之次也'。苟如是，则书有非圣，言多不经，学者博闻，盖在择之而已。"因此，朱彝尊虽然因编纂崇祯长编而要求效法李焘《续资治通鉴长编》，属于性质略同而取法乎近，但从理论源泉上说，其实还是以《史通》的思想为指导。

以上就是朱彝尊在史馆中七次上书总裁的主要内容，从中可以看出，他不但以《史通》的思想为论说的依据，而且更是在《史通》的指引下开展其修书工作的，可谓清初《史通》理论的忠实执行者。

纂修官汤斌在《明史》纂修的第一阶段曾入馆修史，这时再度入馆，并于康熙二十一年（1682）升为史馆总裁。今传世有他的修史成果《拟明史稿》，其中卷首《本纪条例》和《明史凡例议》具体阐述了他对编修明代历史的一些见解。

《本纪条例》十一条，专为撰修《明太祖本纪》而拟定。其中八条是谈哪些事件可以写入《太祖本纪》，与《史通·本纪》所要求的本纪"唯叙天子一人，有大事可书者则见之于年月，其书事委曲付之列传"，《书事》所要求的"百职迁除，千官黜免，其可以书名本纪者，盖惟槐鼎而已"的记事原则相符。另外第十一条说"《实录》诸本多错简，有与志、表互见者"，纂修《太祖本纪》可先据《实录》，但不能专据《实录》，待志、表成后，再对校补删《太祖本纪》，"方可定本"。这符合《史通·采撰》提出的博采慎择，"苟不别加研核，何以详其是非"之旨。

《明史凡例议》共六条，其中前五条都与《史通》有所关联。第一条提出，"明太祖四代考妣，止当于本纪内载明，不必另作附纪"，理由是明太祖的四代祖先在明朝建立之前都已没世，又无事可考，且"唐宋史亦无此例"。《唐书》和《宋史》

没有追记帝王祖上而设本纪的事例，这是事实，不过在此之前，《史通·本纪》已经明确批评为追号帝王者设立本纪的做法，指出"倘追加大号，止入传限"，不能列入本纪；《称谓》又对《魏书》设立本纪叙述追尊之帝王的做法提出严厉斥责。汤斌在此未提《史通》，但其观点却与《史通》思想相承。

第二条提出，"必君临天下方称纪，则统系分明"，主张将被追尊为兴宗的懿文太子、被追尊为睿宗的兴献王，以懿文太子、兴献王的称谓，用列传的体例，载于诸王传中，认为直接列入本纪"未安"。汤斌说这是效法《汉书·宣元六王传·定陶共王刘象》之例，其举例与其论说符合，无须质疑。但也必须说明的是，《史通·本纪》曾经明确宣称，本纪"唯叙天子一人"，"夫位终北面，一概人臣，倘追加大号，止入传限"，而这也正是汤斌此处所要表达的意思。

第三条是对《明史》应否设立《道学传》提出自己的意见，这当然不是《史通》所能讲论的问题。但汤斌在文中说："奉旨修史，必合一代之公评，未可用意见、肆讥弹也。"强调修史不能仅凭一人之私见，而要做到立论公正，这和《史通》的观点是一致的。汤斌还说《明实录》不可"尽信"，这和《史通》在《疑古》《暗惑》等篇中反复强调的"尽信书，不如无书"之意是相通的。《史通》之《暗惑》篇末还总结说："书彼竹帛，事非容易，凡为国史，可不慎诸！"《采撰》篇末则总结说："呜呼！逝者不作，冥漠九泉；毁誉所加，远诬千载。异辞疑事，学者宜善思之！"这都是强调不可尽信某一种史书，需要慎择之意。

第四条是关于列传体例的两个内容。首先是《文苑传》入传人物的选择问题，汤斌认为"《文苑》必著述成家者方可入，若以一二首诗佳便入《文苑》，则《文苑》太滥矣"。此言在理。《史通》也多次表述此意，如《人物》专门论述史书载录人物的标准问题，其中强调记载"命代大才"和"文宗学府，驰名海内"之人，强调"略小而存大"，"斗筲之才，何足算也。……或才非拔萃，或行不逸群，徒以片善取知，微功见识，缺之不足为少，书之唯益其累……裁为列传，不亦烦乎"。《杂说下》也有两段论述言及此意，其一说史书内容要"书之有益于褒贬，不书无损于劝诫。但举其宏纲，存其大体而已。非谓丝毫必录，琐细无遗者也"；其二说"雕虫末技、短才小说，或为集不过数卷，或著书才至一篇"者，不必写入书中，否则即是"烦之甚者"。显然，如果说汤斌此论是受《史通》启发而发挥其意，恐怕无人会反对。

其次是《酷吏传》入传人物的选择问题，汤斌认为"酷吏与奸臣相去甚远"，史家设《酷吏传》，"所以严循吏之辨也。……史家分限甚严，未可以酷吏为奸臣末减地也"。此意甚正，酷吏与奸臣性质有别，确实应该准确区分。《史通》从未专门谈及《酷吏传》人物选择标准问题，但《品藻》论说史书编写中品评人物的问题，说的最多也是最主要的，就是强调合传、类传应分类得当、以"品汇相从"的道理。其开篇言："盖闻方以类聚，物以群分……亦有厥类众夥，宜为流别，而不能定其同科，申其异品，用使兰艾相杂、朱紫不分，是谁之过欤？盖史官之责也。"之后还连续举例，批评《汉书》《南齐书》《隋书》将人物归类不当的错误，最后总结说："夫能申藻镜，别流品，使小人君子臭味得朋，上智中庸等差有叙，则惩恶劝善，永肃将来，激浊扬清，郁为不朽者矣。"观此，则汤斌"史家分限甚严"之论，已跃然纸上矣。

第五条简论《宦官传》的体例，共十四字："《宦官传》当分别邪正，未可专论时代。"主张对《宦官传》中所记述的人物，先以其立身邪正区分类别，然后各类之下再按时代先后编排，而不能仅以时代先后作为全传编次的原则。这个观点是可取的，正是《史通·品藻》中"厥类众夥，宜为流别……申藻镜，别流品，使小人君子臭味得朋，上智中庸等差有叙，则惩恶劝善，永肃将来，激浊扬清，郁为不朽"之意。

那么，汤斌见过《史通》吗？如果他见过，上面的对比论述就是可行而且可信的；如果没有见过，则上面的对比论述更多的就是以思想观点相同来作推论，仅属于可行，而结论不一定可信。汤斌《汤子遗书》卷六《二十一史论》有云："班固《西汉书》……以古今人物强立差等，居摄不附于汉平，孺子下列于新莽，安能诋刘知幾之所短哉？"刘知幾在《史通·品藻》中抨击《汉书·古今人表》强立差等，在《编次》中抨击《汉书》"居摄建年，不编《平纪》之末；孺子主祭，咸书《莽传》之中"，汤斌既说"安能诋刘知幾之所短"，则他肯定是见到了《史通》的。汤斌接着说："范蔚宗《东汉书》……升忍耻之蔡琰于列女（《史通·人物》有论），志王乔之凫履，记左慈之羊鸣（《史通·采撰》有论），诡谲不经（《史通·书事》有论），文辞繁缛。……（唐修《晋书》）丛冗骈丽，《语林》《世说》尽入青编，《幽明》《搜神》咸被采录（《史通·采撰》有论），何可不辨也？《宋书》本（何）承天之旧，事杂晋魏，失于限断（《史通·断限》有论），沈约创志《符瑞》，不经甚矣（《史通·书志》有论）。……百药《北齐》，避讳略号，迁就弗端（《史通·杂说中》有论）。《后周》牛弘，惟务清言，德棻继之，率多牴牾（《史通·杂说中》有论）。后之君子，何以览观焉？……史之有本纪，史之纲维也（《史通·本纪》有论）。……史才实难，自古叹之（《史通》之《核才》《辨职》皆有论）。……然则必才备三长。"显然，汤斌是非常熟悉《史通》一书的。如此看来，他的《本纪条例》和《明史凡例议》蕴含着很多《史通》元素，也就非常正常了。另外，汤斌在史馆时，不满史馆工作拖拉无序的状态，但自己又无力回天，于是"有感于刘知幾作《史通》"，精心撰写了《太祖本纪》。[1] 这又可见，《史通》在他心目中有着何等高大显要的位置，则他以《史通》来指导自己的《明史》纂修工作，岂不宜也？

纂修官施闰章在讨论义例时，撰有《修史议》一文，提出《明史》纂修"其难有八"，一曰考据，信史难求；二曰裁制，记事繁简详略不好把握尺度，难免"繁则芜杂，略虞挂漏"；三曰核实，"鉴定衡平"不易；四曰定论，是非黑白不易评定；五曰门户，清浊公论难以判定；六曰牵制，众人修书，"是非牴牾，议论蜂起，腐毫辍翰，相持不下"；七曰忌讳，明史事涉清廷，"文字常伏危机"，"弃则失真，著恐触忌"；八曰程限，"盖以事在千古，非可取办岁月"，不可追求"急就"。总之，"作之者数人，议之者千万人，娴词赋者乏史裁，善记问者短笔札，工掇拾者罕定识，严综核者少持平，所谓擅三长而去五失，盖

---

① 孙香兰：《汤斌与〈明史〉》，南开大学《中国历史与史学》编辑组《中国历史与史学——祝贺杨翼骧先生八十寿辰学术论文集》，北京：北京图书馆出版社，1997年，第65—66页。

难之难者也"。① 在这"八难"之中，除了门户和程限两个方面《史通》没有涉及外，其他六个方面全都有过探讨。至于"娴词赋者乏史裁，善记问者短笔札，工掇拾者罕定识，严综核者少持平"的史才难得之论，正是《史通·核才》所讨论的唯一问题，而双方举例亦有相同者。《核才》开篇说，"夫史才之难，其难甚矣"；施闰章说，"要找到'擅三长'的良史而又能去官修史之'五失'是'难之难者'"②，其中"三长"就是指刘知幾提出的史才三长，"五失"就是《史通·忤时》中所批评的官修史书"五不可"的弊病。可见，施闰章的讨论，也是以《史通》思想为深厚根基的。

纂修官沈珩撰《修史议》上、下两篇，其中上篇提到："所谓宣景曹马、死葛犯跸，仅存凿齿之文，以及董承、耿纪之书贼，袁粲、王谦之书逆，变惑乖乱，此不可言也。"③ 其中"所谓"云云，正是指《史通·直书》所言"当宣、景开基之始，曹、马拘纷之际，或列营渭曲，见屈武侯；或发仗云台，取伤成济。陈寿、王隐咸杜口而无言，陆机、虞预各栖毫而靡述。至习鉴齿，乃申以死葛走达之说，抽戈犯跸之言"，以及《曲笔》所言"若汉末之董承、耿纪，晋初之诸葛、毋丘，齐兴而有刘秉、袁粲，周灭而有王谦、尉（迟）迥，斯皆破家殉国，视死犹生。而历代诸史，皆书之曰逆，将何以激扬名教，以劝

---

① ［清］施闰章：《学余堂文集》卷二五《修史议》，景印文渊阁四库全书第 1313 册，第 306—307 页。
② 杨文信：《史学评论与政治——从清朝的〈史通〉学谈起》，单周尧主编《明清学术研究》，北京：中国社会科学出版社，2009 年，第 316 页。
③ ［清］沈珩：《耿岩文选》"考议说辨"部《修史议上》，济南：齐鲁书社，四库全书存目丛书集部第 218 册，第 75 页。

事君者乎"！沈珩还说"岂得毋昔人所称'河朔王公箕裘未陨，邺城将相薪构仍存''恶直而丑正'"，这里的"昔人"即指刘知幾，其中"河朔王公箕裘未陨，邺城将相薪构仍存"乃《直书》原文，"恶直而丑正"则出自《曲笔》"何恶直丑正，盗憎主人之甚乎"一语。《修史议》下篇主要谈《明史》纂修的史料采择问题，与其他纂修官一样，主张博采慎择，这也与《史通》的观点是一致的。

纂修官潘耒撰有《修明史议》，指出史书"成于众人者，就之愈易，其书愈不能精。刘知幾之论五不可，吴缜之纠缪八条，其言利弊详矣"。潘耒认为纂修《明史》"大要"有八："搜采欲博，考证欲精；职任欲分，义例欲一；秉笔欲直，持论欲平；岁月欲宽，卷帙欲简。"所谓"搜采欲博，考证欲精"，即博采史料，"核其虚实，参伍众说，归于一是"，简言之，就是博采慎择。所谓"职任欲分"，即博求史才，分工合作，"各因其长而任之"，也就是《史通·忤时》第五"不可"中所讲的"某袠某篇，付之此职；某传某志，归之彼官。此铨配之理也，斯并宜明立科条，审定区域"者；所谓"义例欲一"，即"大凡作书，最重义例"，"今为史，亦宜先定规模，发凡起例，去取笔削，略见大旨"。职任、义例"先有定式，载笔者奉以从事，及其成也，互相雠勘，总其事者复通为钩考，俾无疏漏舛复之失，乃可无憾"。所谓"秉笔欲直，持论欲平"，即直书实录，公正评论。所谓"岁月欲宽"，即不可急于成书，"若勒限太促，必至卤莽"；所谓"卷帙欲简"，即史文以简要为主，不以繁富为工，"宜酌详略之中"。潘耒认为："博则无疏漏之讥，精则无牴牾之病，分则众目之有条，一则大纲之不紊，直则万世之公道伸，平则天下之人心服，宽则察之而无疵，简则传之而可久。于以备一代之制作、成不刊之大典，斯无愧矣。"① 其中，除了"岁月欲宽"一条外，其余皆为《史通》所一再申明、强调和力倡的观点。加以其前面明言"刘知幾之论五不可，其言利弊详矣"，可知其"大要"八条主要就是发挥《史通》的理论与思想。

在史馆期间，潘耒见到监修总裁徐元文在赴京任职途中所作诗文，遂和诗四首②，其中第二首中的"委任得条理，书与日月悬"、第三首中的"掊擭无群书，云何得成史。……体制仿古为，凡例以义起。斟酌凭巨裁，末学仰成轨"等语，都是在发挥《修明史议》中搜采欲博、职任欲分、义例欲一之意；而第三首中的"野乘乏十流"则是以《史通·杂述》论杂史"其流有十"为典故，"党论沸蜩螗，寇氛骇蜂蚁；台城军阻堑，厓山舟覆水：自非访耆旧，谁能究终始"，则是以《史通·曲笔》之论为典故。《曲笔》说："自梁、陈已降，隋、周而往，诸史皆贞观年中群公所撰，近古易悉，情伪可求。至如朝廷贵臣，必父祖有传，考其行事，皆子孙所为。而访彼流俗，询诸故老，事有不同，言多爽实。昔秦人不死，验苻生之厚诬；蜀老犹存，知葛亮之多枉。"此正潘耒"自非访耆旧，谁能究终始"之所本。凡此，皆可鲜明体现潘耒在纂修《明史》时所依据的《史通》元素。

---

① ［清］潘耒：《遂初堂文集》卷五《修明史议》，上海：上海古籍出版社，续修四库全书第1417册，第441—442页。

② ［清］潘耒：《遂初堂诗集》卷三《监修徐立斋学士见示途中寄两总裁暨诸同馆诗，用韵奉和四首》，上海：上海古籍出版社，续修四库全书第1417册，第205页。

　　篡修官汪琬撰有史稿一百七十五篇，后以《拟明史列传》
为题，收入其个人文集《钝翁续稿》。其《自序》共四百六十
二字，其中前二百八十四字是引述前人之论，批评《史记》《汉
书》《后汉书》三史的不足，涉及"史传人物分类、列传篇目
创设、志表体裁内容、史文繁简详略以至史官曲笔阿时等论题
的意见"，内中有十三条是引自《史通》，"无论从论题到文字
表述"，都是以《史通》"为主要效法对象"。虽然"要查考
《拟传》有否或怎样实践《史通》的史评观点并不容易，因为
传文中没有提到这一点，但也不是无迹可寻的"，例如诸篇于
"论"后都不加"赞"语，即是采纳《史通·论赞》提出的
"论"可有而"赞"必去的观点。另外，汪琬的历史观念与史
料采择的方法也与《史通》"有一脉相承之处，而传文也体现了
他的这种态度"①。因此，在汪琬撰修明史稿的过程中，同样有
着浓郁的《史通》元素。

　　此期的《明史》篡修，当然不能不提到徐元文与徐乾学兄
弟。徐元文在康熙十八年（1679）五月被任命为《明史》监修
总裁，次年底擢官他任，康熙二十三年二月复专领史局监修，
其兄徐乾学则在康熙二十一年任《明史》总裁。徐元文重返史
局后，在万斯同的协助下，徐氏兄弟参考史馆诸公所讨论，制
定出指导修史的统一条例《修史条议》，"是这一时期《明史》
修篡最为重要的文件"②，其中的"主要原则和方法则在此后的
修史工作中得到了贯彻，甚至对雍、乾两朝《明史》修篡也产

---

① 杨文信：《史学评论与政治——从清朝的〈史通〉学谈起》，单周尧主编《明清
　学术研究》，北京：中国社会科学出版社，2009 年，第 317—319 页。
② 朱端强：《万斯同与〈明史〉修篡纪年》，北京：中华书局，2004 年，第 170 页。

生了深远的影响"①。

在《修史条议序》中，徐乾学要求"同事诸先生详加商订，毋致牴牾。熟探刘氏之《史通》，冀免《唐书》之《纠谬》"②。这是"强调要深究《史通》的内容，以免重演吴缜《新唐书纠谬》批判《新唐书》疏漏之事"③。这显然是把《史通》作为修史法规条令来看待的，足见《史通》在指导《明史》纂修过程中起着不可替代的作用。

《修史条议》第一条指出，明太祖初起时，为韩林儿宋政权臣子，"而《实录》尽讳之"，主张"悉为改正，不宜仍前诋谬"。④《史通·编次》说："当汉氏之中兴也，更始（刘玄）升坛改元，寒暑三易。世祖（刘秀）称臣北面，诚节不亏。……作者乃抑圣公（刘玄）于传内，登文叔（刘秀）于纪首。……夫《东观》秉笔，容或诎于当时，后来所修，理当刊革者也。"《因习》中还就其他史事，重申这一思想，反对后来史官在"时无逼畏，事须矫枉"的情况下，"皆仍旧不改"的做法。《条议》显然是接受了《史通》"后来所修，理当刊革"的思想。

第二条说，《明太祖实录》"疏漏舛误不可枚举，当一一据他书驳正，不得执为定论"；第十条说，明太祖诛杀大臣，"《实录》则隐讳太过，而野史又诬谤失真"，要求"详加考核，以为

---

① 朱端强：《布衣史官——万斯同传》，杭州：浙江人民出版社，2006 年，第 201 页。
② ［清］徐乾学：《憺园文集》卷十九《修史条议序》，清代诗文集汇编第 124 册，第 503 页。
③ 杨文信：《史学评论与政治——从清朝的〈史通〉学谈起》，单周尧主编《明清学术研究》，北京：中国社会科学出版社，2009 年，第 316 页。
④ ［清］徐乾学：《憺园文集》卷十四《修史条议》，清代诗文集汇编第 124 册，第 427—428 页。

信史，既不可虚美失实，又不可偏听乱真"，强调史料必须博采慎择。第十七、十八、十九、二十二、四十四条均是此意，其中第十八条要求"毋惮旁搜，庶成信史"，第二十二条要求"参考诸书，集众家以成一是，所谓博而知要也"。这都明显与《史通》的史料学思想一脉相承，因上文已多次述及，此处不再展开论述。

第四条说，《元史》不为韩林儿、徐寿辉、张士诚等元末群雄立传，主张《明史》不但要为其立传，而且"当详列其事迹，不得过于简略"。这正是《史通·断限》中"魏武乘时拨乱，电扫群雄，锋镝之所交，网罗之所及者"应予记载之旨。

第十六条说："本纪之体贵乎简要，《新唐书》文求其省，固失之略；宋元史事求其备，亦失之繁。斟酌乎二者之间，务使详略适宜，始为尽善。今惟大典大政登诸本纪，其他宜入志者归之于志，宜入表者归之于表，宜入传者归之于传，则事简而文省矣。"《史通·本纪》说，本纪只需记载"大事可书者"，"其书事委曲，付之列传"，反对"巨细毕书，洪纤备录，全为传体，有异纪文"，而《叙事》明确提出史书以"简要"为上，《书事》《烦简》也都提出繁简要讲究"折中之宜""均平之理"。

第二十一条说："赏罚在一时，褒贬在万世，故史之有作，前贤比之衮钺，然使钩稽冗琐，苛摘细微，高下在心，爱憎由己，殊非忠厚之道，则又刘知幾辈所深诫者也。"直接提出了"刘知幾"的名字。

第三十五条说："史以昭万世之公，不得徇情而曲笔。……今日仕宦诸君，先世多有显达，若私滥立传，能无秽史之讥？愿秉公心，共成直道。"《史通·曲笔》曾说："自梁、陈已降，隋、周而往，诸史皆贞观年中群公所撰，近古易悉，情伪可求。至如朝廷贵臣，必父祖有传，考其行事，皆子孙所为。而访彼流俗，询诸故老，事有不同，言多爽实。昔秦人不死，验苻生之厚诬；蜀老犹存，知葛亮之多枉。斯则自古所叹，岂独于今哉！"两相比较，《条议》之论应源出于此。

第五十六条提出："《魏书》《元史》立《释老传》，甚属赘疣，今悉删之。"而《史通·书志》曾批评《魏书·释老志》"徒以不急为务，曾何足云"。

第五十八条提出："凡书官制、地名，例从本代，勿用前史字样，以致混淆。"史书记载地名时，需用今名而不可用古代名称，否则容易混乱，正是《史通·邑里》力倡的观点。至于职官名称，谯周《古史考》曾记载秦朝丞相李斯被杀一事，称"秦杀其大夫李斯"，对此《史通·摸拟》批评说，像这样用过去诸侯国"大夫"的职官名称来拟称后世皇朝之"丞相"，是错误的模拟方式，"多见其无识者矣"，为"明识之士"所不取，明确反对以古代职官名称来指称后世的职官。是则，徐氏此条完全是搬演《史通》之论。

第六十条说，"别号非古也"，但明朝士大夫出仕后，有以别号行世之习，"遂成风俗"，"若易之以字，便为失真"，主张在传记中"于某人'字某'下，复著别号……似不必泥古为是"，以保存一代称谓习俗。《史通》没有讨论人物别号的内容，但很重视称谓，这在《称谓》中体现得非常明显，且在《叙事》中强调写作史书要使用当时的语言文字，否则"何以考时俗之不同，察古今之有异"。《条议》所论，有与《史通》相通者。

《修史条议》共六十一条，每条都具体论述明代史事，因而不可能每条都与《史通》有所关联，但从上文可知，《修史条议》中有着浓郁的《史通》元素，也是确然不争的事实。

三、废弛与中辍阶段的《史通》元素

《明史》纂修的第三个阶段是废弛与中辍阶段，时间是从康熙四十八年（1709）到六十一年（1722）。此前和在此期间，"《明史》纂修的骨干人才逐渐凋谢"，康熙帝本人也对《明史》纂修"由热情支持转为极端冷落"，并最终"采取完全厌恶的态度"，造成修史工作的废弛和中辍。幸而原史馆总裁王鸿绪积极主动地审订已成史稿，"特别是利用了徐元文在万斯同协助下纂成的史稿，即接续了官方的纂修活动"，以个人之力，完成了三百一十卷的《明史稿》，"为下一阶段《明史》成书提供了重要条件"。[①]

王鸿绪审定史稿工作的指导原则是其《史例议》。《史例议》全文共四十九条，"史学见解是与徐元文、万斯同一脉相承而又有所充实"[②]。徐元文《修史条议》既与《史通》关联甚密，王鸿绪《史例议》又对《修史条议》有所沿袭，自然也就与《史通》存在着割舍不断的联系。

例如《史例议上》第一条说，"本纪体贵简严，无取繁冗"，只记载大胜败、大兴革、大得失者，其他"概削而不录"[③]，这既沿袭了《修史条议》的主张，更贯彻了《史通》的思想。

第十三条说，要把韩林儿设传，置于列传之首，而不设本

---

① 乔治忠：《清朝官方史学研究》，台北：文津出版社，1991 年，第 189—191 页。
② 乔治忠：《清朝官方史学研究》，台北：文津出版社，1991 年，第 196 页。
③ 刘承幹：《明史例案》卷二《王横云史例议上》，北京：北京出版社，四库未收书辑刊第 5 辑第 4 册，第 557 页。

纪、置于《明太祖本纪》之前。这本无须作过多解释，因为《汉书》就是把陈胜传记置于列传之首，对王鸿绪来说，这是有先例可循的，而且在他之前，也没有人提出要把韩林儿设本纪、置于《明太祖本纪》之前。但王鸿绪不仅做出解释，而且还是以批驳《史通·编次》要求设刘玄本纪于刘秀本纪之前的主张来论证的，足见他在撰修《明史》之时，脑海中总是萦绕着《史通》的思想，并时刻参考借鉴。

第二十条说："辞赋无关劝奖，前汉史传中载《子虚》《上林》《甘泉》《羽猎》《两都》《广成》等赋，往哲已议其缪。明人著作固不逮汉，即其文果足千古，亦无藉于史。若广加搜采，徒患冗长，故置不录。"所谓"往哲"，即指刘知幾，王鸿绪这里举例以及不录明代文章的做法，正是采纳了前面多次提到的《史通·载文》的观点。

第二十二条说："《晋书》撷徐、庾之芳华，踵马、班之撰述，譬诸壮夫施以粉泽，气骨何存？昔人致讥，良为不谬。"所谓"昔人"，也是指刘知幾。《史通·论赞》说："大唐修《晋书》，作者皆当代词人，远弃史、班，近宗徐、庾。夫以饰彼轻薄之句，而编为史籍之文，无异加粉黛于壮夫，服绮纨于高士者矣。"而王鸿绪此下梳理《史记》《汉书》《后汉书》《三国志》《晋书》等撰写情况，则又是删节《史通·古今正史》之文。

第二十五条论史表功用，先引述《史通·表历》对史表"无用"可废的观点，然后说："是固然矣。然有其人入纪、入传而表之者，有未入纪、未入传而牵连以表之者，是表所以通纪传之穷也，庸可废乎？"这是通过直接批驳《史通》废除史表的观点来提出自己的立论，但也正说明《史通》在王鸿绪修《明史》时扮演着重要角色。

第二十六条说："纪者以编年为主，惟叙天子一人，有大事可书者，见之于年月。其书事委曲，付之列传。此史例也。魏、齐二史于诸帝篇，或杂载臣下，或兼他事，巨细必书，洪纤备录。昔人谓是传体，有乖纪文。往见庄烈纪稿颇犯此病，不知诸臣传中，更何著笔？"其中"昔人"是指刘知幾。这段文字除最后"往见"以下，其余都来自《史通·本纪》而稍加改写。

第二十七条说："昔人论史，以多采杂说为非。今史传所载皆有关朝政，人品琐事间或附录，以寓贬褒，非资嘲谲。"所谓"昔人"，仍是指刘知幾；"昔人论史，以多采杂说为非"，是指《史通》在《采撰》《书事》等篇对《后汉书》《晋书》等记事的批评而言。王鸿绪说，他审定史稿时，"史传所载皆有关朝政，人品琐事间或附录，以寓贬褒"，既坚持了《史通》在《书事》《人物》等篇中"有关时政，故不可缺书"的要求，同时也适当采杂说入史，以寓褒贬，表现出对《史通》观点的扬弃。

第二十八条说："史自马、班而下，篇末皆有论断，《元史》则无。《后汉》论后有赞，晋史承之。窃思篇中所述贤否，已是昭然，叙而复断，更无逸事，何须烦黩？昔人谓：'赞语之作，多录纪传之言，其有所异，惟加文饰而已。至于甚者，天子操行具诸纪末，继以'论曰'接武前修，纪论不殊，徒为再列。'旨哉斯言！今《明史》列传，未经作论，体同《元史》，或增或否，惟识者裁量焉。"其中"昔人谓"云云，直接引述了《史通·论赞》原文。可见，王鸿绪赞同《史通》之论，不主张在"本无疑事"的情况下再设史论，他和《史通》一样，反对"理有非要，则强生其文"，即篇篇设置史论的做法。

王鸿绪《史例议》"主要针对'《明史》初纂时'体例和'史馆原稿'而发，且作于王氏晚年总纂《明史》时期，对雍、乾两朝《明史》修纂具有重要指导意义"①。而通过以上考察，可以明显看出，王鸿绪审定史稿时，刘知幾和《史通》是他头脑中一直挥之不去的身影。当然，他应该也没有想过要挥之而去，因为他就是以《史通》为其修史指导思想的重要来源之一，并时刻参考借鉴的。

四、完成阶段的《史通》元素

《明史》纂修的第四个阶段是完成阶段，时间是从雍正元年（1723）到乾隆四年（1739）。其间，清廷在王鸿绪《明史稿》的基础上继续修订，至雍正十三年十二月全书告成，此时雍正帝已经去世，即位的乾隆皇帝"恐其中尚有舛误之处"，要求史馆再加校阅，"这样就将《明史》正式纂成的日期推延到乾隆初年。至乾隆四年七月，《明史》全部刊刻完竣"，"总裁张廷玉的《进明史表》之日期，亦署乾隆四年全书刻成之时，于是官私著录皆以《明史》为乾隆四年告成"。②

在这个阶段中，"汪由敦《史裁蠡说》一文较全面地论述了《明史》在取材、体例、书法等各方面的问题"③。汪由敦在雍正元年七月被推荐为纂修官，八月十六日雍正帝诏见纂修官，汪由敦在记述该事的诗作中说："笔札初传出禁闱，《史通》何

---

① 朱端强：《万斯同与〈明史〉修纂纪年》，北京：中华书局，2004年，第291页。
② 乔治忠：《清朝官方史学研究》，台北：文津出版社，1991年，第194页。
③ 乔治忠：《清朝官方史学研究》，台北：文津出版社，1991年，第192页。

处问知幾？精言两字惟忠厚，公论千秋有是非。"① 可知他在初入史馆时，就已经决定向《史通》取鉴。不久，史馆总裁"以先定凡例为言"，命纂修官"各拟凡例呈览，示欲博采众长，务求尽善"②，于是汪由敦撰写了《史裁蠡说》十六条（另有序言性文字一条）。他在与同僚和诗中说："漫劳敬播成凡例，敢学知幾论长官。"③ 可知他拟定该文，是"学知幾"而效法《史通》的。

《史裁蠡说》第一条提出，《史记》《汉书》高不可攀，难以学其精华，而"《新唐书》谨严详整，义例可循"，建议效法《新唐书》的体例，同时参考《史记》《汉书》，来确定《明史》体例。④ 其实《新唐书》不但对《史通》的史学理论多有吸收，而且是唐后诸史中采《史通》之说最多者，因而汪由敦建议效法《新唐书》，实际上就已经包含了对《史通》的借鉴与参考。

第二条提出史料采择的原则，其中有两层意思。第一层意思是，对一事互见、彼此异辞者，如何折衷去取。作者提出，一要看立言之人是否为贤者，"贤者必不苟誉毁于人"，二要看立言之人"所处之地"，"地切近则见闻真确，此其不可信者或寡矣。……地居疏远，但采风闻，并未核实，有如秦人之谈越俗，虽娓娓不已，要非亲历，此其可信者或寡矣"。《史通·申左》

---

① ［清］汪由敦：《松泉集》诗集卷五《癸卯秋，诏修明史，被荐得与编校。八月十六日引见乾清宫，恭纪并呈总裁诸先生四首》（之三），景印文渊阁四库全书集部第 1328 册，第 434 页。

② ［清］汪由敦：《松泉集》文集卷二十《史裁蠡说》（序），景印文渊阁四库全书集部第 1328 册，第 898 页。

③ ［清］汪由敦：《松泉集》诗集卷五《和吴舍人初冬夜坐史馆偶成》，景印文渊阁四库全书集部第 1328 册，第 441 页。

④ ［清］汪由敦：《松泉集》文集卷二十《史裁蠡说》，景印文渊阁四库全书集部第 1328 册，第 899 页。

比较《左传》与《公羊传》《穀梁传》长短优劣时说，《左传》作者左丘明"以同圣之才……同在一国，于是上询夫子，下访其徒，凡所采摭，实广闻见"，而"穀梁、公羊者，生于异国……语地则与鲁产相违……安得以传闻之说，与亲见者争先者乎"，因此欲以"访诸古老，而与同时并列，斯则难矣"。这讲论的正是汪由敦所总结的立言之人是否为贤者和"地切近则见闻真确"之意。汪由敦第二层意思是，"大抵列朝事迹宜以《实录》为主，而博考诸书以证之。……好事者专信野史，更不参考《实录》，未可尽从"。这正是《史通》所强调的博采慎择、野史杂史不可尽信之意。

第三条指出，《史记》《汉书》以来的纪传体史书，本纪在记载史事的同时，还记录了不少"多出代言"的诏诰文章，《新唐书》则"但详事实"，对诏诰等仅"约举大纲"，因此他主张效法《新唐书》，在《明史》本纪中只存诏诰等文章大体，其余"因人因事而发者，各归志、传，无取冗赘，庶两得之"。此论很是客观得体，然也正如后来钱大昕所指出的，《新唐书》于受禅之诏策不书、代言之制诰不录，正是采纳《史通》之说，"奉为科律"①，则汪由敦这一效法《新唐书》的提议，岂不正是效法《史通》的代名词？

第五条引述明末清初朱鹤龄之论，说"作史无表，则列传不得不多，传愈多，文愈繁，而事迹或反遗漏而不举"，主张《明史》宜设史表，其中特别批评了"刘知幾遂谓烦费无用，得

---

① 钱大昕：《十驾斋养新录》卷十三《史通》，《嘉定钱大昕全集》第 7 册，南京：江苏古籍出版社，第 352—353 页。

之不为益，失之不为损”，是“不知表与纪传相为出入”的道理。这显然是对《史通》的补弊救偏，也说明汪由敦心中一直念念不忘《史通》的思想理论。

第六条，鉴于明朝存在与其政权相始终的封王和世职，汪由敦主张设立世家体例以记载之。他特别申明，不必“以《唐书》《宋史》无此一体为疑”，因为唐宋两代“均无世及之义”之人，“至于有明，斯为复古，又非可同日论也”。《史通·世家》提出，“开国承家，世代相续”之人可以被列为世家，在批评《史记》某些记载有违世家体例的同时，称赞梁武帝《通史》将与曹魏并立的孙吴、蜀汉列为世家，是“得折中之规”，对后来史书不设史家以致世家体例“湮没不行”表示惋惜。汪由敦设立世家的主张，是否由《史通》的惋惜而兴起呢？从他对《史通》的总体态度而言，有这种可能。

第七条说：“列传分合，各有深意。老子、韩非同传，其明征也。《汉书》以蒯通、伍被与江充、息夫躬并列，议者或以为非。作史三长，所以必先学、识也。旧稿或有未审，悉宜更定。”《史通·品藻》说：“韩非、老子共在一篇……岂非韩、老俱称述者，书有子名？……用此为断，粗得其伦”“江充、息夫躬谗诌惑上，使祸延储后，毒及忠良。论其奸凶，过于石显远矣。而（班）固叙之，不列佞幸。……诸如此谬，其累实多”。而《品藻》又专门论说了史书编写中品评人物的问题，其所提出的“申藻镜，别流品”的史学研究任务，不仅是史学的基本工作，也是显示作者史识的一个重要方面。汪由敦所言“作史三长，所以必先学、识”，与此是同一意旨。可见汪氏此条，即是推演《史通》之论。

第八条继续谈列传的记事体例。汪由敦先是提出总论："列传详略，初无定体，然必其有关国故，而所载之事必与其人之规模相称，乃得体要，非若碑志家状有美必书也。"《史通·书事》强调，人物传中应记载那些"事关军国，理涉兴亡"的"国之大事"，"其失之者，则有父官令长，子秩丞郎，声不著于一乡，行无闻于十室，而乃叙其名位，一二无遗。此实家牒，非关国史"。汪由敦接着谈类传，说："类传尤当举其重者以概生平……岂以多为贵乎？"《史通》没有专门谈论类传，但《列传》通论入史人物说："其间则有生无令闻，死无异迹，用使游谈者靡征其事，讲习者罕记其名，而虚班史传，妄占篇目。若斯人者，可胜纪哉！"《人物》又说："或才非拔萃，或行不逸群，徒以片善取知，微功见识，缺之不足为少，书之唯益其累……裁为列传，不亦烦乎？……夫名刊史册，自古攸难；事列《春秋》，哲人所重。笔削之士，其慎之哉！"实即汪氏所言"举其重者"和"不以多为贵"之所本。

第十三条谈是否撰写篇末史论的问题。汪由敦说，"叙论评赞，前史亦各不同"，《史记》诸论"多于传外别出意义，或标举轶事，或征引旧文"，认为史论为"史法不可缺也"，主张设立史论。《史通·论赞》说："班固曰赞，荀悦曰论，《东观》曰序，谢承曰诠，陈寿曰评，王隐曰议，何法盛曰述，扬雄曰撰，刘昞曰奏……其名万殊，其义一揆。必取便于时者，则总归论赞焉。"又说："史之有论也，盖欲事无重出……如太史公曰：'观张良貌如美妇人'（此即汪氏所说"标举轶事"，《史记·留侯世家》正文并未言其相貌问题），'项羽重瞳（此即汪氏所说"征引旧文"，《项羽本纪》篇末史论明言此乃听闻别人所说），岂舜苗裔'。此则别加他语，以补书中，所谓事无重出者也。"显然，汪由敦正是在参考《史通》论述之后而提出自己的申说的，其观点与《史通》并无不同。

第十四条说，"纪传叙事，郡邑、职官宜用本名，不可改从古号及袭用俗称，如以南京为建业，古号也，以吏部为铨部，俗称也"。这与上述徐元文等《修史条议》第五十八条相同，正是搬演《史通》在《邑里》《摸拟》两篇中表述的思想。

第十五条，在要求对以前所成"旧稿"和现今修订稿全都注明资料来源的同时，还要求对"他见互异应辨者，别录辨论，附呈总裁先生阅定，以求至当"，也就是加强对资料真伪的考核审定。这正是《史通·采撰》所强调的博采慎择，"苟不别加研核，何以详其是非"之旨。

第十六条指出，纪、志、传之间"体虽不同，事本一贯"，不能互相矛盾，而这又很难避免。鉴于总裁事务繁多，不大可能一一为之考证，汪由敦建议从纂修官中选择几位"长于考据者"，专门对其他人修订好的史稿重新检查覆案，消除牴牾之处，"庶免舛错"。《史通·序例》曾从凡例的角度，强调纪、传之间记事必须"相符"的道理，《浮词》也批评一些史书"或隔卷异篇，遽相矛盾；或连行接句，顿成乖角"的自相矛盾现象。汪由敦所论，与之相通。

传世的清代学者著述以及当今学者的研究都表明，汪由敦"是这一时期《明史》修纂的主要人物"，他的《史裁蠡说》"承上启下，对于雍、乾两朝《明史》修纂颇多指导意义"①。

---

① 朱端强：《万斯同与〈明史〉修纂纪年》，北京：中华书局，2004年，第307页。

而从上面所分析的《史裁蠡说》与《史通》相关联的情况看，《史通》在这一阶段的《明史》纂修中，同样发挥了重要的思想借鉴与理论指导意义。

以上所述，就是《史通》与清代《明史》纂修之间互动关联的主要情况。其他如《明史·艺文志》专载明代作者所著之书，而于此前传世诸书皆不著录，当时官修《四库全书总目》卷四十六《明史》、卷八十七《明艺文志》，私家著述如浦起龙《史通通释》、纪昀《史通削繁》都在《书志》批语中，认为《明史》的这一做法是采纳了《史通》的观点。总之，在整个《明史》纂修过程中，特别是自第二阶段《明史》真正纂修以后，《史通》在其中扮演和发挥了重要的思想启迪和理论指导作用。《明史》刊行之后，得到官私学者的普遍赞誉，此后也一直受到学界的肯定与称赞。我们当然不能说，没有《史通》，《明史》就一定不能纂修成功，但从上述内容看来，没有《史通》，《明史》就不会是我们今天所看到的这个样子，《明史》纂修的过程就可能更加旷日持久，这就是有无理论指导的区别。而有了正确的理论指导——《史通》虽然也有疏忽错误之处，但其史学论述中"不易之说，十有八九"① ——不但可以避免少走弯路歧路，而且也从质量和水准上推动着史学实践的深入发展，对提高历史编纂的整体水平有重要的促进作用。

---

① 傅振伦：《刘知幾年谱》，北京：中华书局，1963 年，第 146 页。

浦起龙对《史通》体系与思想的认知

浦起龙堪称清代《史通》学术史上最重要的代表人物。他在乾隆十七年（1752）刻成《史通通释》一书，除文字校勘和各种注释外，对《史通》诸篇的思想观点进行了比较广泛地探讨，并对《史通》思想给予后世的启发与影响进行了细致的梳理与揭示。

一、对《史通》系统性、体系性的揭示

《史通通释》卷首《史通通释举要》第十一条说："《史通》通一部成一篇，但捡一篇者于《史通》无预。"此论文字不多，却道出了《史通》是一部结构严整、前后照应、组织周密的系统著作。《史通》全书分为内、外两篇，共二十卷四十九篇单篇文章，其中内篇十卷三十六篇文章，共同组成了一部有着内在逻辑体系的史学理论著作，每一篇虽然都有独立主题，但前后之间关联性很强，思想脉络有迹可循，具体内容亦有相通之处，因而全书也就是一篇大文字，单单研读任何独立的篇章当然可以，但必须站在全书的整体层面上进行把握，才不致误解该篇的主旨和在全书中的作用。浦起龙的这段话，是从思想上领会

了《史通》全书的系统性和完整性，对后人研读《史通》、认识《史通》有重要的启发作用。

在具体评论各篇时，浦起龙又多次揭示了这一点。如他对全书第一篇《六家》序论的按语说："此篇序也。史体尽此六家，六家各有原委。其举数也，欲溢为七而无欠，欲减为五则不全，是《史通》总挈之纲领也。其辨体也，援驳俪纯而派同，移甲置乙则族乱，是六家类从之畛涂也。……会此分配，以观六章，观全书，如视掌文矣。"① 篇末按语说："是篇如弈者开枰布子，通领全局。以该史家之体，即以辨史体之家。该体故备陈，辨家在协用，就于篇尾，预作转枢。……此所谓四家体废者也……此则所谓祖述惟有二家者矣。即结本篇'六'字，即提下篇'二'字，脉理连络。《史通》通部为全局，即此可见。"第二篇《二体》按语说："此篇与《六家》顶接。《六家》举史体之大全，《二体》定史家之正用。"又说："'二体'两字，贯彻全书"。显然，这些分析论述，把握到了《史通》一书的系统性、整体性与体系性的思想脉络，其"《史通》通部为全局"一语，可说概括得相当准确精到。

第三篇《载言》按语说："上二篇标列史体已备，自此而下，别出己议也。"由于从该篇开始至第八篇《书志》，都是专门谈纪传体的体例问题，故而浦起龙在该篇题名下注云："此篇以下，皆就纪传一体中分条著论。"然后在篇末按语中解释为何单独提出纪传体体例予以论列说："彼编年一体绪无杂出，而纪

---

① ［唐］刘知幾：《史通·六家》；［清］浦起龙：《史通通释》，上海：上海古籍出版社，2009 年，第 1—2 页。

传则名类多门，商榷宜审。"之后，我们不断看到此类按语，如《载文》按语说："前之《载言》，欲掣出篇文；此之《载文》，就择言著论。"《直书》按语说："此篇与《忤时》同旨，低回史笔，表襮直材，非粘论也。"《鉴识》按语说："《曲笔》以恩怨废兴言，《鉴识》以明暗异同言。《曲笔》是史之书人，《鉴识》是人之辨史。两篇本无一语相混，错简二百字，持此判之。"《书事》按语说："《书事》与《叙事》篇各义。《叙事》以法言，《书事》以理断。法戒浮华，理归体要，用意尤尊严也。"《烦省》按语说："此篇用意，与《叙事》三章大相径庭，非前后违反也。彼以用笔言，此以载事言，会向此中参悟，乃可与言事增文简之法。又内篇至此将竟，特以斡旋前论偏枯，更可识著书补救之法。"《杂述》按语说："从上三十三篇，论正史者备矣。至是乃旁罗杂乘，洪纤靡遗，庄谐殚录，可谓具体鼓吹者乎？于正史则严核之，不嫌于孤；于杂乘则广收之，必赢其类。可知子玄是书，尽意洗伐，特欲令著作之庭，净无尘点耳，非教天下谩弃群言也。"《辨职》按语说："内篇研辨史事，无剩义矣，至是竟作史局议一篇终之。寻夫《左氏》以来，《三国》而往，编年、纪传都非局课。自东观开而局兴焉，驯而修必于局矣，驯而局且置监矣。……刘氏原始要终，……真可谓洞垣一方。……此议对萧至忠辈发，与《忤时篇》相照。"如此等等，对于揭示《史通》各篇之间的内在联系、揭示全书的组织周密性和体系完整性，对于读者研读《史通》、通彻领会《史通》的思想观念，都有重要的指导作用。

二、对《史通》观点的赞同与发挥

《史通通释举要》第一条说："《史通》开章提出四个字立柱棒，曰'六家'、曰'二体'。此四字刘氏创发之，千古史局不能越。"这里提出了两个问题：一是史书流派和史书体裁问题。《史通》的《六家》《二体》两篇，指出自先秦以来逐渐产生出六种主要史书体裁及其流派，随着时移世异，有四种体裁及其流派逐渐被淘汰而退出了历史舞台，值得继续效法遵循的，只有《左传》所代表的编年体和《汉书》所代表的断代纪传体两种。这个总结，"是史学史上破天荒的一件大事"[①]，显示了刘知幾敏锐的眼光和综括全局的史学把握能力，体现了他善于整体思维的史学通识。浦起龙不但肯定刘知幾对六家二体史学格局之总结的"创发"之功，并说"千古史局不能越"，既承认六家二体的总结符合唐朝以前史学的发展实际，也认为唐朝以后的史学发展在体裁上仍然没有超出这一总结，特别是没有越出二体的范围，表现出他对刘知幾此论的高度认可。从中国史学发展实际看来，在刘知幾之后，出现了典志体、纪事本末体、纲目体等史书体裁，在形式上突破了二体的格局。不过，典志体主要记载各种典章制度的内容，不属于一般的叙事性、记事性史书，而更接近于类书；纪事本末体史书虽属于叙事性、记事性史书，但主要记载较大的历史事件，在内容的全面性、完整性方面远不能和纪传、编年二体相比，浦起龙本人就把它看

---

① 苏渊雷：《读史举要》，《苏渊雷文集》第二卷，上海：上海人民出版社，1999年，第810页。

成是类书；纲目体记事不完整的缺陷与纪事本末体大致相同，而且它本身即是在编年体的结构内做出的变通，在全书整体框架上仍属于编年体。因此，从记事的全面性、完整性上来说，中国古代的史书体裁非二体莫属，所以浦起龙说是"千古史局不能越"，这既是他对刘知幾此论的高度评价，也是他对二体史学观念的认识。

浦起龙在此提出的第二个史学论题，就是以"六家"一词涵括的经史关系问题。刘知幾在《六家》中，把汉朝以来一直被尊为经学代表著作的《尚书》《春秋》列在史学范围内加以讨论，认为它们开创了两种史书体裁和史学流派，又在《疑古》《惑经》两篇从史学求实角度对它们进行了批判，表明刘知幾确实是把它们作为史书看待的，"他虽然没有明确提出经史不分的口号，但他确乎是有经史不分的思想的"[1]。"在刘知幾以前，还没有一个学者具有这样的胆识"，"这本身就是把'经'降而为史"。[2] 但这种创见卓识更多地遭到了后人的批判，宋代王十朋、明代李维桢就是其中的代表。不过浦起龙对此持赞同态度，他在评论《六家》时说，"史体尽此六家，六家各有原委"，从数量上说，"欲溢为七而无欠，欲减为五则不全"，多一家不行，少一家也不行，从体裁上说，各家之间不能互相代替，也不能互相包容。这是明确把《尚书》《春秋》作为史书看待的。在此基础上，浦起龙还进一步发展了这一认识。他在《酿蜜集》卷二《经史异同》中，以经书即史书、经即是史的思想观念，

---

[1]　路新生：《史学批评发展史上的"双璧"——〈史通〉和〈文史通义〉》，《历史教学问题》2005 年第 3 期。

[2]　沈玉成、刘宁：《春秋左传学史稿》，南京：江苏古籍出版社，1992 年，第 184 页。

将儒家五经与史书的关系一一进行了论述，并针对世人经史有别的观点，直截了当地指出，"古人之经即古人之史"，经史本无分别，任何经史异同之论，皆可以抛弃不顾。显然，这是一种比较彻底的有关经史关系的论述，是中国古代经史关系讨论过程中的重要一环。

《史通通释举要》第三条说，"《史通》所痛斥者，《后魏》《后周》两家是"，并称魏收《魏书》是"其史诞，诞者不信"，称令狐德棻主修的《北周书》是"其史惭，惭者不直""不信不直，史之贼也"。《史通》力倡实录直书，反对虚美隐恶，认为《魏书》《周书》所载内容多非实录，因而对它们多所痛斥，并在《曲笔》中称违反直书实录原则的人是"记言之奸贼，载笔之凶人，虽肆诸市朝，投畀豺虎可也"。浦起龙称不信不直的作者是"史之贼"，这与《史通》的思想一致。他还在《杂说中》写下评语说："刘氏凡涉《魏书》，只是一味斥夸。……刘氏深斥史家淆讹傅会之习，愚甚韪之。"明确表示对刘知幾实录思想的赞同。

《史通·六家》指出，《尚书》所代表的记言体裁虽有可取之处，但随着时代演进，已经不再适合史学发展，孔衍、王劭却模仿沿袭，实乃"画虎不成反类犬"，受到讥评也就势所必然。浦起龙评论说："《尚书》固是史家开体，然不编年，不纪传，原非史体正宗，故后世难为其继，亦不必有继。刘氏讥衍、劭为守株画虎，洵通识也。"赞同刘知幾对孔衍、王劭的批评，称之为"通识"，肯定了刘知幾对史学发展的整体性认识，同时体现出他本人也具有这种史学通识。这既是一种发展的眼光，也是他们不迷信经书的思想表现。

　　《史通·二体》专门讨论编年、纪传两种体裁的优劣短长，但篇中并未明确提到二体的名称，而是用左丘明、荀悦、司马迁、班固和《春秋》《史记》等人名书名来代替指称，这就容易造成好像是在评论各书优劣的假相，使读者发生误解，其实篇中并无比较诸书优劣的意思。对此，浦起龙一方面总结说，"以左、荀等字当'编年'字观，以班、马等字当'纪传'字观，会此替身，乃得县解。……盖揭二体之两行，非评诸书之优劣也"；另一方面指出，篇中所说二体各自优缺点乃其本身所固有，"亦不妨两有，非此利彼害之谓，更非利优害劣之谓"，并非是要在二体中人为区分出孰优孰劣。这些论述都是符合《史通》思想的，浦起龙确是刘知幾和《史通》的思想知音。

　　《史通·世家》通过评论《史记》的世家体例，强调史书编写要讲求因时变通、"随时之义"。浦起龙对此论设有夹评说："'随时'二字，具有通识。"在篇末按语中浦起龙又说，古往今来有无世家之诸侯，是各个时代历史发展的结果，是"时为之也"，因而史书在记载时也需要随之而改变处理方式，指出"'随时之义'四字，乃持论主句"是全篇的中心思想。其实这也是《史通》全书的一个基本思想，通观全书，虽然有一些拘泥僵化、不知变通的论述，但对"随时"之义、应时变通的正面强调，和对前人违反此意的直接批评，都是贯彻始终的。浦起龙称刘知幾这一思想"具有通识"，洵然，而他能明确指出这一点，也是其具有通识的表现。

　　《史通·邑里》专门论说史书编写过程中如何记载人物籍贯的问题，主张使用人物生存时代的地名，而不使用以前的地名，因为古今地名改易时有发生，只有"随时而载"，才能显示出真实状况。对此浦起龙表示赞同，说"邑里从今不从旧，定理也"，同时批评反对者说："由宋迨明，国史班班，任举一人一传，其曰某处人者，有不书当代郡邑者乎？假令明冒宋州、宋蒙唐县，有不起而非笑之者乎？小言詹詹，徒多事耳！"刘知幾和浦起龙所论当然是有道理的，但魏晋南北朝以来，世家大族政治地位显赫，阀阅门第受到极高追捧，直到唐代前期仍是如此，以致史馆所修国史在记载人物籍贯时，都是直接记其祖先原来的族望门第，而不论其人现在居住在哪里。刘知幾"深著其非，可谓卓识。惟门阀既为当时所重，即亦史氏所宜详。两者并著，斯为无憾，亦不宜详此而略彼也"①。因此，刘知幾和浦起龙坚持仅记载当代地名的观点，对于记载魏晋至隋唐时期的历史来说，并不全面。

浦起龙在《史通·品藻》按语中说："班史《人表》，老手判之，只销一语，曰不作可耳。他所论列，亦恐更仆未易尽也。"自《史通》问世以来，后世对《史通》批评《汉书·古今人表》一事，既有支持赞同者也有反对批评者，实则无论支持还是反对，都应该首先切实立足于《史通》的本旨，弄清楚《史通》立论所在，也就是刘知幾为什么批评，他到底要表达什么思想。只有弄清楚这个问题，才可以进一步分析他的批评是否有道理、是否能成立，而不应该从评论者自己的角度，以自己对《古今人表》的态度来判断《史通》的批评合理与否。《品藻》对《古今人表》的批评，是说它对人物等级的评定不

---

① 吕思勉：《史通评》，《史学与史籍七种》，上海：上海古籍出版社，2009 年，第157 页。

合理，就篇中所举例看来，刘知幾所见《古今人表》确实有分类不当之处，其批评是成立的。不过，刘知幾所见《汉书》已经不是班固等人所著原本《汉书》，因而此一问题只可存疑，不好再深入探究。《表历》批评《古今人表》，是从史书记事断限的角度进行的，批评该篇仅记载汉朝以前历史人物，这个批评也是有道理的，因为该表是以"古今"为篇名，但并没有汉朝人物，诚如《史通》所说，"古"诚有之，"今"则安在？如果说具有历史连续性的典章制度的内容，因其前后相因性而必须向前追溯，但历史人物则属前后不相因者，何必要远涉伏羲，而又截止到秦朝，不写汉朝历史人物呢？这对于要撰写成一部独立的史书，而不是为《史记》作补续的《汉书》来说，有必要写上这一内容特殊的《人表》吗？《史通》全书中对《古今人表》有过多次批评，但论旨不外上述两个方面。显然，他的批评是站得住脚的。而后人对《史通》这一批评的反批评，有的并不考虑《史通》的立脚点，而是以自己对《古今人表》的认识来批评《史通》，这在逻辑和思想上都是不正确的。浦起龙说《古今人表》"不作可耳"，正是对《史通》思想观点的准确提炼。当代史家吕思勉认为，"此表盖续《史记》者所撰，后人编入《汉书》"①，并非《汉书》所本有，这也是赞同刘知幾和浦起龙的意见。

　　《史通·烦省》论史书记事的繁简标准说："论史之烦省者，但当要其事有妄载，苦于榛芜；言有缺书，伤于简略，斯则可

① 吕思勉：《史通评》，《史学与史籍七种》，上海：上海古籍出版社，2009 年，第146 页。

矣。必量世事之厚薄，限篇第以多少，理则不然。"浦起龙设有夹评曰："数语一篇筋骨。论当否，不论多少，洵笃论也！"之后又在篇末按语中说："其曰但论妄载缺书，不论厚薄多少，说理尤为圆足。《史通》著论，不难其综核，难其宽和。如此篇，醇乎醇者也。"不但赞同《史通》提出的史书繁简标准的思想，而且点出了《史通》在思想观念方面的一个重要缺点：难于宽和。刘知幾具有史学通识，立论综核者多，但有时只顾一点、不及其余，显得偏激偏执，立论难于宽和。通览《史通》全书可知，这是其致误的一个主要原因，属于刘知幾思维方式、思想根源上的不足。

　　浦起龙对《史通·杂说下》有按语说："宋（孝王）与王（劭）皆刘氏所盛称者，于此仍无怨辞，可知胸中不设封府，异夫党枯护朽辈人。"褒奖刘知幾正直无私，虽对自己所盛称的宋（孝王）、王（劭）二人，也不隐讳其短，真正坚持并做到了他自己在《史通·惑经》中所提出的"爱而知其丑，憎而知其善，善恶必书"的史学主张。明代张鼎思曾说，刘知幾对前人"横加诃诋，所与完璧者，仅王君懋（王劭）一人而已"①。浦起龙既申明了刘知幾的本意，纠正了张鼎思的错误认识，同时对那些内心有私、党护成见的作者提出了批评，这也是发挥了《史通》的思想。

　　也是在《杂说下》，浦起龙有两条同一论题的按语，前者是以著作为讨论对象，指出"书贵持择"，著作的价值与其篇幅大小没有必然联系，史书是否记载该著作，要以其价值为标准，

---

① ［明］张鼎思：《续校史通序》，四部丛刊本《史通》卷首。

价值小的就不该载录；后者是以人物为讨论对象，指出人物有可记者，有不可记者，史书不该滥收。这两条都是讲论史料采择的原则或史事记载的原则，强调作者必须具有善于裁择、精于铨衡的历史见识。这是对《史通》之意的总结和发挥，在史学思想上是正确的。一部史书，能够给后人提供更多的资料当然是有意义的，但若因此而使其书内容芜杂多滥，对于任何一部独立的、自成一家的严谨史书来说，其实是并不合适的，就算是资料性著作，也不可能什么资料都收录进去。贵于持择，是编修史书应该普遍遵守的一条重要思想原则。

三、对《史通》观点的批评与驳论

《史通通释举要》第六条说："评者集矢刘氏有故，为《疑古》诸篇也，此是公家见解。"第七条说："《疑古》《惑经》，是学究之所骇，明者不与较也。"《史通·疑古》批评《尚书》记事有可疑者十条；《惑经》批评《春秋》记事有十二"未谕"即不可理解之处，批评后人对《春秋》的高度评价有五"虚美"之弊。由于这两篇公然指斥儒家经典，因而遭到后世的猛烈批判。浦起龙一方面认为，后人对这两篇的批判是天下公论，说这两篇"显斥古圣，罪无辞矣"，只能证明刘知幾"不学无术"[1]，因而明理人不必与之计较；另一方面认为，刘知幾之所以写作这两篇，是本欲惩戒奸人，却不料累及古圣先贤。浦起龙此语，是想为刘知幾"非圣无法"的疑古惑经之论进行开脱。

---

① ［唐］刘知幾：《史通·疑古》，［清］浦起龙：《史通通释》，上海：上海古籍出版社，2009 年，第 354—355 页。

但实际上，其所言只是个人推测，在《史通》中找不到证据，而且《尚书》《春秋》中有不少矛盾错误之处，东汉王充对此已经有所揭发，刘知幾在《惑经》中也明言自己是受到王充启发而推广其意写下这两篇的，可知他是有意非圣无法的，他就是要从史学求真求实的角度，批判《尚书》《春秋》记事不实的错误，从而将其力倡的不掩恶、不虚美、直书实录的实事求是精神贯彻到底，显示出一位坚定的史学理论家为高扬职业道德建设旗帜而具有的果敢坚毅的性格与勇于斗争的精神。浦起龙在多条按语中，挖空心思地为刘知幾的非圣无法行为进行遮掩开脱，就他自己内心来说，是出于对刘知幾的爱护，但从精神是否相通、心意是否相知的角度说，实则他并未理解刘知幾的思想主旨。

《史通·六家》称《尚书》为记言体史书，但其中竟有叙述人事、地理、灾祥、丧礼等非记言的篇章，因而批评《尚书》"为例不纯"。浦起龙批评其论拘泥僵化，指出："上古文字，何例可说？专以《尚书》属言，其说始自郑（玄）、荀（悦），讵云笃论？刘氏不此之辨，而疑《书》例之不纯，固哉言也！"又在对《载言》的一处夹评中，批评其论《尚书》体例"泥古太甚"。其实刘知幾也明白《尚书》等早期史书并无完备、严谨的体裁可言，因而在《二体》中说，"（《尚书》）文从简略，求诸备体，固以缺如。既而丘明传《春秋》，子长著《史记》，载笔之体，于斯备矣"，谈的就是这个情况。但他在《六家》中仍以严谨的记言体来对待《尚书》，称其"为例不纯"、自乱其例，这既表明他的思想和实践之间还存在不相照应之处，也说明他的思想有时还比较僵化固执。

　　《史通·载言》主张在纪传体史书中创立"书"这一体例，将纪、传中收录的诏册章表等言辞文章移出纪、传而统归"书"部，以免它们夹在纪、传中而影响前后叙事效果。浦起龙从两个方面提出问题，一是："就如（篇中所举）贾生（贾谊）、董傅（董仲舒）、（东）方朔、马卿（司马相如），未作要官，无他政迹，其生平不朽，正在陈书、对策、诗颂、论著等文。设检去之，以何担重？"这个问题是非常现实的。纪、传中所录文章，大多与当时政治、学术以及传主生平行事有重要关系，可以表现当时的历史状态、学术面貌、人物的思想性格和出色才华等内容，如果不收录此类文章，则势必影响到对当时政治、学术以及传主的认识，这也就是浦起龙所说的"以何担重"的道理。另一方面，若真设立"书"体，则其内容就与集部总集类文献"同科"，而《史通·载文》还反对过多收录文章，以致造成"非复史书，更成文集"的情况，则刘知幾的观点"不且自矛乎"？更何况后世同类文章太多，选不胜选，因而浦起龙直截了当地说："此论不可行。"自刘知幾提出其观点后，史书编修中无人奉行其意见。刘知幾具有勇于革旧、敢于创新的精神，这是值得肯定的，但因思虑不周，其观点不具有实践性、可行性。浦起龙直接说"此论不可行"，既代表了他个人意见，也是总结了唐朝以来史学界的共同意见。

　　《史通·表历》批评纪传体史书的史表烦费无用，可以删除，如果实在要保留，"则列国年表或可存焉"。对此，浦起龙写有三条按语：一是认为史表有用，并引用时人吴大受的言论，批驳《史通》的观点；二是指出《史通·杂说上》肯定史表价值的论述"良是"；三是指出"近时四明万季野氏补作《历代史表》六十卷，论者推为史氏功臣"，这里所说的《历代史表》是万斯同鉴于《汉书》以后纪传体史书大多缺表的状况，将东汉至五代间各史所缺之表予以补作而成的，浦起龙既将它作为"史氏功臣"而补论于此，可知他的态度是主张设立多种史表，而不同意刘知幾的观点。

《史通·品藻》主要讨论对历史人物的评价原则与方法问题。对此，浦起龙说："《品藻》非直论史，直论人矣。论人者衡悬鉴照，平明盖难，一挂百漏，拮放何主？愚恐是篇轻犯棘丛。"与此相关，《史通通释举要》第七条说："《史通》破绽，在《品藻》《人物》等篇，出言易则制法不行，见理粗则论人杂出。"浦起龙的意思是，公正评论不容易做到，《史通》所提出的评论原则也并不完全正确、周密合理，因此《品藻》等篇就很容易受到世人的批评指责，成为《史通》全书的破绽之一。此论诚然，近代史家刘咸炘就称浦起龙所言"是也"，说《品藻》"直不作可也"，并以篇中举例不当，称为"足见知幾不识史家圆神之用"，措辞可谓严厉。① 其实，透过浦起龙对《品藻》的评论可知，他所要讲论的是，公正评论虽不容易做到，但既是评价，就应该以"衡悬鉴照"为准则，追求"平明"之论，强调立言发论要谨慎周密、公正平明，这当然是史学评论必须要秉持的基本原则。

四、对《史通》给予后世的启发与影响的揭示

浦起龙认为，《史通》讲述史学理论与方法，多为"法言"

① 刘咸炘：《推十书》（增补全本）丙辑贰《史学述林》卷三《史通驳议·品藻》，上海：上海科学技术文献出版社，第482—483页。

之论①，因而他很重视发掘和揭示《史通》给予后世史学发展的启发与影响，除了在《史通·自叙》按语中从多方面集中论述这一问题外（详见上文），还在其他篇章随时对此类内容进行掘发。

《史通通释举要》第一条说："《史通》开章提出四个字立柱棒，曰'六家'、曰'二体'。此四字刘氏创发之，千古史局不能越。"指出六家二体这两个史学范畴提出的史学意义，认为唐朝以后的史学发展在体裁上仍然没有超出这一总结，特别是没有越出《史通》所划定的二体的范围。

《史通·六家》说，断代纪传体《汉书》有着"包举一代，撰成一书，言皆精练，事甚该密"的特点，学者模仿，易为成功，因而自产生以来，这种体裁一直被大家沿用，而且也必将一直沿用下去，成为后人"所可祖述"的重要史体。对此，浦起龙说："自孟坚有断代之书，自知幾有'无改'班书之论，向后诸史，靡弗由之。言出而为定式，夫岂孟浪之言！"认为《史通》对断代纪传体的肯定，决定了后人一直沿用此种史体的做法。

《史通·二体》认为，编年、纪传两种体裁各有优劣短长，并行于世，不可举一而废一。对此，浦起龙指出："自后秘省敕撰，唯此二途；艺文史部，必先二类。知幾是篇，诚百代之质的也。"指出了二体论对后世官方史学和正史《艺文志》编纂的影响。

---

① ［唐］刘知幾：《史通·浮词》，［清］浦起龙：《史通通释》，上海：上海古籍出版社，2009 年，第 150 页。

　　《史通·书志》主张废除录载古今存世之书的《艺文志》，如果实在要保留该志，则"唯取当时撰者"，而对前代传世之书不予著录。对此，浦起龙说："《明史》则只载一朝撰述，毋亦仅监于《史通》？"认为《明史·艺文志》仅记载明朝人著述的方法来自于《史通》。这个说法是符合事实的，不但与《明史》全书在编修的理论和方法上积极向《史通》取鉴是一致的，而且浦起龙之后的纪昀和官修《四库全书总目》也都持这一观点。

　　也是在《书志》按语中，浦起龙说，《史通》提倡设立都邑志、方物志、氏族志，"所言虽不行于史家，然后来渔仲、贵与诸人，已被他爬动痒处"，认为南宋郑樵《通志》设有《都邑略》《氏族略》、宋末元初马端临《文献通考》立有《土贡考》，皆由《史通》此说发展而来。

　　《史通·论赞》认为，史家可以在书中作史学评论，但不该在史论之后再以韵语形式作内容重复的"赞"词。对此，浦起龙揭示说："自是唐后诸史，有论无赞，皆阴奉其诫，可知刘说之当理也。"指出了《史通》废除"赞"语之论对后世的深远影响。

　　《史通·因习》批评《隋书·经籍志》"史部霸史类"仅收入东晋以来十六国史书，认为该类之书古今多有，"自可类聚相从，合成一部"，而不该仅收录十六国史书。浦起龙赞同《史通》对《隋书》的批评，称其所论为具有"通识"的"平直"之说，并指出《宋史·艺文志》就是采取了《史通》所主张的做法，"以是知子玄所言，早为《宋史》辟其藩篱也"，指出了《史通》对《宋史》的影响。

　　《史通·言语》力倡史书应记载"当世口语"、俚词俗语，并在其他篇中多次论及，堪称通识。浦起龙说，元朝所修《金史》设有《国语解》，"其得子玄氏之意者欤"，认为这是借鉴和发挥《史通》之论的结果。此前的何焯和此后的纪昀也都认为辽、金二史《国语解》来自《史通》的启发，他们的观点，为人们继续深入研讨二史的编修提供了一个新的视角。

　　《史通·核才》论史才难得，并深深致慨于时代对史家才能发挥的限制，感叹"各拘于时，而不得自尽""拘时之患，其来尚矣，斯则自古所叹，岂独当今者哉"！对此，浦起龙评论说："《史通》极诋俪词，卒亦自为俳体，正所谓拘于时者乎？然其言已为退之、习之辈前导也。"《史通》对魏晋南北朝以来使用骈体文写史的文字风格进行了严厉批判，但其本身仍采用了当时通行的骈文文体，故而浦起龙称之为"正所谓拘于时者"。但浦起龙不愧为研究有素的文学家，熟知古今文体和文学观念演变大势，因而他马上指出，《史通》对骈文文风的批评，乃是韩愈、李翱反对骈体文、倡导古文运动的先驱。关于《史通》对韩愈等人在文体文论方面的具体影响表现在哪些方面，浦起龙没有展开论说，但后世学者多有论述，指出"退之论文之见，知幾早已得其三昧，阐发无遗"[1]，认为刘知幾"为唐宋古文运动的发展奠定了理论基础"[2]，"对唐代的古文运动起了一种'导夫先路'的作用"[3]，并称"刘知幾无愧为古文运动的先驱者之

---

① 黎子耀：《刘知幾思想述评》，《思想与时代月刊》第 30 期，1944 年 1 月。
② 张锡厚：《刘知幾的文学批评》，《四川师范大学学报》1980 年第 4 期。另参李少雍《刘知幾与古文运动》，《文学评论》1990 年第 1 期。
③ 程千帆：《〈史通〉读法》，《文史知识》1982 年第 5 期。

一"①。这都可证，浦起龙称《史通》为唐宋古文运动的"前导"，于其对古文运动学术影响的揭示，符合客观事实。只是后代学者在谈到这一问题时，都没有论及浦起龙的这一揭示。

对《史通·史官建置》，浦起龙称为"与史家《职官志》同方，为杜、郑、马'三通'发轫"，认为该篇既是贯通古今地讲述历代史官制度的内容，因而不但可以被看作是专门记载历代史学家的《职官志》，也可以说是先于杜佑《通典》、郑樵《通志》、马端临《文献通考》三书的典章制度通史的发轫之作。不过，他的这一"发轫"之说，虽然此前从未有人提到，自属创见无疑，但能否成立则有待于更充分的证明，因为早从《史记》《汉书》开始，纪传体史书就设有"志"的内容，而这些"志"，一般被认为是"三通"的直接渊源之一。

浦起龙在《史通通释·点烦》按语中说："河东（柳宗元）云：'参之太史，以著其洁。''洁'非瘦削之谓也，刘子则以削为宗。然当六朝途泽之余，从未有此辣手刮世眼者，故是韩、柳辈前驱也。"从《史通》来看，刘知幾不喜繁复为文，追求文笔简净，主张以省句省字等各种方法达到"叙事之省"，《点烦》就举例说明了如何删除史书中繁芜字句以达到记事简要的方法，是对《叙事》中论省句省字内容的具体例示。刘知幾虽在《烦省》中表示，详细的繁复叙事有其产生的客观原因，也有可取之处，不可一概抹杀，然其全书的主旨仍是以简要为上，删除繁文是其基本态度，故浦起龙说他是"以削为宗"；但他崇

---

① 乔象锺、陈铁民主编：《唐代文学史》上册，北京：人民文学出版社，1995年，第55页。

尚简要、追求文笔简净之论，既是为矫正六朝史书行文浮冗之弊而发，是当时少有的"辣手刮世眼者"，则亦有其一定的时代合理性，并成为韩愈、柳宗元发起古文运动的时代先驱。

　　浦起龙在评论《史通·杂说中》"诸晋史"一节时说："志怪奚必去谐，撰史自宜识大。……必严诸此，而后史之为体尊，而其为用巨。间尝取后史验之，遇此等事多放活句，子玄教之欤？"在《杂述》中，刘知幾将《志怪》《搜神记》《幽明录》《异苑》等列入"杂记"类，将《世说新语》《语林》《语录》《谈薮》等列入"琐言"类，认为这些都是史书的不同种类，都有其各自的史学价值，能与纪传、编年等正史"参行"，史家应该"择其善者而从之"，不可概从舍弃。在《杂说中》"诸晋史"一节，刘知幾有三条文字谈到这一问题，落脚点都是如何选择这些史书中的资料写入正史，中心思想就是浦起龙所总结的"撰史自宜识大"，不能把流俗怪说、妄言虚词引入书中。浦起龙说，他曾取后世史书来验看其作者是如何处理杂记琐言类资料的，结果发现，他们"遇此等事多放活句"，既不一概舍弃，也不全都选入书中，而这正是《史通》所强调的处理原则，因此浦起龙认为，后世史书如此处理是遵从了《史通》的思想，是"子玄教之"的结果。他还由此得到启发，在按语中特别指出，刘知幾的这一处理原则，"可作事始书观，可作注书家法"，认为刘知幾最早提出了这一原则，《史通》乃此论的"事始"之书，并认为其观点对于注释史书的工作来说，是一条重要的理论性的原则和方法。必须承认，浦起龙说的是有道理的。

　　总之，浦起龙的《史通通释》，以《史通》所要求的"爱而知其丑，憎而知其善"的客观如实态度，对《史通》全书的系统性、体系性进行了掘发，对《史通》的思想主旨及其给予后世史学发展的影响进行了多方面的评论和揭示。无论书中对《史通》的评论是基于赞同还是批评驳论，虽有一些疏误、错误和论证不足之处，但正确可从、可资借鉴者显然占了绝大多数，从而以其公正而准确的分析评论，成为中国古代《史通》研究的一部集大成性的著作，成为《史通》学术史上一座难以逾越的高峰。

章学诚对《史通》思想的继承和发展

章学诚（1738—1801）是继刘知幾之后，中国古代又一位杰出的史学理论家。其史学理论成就的最集中代表——《文史通义》，虽然只是一部论文合集，不是《史通》那样逻辑结构严整、组织体例明确的系统的史学理论专著，但其中表现出的丰富而卓越的理论见识、所蕴含的某些近现代史学理论因素，足以使它媲美《史通》，齐誉千秋。

通观《文史通义》及章学诚所有传世著述可知，善于在批判继承前人的基础上开拓创新，是章学诚取得理论成就和丰硕成果的最重要因素之一。对刘知幾和《史通》，章学诚同样表现了批判继承和发展创新的治学特色，虽然他本人有意也更多地强调自己和刘知幾的不同，特别申明自己的史学见解并非全部源自《史通》的启发①，但他对《史通》思想的继承和发展，的确是显而易见的事实。由于学界对此已有比较丰厚的研究成果，下面就以汇集众说的形式，揭示这一情况。

---

① ［清］章学诚：《文史通义》外篇三《家书二》《家书六》、外篇四《〈和州志·志隅〉自叙》，仓修良《文史通义新编》，上海：上海古籍出版社，1993 年，第 688、694—695、750 页。

　　1922 年，张其昀在《学衡》第 5 期发表《刘知幾与章实斋之史学》（章学诚字实斋），指出《文史通义》"大抵仿《史通》之体，而详其所略，补其所不及"，认为"章君绍刘君之学，其书体例相似，而互有详略。刘君固为独创，章君尤多发明，互相补益，故非因袭之比"。文中具体比较了二人在典籍之搜罗、校雠与考证、论记载之真确、史之义例、史之述作、论史才三长等方面的相同点，及章学诚对刘知幾之说的补充与发展，如"（刘君言）'为史之道，其流有二。何者？书事记言，出自当时之简，勒成删定，归于后来之笔。……前后不同，然相须而成，其归一揆。'章君师其遗意，名之曰记注与撰述""言征集史料之法，章君之所发明，远较刘君为详"等，都是在明确揭示二者之间继承与发展的关系。

　　1925 年，何炳松在《民铎》第 6 卷第 1 期发表《史通评论》，指出："刘氏之言曰：'夫为史之道，其流有二。……然相须而成，其归一揆。'此论与章实斋'撰述''记注'之说相同，而刘氏特提出'当时''后日'之别，尤觉清浅有味，可资实用。"这里仅谈章学诚对刘知幾的继承，未提章学诚的发展，而且好像更加推崇刘知幾之论。三年后，何炳松又谈及这一问题，不过观点发生了一些变化："我以为章氏对于中国史学上的第一个大贡献就是记注和撰述的分家。换句话说，就是他能够把中国二千年来材料和著作畛域不分的习惯和流弊完全廓清了。……他这种见解或者受了刘知幾和郑樵的暗示亦未可知，因为刘氏在《史通·史官建置》里面，曾经有过下面几句话：'夫为史之道……其归一揆。'……刘氏所说的'当时之简'和'后来之笔'，以及郑氏所说的'书'和'史'，显然可做章氏所说的

'撰述'和'记注'的张本。但是我们看到章氏所说的话这样透辟，这样明白，很觉得不是自己对于史学原理'心知其意'的人，决办不到。而且，章氏对于材料和著作关系的密切看得极清、说得极精，比较刘氏单单说了'相须而成，其归一揆'八个字，真是大有'天渊之别'了。"① 这就特别强调了章学诚对刘知幾的发展，并且认为章学诚后来居上。当然，这也确系事实。

1963 年，傅振伦出版《刘知幾年谱》第三次修订本，其中多次谈到章学诚对刘知幾的继承与发展。如称章学诚熟读刘知幾之书，"窃取知幾遗绪，以著《文史通义》"，故其学说多出于《史通》，思想与刘知幾多同。具体表现为：第一，刘知幾以为史分二途，书事记言，出自当时之简，勒成删定，归于后来之笔。章氏演为记注、撰述二端，其说甚密，但实自刘知幾之说因演而出。第二，刘知幾以为史有三长，章氏倡为三要及史德之论。三要者，识、学、才，所见亦与刘知幾同。第三，异言疑事，不知则缺，两人均见及此。章氏言史有缺访之例，可杜十弊，亦本刘知幾之说而推广之者。第四，刘知幾主张经部、子部、集部入史，章氏也有相关论述，在方志中特重掌故、文徵、丛谈，亦为《史通·载言》《杂述》等篇论点的发展。② 第二年，傅先生又在《史学月刊》第 9 期发表《章学诚在史学上的贡献》，指出"章学诚对刘知幾、郑樵、曾巩等人的史学成

① 何炳松：《增补章实斋年谱序》，《何炳松史学论文集》，上海：上海古籍出版社，2012 年，第 160—162 页。
② 傅振伦：《刘知幾年谱》，北京：中华书局，1963 年，第 130、146、149—150、150、150、119、149 页。

就，不是全部肯定，而是吸收他们有益的东西"，认为章学诚的史学思想中有六个方面来源于刘知幾：其一是对古代经典的看法，两人都将六艺经书包括在史部之内，打破了尊经抑史、甲经乙史的传统思想的束缚，这在封建社会不是一般士大夫所能做到的；其二是分史学为著作和纂辑二部分，两人见解相同；其三是抨击文史合一的弊病，两人都攻击文人骚客编写历史的毛病；其四是对史学家应有的条件和态度，刘知幾说史有三长，章学诚则加以申论，刘知幾还说"犹须好事正直，善恶必书"，章学诚进一步发挥而提出"史德"之说，两人对史学家应有的修养和态度是一致的；其五是详今略古，其六是记事必须真实，两人见解也都相同。傅先生说："从上述六项事实看来，章学诚是继承了刘知幾的史学观点而加以发扬的。宋人郑樵也发展了刘知幾的史学观点，章学诚也接受了郑樵的优良传统。……章学诚的学说形成封建末期完整的史学体系，并不是偶然的。"傅先生的观点大体不误，但就上述第五个方面（详今略古）、第六个方面（记事必须真实）来说，章学诚的观点虽然与刘知幾相同，却不一定就是源于刘知幾的启发，因为在刘知幾之前或之后，还有其他学者在章学诚之前持有相同观点，章学诚也可能是受到那些学者的影响，毕竟刘知幾这两个方面的观点并非出自其个人独创，并不带有他个人鲜明独到的印记。在这些地方，章学诚说他在见到《史通》之前，已经形成一定的史学见解，其史学理念并非全部源自《史通》，是可信的。我们不能因为他的某些观点与刘知幾相同，就认定他的这些观点必然独一无二地来自于刘知幾，这首先需要确认该观点是否由刘知幾所独创，如果不是，就不一定与刘知幾有必然联系。

　　1966 年，美国学者倪德卫出版《章学诚的生平及其思想》，其中也自然地谈到了章学诚与刘知幾的关系。倪德卫指出，章学诚在性格上有一种"达到'不朽'的愿望，希望做一些前人未曾做过的有持久价值的东西"，他虽然在二十八岁"才第一次读到了刘知幾（661—721 年）的《史通》，而他的思想表明，他曾反复细读这篇著名的 8 世纪的论著"，"对刘知幾的'发现'明显地刺激了他，此时开始着手撰述自己关于历史写作的形式和原则的著作"，"然而，在他自己的作品开始成型之前，他毫无保留地以刘的影响来滋养自己"。[①] 这个分析，清晰揭示了《史通》对青年章学诚的深刻影响，及对其撰写《文史通义》所发生的思想启迪。倪德卫还指出，章学诚对刘知幾的批评，表明二者之间有着"深刻差别"，而且这种差别"实际上远比章学诚所说的复杂"，但章学诚的有些理论确实是对刘知幾的继承和发展。例如，"章学诚自己关于史家的个体学术和'独断'的思想部分源于刘"；章学诚"关注于辨别一位好的史家的品质，并找到这些好的品质如何能在撰述历史时得到贯彻"，他的这一理论，也部分来源于刘知幾，"刘知幾给出了一个著名的论断：一个好的史家必须有才、学、识"，章学诚"扩展了这一思想"，讨论了"他与刘知幾不同的、自认为史家还需要的另一种品质：对待史家的任何分析都应该考虑到他的'德'——章学诚所说的'心术'，这是十分重要的"。[②] 这些梳理，都把二者之间继

---

① ［美］倪德卫：《章学诚的生平及其思想》，杨立华译，南京：江苏人民出版社，2007 年，第 26、141 页。

② ［美］倪德卫：《章学诚的生平及其思想》，杨立华译，南京：江苏人民出版社，2007 年，第 171、169—170 页。

承和发展的关系，清晰地揭示了出来。

1979 年，仓修良发表文章，从七个方面专门考论章学诚与刘知幾之间的学术联系：第一，章学诚发扬了刘知幾的批判精神。刘知幾的批判精神，突出地表现在他敢于斥责封建社会中奉为"至圣先师"的孔子及其所删订的经典之缺点和错误，尤其对影响最大的《尚书》《春秋》更立专篇评论，将封建"圣人"孔子及其经书所涂的圣光一扫而光。这种精神是上承王充"问孔""刺孟"的光辉传统，下启章学诚"六经皆史"之端绪。不管章学诚提出"六经皆史"的意图如何，客观上起着剥去《六经》神圣经典外衣的作用。

第二，章学诚继承了刘知幾的进化论史观。在这方面，章学诚尤有很大的发展，无论是论述的数量之多还是观点的明朗性，都远远超过了刘知幾。

第三，从疑古到重今。儒家的创始人孔子对三代社会曾极力美化，对尧、舜、禹、汤、文、武、周公备加赞扬。在此后长期的封建社会里，这种贵古贱今的思想相当流行。刘知幾在反对这种思想时，继承了以前一些进步思想家的优良传统，对古代社会和二帝三王提出了大胆的怀疑，对复古主义的颂古非今思想作了一次狠狠地批判。对于这一观点，章学诚作了极大的发扬，用他历史进化论的观点同复古主义进行了斗争。

第四，从"总括万殊、包吞千有"到"通古今之变"。唐宋时期产生了明变思想，反映在史学上就是通史观念盛行起来。刘知幾的《史通》是这一时期以"通"命名的第一部史书，南宋郑樵明确提出了"会通"的概念，章学诚在前辈史家们所积累的宝贵经验基础上，将"通"的观念作了进一步发展。

第五，章学诚对刘知幾历史编纂学的继承和发展。刘知幾于编年、纪传二体利弊备述无遗，但对如何补弊，则未见倡言；章学诚在论及这些问题时，虽然肯定刘知幾已经"论之详矣"，但仍尽情抒发己见，表明他是一位史体革新者。对于本纪的性质、任务，二人的看法是不同的，章学诚较之刘知幾要更为高明。刘知幾对于表谱的作用没有给予足够的重视；郑樵否定了刘知幾这一观点，认为编著史书应当立表；章学诚对这一观点又进一步发挥，把图表视为编写史书不可缺少的部分。刘知幾对于史注的作用，几乎全加否定；章学诚则不同，主张为史书作注亦自具"史学家法"，不应忽视。刘知幾提出正史要立"书"部，将人主之制册诰命、群臣之章表移檄以及著名的诗文佳章，分别选录，以类区分，既可以保存大量宝贵的文献资料，又可使史书写得简明扼要；章学诚对此十分赞赏，不仅在理论上加以发展，而且在修志中付诸实践，其方志学的核心——方志分立三书的主张，无疑就是受到刘氏的启发，如三书中的"掌故""文徵"就是重要的资料汇编，另外他还认为这种方法可以在纪传、编年史中普遍推广。尽管章学诚在历史编纂学方面没有作过专门系统的论述，但将其散见各篇的言论聚集起来看，可发现其论点不仅相当全面，而且不少具有创见，其中对刘知幾的史学理论有批判有继承，又有创造性的发展。

第六，从"重史法"到"重史意"。刘知幾创立起历史编纂学的体系，章学诚对刘知幾的历史编纂学作了比较全面的批判和发展，而刘氏论述不多的"史意"，更是他发展的重点。

第七，品评史家的标准从"三长"到"四长"。章学诚的《史德》一文，是针对刘知幾所提出的良史必备的三个条件而写的，他肯定了刘知幾提出的史才三长，但认为具此三长还不足以称为良史，于是他在三长之外，又特地提出一个"史德"来。

总之，"刘知幾和章学诚，是我国古代杰出的两大史学评论家"，二人可以比美，但各有所长，"章学诚正是在总结继承前人的基础上，创造性地发展了刘知幾的史学理论，做到了详其所略，重其所轻，把封建时代的史学理论大大向前推前了一步"①。

1983 年，香港中文大学许冠三在《刘知幾的实录史学》中，于第六篇"《史通》与唐后史学"简略提及章学诚与刘知幾的关系后，第七篇"刘、章史学之异同"又专论二人关系。他说章学诚以己意取法《史通》，"所窃取者，则为史籍编撰之法"，其"好言史学义例，所师承于知幾者尤多"。② 他指出：章学诚虽在晚年一再自诩其史学得自天授，又力辨其学迥异于刘知幾，自称二人之间是截然两途、不相入也，"其实，二人之史学非止不是'截然两途'，且大有关系。《章氏遗书》凡五十余卷，都五十万言，几无一卷不见《史通》之烙印，即是明证。《遗书》直接或间接引涉《史通》义例者，不下一百一十余起。……细析各篇所言，则知终实斋有生之年，从未曾摆脱《史通》之光影。章氏之于知幾，知既深，妒亦切，或可喻之为

---

① 仓修良：《章学诚对刘知幾史学的批判继承和发展》，《杭州师范学院学报》1979 年第 1 期。不过前四个方面，章学诚是否直接承自刘知幾，笔者持存疑态度。原因即是上文所说，不能因为他们的某些观点相同，就认定他们之间必然存在着独一无二的渊源关系。在这些方面，章学诚也可能受到其他学者的影响，刘知幾并非其思想的唯一源头。他们之间毕竟隔了千年之久，而这期间，包括史学在内的中国学术文化在整体上得到了长足发展。章学诚在二十八岁才读到刘知幾的《史通》，在此之前，他完全可以通过阅读其他早于和晚于刘知幾的学者的著述，形成相同或相近的史学观点。

② 许冠三：《刘知幾的实录史学》，香港：中文大学出版社，1983 年，第 151—152 页。

隔世瑜、亮。《（文史）通义》之于《史通》，相因亦复相证，相反亦复相成。自二十八岁（一七六五）得读《史通》起，实斋先以刘氏为师、为友、为同道，继则以之为竞争敌手，超越对象。于得意忘形之际，偶尔亦傲然'俯视子玄'，或大唱反调，以求立异。……其学愈进，其立异于刘氏者亦愈多。惟于心情困惑、意志消沉之际，辄引扬雄、刘知幾之生乏知音以自慰……或咏知幾之宦海沉浮以自况自怜。……是以，方其身前，即有人拟之于刘知幾，谓其所业'得力于《史通》'。及其死后，亦有人赞之曰：'岂亦我朝之刘子玄乎？'比之知幾或未必全当，然谓其所学'得力于《史通》'，且为刘氏身后千年之桓谭，殆无可置疑"。"当然，所谓'得力于《史通》'，并不意含完全承袭。如前所示，实斋史学固有本于、因于、并通于知幾者，亦有异于、离于、甚至反于知幾者。二人史学思想出入之大，有时竟达于南辕北辙，背道而驰之极端"。这些"原则性分歧，自然亦反映于技术层次。实斋对《史通》若干议论之议论，即原于二人史义之殊"；惟不可不注意者，"就表面看，虽反于知幾之主张，但就其渊源言，实有因于《史通》之议论"。①

许先生说："章氏史志义例之同于、本于《史通》者，实远多于二人在史意及其有关问题上之分歧与牴牾。"对此，"章氏从未意图隐讳其事。因为，在他看来，'后人援古义而敷言'，亦如'弟子承师说而著书，友生因咨访而立解'，实'不必讳其所出'。他曾多次崇扬知幾，并引之以为知音，即为显著之证据。……再则，从其为学治史之曲折历程看，其师承刘知幾之

---

① 许冠三：《刘知幾的实录史学》，香港：中文大学出版社，1983 年，第163—174 页。

迹，亦斑斑可考。……至于翻易《史通》陈言，冒为一己新说
者，更不胜枚举，虽方志义例，亦不例外。"许先生将章学诚史
学议论本于、因于或师于刘知幾者，归纳为四大类，详细论证：
"一曰史学天地之开拓"，表现在扩张史料领域和壮大史氏宗族。
"二曰史籍体例之改进"，章氏史体学说，有承于刘而同于刘或
稍异于刘者，亦有表面异于刘、其实本于或因于刘者，有时看
来两相对反之主张，如刘知幾之尚断代为书，章氏之重通古之
史，其实亦是相因相承者。"三曰史、文瓜葛之厘清"，像刘知
幾一样，章氏也相信"言之不文，行之不远"，并且相当重视史
文与传真之关系。因此，二人之史文论颇多类似之处，其中最
突出者，是文笔与史笔分野之说。"四曰史林先贤之讥弹"，许
先生指出："实斋对知幾之另一重大模仿，是勇讥先哲，猛弹古
人。其入微处，甚至及于彩笔圈点古人史文之法。由于自信
'执法甚严'亦如《史通》，因而自忖其身后之遇，亦难免不类
知幾，即'阴用其法'而'阳毁其书'。惟此处必须指出者，
虽同为讥评前贤，二人之取径则大相径庭。《史通》之讥先哲、
说前非也，泰半是以事为主，实事求是；而实斋之攻刺则不然，
非只党同伐异，且好意气用事，有时甚至迹近'吹毛求疵'，
'故入人罪'。又喜大言不惭，卑视陈寿、范晔以后之史家与文
士……甚至对有清以来备受儒林敬仰之顾炎武，亦横加贬抑。
其对并世之先进或同辈名人，似乎嫉之尤甚，在戴东原（戴震）
之外，袁枚、汪中均于死后遭章氏诟骂。"①

在上述四大类之外，"章氏尚有若干议论，是先同于而后异

---

① 许冠三：《刘知幾的实录史学》，香港：中文大学出版社，1983年，第174—194页。

于知幾者"，如刘知幾言史才三长，章氏亦随之而言三长，稍后才加上"史德"而言四长，此即先同而后异。"然其间亦颇有似异实同之处。如四长之中，实斋颇重'识'字，并扬言其所重之识，乃'史识'，而非知幾之'文士之识'。其实，此乃欺人之谈。首先，《史通》所言之识并非'文士之识'，且亦不限于'文士之识'。其次，《文史通义·说林》所论之'志识'，其义亦从未超出《史通》所言之外，且有完全雷同者。还有，即使是实斋夸夸其谈之'别识心裁'之识、'独断'之识与'必知史德'之识，亦无一非脱胎于《史通》，无一非化自刘氏之'俊识通才''铨综之识'与'深识之士'，'成其一家独断而已'。甚至后出之'史德'一说，其原亦在《史通》。实斋有云：'德者何？谓著书之心术也。'在知幾，则曰：'正直者，人之所贵，而君子之德也。'又曰：'良史以实录直书为贵'，'犹须好事正直，善恶必书。'其所异者，乃是知幾以'善恶毕彰、真伪尽露'，不掩恶，不虚美，不'君父是党'，不为尊者讳之直书为识、为德；而以遵时王之制为怀之实斋，则以'不背于名教'，无有'乱臣贼子之心'为德"。此外，"另有一类，是宗旨相同，而发挥有异者。如二人皆追随'多闻缺疑，慎言其余'之说，主'有其事则记，无其事则缺'。但刘氏只言原则，未及细节，而实斋则颇有发挥。……亦有先异而后同者，如实斋至晚年始知推崇《左传》，并以之为纪传古文之祖"。其他类似见解，如章氏对小说稗野一类文献之态度，也像刘知幾一样，秉持既不轻废亦不轻信之说；对史书中人物立传问题之论述，实本《史通》之《书事》《人物》《曲笔》等篇之议论；于五行灾祥之书法，其说亦与刘知幾一致；其"传""记"可以互训之论，显然亦自《史通》翻出；"知幾重时变之论，对实斋亦有不容忽视之影响……所不同者，实斋之重时，是重'时王之制'；而知幾所重者，在叙事之文与史学义例当随时而迁、与时更张"。①

通过以上详细论述，许先生认为："刘、章二家之史学议论虽大有出入，互为异同，然其先后相承，同多于异，殆无丝毫可疑。而实斋之师法《史通》，模仿知幾，亦证据确凿，无可置辩。"并进而指出："长期以来视为章氏精义者，如史家四长，方志三书等，其实《史通》早已发其端绪。即使是近人所指之四大发明与贡献……追本溯源，无一不可于《史通》中找到出处。……近人或谓实斋史学大于知幾，正坐只见其议论颇有出于《史通》之外者，而不见二家史学思想先后相承之辙迹；不见章氏自诩为'后世开山'之义例，绝大多数乃是《史通》议论之引申、发展或转化。"②

2000年，曾凡英在其研究《史通》的著作中指出："章学诚史学理论的成就，是在深刻批判总结中国古代史学发展成果之后取得的，是对前辈学者理论和方法的继承与发展，尤其是对刘知幾及其《史通》史学思想的继承与发展。"他从六个方面，梳理了章学诚对刘知幾史学思想的继承与发展的主要表现：

---

① 许冠三：《刘知幾的实录史学》，香港：中文大学出版社，1983年，第194—197页。
② 许冠三：《刘知幾的实录史学》，香港：中文大学出版社，1983年，第197—199页。其中还比较了刘、章二人之高下，认为章学诚的史学见解不乏新见，其中有些属于"划时代之卓见，其识解之高，远在刘氏之上"，但就史学论史学，"只可以说似大而非真大，充其量亦不过大在枝节而不在本干。……如连实际影响亦考虑在内，章氏之地位，比诸知幾，更瞠乎其后矣！"早于许先生两年，王树民也认为，"章氏的实际成就亦未能高出于刘知幾"，见其《史部要籍解题》，北京：中华书局，1981年，第246页。

其一是章学诚继承了刘知幾对经史关系的认识，把它发展成为学术思想体系中的一个重要命题即"六经皆史"；其二是章学诚论述了"史义"与"史法"的区别；其三是章学诚明确提出了"史德"这一理论范畴；其四是章学诚进一步阐述了史学"通识"观念；其五是章学诚从内容和性质方面对史书进行分类，以"撰述"和"记注"来区分史学的两大宗门；其六是章学诚进一步申述了文人不能修史的主张，在理论上说明文人的写作与历史著作的区别，阐明文人不能修史的内涵和原因。曾先生指出："刘知幾与章学诚作为中国古代史学理论家的一头一尾，其间的继承与发展关系当然不只上述这些，两者之间表现出一种具有丰富内涵的学术文化思想嬗变传承关系。不过，仅从这些方面，我们就足以看出刘知幾对中国史学的巨大影响。"①

2002 年，白云通过比较刘知幾与章学诚的历史编纂学思想，提出他们之间前后联系的三点认识：第一，刘知幾、章学诚都能以发展的眼光来看待史学发展、评论史体演进，极具"通识"思想。但刘知幾侧重于史书体裁的横向比较，看到了史书体裁之间、史书之间的差异和优劣。章学诚却不仅横向比较史书体裁的优劣，而且纵向考察史书体裁的发展变化，尤其是史书体裁之间继承与创新的辩证发展，颇具辩证色彩和理论价值。第二，刘知幾提出了"名以定体，为实之宾"和"史之有例，犹国之有法"的著名理论，对规范史书体裁体例、规范史书编纂均有积极意义，尤其是他把史书体裁体例提到国家大法的高度

---

① 曾凡英：《史家龟鉴——〈史通〉与中国文化》，开封：河南大学出版社，2000年，第257—268 页。

来认识，这一点前无古人。但由于深受名教思想影响，他过多地拘泥于史法，拘泥于定名，过分地强调严整划一、求名责实，往往把问题绝对化，失去了应有的变通、创新精神。章学诚则反对拘守类例，反对拘泥于成法，主张史不拘例、因事命篇，强调灵活变通、体圆用神，更有利于史学的发展。第三，章学诚关于史书体裁体例的认识，既批判地继承和完善了刘知幾的主张，又卓而不群、颇为自负地亮明自己的独见："刘言史法，吾言史意；刘议馆局纂修，吾议一家著述。"体现了章氏总结和思考史学的理论高度，也道出了两人在史学理论上的异趣：刘氏重史法，章氏崇史意。但二者也是有联系的，史法是史意的表现形式，史意又依赖史法来反映，是史法的发展和升华。章学诚是"从史法、史意两方面入手，而不以史意殉史法"，二者前后相映，正所谓"前修未密，后出转精"，这是学术发展的规律。①

2010 年，陈其泰对刘知幾与章学诚进行了比较研究，指出：一方面，刘知幾、章学诚都是通过总结史学演变的经验教训，上升到理论层面加以阐发，都重视理论创新以推进著史实践；二人都有强烈的批判意识，都有哲学思想作指导，重"独断"之学，重"别识心裁"，成一家之言；刘知幾提出史家三长，章学诚予以继承，而又更加突出"史义"即刘知幾的"史识"的指导作用，又在刘知幾"犹须好是正直，善恶必书"的观点基础上提出重视"史德"，使史家自身修养的理论更完善。这些都

---

① 白云：《刘知幾与章学诚历史编纂学思想的比较》，《蒙自师范高等专科学校学报》2002 年第 5 期。

是二人相同或相通之处，并非截然两途，互不相关。另一方面，刘知幾处在史书编纂尤其是纪传体正史纂修的高峰时期，他承担的主要使命是总结以往，即：对于众多的纂修成果，他的任务是进行总结和提出编纂的范式，分析、厘清体裁体例的特点，评价编纂方法的得失；他所提出的范畴、命题内涵丰富，部伍严整，其论述颇具体系性的特点。章学诚处于正史末流在编纂上陷于困境的阶段，当时正史的编纂刻板罗列如胥吏之簿书，那些正史冗繁芜杂不可究诘，他承担的主要任务是开出新路，即：大声疾呼正史编纂陷入严重积弊，史识、史学、史才都成为史例的奴隶，史家的别识心裁被窒息，反映客观历史、再现演进大势的要求根本无法实现；而救治这种积弊的办法，就是重视并吸收后出的纪事本末体因事命篇、恰当叙述史事的因果始终、起讫自如、灵活变化的优点，主张对纪传体大力加以改造，"化腐朽为神奇"，创立新的体裁。这就揭示出传统史学后期在编纂上的内在逻辑发展方向，其论述具有深刻的哲理性和明显的超前性。[①] 陈先生所说的两个方面中，前一个方面是讲述章学诚和刘知幾之间继承与发展的联系性，前人多有论及，但陈先生在具体论述时又有新的开掘；后一个方面讲述了刘、章二人在不同的学术时代背景下而承担的不同学术使命，揭示了章学诚之所以能够在批判继承刘知幾的基础上实现创新发展的客观原因，即不同时代历史编纂学的学术主题与学术使命，这是此前学者从未达到的新认识。因此，陈先生的这篇文章，代

---

① 陈其泰：《历史编纂的理论自觉——〈史通〉〈文史通义〉比较研究略论》，《人文杂志》2010 年第 3 期。

表了目前研究刘、章二人学术联系的最新成果。

综上所述，"章学诚和刘知幾，是世人所共认的两位古代最重要的史学评论家"①，如果说章学诚的史学理论成就代表了中国古代史学理论发展的最高水平，"把中国古代史学理论推进到它的最高阶段"②，那是他善于批判继承和发展前人的结果，而其中，对刘知幾史学思想的继承和发展尤为重要，这就是他和《史通》思想的关系。

①　王树民：《史部要籍解题》，北京：中华书局，2003 年，第 245 页。
②　瞿林东：《中国史学史纲》，北京：北京出版社，1999 年，第 720 页。

清代对史才三长论的运用与探讨

宋元时期，刘知幾提出的史才三长论已经为学界普遍接受，并成为史官选任的基本标准。继明朝学者以之为"良史"标准，并进行了一些新的讨论和发挥后，清代学者不但普遍在史学领域继续使用这一史家标准的专业术语，而且更加广泛地将这一术语运用于史学领域之外，成为通论人才标准的代名词，并以史学领域为主，对这一论述进行了探讨。

一、以史才三长论为史家标准

继续以史才三长论作为史家标准，是清代学者继承刘知幾思想遗产的突出表现，其人数之多，超过以往各代。归纳起来，大致表现为三个方面：一是将三长这一术语作为优秀史家的才能标准来使用。如清初黄宗羲批评当时史学界情况说："余观当世，不论何人，皆好言作史，岂真有三长，足掩前哲？亦不过此因彼袭，攘袂公行。"[1] 慨叹当时缺少具备三长的优秀史学家。

---

[1] ［清］黄宗羲：《谈孺木墓表》，《黄宗羲全集》第 19 册，杭州：浙江古籍出版社，2012 年，第 309 页。

其他如邹漪、魏裔介、施闰章、吴绮、毛奇龄、叶梦珠、汤斌、梅文鼎、李伍溁、李良年、徐釚、许登逢、钮琇、卫既齐、汪学金、潘耒、张云章、章藻功、李钟峨、华希闵、张廷玉、沈德潜、张廷璐、李绂、浦起龙、蓝鼎元、汪由敦、闵华、杭世骏、吴高增、弘昼、杨潮观、王元启、朱景英、吴骞、毕沅、顾光旭、陆锡熊、李调元、章学诚、余集、钱维乔、戚学标、赵怀玉、汪学金、李鼎元、法式善、杨芳灿、石韫玉、刘凤诰、阮元、舒位、叶绍本、张鉴、彭兆荪、孙尔准、陆继辂、陶梁、童槐、潘衍桐、朱方增、陶澍、林则徐、梅曾亮、张鸣珂、张际亮、何绍基、姚燮、冯志沂、冯桂芬、徐时栋、张之洞、曾纪泽、樊增祥、叶昌炽、缪荃孙、梁焕奎、尚秉和等，都以"才、学、识"或三长作为史家标准。其中有两点值得单独提出：其一，桑调元《弢甫集》文卷六《东山志序》、詹应甲《赐绮堂集》卷二三《重修湖南通志序》、张裕钊《濂亭遗文》卷三《复柯逊庵书》以及周春《耄余诗话》卷十的有关论述，都强调地方志的纂修者也必须具有史才三长。其二，王鉴（王史鉴）《醉经草堂前集》卷十二《跋唐书刘子玄传》，不但将三长作为史家标准，而且指出曾巩对史家标准的"四足"论"亦本于知幾才、学、识三长之意"，明晰地揭示出二人之间的学术联系。他还明言，要想在史学方面有所建树，必须遵守这些前人之论来提高自己的修养。

二是用三长来衡评他人。如清初黎元宽《进贤堂稿》卷一《历史摘议序》称颂该书作者"有三长"；卷九《江陵志余序》称颂该书作者"于学无所不窥，是楚之能读典、坟、丘、索者，既著述穷年，史家之三长具足"，不但以三长评价其人，而且也简明地述说了养成三长的两个前提条件，一是"于学无所不窥"，二是"著述穷年"，将理论性学习与实践性锻炼全都包括在内。其他如曹溶、金堡、方都秦、赵士麟、潘江、王嗣槐、顾景星、陈维崧、冯甦、李馥、唐孙华、彭鹏、高一麟、高士奇、王廷灿、顾图河、林佶、张大受、桑调元、夏之蓉、金兆燕、王昶、吴省钦、彭元瑞、翁方纲、邵晋涵、吴锡麒、许兆椿、顾宗泰、曾燠、詹应甲、彭兆荪、黄本骥、席煜、程恩泽、马星翼、徐宝善、季芝昌、翁心存、彭蕴章、祁隽藻、罗汝怀、宝鋆、董平章、汪曰桢、王庆勋、郭嵩焘、李元度、俞樾、锡缜、沈寿榕、傅以礼、胡凤丹、王韬、张鸣珂、屠湘之、张兴义、易顺鼎等，都将三长作为史家标准评价别人，或被别人许以史才三长的高度评价，总之，发言者都是以三长来评价他人。

　　三是以三长要求自身。此类虽然不如上述两种情况为多，但从清初到清末，也一直存在。如邹漪《启祯野乘》卷首《凡例》第二则称自己"才愧三长"；杜濬《变雅堂遗集》文集卷四《复于公辞聘修江南通志启》，以"才学识三无一长，生老病四逾其半"为由，请辞纂修《江南通志》之聘。其他如曹溶、徐枋、姚文燮、汪琬、朱彝尊、阎兴邦、潘耒、陈梦雷、张廷玉、陈黄中、法式善、张问陶、胡敬、王柏心、汪守愚等，都以三长要求自身，或以不擅三长自谦。张佩纶《涧于集》书牍卷五《复王廉生太史》说："州志……弟所以不敢任者，由于才、学、识均短。"这就说得更为浅白简要了，但既是自谦之语，我们也不必过于当真。

　　以上三者数量，虽然是不完全统计，但已经远远超过以前各朝，直白地显示了史才三长这一术语的深入人心。

二、将三长衍伸为史家的代名词

在史学领域内，三长一词在唐代初起时，本是称职的或者说优秀的史家之标准的代名词，并在此后九百多年间一直作为被讨论史家标准的专门术语，而到了这时，也被用来直接代指史家了，这是三长一词语意发展的新现象。如单隆周《雪园诗赋》初集卷三《修书闹》云："迁国谤（指司马迁事），固家窃（班固），忿髡钳（陈寿），秽蛱蝶（魏收），崔家直笔祸更烈（崔浩）。后身一旦聚史馆，老拳毒手互摩切。三长何在四维绝，布衣大儒空结舌。"还有卷十四《上姚非庵先生，兼述鄙怀一百韵》，都用三长一词来指称史家。其他如张廷璐、阿克敦、杭世骏、胡天游、吴骞、焦和生、陈用光、胡敬、方东树、蒋湘南、曾国藩等，也都将三长直接作为史家的代名词。这既是三长语意的衍伸，也是这一术语更加深入人心、博得公论肯定的一种表现。因而此类事例虽然不多，但确实代表了一个新的现象。

三、将史才三长加以推广，并发展成为通论人才标准的代名词

刘知幾提出的史才三长论在南宋时开始向史学领域之外推广，时人周麟之在思想上打开了将史才三长拓展应用于其他学术领域的思路，宋末民族英雄谢枋得则在具体学术实践中，明确将原本属于史学领域的三长标准向外延伸、推广，用在了教人如何学习古文之法的文学领域，宋末遗民卫宗武则从"通学"的角度讲到才、学、识三长，远远超出了史学这一个方面。明朝时，屠隆、钱允治、倪元璐等人也将三长这一史家标准扩及

一般人才标准。但总起来看，此类事例并不多见。到了清代，这种意识和表述则相当广泛，并将史才三长推广为通论人才标准的代名词。

（一）将史才三长推广到诗文画方面

程瑞祊《槐江诗钞》卷三《过半塘吊黄仪通》云："宿草重青泪未干，人亡谁复主骚坛。文章渊雅三长擅，身世浮沉一醉完。"诗中所用三长，显然是指诗文方面，而不是史学。

著名诗人袁枚曾经多次表述作诗需具备三长之意，其中最著名的是《随园诗话》卷三所云："作史三长，才、学、识缺一不可。余谓诗亦如之，而识最为先，非识则才与学俱误用矣。"何谓"非识则才与学俱误用矣"？袁枚在《小仓山房文集》卷十七《答兰垞第二书》中说，善学诗者，"其要总在识"。他用射箭之道来比喻三长之论，说弓箭本身相当于"学"，运用弓箭、拿得动弓箭相当于"才"，怎样射出去以确保射中鹄的的原则和方法相当于"识"。没有"识"，弓箭再好，使用弓箭的人再有力气，也只是将箭射偏，而不能射中鹄的，造成对弓箭的滥用。袁枚认为，对于作诗来说，其道亦然，必须三长兼备，而"识为尤"。同时他又专门针对作诗指出，有识，就不会曲从别人，不会夸耀自己，不会受古人蒙蔽，不会受习惯局限。由此可知他所讲的"识"，是既要独到不群，又要客观公正，既不受外界所蔽，也不故作惊人之论。这在思想理论上说，当然是正确的。而其"非识则才与学俱误用矣"，也对"识"的思想统领作用做出了恰切的指陈。

袁枚有如此认识，他的好朋友祝德麟也以三长兼备称颂他，其《悦亲楼诗集》卷二十六《题小仓山房诗集十首》之一说："东方红日照扶桑，手揽麒麟下大荒。我读公诗如读史，能兼才学识三长。"将三长兼备的桂冠赠予袁枚。

在袁枚之后，著名史学家钱大昕也用才、学、识三长来评论诗人。其《潜研堂文集》卷二六《春星草堂诗集序》说："昔人言史有三长，愚谓诗亦有四长，曰才、曰学、曰识、曰情。放笔千言，挥洒自如，诗之才也；含经咀史，无一字无来历，诗之学也；转益多师，涤淫哇而远鄙俗，诗之识也；境往神留，语近意深，诗之情也。方其人心有感，天籁自鸣，虽村谣里谚，非无一篇一句之可传，而不登大雅之堂者，无学、识以济之也；亦有胸罗万卷、采色富赡，而外强中干，读未终篇，索然意尽者，无情以宰之也；有才而无情，不可谓之真才，有才、情而无学、识，不可谓之大才。尚稽千古，兼斯四者，代难其人。"这显然是把史学领域的才、学、识三长直接应用到诗学领域，然后根据他个人对诗歌创作的理解，补之以"情"，作为对诗人标准的"四长"的要求。其中他对才、学、识三长内涵的认识与理解，与刘知幾所论没有大的区别。

戴殿泗《风希堂文集》卷二《曹珩圃宜弦堂集序》说："史家必备有三长，曰才、学、识。惟诗亦然，三者不备，则无以举其体，而气亦不充。才、识者，由于学者也。曹君诗五七言古近体，投之所向，无不如志，才、学充焉耳。而识所独到，则在乎咏忠臣杰士诸作，莫不慷慨激越，沉郁顿挫，有以抉其隐而发其閟。"强调作诗必备三长，否则"无以举其体，而气亦不充"，并就才、学、识三者关系指出，才、识皆由学而成，是通过后天学习养成，并非先天所具有。此论在理，但有一点也不能忽视，即人的先天禀赋对成学过程及其发展方向都有一定影响。戴殿泗还说，只有"才、学充焉"，才能达到"投之所向，无不如志"的良好状况，再加以识充，即具有独到之识，则必会"有以抉其隐而发其閟"。应该说，戴殿泗对诗学领域才、学、识三者关系的讨论，不但正确，而且也同样适用于史学领域。

法式善说，"作诗如史，才、学、识三者须兼之"。那么诗人如何才能三长兼备呢？法式善指出，这既需要一些先天性的资质，风格气度高雅脱俗，还需要"沉酣史集，历览山川"，也就是读书广博和眼界开阔。做到了三长兼备，写出来的诗就能"雄悍排奡，别开生面"①，取得突出时人的成就。

刘文淇指出："昔刘知幾谓作史有三长，曰才、曰学、曰识。后人取以论诗，谓作诗者亦必具三长，而后其诗乃工。钱辛楣先生申其说云：'放笔千言，挥洒自如，诗之才也。含经咀史，无一字无来历，诗之学也。转益多师，涤淫哇而远鄙俗，诗之识也。'是固然已。窃谓三者之中，尤必以学为本，才非学则不展，识非学则不卓。"② 不但以才、学、识三长论诗，而且对三者关系进行了分析论述。

李元度也说："刘子元谓作史须兼才、学、识三长，余谓诗亦然。"指出作诗不可缺三长。并进而认为："诗不可无才，夫人知之矣，然非胸有积轴，撷六籍之华以为根荄，而又所处者

---

① ［清］潘衍桐：《两浙辎轩续录》卷二六《陈均》题名下注释引，上海：上海古籍出版社，续修四库全书第 1685 册，第 760 页。

② ［清］刘文淇：《青溪旧屋文集》卷六《舍是集序》，上海：上海古籍出版社，续修四库全书第 1517 册，第 41 页。

高、所见者大，……亦未由吐弃凡近，追古人而从之。……学益老，识益巨，才益恢且奇。"① 这是申说"学""识"两个方面对"才"之形成与发挥的重要影响。

朱庭珍赞同上述诸人之论，其《筱园诗话》卷一说："作史者，以才、学、识为三长，缺一不可。诗家亦然。三者并重，而识为尤先，非识，则才与学恐或误用，适以成其背驰也。"卷二又专论诗学"大家"，称他们是"无美不备，无妙不臻，任拈一花一草，都非下界所有。盖才、学、识俱造至极，故能变化莫测，无所不有"。此外，舒位、陈文述、方东树、周之道、谢坤、黄培芳、沈学渊、梁绍壬等，也都以三长评价诗人，要求诗人必须兼备三长。

在将三长标准用于诗学之时，也有人将其用于写作文章和绘画。如林滋秀在为友人文集作序时说："昔人谓作史贵才、学、识三长，予谓为古文何独不然？盖古文当以空行、以神运，而实从酝酿深醇后得之。学不博则不能善取，又安能善弃？识不精则蔽于古人之成说，而不能迎刃以解。才不大则不能运掉如意，即有学、识，亦形蹇滞而不克了然于心手之间。"② 他对才、学、识三者内涵的解释并未有超出前人的新认识，但他直接把三长用于对古文写作的要求，则无疑拓宽了三长之论的应用范围。

路德《柽华馆全集》文集卷二《时艺开序》称，他对科举

---

① ［清］李元度：《天岳山馆文钞》卷二五《白雨湖庄诗钞序》，上海：上海古籍出版社续修四库全书第 1549 册，第 392—393 页。

② ［清］林滋秀：《逢原斋文钞序》，［清］孙诒让《温州经籍志》卷三一华氏（文漪）《逢原斋文钞》引，上海：上海古籍出版社续修四库全书第 918 册，第 640 页。

时文，"但观篇首数句，而其人之才、学、识，一一在吾目中矣"。这是通过阅读科举考试所用八股文，考察作者们的水平，因而这里的"才、学、识"是从写作文章的角度来谈的。

陈澧在为友人文集作序时说："昔人谓史家有三长，学也、识也、才也。澧尝论之，以为文章家亦然。无学则文陋，无识则文乖，无才则文弱而不振。然持此以论文，其可以号为文人者寡矣。"① 明确将史才三长推广到对文章家的要求。他非常清楚，如果用这一标准来要求，则"可以号为文人者寡矣"，但他仍然认为文章家必须具备此三长，足见他对"文人"标准要求之严。

刘熙载《艺概》卷一《文概》说："文以识为主。认题立意，非识之高卓精审，无以中要。才、学、识三长，识为尤重，岂独作史然耶？"这也是直接将史才三长和三长中"识为尤重"的思想推广到文章的写作。此外，涂庆澜《荔隐山房文略》卷末附录《阎志廉撰公祝五十寿文》、金武祥《粟香四笔》卷四《与袁叔英论时文》，也都从"为文"的角度，强调作者应具有三长，不可偏废。

还有人将三长用于讨论绘画，如戴熙《习苦斋画絮》卷四《大幅类》说："识到者笔辣，学充者气酣，才裕者神耸。三长备，而后画道成。"认为只有三长兼备，才能修养成"画道"。这是对才、学、识三长之说在清代出现的新认识。

（二）将史才三长推广为通论人才标准的代名词

顺治时，傅维鳞编修《明书》，在卷一二七《倪岳传》中

---

① ［清］陈澧：《东塾集》卷三《郑小谷补学轩文集序》，上海：上海古籍出版社续修四库全书第 1537 册，第 279—280 页。

称倪岳"才、学、识量优于经济，状貌魁梧，又足称其志意"。显然，这一"才、学、识"三长之论，是作为一般性人才标准来使用的，并非是指史学而言，而且倪岳本人也不擅长史学。

康熙十四年（1675），魏象枢两次上疏举荐因弹劾吴三桂而被流徙奉天的郝浴，称其"才、学、识兼优"，不宜终弃，且曰"臣自愧不如，愿以职让"，郝浴遂被召用，后仕至广西巡抚①。郝浴是一位政治性人物，虽潜心于义理之学，有讲学笔记、诗集等传世，但在史学方面无所表现，因而称其"才、学、识兼优"，就不是史学意义上的三长兼备，而是通论一般人才之标准。

康熙三十九年（1700），王廷抡编刊《临汀考言》，其卷十六《季考》之三有云："定于某日齐集文场，听候本府亲临考校，务要无奇不吐，有蕴必挥，极才、学、识之长，抉天、地、人之秘。复睹云烂星陈于一日，预卜鸢飞鱼跃于三秋。多士其褰裳而来，本府且拭目以待。"很明显，这里的才、学、识三长，也肯定不仅仅限于史学领域，而是泛论一般人才标准。

章学诚在将才、学、识三长作为史家标准使用的同时，也深知这一人才标准的论述并不限于史学领域，因而明确教导学生说："刘知幾论史有三长，才、学、识是也。岂惟作史，天下凡事，莫不皆然。"并提出"力学可以辨识，练识可以充才"②，认为不断加强"学"这一层面的修养，可以增强见识、提高辨

---

① ［清］杨素蕴：《郝雪海中丞事略》，［清］李元度《国朝先正事略》卷五，上海：上海古籍出版社续修四库全书第 538 册，第 112—113 页。

② ［清］章学诚：《清漳书院留别条训》"其十五"，北京：文物出版社，1985 年，《章学诚遗书》佚篇，第 669—670 页。

析判断能力，而见识的增强，则会使才能得到更为充分的发挥。他不但明确将史才三长推广为一般人才标准，而且对三者关系做出了简要论述。

方东树曾在《昭昧詹言续录》卷一说，"一诗必兼才、学、识三者"，然统观其传世著作，其所言又岂止诗歌而已。他在《大意尊闻》卷一明确指出："天下万事，离不了才、学、识，而识最居先。徒恃才，无有不败。惟识乃可以济才之用，而识生于学问。"其《考槃集文录》卷四《望溪先生年谱序》说，桐城派文学家中，方苞、刘大櫆、姚鼐三人为学者所宗，"皆各以其才、学、识自成一家，自有千古"。其《昭昧詹言》卷一又说："凡作文与诗，有一题本分所当有者，有作者自己才、学、识襟抱之所有者。既自家有才、有学、识，又必深有得于古人真传一脉，方为作者。若仅于词足尽题，奚有异观？"显然，方氏所言，是以三长通论所有人才标准。

稍后的姚莹也说："古人言，史擅三长。岂惟修史，凡成书皆然。"又具体论学习作文之法说："大抵才、学、识三者，先立其本，然后讲求于格、律、声、色、神、理、气、味八者，以为其用，而尤以绝嗜欲、澹荣利，荡涤其心志，无一毫世俗之见于乎其中，多读书而久久为之，自有独得，非岁月旦夕所可几也。"① 总之，在他看来，所有著书之人，都应以三长作为自身才能标准的要求。

此外，储大文、罗天尺、蒋士铨、王念孙、叶绍楏、王昙、

---

① ［清］姚莹：《东溟文集》文外集卷一《与南北史合注局诸人书》、文后集卷八《复陆次山论文书》，上海：上海古籍出版社续修四库全书第1512册，第624、563页。

路德、张祥河、张应昌、胡林翼、方宗诚、谢章铤、俞樾、许起、樊增祥等，也都以三长通论一般人才标准。

才、学、识三长提出之时，仅限于史学领域运用这一理论，南宋以来开始向史学领域之外衍伸，但发展至明末，也仅有个别推广于史学之外的事例，而到了清代，不但被广泛地推广于诗文画方面，而且还被明确推广为通论一般人才标准的代名词。这既是才、学、识三长之说意旨宏通、适用范围广博的证明，也是其适用范围广博的结果，同时也说明了人们对这一论述的认识更加认可、更加深入和更加完备。

四、对史才三长论的探讨

（一）对三长内涵的探讨与补充

明末清初，金堡多次以三长作为史家标准来评价友人，并对三长有所探讨。其《遍行堂续集》卷二《徐圃臣历书序》就历法问题，讲论史家所需具有的才、学、识三长的各自要领。他说"有学无才，举之不贯"，是说即使具备历法知识，但若才能不到，也无法将其所掌握的知识予以疏通考察、随宜安排，也就是无法驾驭那些知识。所谓"有才无识，择之不精"，是说虽然能够驾驭所掌握的历法知识，但若见识不到，也不可能精确地作出判断，得出符合事实的客观结论，即"或求而不合，或小合大违、大合小违"，而"求之而合"则是有识的表现。所谓"有识有才而无学，辩之不确，疏即模棱，密亦附会"，是说必须切实掌握历法知识，否则即使有识有才，也无法准确辨明事实本身，以致造成或者模棱两可或者附会虚说的弊病。显然，金堡的论述，既与刘知幾论述三长的表述形式很相像，也与其意旨上大体相同，但在语义表达上则比刘知幾更为具体、切实。

史学家计六奇在康熙十年（1671）撰成《明季南略》一书，其中卷十六《跋》说："甚矣，书之不易成也！昔之著书者，必有三资四助。三资者，才、学、识是。落笔惊人，才也；博览群书，学也；论断千古，识也。"所谓"落笔惊人"，虽然很难具体确切地指明什么样的文章笔力可以达到"惊人"的效果，但其所言是指史家的撰史才能要达到一定高度，则是没有问题的；所谓"博览群书"，是指史家的知识结构问题；"论断千古"，是指史家必须要有独到的见识。毫无疑问，这与刘知幾关于三长的论述也大体相同。

汪灏在评论方志类著作撰写工作时说："从来作史只需三长，修志兼需有守、有骨、有胆，否则或以利诱，或以势动，或以刁挟矣。"① 认为撰修史书中的地方志类著作，仅有才、学、识三长还不够，还要有操守、骨气和胆量，以杜绝利诱，不畏强势，敢于和无赖豪横势力作斗争。这表面上是在为三长之论作补充，但其实，汪灏所言"有守、有骨"是包含在刘知幾本人所说的"识"中的，是其中品德高尚这一层面的意思，只是后来学者对"识"的认知，往往仅取见识、评断这一层面的意思，背离了刘知幾的本意，以致明代有不少学者特地要为三长补加品德的内容，汪灏亦是如此。至于"有胆"，《史通·直书》在具体评价习凿齿、宋孝王和王劭时，称赞他们叙述当代

---

① ［清］廖腾煃：《海阳纪略》卷上《重修休宁县志序》末附汪灏评论，北京：北京出版社四库未收书辑刊第7辑第28册，第386页。

历史务在审实，"书其所讳，曾无惮色。刚亦不吐，其斯人欤"！随后通论性地指出："盖烈士徇名，壮夫重气，宁为兰摧玉折，不作瓦砾长存。若南、董之仗气直书，不避强御；韦、崔之肆情奋笔，无所阿容。虽周身之防有所不足，而遗芳余烈，人到于今称之。"《曲笔》说："盖霜雪交下，始见贞松之操；国家丧乱，方验忠臣之节。若汉末之董承、耿纪，晋初之诸葛、毋丘，齐兴而有刘秉、袁粲，周灭而有王谦、尉（迟）迥，斯皆破家殉国，视死犹生。"所谈无非是品德和胆量的问题。因此从渊源上说，刘知幾已经提出了"有胆"的问题，只是他把这一内涵归并于品德之内，大概他认为只要品德高尚，就必会在正直品德的导引下，当仁不让，敢作敢为，视义之所趋而不避危害。所以汪灏提出的"有守、有骨、有胆"，好像是对才、学、识三长的补充，但其内容实则并未超出刘知幾的本旨。不过，他把守、骨、胆三个范畴单独提出，对于提醒和督促人们有针对性地加强这些方面的自我修养，还是有意义的。

张廷璪在评论司马迁、班固时，主动引入三长之说来展开论述，从而提出了自己对三长问题的认识。其《张思斋示孙编》卷三《班马异同论》说，才、学、识三者"诚作史之大法"，但司马迁和班固虽才、识兼具，于学则"未充"，原因是司马迁《史记》"羞贫贱而轻仁义，《货殖》《游侠》诸传，聊以自抒其愤郁，而不知其言之过也"，班固《汉书》则是"列传中不重死节之臣"。张廷璪所说的"驰骋上下，详博雅驯，谓之才"，与刘知幾所言"才"意旨吻合，是指史家的写作才能问题；"辨王霸之异，定邪正之归，谓之识"，是刘知幾所言"识"之见识层面的意思；但他所说的"学"，则除了刘知幾所言"学"的内容外，还包括了"褒贬之严，等于衮钺"的评断性内容，并用这一内容批评司马迁和班固于学"皆未之充"，而据《史通·探赜》，这一内容包含于刘知幾所言"识"的范围之内。因此总的来看，张廷璪对三长的讨论并没有提出什么新的内容，虽然他对"学"的认识与刘知幾不同，但从一般观念来看，还是刘知幾的认识更为得体。

胡天游在评二十一史时，也主要从三长的角度入手。在他看来，"前世善言史者莫如刘知幾，其言曰：史有三长，非才无以笼罩百代，非学无以穿猎千古，非识无以辨贤奸邪正、是否得失之所在。然识者观之，以为史一代者，其学也固甚难，抑难乎才，且尤难乎识"①。胡天游对三长内涵的解释，与刘知幾本意大体相同，不必细论。而且从前文可知，就是他所说的"学也固甚难，抑难乎才，且尤难乎识"，与刘知幾和南宋吴垧、魏了翁等人所言，也没什么大的差异。

陈宏谋将明代顾锡畴《正史约》一书稍为增订后予以刊刻，他在序中说："昔彭城刘氏论史有三长。窃谓纂辑之家，才不大无以删繁补略，识不邃无以提要钩元，而学不正则逞才使识、进退网罗，无以折衷于大道。"② 肯定才、学、识三长为史家标准，提出必须才大、识邃、学正。刘知幾没有明确提到"大""邃""正"的要求，但从语义上分析，陈宏谋提出的才能、见识两个方面与刘知幾所言是符合的，至于学，从陈宏谋的解释

---

① ［清］胡天游：《石笥山房集》文集补遗《评二十一史》，上海：上海古籍出版社，续修四库全书第 1425 册，第 441 页。
② ［清］陈宏谋：《重订正史约序》，［清］王昶《湖海文传》卷二五，上海：上海古籍出版社，续修四库全书第 1668 册，第 623 页。

看来，是说除了各种专门知识外，还包括理论素养、指导思想和价值观念等方面的内容，这倒是刘知幾较少谈到的。

李继圣认为："史之难其人也，非三长之难，而有百折不回之气之为难。……士君子呻唔半生，或立身本朝，遗大投艰，或唇敝舌焦，终难见赏，必不可改弦易辙，以伺他人之喜厌，则浩气孤行天地间，斯有大文章、大名节矣。"① 这是在肯定三长的基础上，又特别补充强调史家品德的重要性。显然，这也是沿着明代学者对三长补以品德的认识继续发展的。此文末附有"杜躬山"评论："勿河汉其言！"说明其论在当时已经引起重视。

曹学诗在对三长内涵进行讨论的同时，也提出了他对养成三长的方法的认识。关于前一方面，他说："所谓才、学、识为作史三长者，非才不足以纵横驰骤，与左、迁相颉颃；非学不足以贯彻天人，权衡精当；非识不足以烛微照幽，推见至隐，而使风霜之笔、衮钺之词无所避忌。"这与刘知幾所讲的文章写作才能、满腹经纶的知识结构、高超见识与品德修养兼具的史识基本相同。关于后一方面，曹学诗说："顾所以养其才，富其学，扩其识者，唯在国家之甄陶拔选，以成良史之才而已矣。"要求对有关人员进行专科性的史学训练，"讲求史法"②，以培养专门的史学人才。具体来说，就是在"才"即写作才能培养方面，选取以往史学名著，让有关人员弃其疵弊，含英咀华，日

---

① ［清］李继圣：《寻古斋文集》卷二《孙安国论》，北京：北京出版社四库禁毁书丛刊集部第 168 册，第 235 页。

② ［清］曹学诗：《香雪文钞》卷十《史学》，北京：北京出版社四库未收书辑刊第 10 辑第 16 册，第 496 页。

夜研习，以使"其文有作史风力"；在"学"即知识结构方面，
务使有关人员博学宏览，并就古今政治演变的关节和历史发展
的源流时常讲习，同时贯之以中正的价值理念，使其知识结构
合理融通而迅速提高；在"识"方面，通过让有关人员处理一
些现实事务，磨砺他们忠心体国的道德品质，增强其公正无私
的胆力和意志，使他们不畏祸难强暴，做出符合事实的、公正
的是非褒贬评论，则其识见必会一天天增长起来。应该说，曹
学诗的这一建议既具体可操作，又带有宏观讲论的一般性质。
按照他的这一要求去做，未必会把有关人员全都培养成优秀的
史学家，因为他所谈的大都是针对客体方面，更多的是对培养
者方面的要求，但是作为史家主体的被培养者方面，他们自身
的努力也是很重要的，而曹学诗对这一方面论述不多，明显重
视不够。不过我们也必须承认，他的建议还是很有道理的，而
如此详明、如此具体而微地讲论如何培养三长的论述，在古代
也着实不多见，这就凸显了曹氏此论的特殊性和独到性。

　　齐召南《宝纶堂续集》卷六《论志难》一文，在讨论志书
难修问题时，以对比的方式指出，"志与史小异而大同，其难为
也，较史又不啻倍蓰"。他说："作史者必擅三长，惟志亦然。
去取存乎识，博综存乎学，雅而不靡、简而能括、详而勿杂存
乎才。有是三者，而无圣贤所具之道、所存之心，犹未必其无
遗憾也。……才、学、识必先有其心其道，而优于史必先优于
经。"强调修志者必须具备史才三长，对三长内涵的理解也大体
同于刘知幾，但他认为除了史才三长外，还需要具有"圣贤所
具之道、所存之心"，"必先有其心其道"，与《尚书》《诗经》
《春秋》《周易》等儒家经书思想保持一致，才能修成可称为

"善"的志书。其言外之意，无非是在经学思想的笼罩下，进行志书的编修，从而也就突出反映了齐召南本人在当时历史条件下所具有的正宗史学思想。在《宝纶堂文钞》卷一《史论》中，齐召南再次表达此意说："总之史才最难，非刘知幾所云兼三长者，未足当之。而其人非有圣贤之道、公正之心，虽具三长，犹未尽善。史岂易言乎！"要求在三长之上，必须具有"圣贤之道、公正之心"，并时刻以之统领和指导三长，才能达到尽善尽美。这其实就是在才、学、识三者之外，补充和强调了德的要求，并以德为首。而他所说的德，所强调的"圣贤之道、公正之心"，当然是以统治阶级为核心的封建专制主义思想。

著名诗人、史学家赵翼曾为友人谢启昆《树经堂咏史诗》作序。咏史诗是以历史人物、历史事件或历史遗迹为题材，通过咏叹历史，寄托兴衰哀思之感，表达托古讽今之目的，因而咏史诗虽然也是诗，具有诗作的一般特征，但从内容属性上说，则属于历史评论的内容，是以诗歌的形式写出的历史评论。赵翼指出，创作咏史诗，诗人必须具有"深观于各朝之时势及诸臣之品量"的史才三长，做到识高、学博、才逸，才可以写出好的咏史诗。他认为谢启昆的咏史诗在"标举人伦、推究治乱"等方面，"悉当其轻重"，"勿爽其低昂，固已独具正法眼藏"，因而赞之为"非才、学、识三者兼擅，而能工至此极乎"！[①] 从赵翼的整体论述看来，他对才、学、识三长内涵的探讨，与刘知幾所言并无多少区别。

---

① ［清］赵翼：《树经堂咏史诗序》，［清］谢启昆《树经堂咏史诗》卷首，北京：北京出版社四库未收书辑刊第4辑第20册，第492—493页。

赵翼之后，唐仲冕为友人《山西咏古诗》作序，认为"作史必具三长，咏古亦然。盖才不俊则蹶，学不充则陋，识不卓则俚，安能式古而仪今耶"[①]。咏古诗即咏史诗。所谓"咏古亦然"，说的是写作咏古诗也必须具备史才三长。唐仲冕提出，必须才俊、学充、识卓，才能写出光耀古今的典范之作，"式古而仪今"。这与刘知幾提出史才三长时所表达的意旨是一致的。他的这一论述，既是说作诗，也是谈作史。

（二）将三长由作史者扩及于读史者的探讨

夏之蓉殚见洽闻，"（于）二十二史之本末源流，七穿八洞于胸中，每有心得，作为论断"，撰成《读史提要录》。黄达认为，夏之蓉"具才、学、识三长，而高出于宋明诸儒之论断上也。然则如先生者，斯为能善读史矣"，并由此提出："史非其人不能作，亦非其人不能读。人必具才、学、识三长而史以作焉，读史犹是也。"[②] 倡言读史者也须具备三长，才能成为"善读史"者。这就把对作史者的三长标准的要求扩及为对读史者的要求。

王昶和曾燠则以诗作的方式讲论这一问题。王昶在《春融堂集》卷二三《示周泉南（郁滨）》中说："才学识三长，备具乃作史。我谓读史者，所贵亦复尔。孟坚学输才，未善中兴纪。不识天撑犁，浅学殊可鄙。天道本人情，民义即物理。博取而

---

① ［清］唐仲冕：《陶山文录》卷五《山西咏古诗序》，上海：上海古籍出版社续修四库全书第 1478 册，第 413 页。

② ［清］黄达：《一楼集》卷十八《夏醴谷读史提要录序》，北京：北京出版社四库未收书辑刊第 10 辑第 15 册，第 751 页。

约观，端为法戒起。治乱兴衰间，明鉴彻终始。君子本诸身，治人先治己。少贱视所为，名节在用耻。"强调读史者也必须像作史者一样，才、学、识三长备具，并以自己阅读班固《汉书》的感受为例，阐发其意。曾燠《赏雨茅屋诗集》卷十七《题受笙读汉书诗后》也说："从来作史非易事，读史亦复需三长。"虽然说得比较简单，但意旨还是非常明确的。

邓显鹤也从读史者角度，强调了三长问题。其《南村草堂文钞》卷四《许莲舫先生史评赘序》说："读史之法有三，注释、考证、评论是已。"注释、考证都不可少，但二者"断断字句间，一朴学能之"；评论乃是"综一代之始终，而发明其用人行政之贤否忠佞、得失治乱，则评论为尤要"，"故读史三法，评论尤难"。那么，怎样才能做好历史评论呢？他说："评论必兼才、学、识三长，又其人操履醇正、心志和平，不为放言危论，乃能臧否进退而厘然当乎人心，非贤者不能。"显然，他把学界公认的史家写史的三个标准，应用于对读史者的要求，强调三者必备而不可或缺，同时又补之以品德方面的要求，认为如此才能使评论"臧否进退而厘然当乎人心"，而做到了这一步，读史者即是"贤者"。可见，在他的理念中，三长不但是读史者必须具备的基本要求，而且是成为"贤者"的必备前提条件。

卢秉钧在光绪十六年（1890）编定《红杏山房闻见随笔》，其中卷二说："世人谓作史非具才、学、识三长不能作，余谓读史亦然，纵无三长，亦必要稍有学、识者方可读。"然后他列举了朱熹《通鉴纲目》、胡三省《资治通鉴音注》以及《旧唐书》《新唐书》《资治通鉴》等史书中的错误情况，指出："以上数则，若毫无学、识，不几为史书所误耶?"这是从最基本的读史有得、不被伪误蒙蔽的角度讲的，说的也很是在理，因为如果连一些基本的历史学专业的学理常识都没有，那肯定是读不懂史书的。

（三）对三长得以发挥的前提条件的探讨

陈兆仑对三长的探讨，落脚点与他人不同，他关注的乃是如何有效发挥三长的问题。他提出"专与和之说"，认为"作史之难，非才、学、识之难也，患在不专不和耳"。所谓"专"，包括专职、专才两个方面，即使史家兼备三长，但若"职任之不专、志力之不专，则无成，成亦不善"，强调既有"专于其事而犹未善者"，更存在"未有不专而能善者"。他还进一步分析说："不专之故有二，一则非其职而不敢专，一则无其具而不能专。夫不敢专与不能专，则是官非太史、才非马班，皆将投笔敛衽，谦让而不遑矣。"这就要求，朝廷必须给史家提供发挥专才的必备条件，而史家个人也要真正具备史学专才。所谓"和"，指和衷共济，"天下不皆具才、学、识也，事必由众济，相济则材全，材全则美具，虽中人亦得以有立于世"，强调"群材和乐于朝，而无嫌忌之私，有让善之美"，共同修成优秀的史学著作。① 陈兆仑没有对三长本身的内涵进行探讨，他更为关注的是三长得以发挥的前提保障条件，是关系三长能否有用武之地的问题。这当然是重要的或者说迫切的现实问题，因为如果

---

① ［清］陈兆仑:《紫竹山房文集》卷一《史论》，北京：北京出版社四库未收书辑刊第 9 辑第 25 册，第 236 页。

连用武之地都没有，三长自然不能得到发挥和应用，更遑论撰成优秀的史书了。

在陈兆仑之前，明代袁中道曾提出，必须选用"有才、有学、有识之布衣"，即陈兆仑所说的专才，而"犹有至要者，曰独"，要给他们独任、独断的权力。他的意思很明显，如果不能保证史官史家有独任、独断的权力，则史才三长必将无用武之地。毫无疑问，这也是为史才三长的实现补以充分而必要的前提条件。陈兆仑所说的职任专，与袁中道所说的独任、独断，主旨基本相同，不知陈氏此论是否受到了袁中道的启发与影响。

（四）才、学、识、德"史才四长"的形成

清代对史才三长的讨论，最引人注目的，莫过于形成了才、学、识、德"史才四长"之论，虽然"史才四长"这一术语，只是到了近代才由史学大师梁启超正式提出"史家四长"而确立。

前文已述，南宋王柏曾在悼文中赞誉友人"直方大之德、才学识之长"，把"德"与才、学、识三长并列，并冠于三长之前。只是他当时并非是在讨论三长问题，因而其这一做法应属无心插柳的偶然所为，虽然在无意之间最早开启了史才四长的讨论，但还不能看作是史才四长产生的直接源头。到了明代，学者们把史才三长中"识"的概念，疏离了刘知幾本人所界定的包含品德修养与历史见识双层涵义的本来意旨，而定格在历史见识这一观点和识断的层面，于是著名学者丘濬、胡应麟等人都特别强调品德对于史家的重要性，对三长之论补以"心术正""二善"（公心和直笔）等品德方面的要求，这实际上就已经提出了才、学、识、德四长的问题，只是尚未找到与才、学、识三字适配的概念范畴。清代齐召南在讨论三长问题时，也认为"非有圣贤之道、公正之心，虽具三长，犹未尽善"，并说"才、学、识必先有其心其道"，不但在三长之外补以品德的要求，而且还明确要求以品德为首。

在前人的基础上，章学诚明确提出了"史德"这一概念，并将专论该问题的文章也命名为《史德》。他在该篇中说，才、学、识三者，得一不易，兼三尤难，但即使三长兼备，犹未足以尽良史之理。鉴于"识"在三长中的突出重要性，他特别指出："能具史识者，必知史德。德者何？谓著书者之心术也。"然后又总结性地申明："盖欲为良史者，当慎辨于天人之际，尽其天而不益以人也。尽其天而不益以人，虽未能至，苟允知之，亦足以称著书者之心术矣。"① 如此，他就以"德"字与才、学、识三字相配，实现了将史家标准由才、学、识三长向才、学、识、德四长的转变。

1926 年，梁启超续讲《中国历史研究法》，其中第二章为"史家的四长"，即"史才四长"。他说："刘子玄说史家应有三长，即史才、史学、史识。章实斋添上一个史德，并为四长。实斋此种补充甚是，要想做一个史家必须具备此四种资格。"而他自己所讲，"就是用刘、章二人所说的话予以新意义，加以新解释"。所谓新意义、新解释，首先是将章学诚所讲的才、学、识、德顺序，变更为"先史德"，之后依次为学、识、才，这就

---

① ［清］章学诚：《文史通义》卷五《史德》，《章学诚遗书》，北京：文物出版社，1985 年，第 40 页。

比章学诚更加凸显了"史德"的意义。其次，他将德、学、识、才四个概念的内涵，按照自己的理解进行了解释和说明。他说，"实斋所谓史德，乃是对于过去毫不偏私，善恶褒贬，务求公正"，也就是要求史家心术必须端正。他自己则认为，"史家第一件道德，莫过于忠实。如何才算忠实？即'对于所叙述的史迹纯采客观的态度，不丝毫参以自己意见'便是"，认为"史家道德，应如鉴空衡平，是甚么，照出来就是甚么，有多重，称出来就有多重，把自己主观意见铲除净尽，把自己性格培养成像镜子和天平一样"①。至于另外三个方面，学是指史家对史料的掌握能力，识是指史家的观察能力，才是指史家的文章写作能力。梁先生的解说非常详细具体，但从性质上说，与古代学者的认识没有大的区别。总之，梁先生不但明确提出了"史家四长"即"史才四长"这一术语，而且对四长予以新意义、加以新解释，既传承了古人对其中概念内涵的基本认识，也贯入了近代以来史学发展的新理念，使四长之说更加符合近代史学的理性要求，从而获得学术界的普遍认可，成为新的历史条件下的史家标准论，大畅于学界。

借助梁先生的这一力量，特别是他对"史德"重要性的强调，明确提出"史德"概念并确立才、学、识、德四要素的章学诚的史才四长之说，也被学界广泛认可。但有一个问题需要注意：以才、学、识、德为四要素的史才四长之说，虽然是由章学诚来完成的，梁先生也是直接在他的基础上总结提炼出了

---

① 梁启超：《中国历史研究法》，上海：上海古籍出版社，1998年，第156—157、159页。

"史家四长"这一术语，这证明章学诚以"德"字与才、学、识三字相配而确立的史才四长之说，在"史家四长"这一术语的形成方面，是有其积极意义的。但自梁先生以来，史才四长之说被学界广泛认可，不单单是因为这一术语本身所具有的综合概括能力，更重要的是其内涵具有近现代史学的理性要素。如果章学诚所说的史才四长也具有这样的理性要素，则其备受后人赞许也就属于实至名归，但如果不是，则其受到这样的称许，就是不合适的。换句话说，我们必须辨析和区分梁先生所说的史才四长和章学诚所说的史才四长之间的不同，不能将二者混为一谈。其中最主要甚至可说唯一的不同，就是对"史德"概念的认识，而这正是双方都特别强调、特别看重的环节，因而也就成为问题的关键所在。

作为封建统治阶级思想的代言人，章学诚之前的丘濬、胡应麟、齐召南等人所说的心术、公心等品德的要求，都是以维护统治阶级利益为核心的封建专制主义思想，这是由他们所处的时代局限性和阶级局限性所决定的，既不须苛求，也无须讳言。作为清代乾嘉时期程朱理学思想的主要代表之一，章学诚对"史德"的认识应该也不例外。当然，真实情况如何，还要看章学诚自己的相关论述，不能完全以前人的情况例推之。

诚如史学史研究专家乔治忠所说，章学诚"第一次明确提出了关于史家必须具备'史德'的概念，因而备受后人称许。然而，他的'史德'论的真正含义是什么？却很值得深入探讨。迄今为止，学术界对此问题虽然已有多篇评论，但都没有窥破其思想的真谛"①。章学诚所谓"辨心术以议史德"，即其所言"当慎辨于天人之际，尽其天而不益以人"。对于这句话，从1920年代胡适出版《章实斋先生年谱》以来，学术界大多理解成是要求史家以客观的态度尊重史实，而不能掺杂个人主观意志，上引梁启超所说"实斋所谓史德，乃是对于过去毫不偏私，善恶褒贬，务求公正"，也属于这一看法。其实，这完全是以近代的史学理念对章学诚这句话作出的抽象性的解释，是近代人的理解，但并非说出这句话的章学诚本人的意思，而且根本不符合章学诚本人的思想实际。

这里面的关键，在于如何理解和认识"尽其天而不益以人"中的"天"与"人"两个概念的含义。据乔先生考察：章学诚"虽然也偶尔谈到过自然界的'天'，但更多的是从哲理的角度说'天'，却从来不曾以'天'代指历史事实。……而《史德》篇所讲'尽其天'乃指尽天理。'尽其天而不益以人'就是尽天理而克制私意，就是要史家对史事的评论完全依照'天理'，而不掺杂个人私意。这种'史德'的标准，与朱熹所极力提倡的'有以尽夫天理之极而无一毫人欲之私'的道德标准完全一致。将'尽其天'解释为如实记述史事不符章氏原意，因为紧接着他就表明'辨心术以议史德'，议的是'善善而恶恶''褒正而嫉邪'的标准和立场，而不是直书实录的撰著态度"，因此，"《史德》篇中的天、人之辨，完全从理学的性理观念出发，丝毫不包含尊重史实的内容"。

---

① 乔治忠：《章学诚"史德"论思想评析》，《中国官方史学与私家史学》，北京：北京图书馆出版社，2008年，第542页。

在前半部分从哲学角度抽象地议论天人之辨后，《史德》后半部分从历史的角度切入，将问题集中在对待君主的褒贬态度上，这正是程朱理学把天理、天道具体化为封建伦理纲常的做法。乔先生分析说：篇中"强调史书倘若'怨诽及于君父'，便是'名教中之罪人，天理所诛，又何著述之可传乎！'这些议论是以朱熹的主张'臣子无说君父不是的道理'为蓝本的，贯彻了理学的道德标准。……（章氏）提出'文又患于为事役也'，即认为史文不能无条件地为史事服务。这非但不是主张如实反映历史发展的真相，恰恰相反，却是要掩盖一些历史事实。章氏有言曰：'史臣不必心术偏私，但为君父大义，则于理自不容无所避就。'这话的意思是说：为了'君父大义'而隐没史实是合理的"。显然，章学诚"所提倡的史德，乃是要求史家尽天理、养心性，评述史事慎勿违背纲常伦理，特别是不可诽君谤主。这种史德完全是理学的道德规范在史学上的移植，是章氏史学思想中的糟粕"，"不仅不包括我们今天所说的尊重客观史实，而且也没有古代正直史家所倡导的'直书''实录'精神"。因此，"章学诚所提倡的史德，根本不值得今天予以赞扬。《史德》所宣扬的思想，在当时的学者中也是比较迂腐和落后的"。

是则，章学诚所提出的"史德"概念，非但不是对刘知幾三长之论的补充和发展，反而是对刘知幾的背离。因为刘知幾所强调的是"好是正直，善恶必书"，《史通·曲笔》虽然也说过"史氏有事涉君亲，必言多隐讳，虽直道不足，而名教存焉"，但全书主旋律还是《直书》所强调的"直书其事，不掩其瑕""仗气直书，不避强御""宁为兰摧玉折，不作瓦砾长存”，这与章学诚是不同的。

由此，虽然都以强调“史德”为特征，但由于对“史德”的认识完全不同，章学诚的史才四长之说也就与梁启超的史才四长之说，有着近乎本质的区别。从“史德”的角度说，梁先生之论之所以得到人们的认可，正是其史学理性因素的必然结果，而章学诚之论则理应受到人们的批判，也是其迂腐落后的必然结果。

如此说来，“史德”概念的提出，就没有什么积极意义吗？也不尽然。虽然章学诚所说的“史德”，“乃是以封建主义思想体系和纲常伦理为准则的道德标准”，但“史德”概念的提出，还是有其价值的，它“在抽象意义上使史家标准论更为丰富，人们可以各自对‘史德’标准作出自己的阐发，提出不同的主张，从而扩展对史学理论探讨的广度”①。例如前面提到的胡适、梁启超等人将“史德”理解为要求史家以客观的态度尊重史实，不掺杂个人主观意志，就代表了他们个人对“史德”概念的认识；他们标榜客观，加以他们在学界的特殊地位，登高一呼，对促进中国近代史学的健康发展起到了重要的推动作用。但我们必须清楚，虽然他们的这一认识由章学诚的“史德”概念而起，但其阐发的意旨已与章学诚本人无关，是他们在中西学术交汇背景下，以近代西方史学理念检视中国传统史学时对章学诚这一概念做出的抽象阐释，是对章学诚这一概念予以了新意义、新解释，已经离开了章学诚的语境和语意。而马克思主义

---

① 杨翼骧、乔治忠：《论中国古代史学理论的思想体系》，《南开学报》1995 年第 5 期。

史学家胡如雷，也沿用了章学诚的"史德"概念，提出建设"社会主义史德"的理论问题，并将其内涵概括为"科学性同革命性的统一"①，对当代史学理论的建设做出了积极贡献。因此，对章学诚提出的"史德"这一概念，我们虽不赞同乃至根本否定其本来意旨，但对这一简洁明了的概念术语则不必舍弃不用。以旧瓶装新酒，有所批判，有所继承，有所发展，才是我们对待古人、对待传统应取的态度。

综上所述，史才三长论在清代更加深入人心，不但有更多学者在史学领域普遍使用这一史家标准的专业术语，而且将三长衍伸为史家的代名词，这是以前没有的现象，同时更加广泛地将这一术语运用于史学领域之外，论诗、论文、论画，并发展成为通论人才标准的代名词。还有一些学者对史才三长论的内涵进行了探讨，既涉及史学领域又涉及诗学领域，但诗学领域的探讨内容同样适用于史学领域，只是除了将三长由作史者扩及于对读史者的要求外，和前人相比，他们的探讨没有显现出太多的新意。章学诚虽然第一次明确在三长之外补充以"史德"的概念，但其本旨，乃是以封建纲常伦理为准则的道德标准，虽然这符合章学诚一生的思想信条和实践作为，但在当时已经是迂腐和落后的东西，因此在他这里虽然形成了以"史德"为特征的史才四长之说，但并非是对刘知幾史才三长之论的有益补充和发展，相反，倒退的迹象还很明显。对此，我们必须分清章学诚的史才四长之说与梁启超所讲论的史才四长之说的

---

① 胡如雷：《试论社会主义史德》，《河北学刊》1985 年第 2 期。

本质不同。不过"史德"概念的提出，还是有其一定的积极意义的，后人可以对这一概念作出符合时代发展的思想阐发，而不必舍弃这一简洁明了的概念术语，因为把孩子和洗澡水一起倒掉的做法是不可取的。

第五章

旧貌新颜：近代时期的《史通》学术

近代以来，随着历史学逐渐发展为独立学科，史学理论及史学史受到学界重视，《史通》作为中国传统史学理论著作，其中又有很多史学史的内容，因而成为当时研究传统史学的主要对象和热点之一。较早者如朱希祖、梁启超等人，都对《史通》有很好的研究与论述。傅振伦出版《刘知幾之史学》（又名《史通研究》）、《刘知幾年谱》，刘咸炘写定《史通驳议》，吕思勉出版《史通评》。此外，陈汉章《史通补释》、杨明照《史通通释补》、彭仲铎《史通增释》、程千帆《史通笺记》（未刊稿）、张舜徽《史通平议》（未刊稿）等①，皆为对《史通》深有研究之作。至于梁绳祎、何炳松、陈同仁、翦伯赞等公开发表的《史通》研究单篇论文，则为数更多。而当时不少以"史学概要""史学通论"等为题名的史学理论著作，也都以《史通》为重要参照物，有的还专辟章节阐述《史通》、研究《史通》，表明《史通》对中国近代史学理论的建设发挥了积极作用。

---

① 程千帆《史通笺记》完成于 1946 年，1961 年聊为删补写定，1980 年出版；张舜徽《史通平议》编定于 1948 年，1983 年收入《史学三书平议》出版。鉴于二书大体完成于 1950 年前，笔者将它们纳入本书，一并研究。

近代时期的《史通》学术概况

19世纪末20世纪初，伴随着中国社会的近代化，中国史学也开始了近代化的历程。1901、1902年，梁启超先后发表《中国史叙论》《新史学》两篇文章，提出"史界革命"和"新史学"的口号，在批判传统史学的基础上，以进化论为指导，提出"新史学"的发展方向，拉开了中国传统史学向近代转型的序幕。此后至1949年，中国近代史学获得了长足发展，不但在很多研究领域取得了前所未有的成就，而且形成了卓有特色的中国马克思主义史学流派，为20世纪后半期中国史学的发展打下了比较坚实的基础。

20世纪上半期学术界对刘知幾与《史通》的研究，是当时对古代史家史学思想进行阐发和研究的最主要的两大内容之一，其具体研究状况可分为三大类别：其一，"是以近代史学理论立场出发，从事刘知幾及其史学思想的研究。这类论著的数量不少，并开启了20世纪后半期相关研究的先河"，如梁绳祎《读史通札记》、何炳松《史通评论》、傅振伦《刘知幾之史学》、吕思勉《史通评》、翦伯赞《论刘知幾的历史学》以及梁启超的有关论述等，均属此类研究。其二，"沿袭传统学术路径，对刘知幾及其《史通》进行研究"。这主要表现为三种形式，第一种是为刘知幾做年谱，如傅振伦和周品瑛都著有《刘知幾年谱》；第二种是对《史通》进行校勘、注释、考证、评论和版本研究，陈汉章《史通补释》、杨明照《史通通释补》、彭仲铎《史通增释》都是对《史通》进行校勘、注释、考证性质的重要著作，刘咸炘《史通驳议》属于评论性著作，程千帆《史通笺记》（未刊稿）以注释为主而兼有校勘、考证、评论的内容，张舜徽《史通平议》（未刊稿）以评论为主而兼有考证内容，蒙文通等人所撰《馆藏明蜀刻本〈史通〉初校记》则是对《史通》明清诸版本进行研究；第三种是续写《史通》，如宋慈抱《续史通》一文。其三，"从刘知幾与章学诚二人比较研究的角度，阐述刘知幾的史学思想及其学术地位"，如梁启超、张其昀、张寿林、傅振伦、钱卓升等人，都有此类研究。以上三大类别的研究，不仅确立了整个 20 世纪对刘知幾史学思想进行研究的路径和范式，"并且部分研究成果迄今为止仍为广大学者重视和引用"①。

　　当然，上述三大类别的划分，只是从具体研究方式的特点上对所取得的研究成果进行的大致分类，若从研究内容上说，则不同研究方式之间并不存在不可逾越的鸿沟，因为传统学术路径与近代学术理念并非截然两途、不可相融的。处在近代学术环境之下，即使采用传统学术路径进行研究，也不妨碍研究者们以近代理念对《史通》思想进行挖掘、梳理和研究，从而

---

① 叶建：《中国近代史学理论的形成与演进（1902—1949）》，北京：中国社会科学出版社，2012 年，第 223—231 页。其中举例笔者略有增补，第二类第二种形式中"考证、评论和版本研究"亦为笔者所补。

使关注的问题、阐发的角度、分析的标准、引入的观念等等，不同程度地显现出与以往研究有别的新的面貌，傅振伦《刘知幾年谱》、刘咸炘《史通驳议》、程千帆《史通笺记》（未刊稿）、张舜徽《史通平议》（未刊稿）等都是如此。对此，我们必须予以客观全面的认识，不能孤立、静止地看问题。

一、对刘知幾和《史通》的总体认识与评价

1906 年，陆绍明在《国粹学报》第 2 卷第 4 期发表《史学稗论》，指出自刘知幾著《史通》，"而评史之学于是兴矣"，认为《史通》开创了中国史评之学。这是中国史学开启近代化历程之后，学术界较早地对《史通》做出的评价。但也毋庸讳言的是，这只是沿袭了传统观点，因为早在南宋时期，晁公武就已经提出了这一认识。

率先对《史通》予以新评价的，是著名学者梁启超。他于1921 年在南开大学讲授的《中国历史研究法》和 1926—1927 年讲授的《中国历史研究法补编》中，在这两本书中他明确指出：中国自有史学以来两千年间，史学所赖以建设、成立与发展的人物，最重要、最有关系的是唐代刘知幾、宋代郑樵和清代章学诚。这三人虽都不见容于当时社会流俗，但皆具卓识，"代表时代特色而且催促史学变化与发展"，他们"要把史学成为科学"，史学界没有比得上他们的人。① 显然，这是从中国历史学学科建设的宏观视角来思考和评论《史通》的价值与意义，是

---

① 梁启超：《中国历史研究法》，上海：上海古籍出版社，1998 年，第 24—25、307、240 页。

此前从未有过的新认识。这是梁启超在《史通》学术史上最重要的贡献，之后不断有学者发挥此意，并由此对刘、郑、章三人展开比较研究。

据梁启超考察："刘氏事理缜密，识力锐敏。其勇于怀疑，勤于综核，王充以来一人而已。其书中《疑古》《惑经》诸篇，虽于孔子亦不曲徇，可谓最严正的批评态度也。章氏谓其所议仅及馆局纂修，斯固然也。然鉴别史料之法，刘氏言之最精，非郑、章所能逮也。"他具体总结说："刘知幾的特点，（是）把历史各种体裁分析得很精细，那种最好，某种如何做法，都讲得很详明。他的见解虽不见得全对，但他所批评的有很大的价值。（1）史学体裁，那时虽未备，而他考释得很完全，每种如何做法，都引出个端绪，这是他的功劳。（2）他当代和以前，史的著作偏于官修，由许多人合作，他感觉这很不行，应该由一个专家拿自己的眼光成一家之言。他自己做了几十年的史官，身受官修合作不能成功的痛苦，所以对于这点发挥得很透彻。（3）史料的审查，他最注重。他觉得作史的人不单靠搜集史料而已，史料靠得住靠不住，要经过很精严的审查才可用。他胆子很大，前人所不敢怀疑的，他敢怀疑。自《论语》《孟子》及诸子，他都指出不可信的证据来。但他不过举例而已，未及作专书辨伪，而且他的怀疑，也许有错误处。不过他明白告诉我们，史事不可轻信，史料不可轻用。这是刘知幾所开最正当的路。"① 毫无疑问，以梁先生在学术界举足轻重的地位，他对

---

① 梁启超：《中国历史研究法》，上海：上海古籍出版社，1998 年，第 25 页、307—308 页。

《史通》的这种高度评价，自然会促进学术界对《史通》研究的重视。

在梁先生看来，司马迁等人的贡献是写出了历史书以记述中国历史，而刘知幾则通过撰写《史通》开创了系统研究如何撰写历史书以便更好地记述历史的学问，开创了对历史学这门学科学问进行理论研究的先河。他说："自有左丘、司马迁、班固、荀悦、杜佑、司马光、袁枢诸人，然后中国始有史。自有刘知幾、郑樵、章学诚，然后中国始有史学矣。至其持论多有为吾侪所不敢苟同者，则时代使然，环境使然，未可以居今日而轻谤前辈也。"① 这个评价，不但明确评判了刘知幾在中国史学发展历程中的独特贡献，而且提出了对其思想学说所应秉持的客观评价态度。

在梁启超之后，梁绳祎称刘知幾为史学界的"一位怪杰"，说他"'目光锐利，见解超群'，富怀疑的精神，作理智的批评，对于古史体例法式、源流派别、实（史？）事真伪，均有相当的研究，相当的论断"，"乃是'不妄言、不苟信'，'实事求是'的一位大学者"，认为"刘氏天性峭直，勇于自负，事实求真，绝不含浑；加以广览群史，学殖渊博；因此他的议论，便卓荦不群，他的史识，更惊奇骇俗。他一生受人攻击侮骂，病坐于此；他一生自己学问上的受用，亦在于此。他不能累官高升，终至受贬安州，或由于此；他对文化上有贡献，在历史上有价值，亦由于此"。② 这些分析论述，既对刘知幾的性格作出了准

---

① 梁启超：《中国历史研究法》，上海：上海古籍出版社，1998 年，第 25 页。
② 梁绳祎：《读史通札记》，《史地丛刊》1922 年第 2 卷第 1 期。

确判断，也对其学术态度、学术识见作出了客观如实的指陈，并对二者与其一生遭际、历史价值的内在联系作出了恰如其分的总结。

陈同仁从中国史学发展的角度指出："知幾以前，有史而已，无所谓史学也。其著专书以论列史体、探研史法者，则自知幾始。"认为自刘知幾写出《史通》这部史学理论专著，中国才最终形成了历史学这门学科，此前并无专门讲论史学理论、史学方法者，因而只能说是有历史书，而无研究历史的学问即历史学。这个评价，明显是受到了梁启超的启发而作出的。不过一般认为，至迟在秦汉时期，中国历史学已经形成，并非到《史通》才确立了历史学这门学科。但要说《史通》对中国历史学的发展历程第一次作出了理论和方法总结，则是没有问题的。陈同仁接着说："知幾史学见解，具见《史通》。书中疑古之精神，批评之谨严，鉴别史料之真伪，甚足令人佩服。吾以为中国史书发达最早，数量亦最丰富，若历代史家俱能用刘氏之精神、方法从事研究，则今日之中国史，必为有组织有系统之新史学。"[1] 显然，这是对《史通》理论与方法的极大肯定。

1927 年，傅振伦撰成《刘知幾之史学》，其《自序》称《史通》"贯穿古今，洞悉利病，实非后人所及。故其开发史例，后史不能易者，十得六七"，这是沿袭了清朝学者的意见，算不上新见。但他又从历史学学科建设的角度指出："刘氏之开发史例，而为吾国纯正'史学'之建设，树后世作史者之楷模，

---

① 陈同仁：《史通之研究》，《孟晋杂志》1925 年第 2 卷第 11 期。

厥功盖亦伟矣！"① 这与梁启超、陈同仁一样，都是以近代历史学学科的理念，肯定《史通》对中国历史学学科发展的独特贡献。

陆懋德在 1927—1937 年任教于国立北平师范大学时，编有《中国史学史》讲义，内中称刘知幾"著史学方法之专书，为前人所未及"，这就将《史通》看作是专门讲论史学方法的著作，并称其"为吾国言史学方法之祖"，指出"内篇详于讨论体例，外篇详于审查材料，诚可谓史学之巨著。然读者宜先读外篇，以得其考证方法，次读内篇，以得其叙述方法。其外篇中之《疑古》《惑经》《暗惑》《杂说》等篇，初学读之，足以开发心思，养成判断的精神，实为治史学之基础"。② 作者在论述中常以《史通》为主要参考文献和评价依据，明显体现出对《史通》观点的赞同，充分显示出《史通》对他论述各朝史学所具有的"基础"作用。

卢绍稷称《史通》为讨论史学义法即史学理论的"统系之作"，并说"吾国专论史学之书，此为第一"。他认为，中国古代史学界虽人才甚多，"然可称为'史学家'者，则仅有刘知幾、郑樵、章学诚三人。盖惟三人著有'批评史学'之专书，始有史学通论，述作史方法；其他诸人，著有'批评史迹'之书矣，而无论'作史方法'之文字"。这也是承袭梁启超之说，

---

① 傅振伦：《刘知幾之史学·自序》，北京：北平景山书社，1931 年，"自序"第 4 页。

② 陆懋德：《中国史学史讲义》，王传编校《中国史学史未刊讲义四种》，上海：上海古籍出版社，2016 年，第 243—244 页。后来周谷城也认为，《史通》专言方法，"与史事完全分离，殆纯粹之史学方法论"，见其《中国史学之进化》，《复旦学报》1944 年第 1 期。

从历史学学科建设的角度，讲论刘知幾率先创写史学理论著作的价值与意义。之后宋代郑樵、清代章学诚皆有论史学之作，"刘氏生当八世纪，即章氏亦先于德大史家兰克数十年；而其陈词立说，颇有与新史学默契之点。从此可见吾国过去史学之发达，初不仅在史书之丰备。惜除此以外，无纯然论史之作，诚可为吾国史学叹也"！① 通过中西比较，卢绍稷梳理出拥有史学理论著作的中国古代史学先进于西方古代史学的事实，但也深深致慨于中国史学理论著作的数量之少，从而再度肯定了《史通》作为中国第一部史学理论著作（"纯然论史之作"）在中国史学发展中的开创性意义。

罗元鲲大力肯定刘知幾的创造性，称其"能于马、班范围外，有特别贡献"，说"史学批评家，刘知幾实为我国第一人"②，这是学术界第一次明确将刘知幾定性为"史学批评家"，而今这已为学界普遍接受。

周容沿袭了"史学批评家"的评价，指出刘知幾之所以史识卓绝，是由于他从小好读史书并能够独立思考，"他虽然不曾成为一个撰著史书的巨子，可是他却成为中国历史上第一个史学批评家"。周容把《史通》内容分为三部分：第一部分是批评史书，称刘知幾态度严正，毫不掩饰，对儒家经书《尚书》《春秋》也提出质问，"他的批评的精神是中国史学界的千古一人"！第二部分是论史法，"讨论撰著史书的法则，极为精密详尽"。第三部分是叙述中国史学的源流，"《古今正史》一篇，几乎是

---

① 卢绍稷：《史学概要》，上海：商务印书馆，1930年，第111、57、111—112页。
② 罗元鲲：《史学概要》，武昌：亚新地学社，1931年，第162页。

一篇中国上古史学史，把唐以前史书的渊源演述无遗。《史官建置》一篇，叙述史官的沿革。《史通》这部书几乎是研究中国史学的秘钥，诚然是不朽之作"。[1] 如果说前两部分内容，此前已有学者指出的话，这第三部分，则是周容的首次掘发。刘知幾可能并无明确地撰写中国史学史之意，但其潜意识中已有中国史学史的观念，周容将此提炼出来，加以阐释，既展示了《史通》的史学史意识，也点出了《史通》在建设史学史学科方面不可替代的价值。此后朱子方也说，中国史学虽发达，而记述史学发展的史学史，"则惟唐刘知幾之《史通》……于外篇中之《史官建置》《古今正史》两篇略述之，谓为中国史学史之滥觞，固未尝不可也"[2]，肯定了《史通》对史学史的开创之功。

朱谦之说，"《史通》不是'史'，而是史学理论"[3]，这是再明确不过的一语破的之论，是学术界第一次直接以"史学理论"来指称《史通》一书。不过，朱谦之称刘知幾为纪传体史书的批评家，说他"因为满腹牢骚无处发泄，便不得不另辟领域来留给我们以一种精心结撰的'史学'，即《史通》一书"，这个说法就有些偏颇了。《史通》是以史学批评为主要方式，对先秦以来至唐代前期的中国史学进行反思，它所批评的并非仅是纪传体史书，而且《史通》的写作，虽然有发泄对当时官方修史不满的成分，但其目的在于积极阐发史学旨归和体统，如果刘知幾仅是为了发泄牢骚，便不会精心结撰《史通》了。

李则纲也从史学批评的角度立论，认为中国史籍浩繁，"其

---

① 周容：《史学通论》，上海：开明书店，1933 年，第 59—60 页。
② 朱子方：《中国史学史之起源及演变》，《文化先锋》1947 年第 6 卷第 21 期。
③ 朱谦之：《中国史学之阶段的发展》，《现代史学》1934 年第 2 卷第 1—2 期合刊。

以批评史籍优劣，商榷记注方法，而成专书的，则当始于刘知
幾的《史通》"，说《史通》"虽然未能具有现代史家对于历史
的新理解，但是讥评古今，辨章流别，确是一部批评史学最早
而且有价值的产物"，称《史通》"以批评精神，为中国史学界
作伟大的贡献"。这是把《史通》定性为史学批评著作，并以此
论定《史通》对中国史学发展的贡献。此前，梁启超曾从历史
学学科建设的角度，提出"自有刘知幾、郑樵、章学诚，然后
中国始有史学"的说法，李则纲称之为"确论"①，这反映出，
李则纲对《史通》的认识，是从学科建设的角度进行把握的。
由此，他把《史通》定性为史学批评著作，也应该是从学科建
设的宏观视角来考量的。

　　黄绎琛认为，"史学"是指编纂史书的原理，在这一认识基
础上，他说刘知幾是"'史学'的播种人"，《史通》"创造了一
种'史学'，散播着'史学'的种子"，如果没有传下来，"也
许我国现代的'史学'不到现在的完备"。他将《史通》编纂
史书的思想，归纳为四点：第一，"用客观的态度实录直书"，
认为这是《史通》"贡献在史学最有价值的一个意见"；第二，
"用当世的口语作文修史"，认为这是《史通》"早已提出，直
到现代，还视为崭新的很有讨论价值的理论"；第三，"反对设
局修史，应由深识之士独断著述"，认为这一观点虽有偏激的郁
愤的意见在内，"但是证之四史的著作独绝千古，后代设局所修
的各史不及前史，不能不佩服他见解的独到"；第四，"改革古
史体例的意见和批评古史"。总之，在黄绎琛看来，"刘知幾的

---

① 李则纲：《史学通论》，上海：商务印书馆，1935年，第41—42页。

确是我国史学的第一个播种人，他尽毕生之力，提出修史的意见——史学的理论，辛辛苦苦地播下了史学的种子"。① 这也是认为刘知幾是中国第一个史学理论家，《史通》是中国第一部史学理论著作。

1938 年，蒙文通在其《中国史学史》讲义中，通过中外史学对比的方式，指出《史通》不仅是中国，也是世界上第一部"论作史之法"的著作，这是学术界第一次揭示此意。但他认为以往学界对刘知幾的赞誉"或嫌稍过"②，因而他想对刘知幾的史学成就及其在唐代史学和整个中国古代史学发展中的地位、与唐代学术发展的关系，重新进行研究，可惜书中该节仅有"刘知幾与张太素"之题名而无内容，无法得知他对《史通》的具体认知与评价情况。

杨鸿烈提出，《文心雕龙·史传》已开"'史学'的研究的端绪"，但只有到了《史通》出现，"'史学'才有基础"，称《史通》"真可算是中国史学界很有气魄的大著作"。因其所说"史学"实即史学理论之意③，可知他是将《史通》作为中国第一部史学理论著作来看待的，认为《史通》的问世，标志着中国史学理论这门学科学问的最终确立。他对"史学"一词的理解与梁启超不同，但他的这一观点，与梁启超"自有刘知幾，中国始有史学"的说法，有异曲同工之妙，应该是在梁启超的启发之下而形成的。

---

① 黄绎琛：《中国史学的演进》，《中国文化》创刊号 1938 年第 1 卷第 1 期。此文末署"待续"，后黄雨庄以该文为第一篇，在 1942—1943 年的《经纶月刊》连载六期，虽最终仍署"未完"，但也可知二者应即一人。

② 蒙文通：《中国史学史》，上海：上海人民出版社，2005 年，第 52、128 页。

③ 杨鸿烈：《史学通论》，长沙：岳麓书社，2011 年，第 18—19、29 页。

魏应麒认为，中国史学评论虽然产生较早，但史评专书"实以《史通》为第一部"，之后蒋祖怡、金毓黻也称评史专著始于《史通》①，这与张其昀在1922年所言"中国评论史学之专书，自刘君始"②，同为沿袭前人之说。至于刘知幾为何能够写出《史通》，魏应麒认为是"得于天资与力学，非关师友"③。应该说，"天资与力学"两个方面的概括，很符合刘知幾个人的成长经历，但说"非关师友"，则并不妥当。刘知幾出身书香门第，自幼受到良好的家学熏陶与家庭教育，特别是他父亲因材施教的方法，对其独立思考的治学精神的养成，有着重要的帮助和促进作用；对于刘勰《文心雕龙》等前贤著作对他的启发与影响、几位志同道合的朋友对他学术发展的帮助作用，《史通·自叙》中都有直白的讲述，因而魏应麒"非关师友"的评论并非事实。明乎此，我们也就可以知道，黎子耀所说"知幾之于史，殆有天授"，《史通》"体大思精，诚为不朽……于后学乃蚕丛开山之作……言史者所不能外也"，是合实之论，但他说《史通》"所言皆得自襟抱，无所傍依"④，则也是推崇过甚的不实之词。

1945年，吕思勉出版《历史研究法》，认为《史记》是"编纂历史的事业的开山"，《史通》是编纂史书的方法的开山，"实为作史方法的一个大检讨"，集以往史学方法之大成。但他

---

① 魏应麒：《中国史学史》，太原：山西人民出版社，2014年，第131页；蒋祖怡：《史学纂要》，上海：正中书局，1946年，第97页；金毓黻：《中国史学史》，石家庄：河北教育出版社，2000年，第307页。
② 张其昀：《刘知幾与章实斋之史学》，《学衡》1922年第5期。
③ 魏应麒：《中国史学史》，太原：山西人民出版社，2014年，第137页。
④ 黎子耀：《刘知幾思想述评》，《思想与时代月刊》1944年第30期。

又说"《史通》不过遵守前人的范围……他史学上根本的意见，和他以前的人，亦无大异同"①。这个评价，未免过低。《史通》中确实有不少对前代史学理论与方法的继承与总结，但更多的则是刘知幾个人的独到认识，为前人所未言，至于他从宏观构架上对史学理论和史学方法的体系性的组织和系统性的论述，又绝非任何一个"他以前的人"所可以比拟的。

二、对《史通》撰写原因的分析

这个问题，古代学者即有涉及，如清人纪昀和钱大昕都说，刘知幾在史馆不得志，史学主张不能施行，于是"感愤作《史通》"②，但不曾细致展开，而且仅强调了发愤著书这一个因素。

近代以来，张其昀认为原因有二，其一是刘知幾史学见识高超，而以往史书缺点较多，"思欲厘革前史，刊定得失"。其二是刘知幾在史馆工作中，"美志不效，中怀缺然，因发愤而著《史通》"③。傅振伦认为，刘知幾撰写《史通》，既有"远因"，也有"近因"。所谓"远因"，就是刘知幾早有著书论史之意，再加上他发现唐前诸史存在很多弊病，遂欲删订诸史，"盖大之则刊定诸史，小则批评前史，勒成一书，固子玄之素志也"；所谓"近因"，就是刘知幾在史馆中遇到不少令其愤激之事，使其深感"见用于时而美志不遂"，于是发愤著《史通》，并称钱大

---

① 吕思勉：《历史研究法》，《史学与史籍七种》，上海：上海古籍出版社，2009年，第13—14页。
② ［清］纪昀：《史通削繁序》，《史通削繁》卷首，续修四库全书448册，第2页；钱大昕：《十驾斋养新录》卷十三《史通》，《嘉定钱大昕全集》第7册，南京：江苏古籍出版社，1997年，第352页。
③ 张其昀：《刘知幾与章实斋之史学》，《学衡》1922年第5期。

昕也认为刘知幾是感愤而作《史通》[1]。显然，这与张其昀所说的两个方面是一致的。此后，周容、钱卓升、王玉璋也都坚持上述两个原因的说法[2]，梁绳笏、胡哲敷、魏应麒、黎子耀、蒋祖怡、金毓黼、董允辉等强调了"发愤著书"的一面[3]，杨鸿烈则强调了"素志"的一面[4]。

实际上，无论是"发愤著书"说，还是"素志"说，都不是出于对刘知幾生平行事的动态把握和对《史通》内容的深入思考。《史通·自叙》说得非常清楚，刘知幾鉴于以往史学的长足发展和存在的问题，想要效法孔子，刊正众史之误，写出一部叙事性纪传体史书，这是他的素志，虽然一直未敢着手进行，但也并非要编写《史通》这样一部史学理论著作。他之所以从这一素志转变为撰写史学理论著作，是因为他到史馆工作后，无法实现自己的史学见解，于是才产生编写《史通》的动机。这其中，一方面，他受到史馆监修贵臣的扼制，无法发挥其史才，于是发愤著书，以见其志；另一方面，他痛感史官们不解史学指归与体统，于是放弃了原来志向，改为撰写一部史学理论著

---

① 傅振伦：《刘知幾之史学》，北京：景山书社，1931年，第1—16页。

② 周容：《史学通论》，上海：开明书店，1933年，第54、59页；钱卓升：《刘章史学之异同》，《遗族校刊》1936年第4卷第1期；王玉璋：《中国史学史概论》，重庆：商务印书馆，1942年，第75—76页。

③ 梁绳笏：《读史通札记》，《史地丛刊》1922年第2卷第1期；胡哲敷：《史学概论》，上海：中华书局，1935年，第134—135页；魏应麒：《中国史学史》，太原：山西人民出版社，2014年，第138页；黎子耀：《刘知幾思想述评》，《思想与时代月刊》1944年第30期；蒋祖怡：《史学纂要》，上海：正中书局，1946年，第113页；金毓黼：《中国史学史》，石家庄：河北教育出版社，2000年，第317页；董允辉：《中国史学史初稿》，王传编校《中国史学史未刊讲义四种》，上海：上海古籍出版社，2016年，第462页。

④ 杨鸿烈：《史学通论》，长沙：岳麓书社，2011年，第18页。

作，而不是别的什么著作，目的就是辨明史义，以解史官之惑。由此可知，以往史学发展存在的问题和刘知幾个人史馆工作的遭遇，这两者的共同作用，才促使《史通》这部史学理论著作的诞生。"发愤著书"说，"无法说明刘知幾为什么能够创写一部系统的史学理论著作"；"素志"说，"使人觉得撰写《史通》似乎是刘知幾自幼的素愿，无助于说明《史通》产生的社会条件"。① 因而，张其昀、傅振伦等人对《史通》撰写原因的分析，虽然触及一些具体事实，但尚未抓住问题的关键所在。

三、对《史通》学术思想来源的分析

《史通·自叙》曾谈到《淮南子》《法言》《论衡》《风俗通义》《人物志》《典语》《文心雕龙》对自己的思想启迪与影响，大概因为这是刘知幾所自言，属于人所共知，因而长期以来人们只是简单地引述《自叙》之论，而很少专门研究《史通》的学术思想来源问题。

较早提出并论述这一问题的，是《史通》研究专家傅振伦。他先在 1930 年撰写的《刘知幾年谱》中，谈到《史通》思想来源的四个方面内容。其一是认为"大凡学者思想，每渊源于家学。史学思想家刘子玄先生，亦不外此例"，于是梳理其从祖父刘胤之以来的家世及各人学问情况。傅振伦没有明确指出家学对刘知幾学问养成的具体影响，但刘知幾从小受到良好的家庭教育，其父亲还曾亲自为其讲授《左传》等经典要籍，因而家

---

① 乔治忠：《〈史通〉编撰问题辨正》，《中国官方史学与私家史学》，北京：北京图书馆出版社，2008 年，第 374 页。

学对刘知幾治学所发挥的积极影响是毋庸置疑的。其二是认为传统经学分为今文学和古文学两派，前者为经学派，后者为史学派，"子玄先生深于史学，其学说近古文学派"，并举证说明刘知幾为古文学家。这是从宏观上讲论刘知幾的基本学术思想，而其史学思想则是建立在这一思想基础之上的。其三是认为刘知幾的性格对其思想的养成和《史通》的立论有着一定影响，指出刘知幾"性质慷慨爽直，傲岸棱角""性情既失之刚正，而又少涵养，故所撰《史通》对于前人作者，每轻口挥斥，曰'愚'曰'妄'，曰'狂惑'曰'愚滞'，甚至曰'邪说'曰'小人'，言词激峻，诋诃未免太甚"。其四是认为刘知幾友人对其学术思想的形成有重要影响。傅振伦摘述诸人学行，将刘知幾与他们史学主张相同之处、受他们影响之处尽可能地明晰揭示出来，"以见子玄先生学术思想之渊源"[1]。

应该说，上述四个方面对刘知幾学术思想形成的影响，是真实存在的，特别是这些内容虽然都在《史通》中有所表现和述说，但从刘知幾学术思想形成的角度说，则表示得比较隐晦，因而傅振伦的分析就显得非常敏锐、独到而深刻。尤其是第四个方面，自从傅振伦提出后，不断有学者进行发挥[2]，而杨绪敏所撰《论刘知幾的交友及友人对他的影响》一文，更可以直接看作是对傅振伦之论的充分展开，其中明确指出："刘知幾史学理论的形成和确立，在很大程度受到了友人的影响，《史通》中

---

① 傅振伦：《刘知幾年谱》，上海：商务印书馆，1934 年，第 22—29、34、36—37、39—48 页。

② 白寿彝：《刘知幾的进步的史学思想》，《北京师范大学学报》1959 年第 5 期；许凌云：《刘知幾评传》，北京：中国电影出版社，2005 年，第 31—42 页。

某些史学观点是刘知幾及其友人长期史学实践经验的总结，是群体智慧的结晶。"①

在完成《刘知幾年谱》之后，傅振伦又发表专文，就刘勰《文心雕龙》对《史通》的影响进行详细论述，指出："《史通》一书，即就《文心》之意而推广之；其全书亦即《雕龙·史传篇》'寻繁领杂之术，务信弃奇之要，明白头讫之序，品酌事例之条'四句，而阐明其义。"② 文中先列举了《史通》在篇章结构方面对《文心雕龙》的模仿，以说明"子玄之说多出于彦和，故其书亦全拟之"，接着梳理了《史通》与《文心雕龙》思想相同相通的十九个方面内容，列举《史通》对《文心雕龙》辞句、立说的模仿，并特别列举《史通》对《文心雕龙》误说的引述，指出"此皆子玄不深加考求，遽引勰说，以致沿讹贻误"。总之，"子玄深信彦和之说，故取之而不疑。更熟读其书，故行文构句，因习之而不觉。子玄之学，多导源于彦和，信不诬也"。

刘知幾虽曾自言所受《文心雕龙》的影响，但只是宏观大略地一提，并没有详细申说，因而傅振伦的这篇文章，就成为第一次对《史通》与《文心雕龙》思想继承关系的全面而细致的剖析③，一些观点也得到了大家的认可。但必须指出的是，

① 杨绪敏：《论刘知幾的交友及友人对他的影响》，《敏学斋史学探研录》，合肥：黄山书社，2012 年，第 18 页。
② 傅振伦：《刘彦和之史学》，《学文》1932 年第 1 卷第 5 期。在傅振伦之前，范文澜已经指出"《史通》全书，皆推阐此四句之义"，见其《文心雕龙注》卷四《史传》，北京：北平文化学社，1929 年，中册，第 332 页。
③ 郑鹤声在 1924 年于《学衡》第 34 期发表《汉隋间之史学》第六章、第七章，其中第七章"刘勰"一节，主要是将《文心雕龙·史传》中的十条具体论述，与《史通》的相关论述作比较，指出"《史传》一篇实足笼络《史通》"，强调《史传》对《史通》的影响，但这并非对二人思想继承关系的全面探讨。

"傅先生所说虽然揭示了这两部巨著的某些内在联系，但又把《史通》说成是《文心》的仿效物和扩大物，这显然有点失之偏颇"①。"平心而论，知幾受刘勰的影响还是有一定限度的。就从编纂来看，说'知幾之书多出于刘勰，故其书亦全模拟之'，未免言过其实。知幾之书虽受《文心》启发，但并非刻意模仿，因为各自研究对象不同，且不说全模拟是无法实现，也不是刘知幾的品格，即以二书篇目而论，亦很少有相同之点"，傅先生"夸大了这种影响，甚至说'《史通》一书，即就《文心·史传篇》意推广而成'，又失之于偏颇"②。

除了上述对《史通》思想来源进行整体分析外，学者们还就《史通》具体篇章的思想观点梳理其渊源所自。如《史通·称谓》说：北魏道武帝追尊先祖为帝，凡二十八君，"《魏书·序纪》袭其虚号"，实为不该。对此，程千帆《史通笺记》指出："子玄此论，盖本魏澹。"③《史通·品藻》说："史氏自迁、固作传，始以品汇相从。……亦有厥类众夥，宜为流别，而不能定其同科，申其异品。"对此，程先生指出："子玄兹论，疑本世期（裴松之）而发挥之也。"唐初史官修史，多为朝廷贵臣祖上虚誉行事，《史通·曲笔》予以严正批评，对此，程先生指出："此节评唐初修史曲笔，实全本赵逸之说以立言。"这都指出了《史通》论述的思想来源。对于此类内容，吕思勉、张舜徽做了更多的挖掘工作，这将在后面专节讲述。

---

① 杨绪敏：《〈史通〉与〈文心雕龙〉的比较研究》，《黄淮学刊》1989 年第 4 期。
② 许凌云：《刘知幾学术思想渊源》，《齐鲁学刊》1992 年第 1 期。
③ 程千帆：《史通笺记》内篇《称谓》，北京：中华书局，1980 年，第 68 页。（下引此书，凡正文中列出《史通》篇名者，不再注出）

四、对《史通》史学思想的分析

1922 年，张其昀在《学衡》第 5 期发表《刘知幾与章实斋之史学》，从典籍之搜罗（即征集史料）、校雠与考证（考证史料）、论记载之真确（史贵直书）、论史之义例（包括类例、断限、史之宗旨）、论史之述作（包括叙事之法、论文士不可修史）等五大方面、八个小类，详细比较刘、章二人思想主张之异同，因而也就从上述五个方面，对《史通》的史学思想进行了提炼与总结，但因这五个方面都是二人思想观点相近的部分，因而其所述也就并非《史通》史学思想的全部内容。同理，张寿林在 1927 年 7 月 18—21 日的《晨报副刊》连载《刘知幾与章实斋之史料搜集法及鉴别法》，钱卓升在 1936 年《遗族校刊》第 4 卷第 1 期发表《刘章史学之异同》，也都是就二人史学思想中的某些部分进行比较研究，因而文中所述也仅是刘知幾的部分史学思想。

比张其昀稍晚，梁绳筹发表《读史通札记》一文，从史书派别论（用归纳的分类法来研究史学）、史书体例论（对《史通》中十三种最重要的体例问题之归纳、对仍有讨论价值的体例问题之讨论）、史书内容论（怀疑精神、主张客观史、排斥神话史）、史学艺术论（认史学非文学、认白话文可以修史、认史书需要远略近详、提出叙事的原则）、史学家应有的态度（非常时的态度、常时的态度、现在史学家的态度、文学家非史学家）、史官与史书之考证（历史功用论）等六大方面、十五个小类，有些小类之下再细分类别，系统梳理和分析《史通》的思想与观点，其间还不时引述西方史学思想来比观。这是近代以来学术界第一次对《史通》的史学思想进行全面总结和分析评论。作者引述了一些古代学者对《史通》的褒扬和批评意见，指出评论者纷纷出现，本身就已"足证此书的价值"。他认为，中国人素来缺少批评精神，对一种学术能够作系统的批评的，只有刘勰、刘知幾和章学诚，而能够称为"历史批评学"者、"具有历史批评学的资格者，只有《史通》一书"。他认为《史通》的价值，"不在他商榷史例的当否，而在他能用一种'归纳的分类法'来研究一种学问，是有科学方法的精神"，"不在他怀疑的古书古事是否如此，而在他有'众善之必察焉'的精神，换言之，不肯盲信古人，必要寻出一个'自我'来。这是中国思想界最缺少的一个要素——怀疑的要素——刘氏竟能继庄周而大张其风，真可谓一世的怪杰了"。① 这也是以近代科学精神对《史通》价值和意义进行的分析，对人们认识《史通》有重要帮助。

何炳松于 1925 年发表《史通评论》，在逐篇解说《史通》各篇内容并略论其得失后，将其史学主张概括为十二条。其中前六条为：史书可以无表；天文、艺文可以不志；篇幅不必命题；文人不宜作史；史评之无谓；叙事尚简。何炳松称此六条为"刘氏消极之主张"，以下六条为"其积极方面之主见"，即：史书烦省不必拘泥；立志录言；另立都邑、氏族、方物三志；史体有二，即编年、纪传是也，二者不可偏废；史贵直书；作史应用当代方言，其中后二者为"最重要最切实之主张"。对

① 梁绳袆：《读史通札记》，《史地丛刊》1922 年第 2 卷第 1 期、1923 年第 2—3 期合刊。

于这十二个方面，何炳松采取摘录《史通》原文的方式，一一述之。他十分赞赏刘知幾的怀疑精神，认为其疑古惑经之论"有胆有识"，对于刘知幾提出的作史途径有"当时""后来"之别的论述也非常赞许，称为"极其切实可行"，比章学诚的相关论述"尤觉清浅有味，可资实用"。当然，他也并未否认《史通》的缺点，将其"所见未周"之处一一开列，但认为是"刘氏生当唐代，受当时环境之束缚，难以自拔"[①] 造成的，这当然是客观的态度。之后，何炳松在《历史研究法·序》中，再次肯定刘知幾的史学贡献，称其缺点是"受固有环境之限制"。而在《通史新义·自序》中，何炳松又将西方史学理论与《史通》观点相融合，把《史通》中的"当时之简""后来之笔"与西方史学理论中的"史料""著作"两个概念联系起来，认为《史通》以"当时"和"后来"二词，"表明史料与著作在时间中之关系，尤为深入浅出，有裨实用"。何炳松在当时以引进西方史学理论著称，他重视将《史通》的史学思想与西方史学理论进行对比，既拓宽了《史通》研究的角度，也促进了研究的深度，同时也比较真切地表明，《史通》在近代史学理论的建设中，有着不可轻忽的位置。

陈同仁将《史通》内容分为论列流别、论著史方法、疑古驳古、批评史书体例体制、鉴别人物和其他六类，然后详细梳理《史通》中的史学批评之言论（包括史书方面、叙述方面、

---

① 何炳松：《史通评论》，《民铎》1925 年第 6 卷第 1 期。后来卢绍稷和沈圣时将《史通》关于"作史"的思想观点归纳为八个方面，都是直接沿袭了何炳松的总结归纳，见卢绍稷《史学概要》，上海：商务印书馆，1930 年，第 57—64 页；沈圣时《中国史学的演进》（《新学生月刊》1943 年第 2 卷第 6 期）。

事实方面）和论著史之法（包括史料之采择、审定史料之法、叙述方法）两个方面的内容。同时他也指出，刘知幾"以过于自信之故，时或不免于武断之弊"，存在主张断代、隐晦、载言以及思想自相矛盾四个方面的缺点。作者将刘知幾的治史精神总结为勇于疑古、鉴别史料极其认真、批评谨严、深明历史进化观念四个方面，认为"此数点者，皆吾人研究史学之最宜取法者也。刘知幾生当吾人千二百余年前，能有如此治学精神，真不愧为我国史学家之第一人矣"[1]！这是以近代史学理念对刘知幾作出的高度肯定。

傅振伦在《刘知幾之史学》第七章"子玄之历史的精神"中，以近代史学观念，将《史通》史学思想总结为八个方面：（1）用归纳的方法整理及研究已往之史书；（2）主张用客观的态度以撰述新史；（3）对于前史，不只为消极之客观的批评，且更为积极的建议；（4）疑古之精神及其方法；（5）史学应脱离文学而独立；（6）史书应因时改革，并应注重社会进化；（7）扩大史学之范围，将经、子、集三部入史；（8）史应详近略远。[2] 对其中内容较多者，傅振伦又再细分小类，条别缕析地予以阐释。在之后的第八章中，傅振伦以"子玄史学之概要"为题名，从史之目的、史书取材之标准、史料、史部之类别、正史之体裁、正史之体制、叙事主要原则、撰述史书之准备八个方面，模仿何炳松的做法，摘录《史通》有关原文予以讲述。这也是对《史通》思想的分析，与第七章不同的是，它是通过

---

① 陈同仁：《史通之研究》，《孟晋杂志》1925 年第 2 卷第 11 期。
② 傅振伦：《刘知幾之史学》，北京：景山书庄，1931 年，第 36—37、60 页。

《史通》原文来分门别类地讲论其史学思想，这既可与第七章相辅而行，对全面准确地揭示《史通》思想有重要辅助作用，也为不能直接阅读《史通》原书者提供了便利。总的来看，傅振伦的归纳总结，虽与梁绳祎、陈同仁、何炳松有相同者，但亦有一些明显差异，表明其研究有自己的独到且深入之处，确系后出转精。

　　不过，傅振伦对《史通》思想观点所持的态度，明显存在可议之处，突出地表现为缺乏批判性分析，一味肯定和褒扬的色彩非常浓烈。如他认为，刘知幾对于以往史书史家的评论，既"不为极端之主张"，也"不为主观的批评，故论述作史之体例，亦无绝对的见解"，因而"《史通》一书，多前后自相矛盾之语"。在他看来，这些自相矛盾之处，乃是"子玄评骘前史，多就事立论，少参以主观的批评"的结果，是正当的、可取的，"盖刘氏立论，以事为主。以其美而美之，因其恶而恶之；不以其美而掩其恶，不以其恶而忘其美：此正史家应有之态度"。[①]但实际上，《史通》中僵化教条、拘泥固执的"绝对的见解"和"极端之主张"并不少见，而往往以自己后来者的观点去要求和批评前人更是其"主观之见解"的突出表现，并非"就事立论"。至于书中前后自相矛盾之处，虽有各处立论角度不同、就事论事的一面，但也有因为全书写成后未经整齐划一的修订而留下的明显错误，并非所有自相矛盾都是客观立论的结果。作为《史通》的研究者，不必也不该为其错误进行掩饰和开脱，

---

① 傅振伦：《刘知幾之史学》，北京：景山书社，1931 年，第 47、44、49、44、45 页。

而且这也不符合《史通》所大声疾呼的爱而知其丑、憎而知其善的实事求是的态度。

陆懋德从才学识三长、论官修史书之通病、史法（包括史料、史体、考证，重事不重文，书有五难）、刘知幾的考证法、材料内之时与地的价值等五个方面，条分缕析地梳理和阐明《史通》的史学思想，并予以简要评论。例如，称其对材料真伪得失的讨论辨别，识见之超越，诚非当时诸人之所及，"为研究史料者之指导"；称刘知幾的考证"高出唐人之上，而其方法在取证于当时记载，而不取证于后人记载，尤合乎近时西人之说"，"与近世德国史学派论调完全相合，此为最谨严之考证方法，惜中国史学家多不达此义，《新唐书》本传且删减刘氏此论，失其要旨所在，尤为可惜"。[①] 与西方史学相联系，注重中西史学思想比较，是熟悉西方史学的陆懋德在评论时的一大特色，很好地彰显了以《史通》为代表的中国传统史学所具有的一般性的永恒价值。

魏应麒从体例（包括体裁、篇章）、义法（包括书法、文字）、采撰（包括史料之采辑、史书之撰修）三个方面，通过选录原文的方式，总结《史通》的主要内容和思想观点，然后给予一分为二的简短评论，虽然其中近代史学理念体现不多，但有些评论还是值得重视的。例如，他说："知幾采辑史料之论，吾人殊无间然。惟其盛斥官府纂修，此自唐代之情形，而未能应用之于今日者。私家著述虽不乏俊识通才，然官府纂修亦何

---

① 陆懋德：《中国史学史讲义》，王传编校《中国史学史未刊讲义四种》，石家庄：河北教育出版社，2000 年，第 244—245 页。

尝无宿儒绩学？至所列五端（即《忤时》所言"五不可"），若能主持得人，明定科条，审配职守，严以程限，优予保障，但使'相期高于周、孔'，而不'见待下于奴仆'，则'人思自勉，书可立成'矣。以今日言之，私家著述，既独立之难支，又见闻之恐寡，心志或惧无恒，时力亦虞不继。则二者得失，殊未易言也。"① 这个评价，与众多学者无条件地肯定私家著述、反对集体修书，可谓大相径庭，观点独到，而所论亦符合事实。

1944 年，蒋祖怡出版《史学纂要》，他严格区分"史书"与"史学"两个概念，认为"记载历史之书，叫做'史书'；研究'史'的学问，叫做'史学'"，史评即属于"史学"的一部分。该书第二编为"史书"，列举和评述古代各体史书；第三编为"史学"，讲述史学史、史学名著和史料问题。作者认为《史通》和《文史通义》是"我国史学界中最负盛名的史学专著"，因而讲论史学名著的两章即分别评述这两部著作。在讲述《史通》时，他从体裁体例、史料采择（包括采访诸说、博览群书）、文字表述（包括反对骈文、主张简要、繁简适当、不求雅驯）、疑古、反对为少数民族历史讳饰等方面，总结《史通》的史学思想。② 和前人相比，他对《史通》思想的总结没有多少新意，但他明确区分了"史书"和"史学"，把"史评"从"史书"中分离出来列入了"史学"。把《史通》列为"史学"即研究历史的学问的著作，对人们从历史学学科建设的角度加强

---

① 魏应麒：《中国史学史》，太原：山西人民出版社，2014 年，第 152 页。
② 蒋祖怡：《史学纂要》，上海：正中书局，1946 年，第 18、113—129 页。

对《史通》的认识，还是有着促进作用的。

金毓黻认为，"吾国史家，能自造一史垂之百代，实始于司马迁，而成于班固……至取诸家所作之史，为之阐明义例，商榷利病，则又始于刘知幾，而章学诚继之"，认为"刘、章两家为评史家之圭臬"。这是受到梁启超的启发，从中国史学发展历程中来把握和认识《史通》的。他将《史通》"议论之精要者"归纳为五点：第一，视《春秋》《左传》为史书，强调"贵详而征实"。第二，区分史料与史著，"当时史官记载，务求详尽，巨细不遗，是为史料。后来秉笔者，据以勒定成书，是曰史著"，二者前后不同，然相须而成。金毓黻称这一论述"分析之当，议论之精，后有述者，无以尚之"。第三，主张略远详近，并认为此乃历史发展的必然。金毓黻认为这一主张"持论之通，固最近史家之所尚，亦放之中外而皆准"。第四，重视史书的编撰体例，主张作史须先立例，尤贵有法。金毓黻认为其论述"足以垂示史法，作方来之准则"。第五，主张征实去伪，尚简汰繁。对《史通》的思想论述，金毓黻认为有应节取者，有不可以为典要者，又有得失相兼而难以概论者。他这种辩证看待的态度，当然是可取的。金毓黻还特别指出，《史通》保存了很多后来失传的史书的资料，其功尤可表彰；而其《疑古》《惑经》"不避非圣侮经之咎，更吻合近代学者治史实事求是之精神。凡此诸端，皆非可与其他史家取而并论者"①，高度肯定《史通》在这两个方面所具有的独特价值。

---

① 金毓黻：《中国史学史》，石家庄：河北教育出版社，2000 年，第 307、314—319 页。

五、揭示《史通》相关诸篇的思想关涉处

所谓思想关涉处，是说《史通》虽以专题分篇的形式写成，但有些篇章在论说过程中，往往有意旨相通相近或恰相反背者，相互之间表现出很强的思想关联。对其中相通相近之处参阅互读后，可以更好地理解《史通》文意，准确把握《史通》思想，而对存在细微差别或恰相反背者，则需要加强辨析，以便全面、客观、整体地认识《史通》思想，避免误读误判。这些地方，都是研读《史通》时需要特别加以关注的。对此，古代学者已经有所涉及，但论述不多，近代以来，吕思勉、程千帆、张舜徽等多有指陈。此处以程千帆为例，略做梳理。

《史通·二体》谈论纪传体的弊端说："编次同类，不求年月，后生而擢居首帙，先辈而抑归末章，遂使汉之贾谊将楚屈原同列，鲁之曹沫与燕荆轲并编，此其所以为短也。"对此，程千帆《史通笺记》说："此论与《品藻》篇自戾。彼文云：'史氏自迁、固作传，始以品汇相从。然其中或以年世迫切，或以人物寡鲜，求其具体必同，不可多得。是以韩非、老子，共在一篇；董卓、袁绍，无闻二录。岂非韩、老俱称述者，书有子名；袁、董并曰英雄，生当汉末。用此为断，粗得其宜。'"纪传体史书的人物合传、类传既是编次同类人物，自然就不可能完全保证入传之人都属于相同的一个历史时期，因此《史记》中的合传《屈原贾生列传》就把战国时期的屈原和西汉的贾谊列在一起加以叙述，类传《刺客列传》又把春秋时期的曹沫与战国时期的荆轲列在一起加以叙述。由于《史记》各篇传记大体是按照该篇所载第一个人物的在世时间来排列先后顺序的，

因此《屈原贾生列传》之后又有秦末汉初诸人传，这些人都晚于屈原，但又都早于贾谊，于是该传就造成了贾谊作为事实上的"后生"而在书中擢居前列的事实，而那些秦末汉初诸人反倒被置于贾谊传之后，即"抑归末章"。其实这本无可非议，因为合传、类传的书写原则是首先讲求合与类的性质，然后才在该传内按时间先后排列诸人顺序。《二体》不明所以，举出这个例子来证明纪传体也有短处，是错误的。《品藻》指出《史记》《汉书》的合传、类传是"以品汇相从"，不绝对"以年世迫切"作为入传的原则，这才是符合实际的正确认识。因此，《二体》和《品藻》的思想表达是自相矛盾的，程先生称之为"自戾"，正是指出了两篇的这一思想冲突。

《史通·表历》认为史表烦费无用，对此程先生指出："此论与《杂说上篇》自戾。……故后来学者，莫不龊之。"此论甚是。《史通》的这两处表述自相矛盾，并以《杂说上》之论为正确。

《史通·论赞》说："史之有论也，盖欲事无重出，文省可知。"对此，程先生说："此节当与《叙事篇》'有假赞论而自见者'一节参读。"指出两篇思想有关联处，应该彼此参照，互证互读。这就为读者研读《史通》，并准确理解，抓住其思想内涵，提供了很好的阅读思路。

《史通·题目》有"董、袁群贼"之称，对此，程先生说："本书《品藻篇》则云：'袁、董并曰英雄。'此亦任情抑扬，自相矛盾，未能申藻镜而别流品也。"指出两处表述自相矛盾。

《题目》还谈及范晔《后汉书》篇名问题，对此，程先生说："此节当与《因习篇》（论《后汉书》篇名一节）互证。"

指出二者所论实为一事，合观之，则可对此处意旨有更为深切的认识。

《史通·编次》说，"（《史记》）老子与韩非并列……如斯舛谬，不可胜纪"。对此，程先生指出："此论与《品藻》篇自戾。彼文云：'韩非、老子，共在一篇……岂非韩、老俱称述者，书有子名？……用此为断，粗得其宜。'"确实，对比可知，两处所论自相矛盾。

对于《史通·称谓》中的"更始中兴汉室，光武所臣"云云，程先生说："此节当与《编次篇》论更始语参读，彼就'编次'为言，此就'称谓'立论。"不但指出二者思想相通，而且还指出二者落脚点有所不同，为读者顺利解读《史通》提供了便利。

《史通·采撰》认为，采访故老所得的刍荛鄙说，有很多异辞疑事，往往"毁誉所加，远诬千载"，不可作为史料引用，不能与"竹帛正言"一样看待。对此，程先生指出："此与《曲笔篇》自戾。……夫竹帛正书之言，刍荛野老之说，并存真伪，各有是非。撰史者要当明辨慎思，庶可去虚留实；拘执一端，未见其可。如此所举，时而以询故老为是，忽又以访故老为非，出尔反尔，安能自圆其说？"像这类思想观点性的先后失应、自相牴牾之处，《史通》中还有一些，很可能是写成后没有修订删润造成的。

《史通·言语》提出，史书叙事记言皆当从实记载，不避俚辞俗语。对此，程先生指出："所见卓矣，亦见《叙事》《杂说中》《（杂说）下》等篇。"这是提示读者，《史通》在不同篇章中对此有多可互证、彼此参照之处。

《史通·浮词》说，"夫人枢机之发，亹亹不穷，必有余音足句，为其始末"，所谓说事之端、论事之助者，都是需要的。对此，程先生指出："此与《叙事篇》自戾。……窃谓《叙事》所论，实为胶执；本篇之说，庶近通方。"不但指出两处思想自相矛盾，而且明确辨别二者是非正误，对人们客观认识和准确把握《史通》思想，具有重要的指导作用。

六、对《史通》思想观点的接受、发挥与运用

《史通·六家》将先秦以来的史书体裁总结归纳为六类，虽然后人有提出质疑者，但支持肯定者也不在少数。1906年，陆绍明在《国粹学报》第2卷第7期发表《史有六家宗派论》，认为六家之论"不诬"，于是他作该文申论之。这是对《史通》六家之论的接受与发挥。

1908年3月，张尔田完成《史微》内外篇，在卷首《凡例》中他说自己是"仿刘知幾《史通》例，分为内外篇"。学者自著一书而分为内、外篇，并非始自《史通》，但张尔田则是直接效法《史通》。另外，他还在《凡例》中对"刘子玄论史有三长"进行了简短论说，称不止史家需要三长，"为学亦然，文章谓之才，考订谓之学，义理谓之识，而识为最难"。显然，这都是在发挥和运用《史通》的思想。

同年5月6日，叶昌炽在《缘督庐日记》卷十三自述其编写讲义工作说："昨日先草创义例，刘子元所举六家，《（四库）提要》史部十五类可各作一首。又可仿《史通》之例，以两字为题，约得二十目。《史通》所言者，作史之法，不佞所言者，读史之法。每一篇成，举示学者，合之即成为一书。今日先作

第一首，曰流别。"这是效法《史通》，并效法其内篇以二字题名的形式来命篇，撰写"读史之法"的著作，可谓活学活用，善莫大焉。

1909 年，曹佐熙撰成《史学通论》，在"辨体"中论述史书体裁时，全是"对《史通》的有关理论加以评介"[①]，较早地显示出《史通》这部古代史学理论著作已被近代从事史学理论建设的学人关注，并引入到新的史学理论建设中来。这是有关近代《史通》学术史的一个重要信息，表明《史通》的史学理论可以直接为近代史学理论建设服务，是其理论价值的进一步彰显。

1914 年，姚永朴写成《史学研究法》，共有《史原》《史义》《史法》《史文》《史料》《史评》《史翼》七篇。作者认为，"大抵史之为史，不越以上七篇所陈"[②]。其中多引《史通》之论，特别是史原、史法、史文三篇，乃是运用《史通》的思想观点，结合作者时代的学术发展，展开其论述的。

1926—1927 年，梁启超讲授《中国历史研究法补编》，其中提出中国史学史"很有独立做史的资格"，主张将中国史学史建设为一门独立的学科，并规划了"史学史的做法"，指出其内容最少应包括四个部分："一、史官，二、史家，三、史学的成立及发展，四、最近史学的趋势。"[③] 这是中国学术界第一次明确阐述中国史学史学科建设的体系框架问题。但必须指出的是，

---

① 刘泽华主编：《近九十年史学理论要籍提要》，北京：书目文献出版社，1991年，第 8 页。

② 姚永朴：《史学研究法》，《姚永朴文史讲义》，南京：凤凰出版社，2008 年，第171 页。

③ 梁启超：《中国历史研究法》，上海：上海古籍出版社，1998 年，第 295、297 页。

《史通》的《史官建置》就是专门讲述历代史官的建置沿革问题的，《辨职》则是讲述史官的职守问题；《六家》《二体》是以史书体裁为中心来讲述古今史学流派，《古今正史》和《杂述》是以所谓正史和杂史著述为中心来讲述史学的成立与发展，其中《古今正史》一直讲到作者所处时代的史书编撰情况，并包括了作者亲自参与撰写的几部史书，这当然是属于"最近史学的趋势"的内容；至于史家，《史通》中虽无专门对应的篇章，但全书可说无一篇不是在讲论这个内容，其中尤以《核才》《鉴识》《直书》《曲笔》等篇更为明显。所以，梁启超不但对《史通》于中国史学发展的贡献评价甚高，而且他关于史学史学科建设的思想，从整体宏观架构上说，也显然受到了《史通》内容的启发与影响。

与当时学人重视引进西方史学理论不同，陈汉章更注重传统史学，因而他在建构史学理论体系的过程中，将《史通》放到相当重要的位置，于1927年所撰《史学通论》十二篇中，有八篇附录了《史通》相关内容，并在篇目名称上即体现出来。第一篇《论史字之解谊　附录〈史通〉》，从"史"的定义谈起，阐明其内涵，进而引申到史家撰述史书的原则，认为史家应书法不隐、不畏强御；篇末附录《史通·直书》全文作为补充材料，以进一步解释史家秉笔直书的重要性。第二篇《论史书之本原　附录〈史通〉》，主要探讨《尚书》和《春秋》；篇末附录《史通》中关涉二者的篇章有《六家》《二体》《载言》《题目》《断限》《编次》《载文》《言语》《浮词》《叙事》《书事》《人物》《古今正史》《疑古》《称谓》《因习》《探赜》《摸拟》《烦省》《辨职》《史官建置》《惑经》《杂说上》《忤时》，都是摘录各篇中关于《尚书》《春秋》的相关论述，并进行考证。第三篇《论史官之职掌　附录〈史通〉》，梳理大史、小史、内史、外史、御史五种史官职责；篇末以《史通·史官建置》为补充，论述中国史官的起源和沿革变化情况，并在夹注中予以考证，指出其讹误之处，补充其未能详尽者。第四篇《论史部之类别　附录〈史通〉》，探讨史籍分类；篇末全文附录《史通·杂述》，并摘录《六家》《二体》《杂说下》相关文字，申明史家在择取史料时，尤其要对子、集、杂史审慎甄别。第五篇《论正史之体裁　附录〈史通〉》，论述二十四部正史体裁；篇末以《史通》的《六家》《本纪》《世家》《列传》《表历》《书志》诸篇所论为具体撰述原则。第七篇《论史评之变迁　附录〈史通〉》，将史评分为评文和评事两种，称《史通》属于评史文中综合诸史之文；篇末附录《史通·论赞》全文，认为"足为史论针砭"[1]，并节录《鉴识》《探赜》《暗惑》《杂说上》有关史论的文字。第八篇《论史注之错出　附录〈史通〉》，提出史注问题，认为史书的注释有利于读通、读懂史书；《史通·补注》曾专门讨论史书的注释问题并作出评论，因而被全文附录于篇末。第十一篇《论史料之取资　附录〈史通〉》，主张广搜史料，但要审慎选择；因《史通》多次论及史料问题，故篇末节录其中《采撰》以说明选择史料的原则，节录《杂说中》表明史料应去伪存真，节录《杂说下》说明秉笔直书也要选择重要事实而非一概全录，这都是以《史通》的思想来辅助

---

① 陈汉章：《史学通论》，《陈汉章全集》第五册（下），杭州：浙江古籍出版社，2014 年，第 783 页。

论述已说。其余四篇虽没有附录《史通》原文，但仍明显受到《史通》的影响，其中《论史家之撰述》《论史抄之概略》《论史考之品目》都以《史通》作为参考书，充分发挥了《史通》自身的资料价值；最后一篇《论史籍之实用》没有直接与《史通》相联系，但其所论史学的经世致用功能与《史通》中《直书》《曲笔》《辨职》《史官建置》等篇所论史学功能的思想如出一辙，都强调了史学对社会发展的重要作用。

从附录有《史通》内容的八篇来看，各篇都是先概述中国史学发展的理论问题，然后在篇末附录《史通》相关内容以作引申和辅助，方便读者对问题的理解。作者并非简单地援引《史通》原文，还对《史通》所论进行详细考证，对其讲述不清晰之处别裁史料补充叙述，对其论述未及之处旁征博引，注意史学发展的继承性。通观全书，三分之二的篇章附录了《史通》文字，且涉及《史通》三十七篇内容，约占《史通》总篇目的四分之三，足见作者对《史通》的重视，也凸显了《史通》对近代史学理论著作撰写的参考价值和启迪作用。而且作者还特别言明："余膺南京大学之聘，撰次《史学通论》，旁览《史通》。"① 可知他当时已经明确认识到《史通》对中国近代史学理论建设有重要参考作用，于是主动以《史通》这部传统史学理论著作为参照，撰写《史学通论》。而他直接附录《史通》原文的做法，既充分发挥了《史通》的理论价值和史料价值，为史学理论著作的撰写提供了资鉴，更促进了学术界对《史通》

---

① 陈汉章：《史通补释自序》，《陈汉章全集》第五册（下），杭州：浙江古籍出版社，2014 年，第 1089 页。

的注意，有利于《史通》研究的加强。显然，史学理论的建设促使学人对《史通》予以关注，而《史通》作为中国古代唯一系统的史学理论著作的特殊地位，也使《史通》研究直接为这一时期的史学理论建设提供了重要参考。

1931 年，罗元鲲出版《史学概要》，其中讨论的史体、史家修养、史料甄别等内容，与《史通》所论多有相合之处。特别是他继承并发展了《史通》的六家二体论，提出"史有六家三体"①：六家即完全按照《史通》所述，将史书分为六种体裁；三体则是在《史通》所归纳的编年、纪传二体之外，加上纪事本末体。作者设专章分析了三体的利弊，其中对《史通》二体优劣之论多有沿袭、阐发与评论，是对《史通》史体思想的继承与发展。

1941 年，魏应麒出版《中国史学史》，其中将史注分为四种，明言"此据《史通》说"，又称"此四类史注，亦以三国两晋南北朝为盛，唐代特扬其流波而已"，然后分类介绍各种史注代表作品②。1945 年，陆懋德出版《史学方法大纲》，全书共十五章，有十章都引述《史通》之说，并在参考书中列出《史通》相关篇目，是其所参考各书中被引用最多者。他在该书第五编第二章"史事之叙述"部分指出：《史通·叙事》提出的叙事尚简、用晦、妄饰三点，"可为作史者之指导"；《直书》所主张的"仗气直书，不避强御"，《曲笔》所力戒的"曲笔阿时，谀言媚主"等，"皆为作史者所当注意"。③ 这和魏应麒一

---

① 罗元鲲：《史学概要》，武昌：亚新地学社，1931 年，第 21 页。

② 魏应麒：《中国史学史》，太原：山西人民出版社，2014 年，第 106—109 页。

③ 陆懋德：《史学方法大纲》，南京：独立出版社，1945 年，第 110—111 页。

样，显然都是对《史通》之论的接受与运用。

从各方面情形来看，这一时期对《史通》思想观点的接受、发挥与运用的学者中，最突出的莫过于朱希祖与傅振伦师徒二人。1919 年秋，朱希祖为北京大学史学系三年级学生开设史学史课程，这是中国史家最早提出"史学史"这一概念并讲授这一课程。[①] 1920 年，该课程改名为"中国史学概论"，主要内容是阐明中国史学的源流变迁及编纂方法，并评论其利弊，具体表现方式则是采撷《史通》和《文史通义》之精华，然后对所采内容做系统性的组织条理，同时与西洋史学相比较，"使研究史学者可有所取资"。[②] 这表明，从该课程的最初设立起，《史通》就在其中扮演了重要角色，发挥了举足轻重的作用。1943年，朱希祖这部课程讲义最终形成《中国史学通论》一书正式出版，"其中明确提及的学者与著作，次数最多的是刘知幾及其《史通》，达 30 余处，远高于章学诚《文史通义》出现的次数。讲义内各部分几乎都渗透着他对《史通》的批驳、阐发与运用，反映出《史通》在该课程中的地位"[③]。而从该书整体内容来看，朱希祖特别重视介绍史官与史体，这也应是受到《史通》的影响。关于史官，《史通·史官建置》专门讲述先秦至唐代前期史官的源流演变历程，《辨职》《核才》等篇也多次讲述史官问题。关于史体，《史通》中讲述这一内容的篇章很多，朱希祖参考其六家二体论和西方分科思想，将史体分为编年史、国别史、传记、政治史与文化史、正史、纪事本末等六类，虽类别

---

① 王爱卫：《朱希祖史学研究》，北京：中华书局，2018 年，第 92 页。
② 朱元曙、朱乐川：《朱希祖先生年谱长编》，北京：中华书局，2013 年，第133 页。
③ 全清波：《朱希祖与〈史通〉研究》，《历史教学问题》2020 年第 3 期。

的名称不同，但类别的数量则完全相同。可见，即使从授课内容的整体布局来看，《史通》也在其中占据着头等重要的位置。这都显示出，《史通》在朱希祖建设中国史学史学科的过程中，具有特殊的意义。

在开设"史学史（中国史学概论）"课程之后，朱希祖又开设"本国史学名著研究"等课程，"均以《史通》为最主要的参研对象"①。他还推荐学生傅振伦在北大研究所国学门研究《史通》，由他亲自辅导，后傅振伦写成《刘知幾之史学》《刘知幾年谱》两部著作并出版，成为当时第一位出版《史通》研究专著的学者。1932 年朱希祖赴中山大学任教后，还专门开设"《史通》研究"课程，"对于刘知幾的史学理论和所举史实，每每有所驳正，引证赡博，（学生）听之入神"②。

1939 年，抗日战争方殷，朱希祖感时伤事，觉得改革社会及政治既无从着手，而整个世界又处于战争之中，不如好好地发挥自己所擅长的历史研究，于是准备研治战国史和秦史。他说："偶忆古人言作史须具三长，曰才、曰学、曰识。而姚姬传（姚鼐）言作文亦须具三长，曰词章、曰考据、曰义理。词章属于才，考据属于学，义理属于识，二者本相通也。今后欲治史学，第一宜致力于文章（即"才"）……第二宜专治一代历史而考据其全体，庶不流为琐碎之考证（即"学"），第三宜治社会科学及哲学、论理学，则义理不致于偏颇寡陋（即"识"）。（余）避地山城，无参考书，拟将战国一代作为实验。盖今日世

---

① 全清波：《朱希祖与〈史通〉研究》，《历史教学问题》2020 年第 3 期。
② 王兴瑞：《朱先生与国立中山大学》，《文史杂志》1945 年第 5 卷第 11—12 期合刊。

界一战国也，非有如秦国者出而统一，而专一纵横之术治国，生民几无噍类矣！吾国学术思想亦以此代为最发达，整理战国史，其价值等于欧洲之希腊史，秦史则等于罗马史，此二史若成，则在中国史界可推为最大之伟业，而文章亦可以周秦文出之，诚一举三得者也，所谓'三长'，可措手矣。"① 朱希祖认识到战国史在中国历史中的关键作用，将撰写战国史和秦史看作是"中国史界可推为最大之伟业"，这都与《史通》关系不大，但他是由对才、学、识三长的讨论而想到用战国史和秦史来实践他对三长的认识和要求，这就表明，史才三长的思想对他选择研究课题发挥了直接而重大的作用。

1940 年，国民政府成立国史馆筹备委员会，朱希祖被聘为委员会总干事，主要负责史馆制度的制定、史学人才的遴选、会务的部署等工作。之后，朱希祖针对国史馆实际，撰写了一系列文章，提出各种建议与规划，其中对《史通》思想的接受、借鉴并发挥、运用，为其工作的顺利开展提供了重要的学术支撑。

关于史馆修史，《史通·忤时》曾提出"五不可"之论，虽是针对唐代史馆弊病而提出，其实也是此后历代修史制度的通病：一是史官众多，互相观望；二是史料缺乏，难以编撰；三是权贵干涉，不敢直书；四是监修牵掣，无从下笔；五是缺乏制度，职责不明。② 朱希祖在制定国史馆修史制度时，虽不曾明言"五不可"之论，但在实际运作中，很多措施与之相合。如朱希祖鉴于政府档案因不被重视而散佚不少，指出"国家档

---

① 朱希祖：《朱希祖日记》，北京：中华书局，2012 年，第 999 页。
② 杨翼骧：《刘知幾与〈史通〉》，《历史教学》1963 年第 7 期。

案为史料之渊海，国史之根柢，实为至高无上之国宝"，明确提出："欲续历史，不可不设国史馆，欲保存史料，不可不设档案总库。"① 这实际上对应了"五不可"中第二条"史料缺乏、难以编撰"的论断。在筹备史馆修史之初，朱希祖制定了筹备委员会组织大纲，对各个部门的人员设定与职务进行细致划分，又撰写《史官名称议》等文，考证核实历代史官名称和职务，目的是由此确定国史院史官名称及其职责，以便正式修史时能够分工明确，有条不紊②，这对应了"五不可"中第五条"缺乏制度、职责不明"的论断。《史通》重视史馆监修官员的选任，既在《辨职》中强调"监史为难，斯乃尤之尤者"，又在《忤时》中强调监修应"总领"全局，"明立科条，审定区域"，慨叹当时史馆监修官员较多，"十羊九牧，其令难行；一国三公，适从何在"。朱希祖在讨论史官员额时，也提出类似论点。他认为，第一等史官应承担"总裁之任"，在史书初修时裁定义例，在初稿完成后裁定取舍、判断是非。他又指出，前期修史可以有众多史官参与，以收集思广益之效，但"最后必须一人折衷至当，总归裁决，乃易告成"，否则，"若二人以上，名位相等，意见偶有参差，事权必难统一：或意气相争，反难解决，或互相推委，终至灭裂"。为了加强论证的效力，他还以唐、元和明、清官修史书为正反两方面的例证，予以详细申论。③ 这实

---

① 朱希祖：《史馆论议》，《中国史学通论　史馆论议》，北京：中华书局，2012年，第 169 页。

② 朱希祖：《史馆论议》，《中国史学通论　史馆论议》，北京：中华书局，2012年，第 179 页。

③ 朱希祖：《史馆论议》，《中国史学通论　史馆论议》，北京：中华书局，2012年，第 203—204 页。

际上对应了"五不可"中第四条"监修牵掣、无从下笔"的论断，并直接对《史通》"适从何在"的质疑做出了"不若定为一人之为善"的正面回应。朱希祖的这些建议和考虑，并没有直接引用《史通》的有关论述，但二者理念相通相同，而朱希祖又对《史通》素有研究并非常重视，还专门开设过"《史通》研究"等课程，则他在考虑国史馆建设问题时，重视研习《史通》对史馆修史工作的论述，接受、借鉴并发挥、运用《史通》的相关思想，以进行国史馆筹备和建设工作，就是很自然的。这是《史通》给予朱希祖学术实践的思想影响。

在国史馆人才的遴选标准问题上，朱希祖也接受和坚持了刘知幾提出的史才三长论。从《史通》看来，在才、学、识三者之中，刘知幾认为识为尤贵，首重史识，后来宋代学者即发挥此意，明确提出"才、学固不易，而有识为尤难"的论断。朱希祖在驳正另一位学者但焘有关史学人才标准的论述时，也明确指出："昔人有言：史贵三长，曰才、学、识。今但君仪以高才博学为大著作标准（但焘称第一等史官为"大著作"），而遗却'识'之一端。夫才高而无识，则华而不实；学博而无识，则博而寡要。以此等人才，使之当大著作，其不贻笑柄者几希。"对于但焘所称"著作"即第二等史官的标准，朱希祖强调"其弊仍注重才、学而不重识"，则其所成之书，势必与史学的要求相反相悖，此无他，"其弊皆由于无识"。① 不消说，这是接受并运用了《史通》在史家标准问题上的才、学不易而识为尤

① 朱希祖：《史馆论议》，《中国史学通论　史馆论议》，北京：中华书局，2012年，第200页。

贵的思想理念。

在国史体例类目的设置问题上，但焘主张设立方言志，朱希祖提出反对意见，认为："国史中与其立方言志，不如立方物志。刘知幾《史通·书志篇》云：'……凡为国史者，宜各撰方物志'。"然后他依《史通》所论，结合"今瀛海大通"的世界形势，提出该志的具体编写意见。① 由此可知，不但其设立方物志的想法直接来自于《史通》的思想启迪，而且其具体编写方法也斟酌和参考了《史通》的论述。

此外，但焘还主张设立藩封列传、外国传，"以朝鲜、琉球等入藩封列传；其英、荷属地，则于外国传中各系其宗国之后"。朱希祖从史书编写体例的角度，明确加以反对。他说朝鲜、琉球等已不再是中华民国属国，国史馆所修国史既是民国历史，"自不应有藩封列传，以自忘其断限"。至于外国传，自《宋史》设立以来，所载各国大都为朝贡之国，"今五洲各大国文化甚高，与前世'四裔'异撰，而欲别书梗概入吾国史，以示大一统之尊严，宁非可笑？且既称国史，必为国别史，顾名思义，则外国史不应阑入，其理甚明"，何况"外交志"已经记载各国与我国关涉之事，"是故，国史立藩封列传，则失年代之断限，立外国列传，则失地域之断限，皆无当也"。② 这是从时间与地域的断限角度，批评设立二传的建议"无当"，主张不该设立。考察《史通·断限》可知，全篇即主要从时间与地域的

---

① 朱希祖：《史馆论议》，《中国史学通论　史馆论议》，北京：中华书局，2012年，第218—219页。

② 朱希祖：《史馆论议》，《中国史学通论　史馆论议》，北京：中华书局，2012年，第221—222页。

断限角度，批评一些史书违背了断限之义，将时间上前后不接、地域上参商有殊的内容写进书中。是则，朱希祖对但焘"无当"的批评，显然是在效法《史通》，二者在思想上有着前后相继的关系。

　　总之，从朱希祖有关国史馆的论议文章来看，《史通》的思想理念在很大程度上影响着他对史馆修史的规划与思考，而这些文章又是朱希祖后期史学成就比较完整且成体系的呈现，因而《史通》也就在其治学体系中占据了比较重要的位置。

　　傅振伦对《史通》的研究，始于其在北京大学求学期间。1923 年他入北大历史系学习，因受"整理国故"思潮影响，喜读古代史书，又受到系主任朱希祖的影响，深感《史通》为中国史学史、史学思想和史学方法论的名著，便日夕披诵。1927年，朱希祖推荐他"在研究所国学门研究此书，并亲自辅导"，傅振伦因而写成《刘知幾之史学》，后又写成《刘知幾年谱》①，并发表了多篇专门研究《史通》的论文。就前述 20 世纪上半期国人研究刘知幾和《史通》的三种主要情况看，傅振伦都有专门研究论著发表，而且是其中唯一做到这一点的学者，表明其研究广度和深度要比同时人更胜一筹。而对傅振伦个人学术发展来说，他"以《史通》研究为基点，上溯《史记》《汉书》，下连《通志》《文史通义》，对中国史学源流、史籍得失作出进一步的通论"，"还对历代修史制度、史官建置及职掌、史部目录学等史学史的专题研究有所研究"②。可见，傅振伦的《史

---

① 傅振伦：《刘知幾年谱》，北京：商务印书馆，1956 年，第 131 页；《傅振伦学述》，杭州：浙江人民出版社，1999 年，第 14 页。

② 傅振伦：《傅振伦学述》，杭州：浙江人民出版社，1999 年，第 52 页。

通》研究给予其学术整体发展方向的影响，实在是功莫大焉。而追根溯源，又不能不说这在很大程度上是拜其恩师朱希祖所赐。是则，朱希祖对《史通》学术史的另一重大贡献，就是培养了傅振伦这位《史通》研究专家。

傅振伦在研究《史通》过程中，也在运用《史通》的思想观点，开展自己的学术研究。1936 年，他在《国立北平大学学报文理专刊》第 1 卷第 4 期发表《两唐书综论》，其中有四处运用了《史通》的理论与思想。其一，傅先生在比较《旧唐书》与《新唐书》优劣时，以《史通》词简事备的叙事思想，批评《新唐书·贾耽传》仅求词简而叙事不备的疏漏。其二，傅先生秉持《史通》论后为赞不免烦赘的观点，批评《旧唐书》"兼而有之，盖亦芜矣"，特别是大部分赞语乃用骈体文写成，"尤为烦复"。但王鸣盛竟对《旧唐书》这种形式有所褒奖，而对《新唐书》删除赞语的做法讥为"卤莽"，于是傅先生批评王鸣盛是"不明《史通·论赞篇》之意者"。与王鸣盛相反，赵翼认为《新唐书》删除赞语"尤为得体"，于是傅先生誉之为"笃论"。其三，傅先生指出，"《新书》体法，又多本刘知幾《史通》"，并列举七个事例予以证明，然后总结说："刘子玄史识卓特，不世奇才……其说不用于刘昫，而竟得取于欧、宋。《十驾斋养新录》谓刘氏'用功既深，遂立言而不朽'，观此而益信矣！"认为《旧唐书》不采用《史通》的理论与思想，是一大失误。其四，傅先生以《史通》邑里书今不书旧的思想，批评"《旧书》列传邑里多从郡望，《新书》虽依时制，然亦未能尽改"，二书都有不合适之处。

而在 1931 年《史学年报》第 3 期发表的《清史稿之评论》上篇中，傅先生更多地以《史通》的理论与思想作为自己的基本理念和指导思想。这集中体现在该文"总论"的二十九条文字中有十一条采纳和运用了《史通》的思想，其中（1）书之内容与序例牴牾者、（2）断限参差不一、（3）叙事之方法不明、（8）烦冗者、（16）书法之善者、（18）无史识之陋、（20）称谓之失、（22）编次之得失等八条，都直接说出了刘知幾或《史通》的名称，（12）采摭不广、（14）曲笔之失、（19）标题之失等三条，则没有明注刘知幾或《史通》之名。

也是在 1931 年，傅先生在《学文》第 1 卷第 2 期发表《中国史学之起源》，其中明确说到："刘子玄《史通》述吾国史学之沿革，分《史官建置》及《古今正史》二篇。兹述史学起源，亦分史官、史书二章。"如果说，上述两篇文章是对《史通》具体观点的接受与运用的话，那么这篇文章就是从总体上对《史通》的撰述架构与谋篇布局的仿从与模拟，从性质上说，属于更高层次地对《史通》思想的接受与运用。

七、对《史通》思想观点的批评

从形式上说，这主要有三种情况。第一种是在论著中，将批评性内容与介绍刘知幾生平、《史通》内容及其史学思想、优点长处等一并述及。此类学者最多，朱希祖、梁绳筠、何炳松、陈同仁、傅振伦、吕思勉、黎子耀、程千帆、张舜徽、翦伯赞等都是如此。如朱希祖在《中国史学通论》中，批评《史通》对项羽、陈胜以成败论人的思想偏见，认为其"实非公论"，又批评《史通》思想浅薄，认为其对纪传体史书的志的内容认识不深。他综合《史通》所论各志的情况，指出"子玄所蔽尤在《艺文》"，以为"前志已录，而后志仍书，篇目如旧，频烦互出，何异以水济水，谁能饮之者乎"。不过刘知幾的这一论述也是有原因的，朱先生为之设身处地地分析说，刘知幾撰写《史通》时，《七略》《七录》等更为翔实的专门目录著作大都存世，人们自可直接借助于它们来考察学术文化的发展，源自《七略》《七录》等书而编成的《汉书·艺文志》《隋书·经籍志》的作用就显得非常有限，因而自然也就得不到刘知幾的重视。但是后来《七略》《七录》等全都亡佚，人们只能通过《汉书》《隋书》的这两篇志来简要地考察学术发展源流情况。因而朱先生说，如果刘知幾生在后世，也一定会肯定二志保存文化的重大意义，而不会"嫌其妄载"。① 这个分析，不但从历史动态发展的角度批评了刘知幾的思想偏颇，也对其产生这一偏颇之论的客观原因进行了理性分析，予以同情之理解，并以假设推论的形式肯定其具有客观正确的历史见识，表现出一定的历史主义的评价原则。

第二种形式，是以专篇文章对《史通》进行批评。如李亚昆在 1935 年《国专月刊》第 1 卷第 5 号发表《刘知幾史学举误》一文，从引书失误、引事失误、评观失实、论事不确四个方面，指陈《史通》的失误。其中后两个方面涉及思想方面的内容，虽然作者所述都很正确，但全是老生常谈，没有新意。1937 年，《南风》第 13 卷第 1 期发表署名"鹏"的文章《刘知幾史通之批评》。不过篇名虽为"批评"，但理解为"评论"更

---

① 朱希祖：《中国史学通论 史馆论议》，北京：中华书局，2012 年，第 51—53 页。

合适些，因为文中除了批评之外，还有数量几乎相等的对《史通》进行表彰的条目。该文中有些批评是正确的，但有些批评是错误的，如说《史通·论赞》"诋史评之无谓"，认为"作史正宜加以评论，方能显作者之意义"，其实《论赞》没有笼统地把史评称为"无谓"，它主张的是史论可有，但论后不该再设"赞"语，并非说史论无谓、不须撰写，作者或是误读原文，或是直接沿袭何炳松之说而以讹传讹。另外，作者对《史通》的一些表扬也存在失误之处，如《载文》批评一些史书的文学家传记收录其人赋作，是"繁华而失实，流宕而忘返，无裨劝奖，有长奸诈……不其谬乎"，对此作者称为"此论殊确，盖浮讹虚谬之辞，诚非史体"。其实收入这些赋作，是以文传人之意，用以表现这些文学家的文学艺术成就，刘知幾不明所以，妄加批评，作者同样如此。作者还称《二体》是"详述《春秋》《史记》之得失"，是"论《春秋》《史记》各有短长"，可谓大错特错，清代浦起龙早已指出，该篇是以二书为例，讨论编年、纪传二体之短长，并非评论二书。作者又称篇中对纪传体合传缺点的论述"甚当"，其实篇中所论纪传体合传的缺点根本不是其缺点，刘知幾对合传之法不明所以，才会出此错误之论，作者竟予以表扬，自然也是错误。总的看来，这篇文章的水平明显有限。

第三种形式，是以专书对《史通》进行批评。其唯一代表，也是此处要讨论的重点，就是著名学者刘咸炘撰写的《史通驳议》。

刘咸炘对《史通》评价极高，既称之为"前无古人"，又说是"古今无双"，并称自己治学"宗"之。① 但同时他也清醒地认识到《史通》亦有缺陷，而其缺陷同样对后世史学发展产生了影响。鉴于《史通》的失误一直没有得到很好的纠正，他便以当仁不让的责任感和使命感，专门撰写了批驳其失误的《史通驳议》，主要针对《史通》论述史书体裁体例的内容展开批驳。

在正文之前，该书有几段序论性文字，其中谈到《史通》在史学思想方面存在的三类失误：第一是认为《史通》虽然擅长对史书体例的分析，擅长以体例批评史书史家，但存在拘泥固执的偏见，常以某种整齐划一的固定体例来评论古今所有史书，缺乏灵活变通。第二是认为《史通》"明于纪、传而暗于表、志"，即重视纪、传，对二者的分析也比较透彻，但轻视表、志，对二者的认识不深。第三是认为《史通》"囿于断代而昧于通史"，思想僵化。② 统观这三类失误，从性质上说，就是思想认识偏激片面，考虑问题不够周全，拘泥固执有余，灵活变通不足。

刘咸炘认为，《史通》之所以出现这样的思想局限，主要是刘知幾受制于时代风气造成的。唐代史馆制度提出了规范化的修史要求，"知幾适生其时，所见固不出于此，故其书所论，亦不出于此，通古、别识、圆神、变化之术，彼固无所明也。生于是，学于是，故虽欲去是，而自不能外是"。每个人都必然会

---

① 刘咸炘：《推十书》（增补全本）甲辑叁《学史散篇·唐学略》，上海：上海科学技术文献出版社，2009 年，第 1234 页；丙辑贰《史学述林》卷三《史通驳议》，第 459 页。

② 刘咸炘：《推十书》（增补全本）丙辑贰《史学述林》卷三《史通驳议》，上海：上海科学技术文献出版社，2009 年，第 459 页。

受到时代风气的影响，虽然各自表现不一，但想要完全脱离时代环境的影响，则是根本不可能的。

由于《史通》未能脱离时代的局限性，所论多为史馆而发，刘咸炘认为，《史通》全书就是专讲史书体例，"二十卷中，不外言例，其得其失，皆在于是"，并特别强调说，只有明白这一点，才可以读《史通》。此言有理，但过于绝对，因为《史通》中虽然讲述体例的内容最多，但也并非全书"不外言例"，即如章学诚自我标榜其区别于刘知幾的"史意"，《史通》中就有不少论述。下面我们就来具体检示刘咸炘对《史通》思想的驳议。

《史通·六家》认定《尚书》为记言体史书，但又发现《尚书》有一些非记言的篇章，因而称其"为例不纯"。对此，刘咸炘驳曰：《史通》之所以称《尚书》为记言体史书，是因为误读班固《汉书》和荀悦《申鉴》"言为《尚书》"之意，并以讹传讹地沿袭了孔颖达的错误说法①，但《尚书》本非记言之书。他还在其另一本专著《史学述林》卷一《史体论》中说："昔之谓为纪言者，特见其多誓、命、训、诰，然开卷《典》《谟》即非纪言，故知幾终谓《尚书》体例不纯。夫《尚书》果不纯邪，抑读者未明其体耶？凡书体有不纯，必后不能守其初例，岂有开卷即不纯之理哉！"此言在理。《尚书》为中国最早之书，当时本没有什么纯粹的、一定的体例，而且就算有某种体例，也不可能开卷第一篇即不符合体例。《尚书》中有很多记言性篇章，但也有非记言性篇章，不能因为前者数量较多，

---

① 刘咸炘：《推十书》（增补全本）丙辑贰《史学述林》卷三《史通驳议·六家》，上海：上海科学技术文献出版社，2009 年，第 461 页。（下引《驳议》，凡正文中列出《史通》篇名者，不再注出）

就说全书都是记言性的内容，在体裁上属于记言体。《史通》的错误，在于思想上以偏概全，未能全面审视古书的内容，就以自己对史书体例的认知来妄论古书，表现出思想偏激偏谬的一面。

《史通·二体》论述编年、纪传二体的优劣短长，认为纪传体的短处在于"同为一事，分在数篇，断续相离，前后屡出"，"又编次同类，不求年月，后生而擢居首帙，先辈而抑归末章"。对此，刘先生在《史学述林》卷一《史体论》中指出：此说甚是粗疏。纪传体的纪、志、表、传各部分，"本一整体，文存互见，岂可讥为重出？若谓一事'分在数篇，断续相离'，则彼编年文，非分在数年，断续相离乎？至于'编次同类，不求年月'，此于史迹，了无所妨，后世读马书（《史记》）者，固未尝误以贾谊与屈原同时、曹沫与荆轲共国也。是则（《史通》所言）纪传之短，皆不为短也"。批评《史通》既不明白纪传体的互见之法，也不明白合传、类传的记事体例，遂将其正当的记事体例与方法误为短处，思想认识浅薄不深。

《史通·表历》认为，史表烦费无用，而且有些读者还采取不看史表的态度，则"语其无用，可胜道哉"，建议废除史表。刘先生驳曰："读史不读表，乃陋儒徒取文词者之为，不足为读史。且表以备检，即不读，亦非无用。厌而不读，负作者之心，乃咎作者不当作，有是理邪？"一方面批评《史通》所持史表无用的思想偏谬，指出"读史不读表，乃陋儒徒取文词者之为，不足为读史"；另一方面指出，读者不读，并不能证明史表无用，更不能因此而责令作者"不当作"史表。此论在理，因为读者不读，与史表是否有用、史家该不该撰写史表，在性质上并非同一问题，不可以直接画上等号。《史通》的这个论说，实际上是犯了逻辑混乱的错误，思想已是偏谬不伦。

《史通·书志》主张废除纪传体史书的《艺文志》，如果实在要予以保留，"当变其体"，仿照宋孝王《关东风俗传》，所著录之书，"唯取当时撰者"。对此，刘先生驳曰："此说本非。……史无《艺文》，则书之存佚、学之源流，不能综考，此大有关系。刘氏不通校雠之学，徒见其目录，以为前后相循，略无意味，是不足与辨也。宋孝王书乃方志之法，非史法也，《明史》误用此说。"批评《史通》思想浅薄，只看到《艺文志》录载之书"篇目如旧，频烦互出"，却没有认识到《艺文志》所具有的辨章学术、考镜源流的学术史价值和意义。

南朝宋时，裴松之为陈寿《三国志》作注，受到世人好评，但《史通·补注》批评它喜聚异同，不加刊定，甘苦不分，坐长烦芜。纪昀曾说："裴注未可深抑，其中有两说并存、无他证可以刊定者，亦有不得不细为驳诘者。"认为裴注中既有必须聚异同而不加刊定者，也有刊定而细为驳诘者，《史通》笼统地说它不加刊定、甘苦不分，并不完全符合事实。刘先生称"纪说是也"，指出"注之用，正在于兼存，若求简，何必注邪"。此言简洁，却是一语道破天机。无论《史通》对史注持有怎样的认识，但在对史注"兼存"资料的价值和目的方面，可说毫无认知，完全持否定态度，这当然是极为偏颇的思想认识。

《史通·品藻》说："史氏自迁、固作传，始以品汇相从。……是以韩非、老子，共在一篇；董卓、袁绍，无闻二录。岂非韩、老俱称述者，书有子名；袁、董并曰英雄，生当汉末？

用此为断，粗得其伦。"对此，刘先生驳曰："此足见知幾于史家铨配列传之法，所见甚浅。老、韩同传，明道、法之源流；董、袁合篇，著争裂之原起。岂止如知幾所言而已乎？若知幾言，则诸子、英雄同时者多矣，何不皆合之邪？"此论明快有力，将《史通》考虑问题不深不周、肤浅片面的缺陷，非常清晰地揭示了出来。

《史通·书事》主张史书记事应该选择关乎朝政之事，记功司过、彰善瘅恶，否则不必记载。对此，刘先生驳曰："史本兼重政事、风俗，故史公传货殖、游侠，下及闾巷，非必皆关庙朝……岂可概谓琐事则不当书？"此言是也，历代正史皆为记载一朝一代政治、经济、社会、文化等内容之全史，但《史通》所重仅在政事，更强调"记功书过、彰善瘅恶者"，思想过于狭隘片面，对史学内容缺乏总体全面的认识。与此同理，在对《杂说中》《杂述》《史官建置》的批驳中，刘先生批评了《史通》仅知政事而不知风俗、仅知纪传而不知典章簿录、仅以史书为传人之用的隘陋，这都是批评《史通》思想片面，对史学内容的认识过于狭隘。

当然，在驳议《史通》的过程中，刘咸炘也表达了一些并不妥当的史学观念。如《史通·人物》论说写史过程中如何记载人物的问题，吕思勉《史通评》称其"所论多中肯綮，论史例者所宜熟复"，但浦起龙认为该篇"与《品藻篇》类，不免翰墨烦劳"，刘咸炘认为"浦说是也，人物剪裁，何可一例？详略互见，自有别识"。史书如何记载历史人物，确实不能以某种固定体例来要求，但这并不是说不需要任何体例，一些基本规范还是要着意讲求的，不能以别识特见为由，完全不讲章法。此外，刘先生在《史学述林》卷一《史体论·本纪》中还说：刘知幾批评《史记·项羽本纪》"'巨细毕书，全为传体，有异纪文'，其论甚精"。实际上，刘知幾批评《项羽本纪》"全为传体，有异纪文"，完全是按照他自己对本纪的体例认知来发表评论的，但是他自己对本纪的认识，是否可以用来评价八九百年前的《史记》呢？答案当然是否定的。司马迁开创了纪传史体，但并没有规定本纪的体例是什么样子，刘知幾作为后来人，硬性地用自己提出的体例来要求《史记》，这已经近似于荒唐，而刘先生竟然还说"其论甚精"，可谓更加偏颇。

总之，由于《史通》讲论史书体例的内容最多，于是刘咸炘就着力于揭示《史通》在体例方面存在的思想认识偏激片面、考虑问题不够周全、拘泥固执有余、灵活变通不足等性质上的主要缺陷。从《史通》全书来看，这确实是《史通》的不足，而此后学界对《史通》缺陷和弊病的指陈，也主要在这些方面，足证刘先生驳议之客观如实、准确恰当，这为人们准确研读《史通》、正确认识《史通》，都有重要意义。

八、梳理总结《史通》对后世的影响

对于《史通》给予后世的学术影响，梁绳筠、刘咸炘等人曾简略笼统地予以述及；张其昀、何炳松、钱卓升等人具体谈到了对章学诚的影响；金毓黻点明了《史通》对梁启超的学术影响，指出"梁启超晚年喜治史学，尝论及中国史学史之作法，谓其目有四：一曰史官，二曰史家，三曰史学之成立与发展，四曰最近史学之趋势。其前两目，盖原本于《史通》，其后两目，则自此而引申之耳"①；罗元鲲称《史通》"学说所被，风靡一时，微独修史者多采之，即读史者亦时衍其余绪，以审定异同，商榷得失，故义例之学，自唐以降，代有其人"②，这是从作史和读史两个方面肯定《史通》对后世的积极影响；黎子耀指出，《史通》在史学贡献"前无古人"之外，其有功学术"尤要者"，还有"怀疑之精神"和"论文之主张"，就前者来说，"崔东壁（崔述）之勇于疑古，知幾实以导夫先路"，就后者来说，"退之（韩愈）论文之见，知幾早已得其三昧，阐发无遗，世之论文者，不可不知也"③。傅振伦、吕思勉、程千帆、张舜徽等人则更多地挖掘了《史通》对后世的学术影响。下面主要介绍傅振伦、程千帆的研究总结，其他留待后面专节讲述。

傅振伦在《刘知幾之史学》一书中，专列第十章讲述"《史通》之影响"，指出："后之修史者，虽多显訾其书，而孰不阴奉为圭臬？故钱大昕曰：'刘氏用功既深，遂立言而不朽，欧、宋《新唐》，往往采其绪论。'浦起龙亦曰：'继唐编史者，罔敢不持其律。'盖其书在吾国史学界之潜势力，亦深厚矣！"并以王鸣盛和崔述也都坦承自己受到《史通》影响为例，指出"刘书影响所及，不只历代正史已也"！然后从三个方面，论述了这个问题。

其一，是具体梳理和分析了《史通》二十二篇文章的史学观点对后世官修纪传体史书和方志类书籍编纂的影响，以及对韩愈、郑樵、王惟俭、顾炎武、张之洞等人治学著书的影响，

---

① 金毓黻：《中国史学史》，石家庄：河北教育出版社，2000 年，第 4 页。
② 罗元鲲：《史学概要》，武昌：亚新地学社，1931 年，第 127 页。
③ 黎子耀：《刘知幾思想述评》，《思想与时代月刊》1944 年第 30 期。

总结性地指出："唐后诸史中，采《史通》之说者，以欧阳《唐书》为最多。《新唐书》而后，刘氏之学说，始大盛行。盖《史通》不易之说，十有八九也。"

其二，是指出"世人论史之体例者"，常以郑樵、章学诚与刘知幾相比拟，"今读二氏之书，知其史学思想，比之子玄而多同。二氏皆熟读刘氏之书，知其学说多出于《史通》也"，并在该书专列第九章"子玄与郑、章二大史家思想之异同"，详细阐发其旨。

其三，是指出明代胡应麟《史书占毕》"全法《史通》"，"其内篇论史之语，几尽取刘说"。然后列举八个方面事例，指出"胡窃取刘氏之说，窜改而自定新义者，亦多矣，而反欲与子玄方驾争妍，多见其无识矣"！不过，此论有不少偏颇牵强之处，更多地是反映了傅先生对刘知幾爱之也深的心情，但这种偏于感情的爱之深切与更爱真理的学术精神有着并不吻合的一面，特别是不符合《史通》所主张的求实精神。

程千帆对《史通》学术影响的梳理考察，是在《史通笺记》中就有关诸篇的具体论述进行的。《史通·六家》提到《汉书》改《史记》"书"这一体例为"志"，撰写十志之事。《题目》中解释《汉书》改变名称的原因说："子长《史记》别创'八书'，孟坚既以汉为《书》，不可更标'书'号，改'书'为'志'，义在互文。"程先生指出，清代章学诚对《汉书》改"书"为"志"的解释，即"全本子玄之说"。

《史通·载言》提出，纪传体史书应设立"书"这一体例，将纪传中所收录的制册奏表等文章，全部移入"书"中，分类记载。程先生认为，章学诚主张方志著述中应当"作'文徵'

以演风诗之绪，疑有取于子玄斯篇之说"。程先生指出《史通》对章学诚方志学思想的形成有启迪作用，但为了谨慎起见，他使用了"疑"字来表达其观点。

《史通·论赞》批评范晔《后汉书》在每篇史论之后又设立韵语之"赞"，烦费弥黩，主张"论"可有而"赞"必除。程先生指出，赵翼、章学诚的相关论述，"皆本子玄之说而畅言之"，即二人观点皆来自《史通》思想的启发。

《史通·邑里》批评一些史书在记载人物籍贯时使用郡望之弊。余嘉锡指出："宋之学者深疐其说，不独于旧史所书邑里皆所不信，即唐人自叙其乡贯，亦以为郡望，必别求其所生之地以实之。"程先生引述其说，作为《史通》此论对宋代学者的影响。但宋人采取这样绝对的做法，也未免以偏概全，因而余先生批评他们"矫枉过直，反为通人之蔽"。对此，程先生也深表赞同，称为"此亦读史者所不可不知"，这对准当恰切地认识和理解《史通》论述有重要帮助。

《史通·叙事》论叙事文字省略之法，其中举例说："《春秋经》曰：'陨石于宋五。'夫闻之陨，视之石，数之五。加以一字太详，减其一字太略，求诸折中，简要合理，此为省字也。"程先生指出，陈骙《文则》的相关论述，"即本子玄之意而敷衍之"。

《史通·探赜》说，陈寿《三国志》"以魏为正朔之国，典午攸承"。程先生指出，陈寿以魏为正统一事，清代朱彝尊、杭世骏、赵翼、章学诚以及《四库全书总目》等都曾推原其故，然"诸家之说，推究原始，要皆为子玄'魏为典午攸承'一语所启发"。

　　《史通·烦省》对晋人张辅有关史文繁简问题的观点提出不同意见。程先生指出，宋人赵与时、金人王若虚、清人赵翼和俞正燮也都对张辅之论有不同见解，"虽所见各不尽同，胥足与子玄此篇所言相发"，认为他们的论说都受到了《史通》的影响和启发。

　　《史通·杂述》说："盛宏之《荆州记》、常璩《华阳国志》、辛氏《三秦》、罗含《湘中》，此之谓地理书者也。"程先生指出：唐代杜佑《通典》卷一七一《州郡门序》注释中类似的一段话，"盖即据子玄此之所言而发"。

　　《史通·自叙》对其书能否传世深表忧虑，"恐此书与粪土同捐，烟烬俱灭，后之识者，无得而观"。钱大昕《十驾斋养新录》卷十三《史通》一文，从八个方面指出《史通》对《新唐书》编修的影响。程先生引之，然后指出：钱氏所论，"远不足以概《史通》沾丐后学之全，然足证子玄土捐烬灭之说为过虑已"。这是在强调《史通》对后世史学影响之深远重大。

　　《史通·古今正史》说："自尧而往，圣贤犹述，求其一二，仿佛存焉。而后来诸子，广造奇说，其语不经，其书非圣。"程先生指出，崔述《考信录提要》卷下《补上古考信录》之论，及其所述《补上古考信录》之内容，即"推本"《史通》此论，"《史通》之影响后来史学，此又其一端矣"。

　　《史通·点烦》批评《史记》在《宋世家》《吴世家》《越世家》等篇称其国君时，总是连带书写国号，如"宋襄公""吴王阖闾""越王勾践"等，认为有烦冗之弊。王若虚《滹南遗老集》卷十四《史记辨惑六》引述之，称"其论甚当。然此乃迁全体之病也，凡称某王，类加国号；凡举人名，每连姓氏。

冗复芜秽，最是不满人意处"。程先生引之，然后说："《辨惑》此卷即专辨姓名冗复之惑，亦子玄《点烦》之嗣音矣。"指出王若虚《史记辨惑六》的全卷内容，即是对《点烦》的模仿及对其思想的运用。

《史通·杂说下》说："《李陵集》有《与苏武书》，词采壮丽，章句流靡。观其文体，不类西汉人，殆后来所为，假称陵作也。"清代黄廷鉴、章学诚都在其基础上续作推论。程先生首先引述二人之论，然后指出："二氏之说，皆能洞烛隐微，亦诵此文者所不可不知也。"指出黄、章二人皆有取于《史通》此论并发展了《史通》之说。

以上所述，就是近代《史通》学术史所涉及的一些基本方面，包括对刘知幾和《史通》的总体认识与评价，对《史通》撰写原因的分析，对《史通》学术思想来源的分析，对《史通》史学思想的分析，揭示《史通》相关诸篇的思想关涉处，对《史通》思想观点的接受、发挥与运用，对《史通》思想观点的批评，以及梳理总结《史通》对后世的学术影响等。至于其具体内容，尚不止上文所列，还有吕思勉对《史通》思想的阐发与批评，张舜徽对《史通》思想的求是平议，翦伯赞与华岗以唯物史观对《史通》的研究与剖析等，这将在下文专节讲述。

和以往相比，这一时期《史通》研究的最突出特色，在于以近代史学理念对刘知幾和《史通》进行研究，从中国历史学学科建设的角度肯定其独特贡献，明确将《史通》定性为"史学理论"著作，指出《史通》是中国第一部史学理论著作，标

志着中国史学理论这门学科学问的最终确立；同时称《史通》
为世界上第一部讲论作史方法的著作，称刘知幾为"史学批评
家"，对《史通》的思想理论及其思想来源等问题展开近代性的
分析评论，并开启了以唯物史观研究《史通》的先河，代表和
预示了《史通》研究的未来发展方向。

吕思勉对《史通》思想的阐发与批评

吕思勉（1884—1957）是著名历史学家，毕生从事历史教育和历史研究工作，《史通评》就是他为教学之需而写出的《史通》研究专著。该书以近代史学观念，对《史通》各篇的思想和观点进行评议、阐发和推论，"用意在评议刘书义例得失，并非注释，但和原书对读，很能开人思悟"①，因而自 1934 年出版以来，一直是《史通》研究的代表著作之一。从《史通》思想学术史的角度说，其主要内容有以下三个方面：

一、对《史通》有关篇章思想的阐发

《史通》全书分内、外两篇各十卷，《史通评》未分卷次，仅以内篇、外篇分成前后两部分，逐篇评之，其中对一些篇章思想观点的解说、阐释，为读者顺利、准确、全面、客观地理解原文，提供了很多便利。

在对《史通·六家》的评语中，吕思勉开篇指出："《六家》《二体》两篇，乃刘氏论正史之作也。史本无所谓正不正；

---

① 程千帆：《〈史通〉读法》，《文史知识》1985 年第 2 期。

然其所记之事，万绪千端，不能无要与不要之分（自注：要与不要，随各时代学者之眼光而异，无一定标准）。一时代之学者，认其所记之事为要，则以为正史；谓其所记之事非要，则以为非正史而已矣。'六家'者，刘氏所认为正史；'二体'，则刘氏认为六家中之善者，可行于后世者也（自注：《杂述篇》所谓十家，则刘氏以为非正史者也）。"① 既揭示了《六家》《二体》两篇论述的对象也是《史通》全书论述的主要对象，又用近代的史学观念对《史通》所说的"正史"进行了阐释。这对人们客观认识和全面理解"正史"的概念内涵，对准确把握《史通》以研讨叙事性、记事性史书为主，而并非对所有类型史书进行讨论的内容特点，都有重要的帮助。

《史通·表历》批评《汉书·古今人表》仅记载汉朝以前的历史人物，"不言汉事，而编入《汉书》……何断而为限乎"。吕先生在给学生布置的思考题中说："班氏《人表》，既属无谓，且乖限断。"② 赞同《史通》对《古今人表》有违断限之义的批评，然后在评论中从班固未曾亲自撰写《汉书》各表的事实进行分析，指出该表可能是其他续写《史记》者所撰，而被后人取来编入《汉书》，并非班固自己将有违断限的《古今人表》写入《汉书》，因此这不是班固的错误，不是他自己错乱了《汉书》的断限体例。《史通》对史书的断限之义非常讲求，对

---

① 吕思勉：《史通评》内篇《六家》，《史学与史籍七种》，上海：上海古籍出版社，2009 年，第 135 页。（下引此书，凡正文中列出《史通》篇名者，不再注出。另外此书中作者自注较多，笔者引用时有删节，谨在此说明，以下也不再注出）

② 吕思勉：《史通评》附录二《〈史通〉习问》"表历篇"第二十六题，《史学与史籍七种》，上海：上海古籍出版社，2009 年，第 224 页。

《古今人表》的批评是其讲论的重要例证，以致除了《表历》外，《题目》《自叙》《杂说上》等篇都曾继续讲述此例和重申此意。吕先生对此明确加以肯定，正是对其断限思想的阐发、褒扬和推崇。

对于《史通·采撰》，吕先生阐释其思想说："此篇及下篇（《载文》），并为记事求征信而发。此篇言记述及口碑之不可信者，不宜误采。"至于史家记事之误，原因甚多，此篇所论，可以概括为三个方面：一由迷信以致失实，一则出于好奇或爱博，一则由于不加别择。吕先生指出："然事之得失，亦正难言……盖史事有无关系，分别甚难：往往有此人视之，以为无用，而易一人观之，则大有用者；又有现在视之，绝无足重，而易一时观之，则极可宝者。……然则此篇所言，盖专为口碑之不足信者而发，非谓凡口碑皆如此也。推此而言，则刘氏于采取小说杂书者，亦仅斥其不可信者而已，非谓概不当采也。"不但将《采撰》一篇的立论角度、主旨思想阐释得清楚明白，也客观分析了资料中存在的复杂情况，可谓抉发至微，对全面、辩证地看待《史通》的史料采撰思想有重要启发。

《史通·邑里》讲论史书应该如何记载历史人物的籍贯问题，作者并不完全反对注明族望门第，但强调必须写明现在所居，特别是在迁徙离开原籍多年后，就应直接写成现在所居。对此吕先生评论说："东晋以还，矜重门阀，徒知氏族关系之重，而不知居地关系之重，遂有详其郡望，忽其邑里者。刘氏以'人无定质，因地而化'一语，深著其非，可谓卓识。惟门阀既为当时所重，即亦史氏所宜详。两者并著，斯为无憾，亦不宜详此而略彼也。"既赞同《史通》在邑里问题上书写现在所居的观点，也指出，鉴于具体的、特殊的历史时代，同时记载族望门第是必要的，两者并著才是上策，不宜详此而略彼。这与《史通》的思想是吻合的，但《史通》在表述上没有达到如此晓畅，因此吕先生的这一评论，正是对《史通》意旨的简明扼要的阐发。

《史通·摸拟》论说史书写作过程中如何继承前人的问题，主张灵活通变的神似，强调要分清本质和现象，批判性地继承和发扬前人的优良传统，反对盲目接受、亦步亦趋、泥古不化、抱残守缺的形似。吕先生评议说："文辞宜据事理……然世多好模拟古人，而不求其所以然之故，此则刘氏所讥貌同心异者矣。大抵放古不袭形迹，实至韩、柳而后能然；六朝人之拟古，则专袭其形迹者，故刘氏深讥之也。"这对深入理解《史通》模拟思想之来由、正确研读原文意旨，有着很好的释读作用。

对于《史通·书事》，吕先生评云："此篇论史家去取之法也。史文无论如何详赡，断不能将所有之事，悉数网罗，则必有所去取；去取必有标准，此篇所举荀悦、干宝之论，及刘氏所广三科，皆其标准也。此等标准，随世而异，难以今人之见评议古人。若以昔时眼光观之，则本篇所论，大抵可云得当。"既阐释了《书事》所要表达的思想，同时也以辩证、发展的观点，对书事标准问题阐述了个人意见，对人们正确认识《史通》思想有积极的反思意义。吕先生曾在发给学生的习题中问："刘氏所论'书事之标准'如何？试以今日之眼光评之。"① 这既是

---

① 吕思勉：《史通评》附录二《〈史通〉习问》"书事篇"第六十六题，《史学与史籍七种》，上海：上海古籍出版社，2009 年，第 227 页。

他评议的主旨所在，也是要求学生，处在"今日"的条件下，一方面要结合当下的学术发展，另一方面也要坚持历史主义的态度，客观地、历史地评价和反思古人的思想。

《史通·人物》论说如何记载人物的问题，指出应该选择那些有关国家兴亡和社会发展、"其恶可以诫世，其善可以示后"者，认为善恶皆不足以取鉴、对国家和社会发展没起到什么作用的人，并不值得记载。吕先生在发给学生的思考题中说："（人物）立传与否，当以何为标准？当传不传，是否可尽为作史者之咎？不当传而传，吾侪读之，是否仍有用？"① 又在评论中指出："此篇亦论史文去取者。除古书去今已远，去取之意不可知，不容妄论外；自余所论，多中肯綮，论史例者，所宜熟复也。"这两处论说，既谈到了人物立传的标准问题，对《史通》专设《人物》一篇的主旨思想进行了揭示，同时也就篇中批评的"当传不传为作史者之咎"和"不当传而传为没用"的问题，要求学生以近代史学观念进行再思考，毫无疑问，这一问题很能开人思悟。

《史通·核才》讨论史学人才的问题，中心在强调文士不可修史。吕先生说："此篇亦攻六朝华靡之文，不可以作史也。唐时史馆，多取文人，刘氏目击其弊，故不觉其言之之激。"既指出此篇的思想主旨，又分析了刘知幾何以言辞激切的原因，对人们认识和理解此篇有重要帮助。

《史通·疑古》针对古代儒家最重要的经典之一《尚书》，

---

① 吕思勉：《史通评》附录二《〈史通〉习问》"人物篇"第六十七题，《史学与史籍七种》，上海：上海古籍出版社，2009 年，第 227 页。

从史学求真求实的角度，指出其记事有可疑者十条，批评其记事不实的错误。对此吕先生说："此篇攻《尚书》，下篇（《惑经》）驳《春秋》也。刘氏邃于史而疏于经，其所言，作论史观则是，作说经观则大非矣①。……此篇于经学虽疏，然其论史眼光，自极精锐。……予旧有《广疑古》一篇，附录于后，以资参证。不徒为刘氏张目，亦可见考据之法也。"其《广疑古》又说："刘子玄疑古之说，后儒多訾之，此未有史识者也。"因为即使抛开其他诸子百家对儒家学说的批评，仅从儒家经书所载来看，其可疑者亦有不少，"则亦无怪子玄之疑之矣"。这表明，吕先生不但大力肯定了《史通》从史学角度对《尚书》记事不实的怀疑和批判，而且还推广其疑古之意，写出《广疑古》一文，特别是他以儒家自身的记载为证，采用以子之矛攻子之盾这一锐利武器，批判儒家经书记载不实的错误，从而更加凸显和张大了《史通》的疑古思想。

《史通·申左》是从史学的角度，专门考论《左传》和《公羊传》《穀梁传》的优劣短长，充分肯定《左传》的史学价值。吕先生在评议中首先指出："此篇申《左氏》而攻《公》《穀》，亦以史家之眼光论三传也；若论经学，则不如是。……要之《左氏》之可贵，在其能备《春秋》之本事；其所记之事，虽不必皆确，而在今日，欲考《春秋》之本事者，要以此记为最优。……然此在今日则尔，在孔子时决无此事，以其时

---

① 吕思勉认为：《尚书》《春秋》虽同为古史，但既经孔子删修，则已成为借以示义的经书，含有孔门所传之经义。经义、史事，二者虽互有关系，而又各不相干。因此应将二书径作经义读，不必信为史事，不该用史学求实之法来要求它们。见其《经子解题》，上海：上海文艺出版社，1999 年，第 26—28、64 页。

史籍具存，无待《左氏》之论次也。……（总之，）以《左氏》作史读，则为希世之珍；以之作经读，则不免紫之夺朱，郑之乱雅也。"这既揭示了该篇大旨，也从不同角度提出了对《左传》评价的多种可能性，对读者准确把握和充分认识该篇有重要帮助。其次，吕先生评论说："今日将三传作史读，《左氏》优于《公》《穀》，自无待言；然亦有宜参考二传者，不得一笔抹杀，作十成之论也。……以大体论之，《左氏》记事，自较《公》《穀》为详确；然《公》《穀》反详、《左氏》反略，《公》《穀》得实、《左氏》讹误之处，亦非无之。处今古书缺佚之时，苟有异同，一字皆宝。要在平情静气，以求其真，固不得如刘氏之偏主一书也。"又说："刘氏佞《左》，可谓成癖，故凡《左氏》与他书歧异处，尽以他书为伪，《左氏》为真……然他书实不误，而刘氏武断处亦有之。"指出并批评《史通》有佞《左》的思想偏见，这对读者全面认识该篇有重要的提示作用。

二、对《史通》有关诸篇思想关涉处的揭示

吕思勉《六家》评语说："《六家》《二体》两篇，乃刘氏论正史之作也。……'六家'者，刘氏所认为正史；'二体'，则刘氏认为六家中之善者，可行于后世者也（自注：《杂述篇》所谓十家，则刘氏以为非正史者也。参看《外篇·古今正史篇》评）。"这是对《六家》《二体》两篇及其与《古今正史》之间有思想关涉情况的提示。

《采撰》评语说："此篇及下篇，并为记事求征信而发。此篇言记述及口碑之不可信者，不宜误采。下篇则为采他人文中之言，以考见当时之情形者而发也。"这是对《采撰》与其下一

篇《载文》思想关涉情况的说明。

《载文》评语说："此篇论魏晋以降，文辞华靡，采以为史，有失真实之义，可谓深切著明。大抵华靡之文，最不宜于作史。此篇与《言语》《浮词》两篇合看，可见当时文体之弊也。"这是对《载文》与《言语》《浮词》两篇思想关涉处的揭示。

《叙事》评语说："此篇论史家叙事之文，'简要''隐晦'两节极精，'妄饰'所讥亦是，当与《言语篇》参看。"这是对《叙事》《言语》两篇互有关涉情况的揭示。

《品藻》评语说："褒善贬恶，诚亦史家所重。然人之善恶，论定极难。……要之，褒贬古人，极宜审慎，此篇所论，实未为平允也（自注：以此篇与《鉴识》《探赜》两篇同看，便知刘氏之所以讥他人者，往往躬自蹈之）。"这是对《品藻》《鉴识》《探赜》三篇关涉处的提示。

《摸拟》评语说："大抵放古不袭形迹，实至韩、柳而后能然；六朝人之拟古，则专袭其形迹者，故刘氏深讥之也。参看《言语篇》评。"指出互读、参看《摸拟》《言语》两篇，可以更好地、通贯性地认识和解读其中的思想。

《核才》评语说："唐时史馆，多取文人，刘氏目击其弊，故不觉其言之之激，宜与《辨职》《自叙》《忤时》等篇参看。"指出上述四篇之间有思想关涉之处，研读《史通》时必须参看互读。

《杂述》评语说："此篇乃刘氏所谓非正史者也，合此篇及《六家篇》观之，可见刘氏史书分类之法。"强调参读合观二篇，可以对《史通》的史书分类思想有整体的认识和把握。

《忤时》评语说："此篇当与《自叙》参看，可见唐时史馆之弊。"指出外篇最后一篇《忤时》与内篇最后一篇《自叙》存在思想关涉处，研读时合观二者，可对书中所谈唐代史馆之弊有更为真切、全面的认识。

除以上内容外，《自叙》评语说："此篇所记徐坚等七人，其怀抱皆与刘氏相似者也。可见当时具刘氏一类之思想者，实不乏人；此亦无论何种思想，皆系如此，特其说有传、有不传，其人有著、有不著耳。此以见一思想之兴，必其时势所造成也。此篇所举七人，新旧《唐书》皆有传，宜与刘氏本传合看。"这不是揭示《史通》各篇之间有思想关涉处，而是指出《史通》作者刘知幾及其友朋之间的史学思想有相通之处；从更好地理解和认识《史通》思想的角度说，在阅读刘知幾本传以了解其生平与思想的同时，也必须合观其友朋传记，以便宏观整体地把握《史通》思想在当时学术界的价值、影响与地位。这是一种全面、辩证的认识，也是非常重要的研究思路。

三、指陈与批评《史通》思想的偏谬之处

《史通·六家》认为《尚书》为记言体史书，但又发现书中有一些记事性篇章，遂认为该书体例不纯。对此，吕先生指出：此论"未免拘泥。要之，刘氏之蔽，在不知古书体例与后世不同，而纯以己见绳古人也"。这一批评可谓精当不刊。《尚书》产生较早，本没有纯粹的体例可言，《史通》使用后来产生的史书体例的观念，先是把《尚书》看作是记言体，认识已属狭隘，然后又用这个认识来指责该书包含有记事性篇章，体例不纯，其实这完全是以他个人的意见来评价古书，而未能考虑古书的实际情况。考察《史通》全书可知，"纯以己见绳古人"

的毛病不时出现，因此吕先生的这一批评，确实指出了《史通》思想认识上一个根深蒂固的大缺陷。而在对《本纪》《列传》的评论中，吕先生也批评了《史通》以后世史体"追议古人"的错误，并在《书志》评语中指出："凡刘氏之论，大抵如此，谓其所见可施诸当日则是，以此议古人则非，由其不审于时代之异也。"批评《史通》犯了拘泥僵化的思想偏颇之误。

《史通·世家》批评《史记》以世家体例来叙写陈胜，对此吕先生指出："后人于此，议论亦多，然无足疑也。《陈涉世家》自序曰：'……'史公以陈涉比汤、武，其不容侪之匹夫（编于列传）可知。然涉之功止于发难，未尝如项羽分裂天下而封王侯，政由己出，编之本纪，又不可也。则不入之世家，而焉置之乎？"批评《史通》没有明白司马迁设置《陈涉世家》的深意，没能准确把握司马迁的历史思想。

《史通·表历》主张删去或不作史表，称史表烦费无用，而有些读者也对史表采取"缄而不视"的态度，则"语其无用，可胜道哉"！如果非要保留史表不可的话，"则列国年表或可存焉"，以使"诸国分年，一时尽见"。对此，吕先生从两个方面进行了批驳。其一，指出"史之有表，似繁实省"，其功用约有六端，即表世系、表国、表官、表地、表人、表事，"要而言之，事之零碎无从叙，又不可弃者，则以表驭之；眉目既清，事实又备，实法之最便者也。今后史法较前益密，表之为用必愈广。刘氏专取列国年表一端，实未为允当"。这就对以往有关史表作用问题的讨论进行了全面总结，既是对古人观点的集成，又贯入以近代史学观念，对《史通》片面偏激的思想进行了批驳。其二，针对《史通》因一些读者不看史表就称史表无用，批评作者设立史表为错误的做法，吕先生直白地指出，"此自读者之失，不得转以咎作者"。此驳可谓一针见血，读者看不看，与史表是否无用、作者该不该设立史表，完全是两个不同的问题，不可以此易彼、混淆为一，《史通》混为一谈，未免失之于逻辑思维错乱。

对于《史通·序例》谈到的史书义例问题，吕先生评云："刘氏论史例当如何，说多精审，而其讥弹古人处，则多失之，由其未知一书有一书之例，未可概执我见，以绳古人也。"《史通》的思想主张多为精审之论、不易之说，但它忘记了这只是它自己的意见。而各人著书，自有其一家之体例，虽然他们之间可能存在相同相近者，但很少有完全可以互相代替者，并无一成不变、放之四海而皆准的体例可以用来衡量、要求和规范每一位作者。而《史通》恰恰就常常使用自己设定的体例，来评价和要求其他史家史书，这当然是片面的、以偏概全的极端做法，反映了刘知幾自负自用和思想僵化之弊。

《史通·编次》说，《史记》将老子、韩非列为合传的原因是二人都曾著书，"书有子名"。对此，吕先生评云："老子、韩非同传……名法之学，原出道家，合为一篇，安知不正有深意？未能审谛先秦学术流别，谈、迁宗旨所在，又安可轻加评论乎？"批评《史通》在"未能审谛"前代学术流别和古人学术宗旨的情况下就贸然进行评论，以致做出一些错误评说。查考《史通》全书，确实存在着不少因未能深入了解古人思想而做出肤浅表象评论的事例，这是《史通》的一个重要的、具有思想性、根本性特征的缺陷。

《史通·载文》提出，史书收录的文章必须"拨浮华，采贞实"，足以惩恶劝善、观风察俗，而像司马相如《子虚赋》、扬雄《甘泉赋》等主要体现文学艺术和审美价值的文章，都不是记录实事的文章，不该写入书中。从叙述历史事实的角度说，《史通》所言不无道理，但它没有思考，《史记》《汉书》为什么要载录这些文章呢？难道《史》《汉》作者不明白这些文章不是在记录历史事实？显然，《史通》只是在用自己的观点来评论和要求前人，而没有深入思考或者根本就没有思考古人何以有这种写法。因而，吕先生在发给学生的思考题中问："辞赋率多虚矫，《史》《汉》载之，其意何居？"① 并在评论中直截了当地指出："《史》《汉》之录辞赋，不能以失实讥之。辞赋固非叙事之文，录之之意，亦使人作辞赋看，不使人作事实看也。"吕先生的分析是恰如其分的，《史记》《汉书》收录这些文学性极强的文章，是为了凸显这些文学家的文学艺术水平，是以其文章为其人立传，显现这些人的文学家的身份、性质和造诣，即清代章学诚所说的"以文传人"之意。②《史通》力主直书实录，求实心切，误把文学辞赋当作叙述历史事实的文章来看待，虽其良苦用心可谅可恕亦可解，但也鲜明体现了其思想认识僵化教条、不知灵活变通的一面。

对于《史通·浮词》，吕先生评曰："此篇戒叙事时羼入主观之语，以致失真也。……刘氏此论，可谓入微矣。惟其议古人，亦有失当处。……要之：刘氏论事，长在精核；而其短处，

---

① 吕思勉：《史通评》附录二《〈史通〉习问》"载文篇"第四十九题，《史学与史籍七种》，上海：上海古籍出版社，2009 年，第 226 页。

② ［清］章学诚：《文史通义》卷一《诗教下》，《章学诚遗书》，北京：文物出版社，1985 年，第 6 页。

则失之拘泥武断，与王充《论衡》殊相类也（自注：能谨守条例是其长；实未通天然之条例，而妄执不合之条例，以绳墨人，是其短）。"既阐释了该篇主旨，也从总体上揭示了《史通》的长处与缺陷，特别是对其有时立论"拘泥武断"的缺陷的揭示，抓到了《史通》思想深处的一个根本点。

对于《史通·品藻》，吕先生评曰："褒善贬恶，诚亦史家所重。然人之善恶，论定极难。……如此篇诋秋胡之妻，至目为'凶险之顽人，强梁之悍妇'，实为过当。……要之，褒贬古人，极宜审慎，此篇所论，实未为平允也（自注：以此篇与《鉴识》《探赜》两篇同看，便知刘氏之所以讥他人者，往往躬自蹈之）。"指出《史通》立论有自相矛盾、前后牴牾之处，体现出刘知幾思想尚未完全圆融通贯的一面。

对于《史通·鉴识》，吕先生评曰："此篇所论极精，惟有两端非是：一，刘氏誉《左》成癖，其实《左氏》所载，未必尽信，详见《申左篇》评。又一……妄加推测，总难得当，不如置之不论不议之列。"这是揭示了《史通》的两个缺点：一个是"佞《左》"，不但此篇，《摹拟》《申左》《杂说上》的评语也都指出了这一点，反映了《史通》思想的偏激；一个是"妄加推测"，《史通》中颇有此类事例，反映出刘知幾惯于以己度人，多讥往哲、喜述前非的性格，这也是刘知幾思想方面的不足之处。

在对《史通·书事》进行的评议中，吕先生说："大抵刘氏之时，考证之学未盛，故刘氏所论，多只求史例之谨严，而不甚知零星事实之可贵也。"指出《史通》因受到学术发展的时代性制约，存在着思想认识方面的局限。

对于《史通·人物》，吕先生评论说："史之责，只在记往事以诏后人；惩恶劝善，实非所重。即谓惩劝有关史职，而为法为戒，轻重宜均（"宜均"原为"亦均"，据文意改），本篇之论，意似侧重于劝善，亦一蔽也。"既将《史通》重视惩恶劝善之意的讲求批评为思想片面，也将其"侧重于劝善"批评为思想偏蔽。不过此论存在两个疏误：一是自相矛盾。吕先生在对《品藻》的评论中说："褒善贬恶，诚亦史家所重。"与此处的"惩恶劝善，实非（史家）所重"恰好相反。但是对古代史家来说，褒善贬恶确实是史学的一项重要功能，因而以史教化从先秦以来就一直成为古代史学宗旨和史学目的之一。吕先生说，"史之责，只在记往事以诏后人；惩恶劝善，实非所重"，乃是以近代史学观念来认识这个问题。但即使对近代史学来说，惩恶劝善的功能虽然可以不特别强求，也不能完全放弃，毕竟史学具有资鉴的功能，应该予以讲求。二是认识偏差。吕先生说"本篇之论，意似侧重于劝善，亦一蔽也"，但考察《品藻》可知，它并未"侧重于劝善"，而是惩劝兼顾。该篇开篇即说："夫人之生也，有贤不肖焉。若乃其恶可以诫世，其善可以示后，而死之日，名无得而闻焉，是谁之过欤？盖史官之责也。"强调的是善恶皆载，惩劝兼顾。接着它说，"或为恶纵暴，其罪滔天；或累仁积德，其名盖世"者，"此而不载，缺孰甚焉"，仍是强调善恶皆载。虽然它也说到"天下善人少而恶人多，其书名竹帛者，盖唯记善而已"，但马上又说："至如四凶列于《尚书》，三叛见于《春秋》，西汉之纪江充、石显，东京之载梁冀、董卓，此皆干纪乱常，存灭兴亡所系。既有关时政，故不可缺书。"因而，篇中所反对的，乃是把不值得记载之人写入史书，即"其恶不足以曝扬，其罪不足以惩戒，莫不搜其鄙事，聚而为录，不其秽乎"，并非如吕先生所说仅"侧重于劝善"而不惩恶。吕先生未能准确理解全文，遂致认识偏差。

在对《史通·杂说上》所作的评语中，吕先生指出："人不可有所偏，有所偏，则美而不知其恶。刘氏誉《左》，可谓成癖；独其与《汲冢纪年》有异，则又非《左氏》而取《纪年》，由其过尊目击而贱传闻，遂使作伪者得售其欺也。今人亦好言实物而贱书史；然其所谓实物者，实未必皆可信，不可不猛省也。"所谓"过尊目击而贱传闻"，归根结底，还是思想认识的问题，是思想上存在偏差和认识上存在不足，对"目击"和"实物"过于相信，而对"传闻"和"书史"认识不足，从而导致片面而非全面地看待问题。

《史通·杂说中》称《晋书》在刘伶、毕卓传中，"直载其嗜酒沉湎，悖礼乱德，若斯而已。为传如此，复何所取者哉"，认为不该为二人立传。对此吕先生评论说："此篇讥《新晋书》刘伶、毕卓传一段颇谬。史以记事，非以垂法也。刘、毕沉湎，姑无论其为是为非；当时既有此一种人，自不容不为立传。若一概删除，但传守礼拘谨之士，不将如刘氏所讥，无以见'古往今来质文屡变'，而使人疑前代风气，'亘两仪而并存，经千载其如一'乎？"这个评论是符合事理的，其所言"当时既有此一种人，自不容不为立传"，说到了问题的关键所在。《晋书》是通过记述该类人物代表刘伶、毕卓来反映当时社会的特殊现象，并非仅仅是为二人立传。《史通》对此认识不深，故而评论失当。退一步说，即使就是为二人立传，那也是因为《晋书》认为二人有值得立传之处，值得在书中加以记载。这就涉及入传人物的选择标准问题。《史通》虽然强调应记载值得记载之人，但这仅是宏观的、抽象的、一般性的原则标准，具体到哪些人值得记载，恐怕各撰史之人还是各有不同的认识，难以取得一致意见。因而就是从人物选择标准的角度说，《史通》的观点也并非必然正确，其思想还存在有片面偏颇的成分。

在对《杂说下》《汉书五行志错误》《五行志杂驳》的评议中，吕先生明确指出三篇所驳亦有不中理者，原因是"皆坐武断之病"，批评《史通》因思虑不周、认识不深，而有武断轻率、妄加评断、错误批评的情况。

综上所述，吕思勉以近代史学观念对《史通》各篇进行了评议讨论，虽然也有个别疏失之处，但绝大多数精当不刊。他对《史通》有关篇章思想的阐扬，不但将篇章主旨概括、阐释得简明扼要、清清楚楚，而且还分析了内中存在的一些复杂情况，可谓抉发至隐，对读者正确研读和全面、辩证地认识原文意旨有着很好的指导和启发意义。他对《史通》诸篇思想关涉处的揭示，从渊源上说，是继承了清代浦起龙的做法，但其工作及效果都明显更胜一筹，确是青出于蓝胜于蓝，对读者更顺利地、整体通贯性地认识和解读《史通》的思想有着重要的帮助。他对《史通》思想偏谬处的指陈与批评，指出了《史通》思想认识上存在的诸多缺陷，如思虑不周、考证不密，认识肤浅、流于表象，拘泥僵化、缺少变通，偏激片面、武断轻率等，都抓到了《史通》真实存在的问题。考察《史通》学术史可知，在吕先生之前，刘咸炘曾专门驳议《史通》的思想偏谬之处，吕先生所指陈也与刘咸炘多有相同之处，但无论是在涉及问题的广度上还是深度上，吕先生都超过了以往任何一位《史通》研究者，也为后来绝大多数学者所不及；再加上他对《史通》思想的阐扬，对《史通》诸篇思想关涉处的揭示，则吕先生诚可谓《史通》思想研究第一人，这是吕先生区别于此前其他《史通》研究者的一个显著特征，并为张舜徽所继承。

张舜徽对《史通》思想的求是平议

张舜徽（1911—1992）是著名历史学家和文献学家。他对《史通》的研究，主要体现在《史通平议》一书。该书编定于1948年，为作者早年著述，但因质量之优、水平之高，至今依然为不可多得的《史通》研究名著。下面，我们就从《史通》思想学术史的角度，考察其主要内容与学术成就。

一、梳理考察《史通》有关思想论述的来源及时代背景

认识来源于实践。每个人的思想，除了自身主观因素外，不可能不受到前人的影响，也与他所处的时代背景分不开。对于刘知幾和《史通》来说，这两个方面都表现得非常明显。

《史通·本纪》曾说本纪体例来源于《吕氏春秋》，张舜徽则指出，"知幾所言，实沿《文心》之谬"，指出其思想来源于《文心雕龙》，但《文心雕龙》之论既是穿凿附会之误说，《史通》也就犯了以讹传讹的错误。也就是说，不加深考，直接沿袭前人成说，是《史通》持论失误的主要因素。

在《本纪》评语中，张先生指出，"以天子为本纪、诸侯为

世家"乃南朝裴松之的史学主张，之后《文心雕龙》及《史通》皆循用之，但《史通》误为司马迁之说，"其实史公著书，何尝有此区别"！这里，张先生既指出了《史通》思想的来源，又批评它把后起的史书体例思想强加于之前的《史记》。

《史通·称谓》批评《魏书》将北魏道武帝追尊的二十八君"生则谓之帝，死则谓之崩，何异沐猴而冠，腐鼠称璞者矣"！对此，张先生指出："知幾此论是也，而斯议实发自魏澹。"然后引述《隋书·魏澹传》的有关记载，将《史通》受到魏澹思想启发之事清晰地揭示了出来。

《史通·邑里》提出，史书记载人物籍贯，应"随时而载，用明审实"，批评六朝以来史书为人立传，"其地皆取旧号，施之于今。欲求实录，不亦难乎"。对此，张先生一方面指出，"'随时而载，用明审实'八字，乃一篇主旨，亦为人作传者，标书邑里之准则也"，阐释了该篇思想，揭示了其思想在史学上的价值；另一方面指出，《史通》之所以写作《邑里》一篇，专门讨论史书中如何记载地名的问题，是有着深刻的时代背景的，如果没有六朝崇尚门阀以来"标举郡望"已经"习非成是"的社会大环境，也就不会有该篇的问世。同时，张先生更就此进一步申明，就是《史通》全书的写作，也是时代的产物，时代性"不啻为全书发凡"。这是抓住了《史通》之所以创作的本质因素之一，也与刘知幾在《自叙》中所高调宣示的"若《史通》之为书也，盖伤当时载笔之士，其义不纯。思欲辨其指归，殚其体统"的撰作动机，正相符合。

《史通·曲笔》有"昔秦人不死，验苻生之厚诬；蜀老犹存，知葛亮之多枉。斯则自古所叹，岂独于今哉"的感慨，张先生引述《洛阳伽蓝记》卷二所载赵逸之论，指出赵氏之言尤为精要，"其语通核不刊，殆亦知幾此篇蓝本"，认为《史通》此处所表达的思想乃源自于赵逸的启发。虽然张先生使用一个"殆"字，表示了推测推论之意，但刘知幾既曾研究《洛阳伽蓝记》，并非不知赵氏之言者，因而张先生之说自属可信之论。

《史通·人物》以"节概不足"，批评《后汉书》不该将蔡琰写入《列女传》。对此，张先生批评说："（《后汉书》）重在搜次才行尤高秀者，不必专任一操而已。……唐初诸儒，论及列女，偏重在德，且以贞烈相高。知幾囿于时论，故其所见止此。"批评刘知幾思想偏谬，并揭示其之所以如此的时代原因，是他被时代风气所囿，才形成这一偏见。

《史通·自叙》谈到前人著作对自己的影响，对此张先生指出："《史通》之作，乃继诸家而起。综观《史通》全书，大抵勇于纠谬，能言人之所不敢言，与《论衡》为近。而论列史法，扬榷体例，则胎袭于《文心雕龙》者尤多。"这是从总体上进行分析，至于具体情况，"若《采撰篇》揭橥察传求是之义，《浮词》《叙事》诸篇指斥崇华少实之弊，皆由《论衡》'疾虚妄'之旨引申而出"，而对于《六家》等篇，张先生则将其一一与《文心雕龙》对应比论，指出《史通》"实在在模拟《文心》，宜两书所言，多相符合"。继而他又指出，《文心雕龙·史传》所云"寻繁领杂之术，务信弃奇之要，明白头讫之序，品酌事例之条"四语，"所以启牖知幾者为尤大，知幾盖即据其义，引申推演以成是书耳"。最后，张先生总结说："（《史通》）上下千载，综括靡遗，虽与夺褒贬之际，或伤偏激；而发凡起例之处，弥见圆通。凡唐以上史家流别中失，悉于此有所稽考。沾溉后学，至无穷尽。故得与《文心雕龙》分途并驾，同为悬诸日月不刊之书。"这就从思想来源、体例与谋篇布局等方面，详细论述了《史通》所受到的前人影响，同时也对其区别于前人的独到价值给予了高度评价。不过其中对《史通》与《文心雕龙》关系的细致梳理，显然是采用了傅振伦之论，并非其独自创发。

在对《自叙》的评论中，张先生对刘知幾的家学渊源进行了考察，指出"其家学渊源如此，宜其学问夙成，卓尔不群也"。这是梳理总结刘知幾之所以能够成为卓尔不群的优秀史学家、能够写出优秀史学理论著作的家学渊源。

对于《史通》的《疑古》《惑经》两篇，张先生在《惑经》评语中说："《疑古》《惑经》之所由作，乃遥承王充《论衡》之绪，而续有发明。"对于《暗惑》，张先生亦指出，"实仍自王充《论衡·语增》《儒增》《艺增》《书虚》诸篇，引申而出"。这都揭示了《史通》思想来源于王充的事实。

《史通·杂说下》特别强调了学博识高之义，对此张先生指出："知幾此论，最为通达！……唐初专史之学，又不亚于汉人之专经。及其末流所届，必使古今隔阂，莫由观其会通。知幾此论，盖亦有的放矢矣。"高度评价了《史通》提出的学博识高之论，并分析了《史通》这一思想产生的时代背景，即唐初学者多有专陋之弊，致使"古今隔阂，莫由观其会通"，《史通》针对时弊提出矫正之法，遂有学博识高之论。

显而易见，以上对《史通》有关论述的思想根源及其产生的时代背景的分析，为读者准确理解刘知幾思想的形成、客观评判其思想在古代学术史中的地位有着重要的促进作用。

二、揭示《史通》相关诸篇的思想关涉处

《史通·题目》谈到范晔《后汉书》目录的问题，对此张先生指出，《因习》中所讲的相关论述，"与此处所言，足以相发"。这就需要读者将两处论述互相参照阅读，以便更加顺利地解读《史通》这部用骈体韵文写成的史学理论著作。

《史通·采撰》批评沈约好诬先代，批评唐朝官修《晋书》多采小说入史。对此，张先生指出，《杂说中》所言"沈约《晋书》喜造奇说"的论述，《杂说上》所言"皇家所撰《晋史》"的论述，与《采撰》所论足以"相发"。这都需要读者参阅互读。

《史通·载文》从选录文章的角度，对王沈、鱼豢、裴子野等有所讥评。对此，张先生说，《曲笔》《题目》《杂说中》关于三人的批评性论述，"皆知幾评贬诸家之辞，与此处所言，相互发明"。四篇所述既然"相互发明"，自然值得统合关注。

《史通·探赜》说，习凿齿以魏为"伪国"的做法，是"定邪正之途，明顺逆之理"。但张先生发现，《史通·世家》却肯定了梁武帝《通史》以魏为正统的做法，"则又与此不合，盖知幾于三国时正伪之辨，本无定见"。通过互读比照，可以发现《探赜》与《世家》两篇所持观点自相矛盾，这就需要整体性地重新考察《史通》全书中的有关论述，来分析这一问题。张先生研究的结果，认为刘知幾对三国时魏、蜀何为正统政权本无定见，故而才会在书中的不同篇章出现自相矛盾的论述。《史通》中没有正式讨论过魏、蜀何为正统的问题，因而张先生的结论是否符合《史通》的实际情况，不可确知，但无论如何，

其分析本身已经说明了对诸篇思想关涉处必须加强参照阅读的
重要性。

《史通·核才》反对文士修史。对此，张先生指出，"知幾
目击当时文士修史之弊，故不惜数数道之"，《载文》"喻过其
体"云云，《杂说下》"雕虫道长"云云，"皆辞意激切，与此
段议论，实相表里"，至于"（《核才》）末所云：'怀独见之明，
负不刊之业，而皆取窘于流俗，见嗤于朋党。'实知幾所以自
慨，参之《自叙》《忤时》诸篇，其意自见"。这是指出了《核
才》与《载文》《杂说下》与《自叙》《忤时》皆可互读，也应
该互相参阅，以见刘知幾和《史通》的一贯思想。

《史通·辨职》通过列举例证指出："古来贤俊，立言垂后，
何必身居廨宇，迹参僚属，而后成其事乎？是以深识之士知其
若斯，退居清静，杜门不出，成其一家，独断而已，岂与夫冠
猴献状，评议其得失者哉！"对此，张先生说："《忤时篇》报
萧至忠书，力陈设馆修史有五不可，与此论实相表里，此处特
略言以发其凡耳。"也就是说，《史通》提倡私人修史"一家独
断"，强调不必进入官方史学系统去做史官，与他批评官方史学
的弊病、"力陈设馆修史有五不可"，是一体两面、一立一破、
表里相依的关系，只有把这两者综合起来考察，才能完整客观
而又准确地揭示《史通》的思想。

《史通·自叙》有云："夫以《史通》方诸《太玄》，今之
君山（桓谭），即徐（坚）、朱（敬则）等数君是也；后来张
（衡）、陆（绩），则未之知耳。嗟乎！傥使平子（张衡）不出，
公纪（陆绩）不生，将恐此书与粪土同捐，烟烬俱灭，后之识
者，无得而观。此予所以抚卷涟洏，泪尽而继之以血也。"对

此，张先生说："《鉴识篇》云：'适使时无识宝，世缺知音，若《论衡》之未遇伯喈（蔡邕），《太玄》之不逢平子，逝将烟烬火灭，泥沉雨绝，安有殁而不朽，扬名于后世者乎？'与此段文意大同。皆知幾自负其才，恐无以见知于后世，故不惜一再道之。观《史通》之为书，固以识解取胜。然昔人病其掎摭前修，语多过激。……知德者希，传书不易，固古今所同慨也。"这个关涉处的揭示，对于理解刘知幾本人的思想世界和《史通》的批判风格，都有重要意义。

《史通·古今正史》在述及《魏书》时，对主要作者魏收多有批评之语。对此，张先生说："知幾评论诸史，深恶魏收。《称谓》《书志》诸篇，已数数道之。收书之多曲笔，固有无可解免者。然考《北齐书》……可知当时同修诸子，皆各有所阿私，不必收一人然也。特收总裁其事，故全书之秽悉归之耳。"既提醒读者必须互读《古今正史》与《称谓》《书志》诸篇，以便了解《史通》对魏收的基本评价态度，同时也考察了与魏收同修《魏书》之人的写史态度，分析了《史通》只批评魏收而不涉及他人的原因，对读者完整而准确地认识这段历史有重要的帮助。

《古今正史》批评牛弘《周纪》略叙纪纲，并多有牴牾之处。对此，张先生指出："知幾于牛弘《周史》，深致不满，每取与魏收《魏书》并论。《言语篇》云：'收、弘撰《魏》《周》二书，必讳彼夷音，变成华语。华而失实，过莫大焉。'《浮词篇》云：'若乃心挟爱憎，词多出没，则魏收、牛弘是也。'然则知幾此处所云牴牾，盖病其书既尚虚文，复多曲笔耳。"通过三篇对读，揭示出《古今正史》所称"牴牾"一语的完整内涵，对人们真切地认识对读互读的作用做出了很好的示范。

三、指陈与批评《史通》思想的偏谬之处

这是张先生自抒所见的重要表现，也是其书中内容占比最多者。这一方面是因为《史通》中确实存在不少思想偏谬之处；另一方面也是时代使然，刘知幾是在唐代前期撰写《史通》的，自然是站在他那个时代的立场和角度来思考问题和发议评论，张先生则是在近代史学有了很大发展的时代背景下开展自己的独立研究，其思想、理念、观点、方法等都与一千二百多年前的刘知幾有着很大不同，因而提出不同意见也就势所必然。张先生耽悦《史通》，反复研读，大有爱不释手之情，但他始终秉持不护前人之短、期于求是而已的客观态度，这就使他对《史通》思想偏谬处的指陈与批评实事求是，既不苛求也不护短，并往往从《史通》自身所处的时代背景和后来学术发展演进的角度来讨论评析，很好地坚持了历史主义和辩证发展的原则。

《史通·六家》将《尚书》列为记言体史书，说"《书》之所主，本于号令"，但又发现其中有非记言性的篇章，遂称其"为例不纯"。对此，张先生评论说：《史通》拘泥于《汉书·艺文志》"《书》者古之号令"之说，称《尚书》为记言之书，实则"古初著述，所包甚广"，并无一定体例，《史通》"强分畛域，无异于以茧自缚"，批评《史通》没有对古代的实际情况进行切实考察，是以后人的观念批评前人，犯了非历史主义的错误。

《史通·二体》对编年、纪传两种史书体裁记事的缺点进行了分析评论。对此，张先生指出：其所言皆非，"盖著述自有体

要，故采撰必严去取"，然后从二体记事特点方面，详细分析了《史通》立论的错误所在，批评《史通》不明白二体记事的思想主旨。此意是也，《史通》的论述正显示出它在思想认识上对二体记事的特点不甚了了。

《史通·本纪》说，《史记》"以天子为本纪，诸侯为世家，斯诚谠矣"，但它既做出如此区分，又不遵守这一原则，"遂令后之学者罕详其义"。对此，张先生指出："天子称本纪、诸侯曰世家"是南朝裴松之提出的撰史理念，《史通》沿用之，并用来批评之前的《史记》，"此乃持后起之例，以诋诃古人，古人必不受也"。《史记》十二本纪和三十世家分别记载了不少天子和诸侯一类人物，但是并未仅以之为限，其中还记载有非天子、非诸侯的历史人物。《史通》采纳裴松之的观点，又根据自己的理解和认知，对本纪等体例做出了尽可能具体、详细乃至程式化的规定，这在《史通》来说，本无不可，它完全可以提出自己的修史理念，但它竟以后来者的观念，批评《史记》、批评前人没有按照它的思想来编修史书，这就不仅是自负自傲的问题了，而是思想僵化偏执，违背了一切以时间、地点、条件为转移的基本历史观念。在随后的《世家》《列传》两篇评论中，张先生又再度批评了《史通》在体例认识上的这一思想僵化的缺陷。当然，张先生在书中也对《史通》灵活变通、识时通变的一面予以大力表彰，这在他对《列传》《言语》等篇的评语中都有充分表达。总的看来，灵活通变的通识是《史通》的主流思想，但因刘知幾有时考虑问题比较轻率肤浅，因而也就出现了僵化教条的失误。

《史通·表历》认为，史表烦废无用，不必设立。张先生引述宋代郑樵、清代朱鹤龄之论，指出"表为史家要领，可订岁月之误，兼补纪、传之遗，又与书、志相表里，其大用尤在通纪、传之穷。……表之有无，关系实大，不解知幾何以忽之"，批评《史通》对史表的作用认识不深；同时指出《外篇·杂说上》有肯定史表的论述，"虽前后持论判若两人，究以《杂说篇》所言为是"，提醒读者要注意辨析。

《史通·表历》对《汉书·古今人表》仅记载汉朝以前人物进行了批评，称其"不言汉事，而编入《汉书》……何断而为限乎"。对此，张先生说："班《书》志、表，自多通贯古今，非止专明一代。（如）《律历》则始自伏羲，迄于建武……《艺文》则从古至汉，《古今人表》则从古至秦。可知班《书》志、表，实上承司马氏通史之体而作，整齐其文，以补《史记》之所未备。《后汉书·班彪传》称：'司马迁著《史记》，自太初以后缺而不录。彪乃继采前史遗事，傍贯异闻，作《后传》数十篇。'然则叔皮原著，本以上续迁书。孟坚继志，初无更易。徒以生于东汉，故叙人事但详西京耳。况史之载事，实有不容截然画分时代者：《史记》始于黄帝，而《历书》《货殖传》屡称神农。后世断代之书，亦多叙及往古。《隋》志《经籍》，《唐》表《世系》，以至诸史《地理》多举前代疆域，史之不可限断若是。知幾极诋《古今人表》不言汉事，不合编入《汉书》，盖犹昧于斯旨。章学诚《方志略例·亳州志人物表例议》云：'断代之书，或可无需人表。通古之史，不可无人表。固以断代为书，承迁有作，凡迁史所缺门类，固则补之，非如纪传所列君臣事迹，但画西京为界也。'章氏此言，真通人之论矣！"批评《史通》思想僵化，对表、志体例的断限要求过于拘泥。

这确实揭示了《史通》讲论断限之义的一个弊病，但是张先生此处所论也有一些不妥之处。第一，张先生说，"班《书》志、表，自多通贯古今，非止专明一代"，是因为"班《书》志、表，实上承司马氏通史之体而作，整齐其文，以补《史记》之所未备"。首先，张先生此论是引申发挥章学诚所说的班固"承迁有作，凡迁史所缺门类，固则补之"的观点。不过班固虽然晚于司马迁，但《汉书》是自我独立的一部史书，并非续写《史记》，不存在专门为《史记》补续所未备的问题。这仅是章学诚的个人观点，实则不可能作为史家定例。其次，张先生说："班《书》志、表，自多通贯古今，非止专明一代"，然后举出的志的例证有《律历志》《礼乐志》《刑法志》《食货志》《郊祀志》《五行志》《地理志》《艺文志》，表则仅举《古今人表》为例。但《汉书》共有八表，非仅《古今人表》一个，其余的七表之中，除了《百官公卿表》因涉及官制传承，因汉承秦制，不能不有所追溯，以致记载有极少秦朝内容外，另外六表无一记载汉朝以前的历史内容。是则张先生所谓"班《书》志、表，自多通贯古今，非止专明一代"，在此其实仅仅是指志而言，而不包括表在内，原因是此处就是在谈《古今人表》，故而不能再用《古今人表》作为证据使用。但是对于《汉书》志之"通贯古今，非止专明一代"，张先生在《六家》评议中的解释是，志是记载典章制度，"良以因革损益，非综述不能明"。可见《汉书》志乃是因为自身记事的需要，才"通贯古今，非止专明一代"，而不是要"补《史记》之所未备"。另外，表、志内容不尽相同，用志之"通贯古今，非止专明一代"来直接要求表也必须如此，在逻辑思维上并不是正确的做法。第二，张先生说班固父亲班彪原著"本以上续迁书",这是正确的,班彪确实是在续写《史记》。但他又说"孟坚继志,初无更易",这就大错特错了。班彪去世后,班固为了突出西汉的历史地位,改变《史记》将西汉"编于百王之末,厕于秦、项之列"的状况,虽然沿用了他父亲的一部分书稿,但果断废止了他父亲续写《史记》的做法,而采取了断代为史的做法,独立撰写专门记载西汉历史的《汉书》,因此《汉书》的写作,并非章学诚所说的"承迁有作",也并非张先生所说的"无更易",这在《汉书·叙传》中说得非常清楚。所以就这一点来说,班固也不会有多少续补《史记》之意。第三,张先生说"(班固)徒以生于东汉,故叙人事但详西京",但是,首先,此言乃毫无意义之赘论,因为不论班固生于何时何代,只要他撰写记载西汉历史的史书,"叙人事"就不可能不"但详"西汉,就是现今学者写这样一部史书,也必然如此,而不可能记载西汉以外的历史。其次,《古今人表》与志不同,不是记载典章制度,而是汉朝以前的各种历史人物,这不正是"叙人事"的内容?为什么不"但详西京"?张先生所言,岂非自相矛盾?而《汉书》其他七表,则恰是"但详西京",这又与《古今人表》绝不载汉朝人物迥然不同。第四,张先生用"《隋》志《经籍》、《唐》表《世系》"来说明"史之不可限断若是",实属无效之例证,不能说明问题。所谓"《隋》志《经籍》",即是指《隋书·经籍志》。唐太宗时修成梁、陈和北齐、北周、隋五个朝代纪传体史书之后,鉴于五书全部无志,乃官修包括《经籍志》在内的《五代史志》,至高宗时告成,可见《五代史志》本是贯通前面五代政权的典章制度史。后来《五代史志》被整体移入《隋

书》中，并被简称为《隋志》，但这部分内容并非专为《隋书》
而作，而是贯通前面五代政权，因此不能用《隋书·经籍志》
来说明"史之不可限断若是"。所谓"《唐》表《世系》"，是指
《新唐书》之《宗室世系表》和《宰相世系表》，但"世系"本
即一姓世代相承的系统，内容特殊，不可能不追溯古初，如果
两篇名称仅是"宗室表"和"宰相表"，就不必追溯古初，而
仅记载唐代皇族宗室和唐朝宰相即可，因此《新唐书》的《宗
室世系表》和《宰相世系表》也不能用来说明"史之不可限断
若是"。第五，张先生说，"诸史《地理》多举前代疆域，史之
不可限断若是"，但这说的是《地理志》，不是表，表、志内容
不尽相同，不能用志的体例来证明表的体例。且诸史《地理志》
虽记载了前代疆域，但无一例外地记载了本朝疆域，可是《汉
书·古今人表》仅仅记载前代人物，绝口不言汉朝人物，则在
记载本朝内容方面，两者又完全不同，怎么可以互相类比呢？
这到底是《史通》"昧于斯旨"，还是张先生在不停地调换概
念，随意类比？第六，张先生最后引证章学诚之论，好像章学
诚在《古今人表》的问题上与《史通》观点相反，不讲求断限
之义。但实际上，张先生的引证是对章学诚原文的断章取义，
他所引用的只是章学诚原文的前半部分，而其后半部分则明言：
"刘知幾摘其（《古今人表》）有古无今，名与实舛，说亦良
允。"由此可知，章学诚是明确赞同《史通》对《古今人表》
有古无今、有违断限的批评的。虽然张先生采取了视而不见的
态度，对章学诚后半部分原文不加引用，但并不能改变章学诚
认为《古今人表》有违断限之义并赞同《史通》对其批评的事
实。总之，张先生批评《史通》有思想僵化之弊，对表、志体

例的断限要求有过于拘泥之处，这是有道理的，但他围绕《古今人表》的论述，则明显存在一些不当之处。

《史通·书志》说：纪传体史书中的志，有内容相同相近但名称不同者，"如斯变革，不可胜计，或名非而物是，或小异而大同。但作者爱奇，耻于仍旧，必寻源讨本，其归一揆也。若乃《五行》《艺文》，班（固）补子长（司马迁）之缺；《百官》《舆服》，谢（承）拾孟坚（班固）之遗。王隐后来，加以《瑞异》；魏收晚进，弘以《释老》。斯则自我作故，出乎胸臆，求诸历代，不过一二者焉"。对此，张先生说："诸史书志标题与篇帙多寡，何必尽符于古。非特篇目可与前异，即门类不妨新增……不害例自我创也。知幾论及诸史列传之法，已云'述者多方，有时而异'，其言是矣！推之昔人作志列表，莫不皆然……皆所谓礼以义起，乃史家斟酌时宜，不得不尔。……宁可悉目为出于胸臆，而非短之？"批评《史通》在思想上不重视古代史家因时制宜的创新。但这实在是对《史通》此论的误解。其实《史通》说班固、谢承、王隐、魏收四人，"自我作故，出乎胸臆，求诸历代，不过一二者焉"，乃是褒义，是表扬他们"自我作故，出乎胸臆"的创新之举，并称之为历代少有。这与《史通》论及诸史列传之法，说"述者多方，有时而异"，是一个道理，用张先生的话说，《史通》是认为他们"皆所谓礼以义起，乃史家斟酌时宜，不得不尔"，张先生把《史通》此处的思想正好理解反了，以致进行了错误的批评。

《史通·书志》力主《天文志》《艺文志》《五行志》可以删汰，对此张先生评论说："平情论之，唯《五行》在可去之列。《天文》则代有发明，《艺文》则世有增减，皆足以明学术之升降，见著述之盛衰，何可不详述本末，以供后人稽览？而知幾所蔽，尤在《艺文》。……当知幾之世，《七略》《七录》犹存，故视《汉》《隋》二志烦而无当。使其生值今时，自必以往代学术所系，全赖二志以存其概矣。"批评《史通》思想偏颇，认识不到《天文志》《艺文志》，特别是《艺文志》的学术思想价值。同时张先生也设身处地地分析了《史通》之所以不重视《艺文志》的原因，那是因为在《史通》产生的唐代前期，《七略》《七录》等更为翔实的目录专书大都存世，人们自可直接借助于它们来辨章学术、考镜源流，源自《七略》《七录》等书而编成的《汉》《隋》二志的作用就显得非常有限，自然也就得不到《史通》的重视。但是后来《七略》《七录》等全都亡佚，人们只能通过《汉》《隋》二志才能窥其涯略，于是后代学者也就特别重视《汉》《隋》二志。那么，如果刘知幾也生在后世，他会怎样呢？张先生推论说，果真如此，则刘知幾一定会认为"往代学术所系，全赖二志以存其概"。可是历史不能假设，刘知幾会否如此，实在不好说。但张先生的推论，则显示出他对刘知幾和《史通》的神游冥想，确是出于同情之理解，其书名"平议"，其自言期于求是而已，均于此可见一斑。

对《史通·论赞》所论《晋书》事，张先生指出："唐修《晋书》，秉笔者悉一时文士。沉思翰藻，竞为绮艳，诚有如知幾所讥弹者。然知幾此书，专论史法，乃亦不免以骈俪之辞，说纷繁之理。……盖承六朝文格靡弊之余，相习成风，有不期然而然者，时为之也。知幾讥短前人，终亦自蹈其弊，此斯道所以难言。"指出刘知幾在某种程度上存在着严于律人、宽于待己的缺陷，因而在批评前人使用骈体文撰写史书的文风之弊时，竟然自己也使用骈体文来写作《史通》。但张先生并未对刘知幾深度诃责，而是指出刘知幾如此行事也有着时代的原因。六朝以来，骈体文盛行，唐代前期亦是如此，刘知幾身处其间，不自觉地受到了时代风气的影响，自蹈其弊。这是时代的局限性，《史通·核才》称之为"拘时之患"，并说"拘时之患，其来尚矣。斯则自古所叹，岂独当今者哉"！对刘知幾本人的这一失误，也应如此看待。我们需要明考其缘由，但不必苛求于其人。

《史通·编次》批评《史记》将老子与韩非合传的写法。对此，张先生说："老、庄、申、韩同列一传，尤有微意。史公已云：'申子……韩子……皆原于道德之意，而老子深远矣。'观此数语，史公已明言申、韩之学，源出道家，而同列一传之故，昭昭矣。推之管、晏同传，孙、吴同传，孟、荀同传，皆寓有辨章学术、考镜原流之意。故《史记》中诸子列传，悉可视同周秦诸子书之叙录，而非后来诸史数人合传之例所可比也。"显然，《史通》在思想上未能理解《史记》之深意。

《史通·称谓》明确反对成王败寇的政治观念，对此张先生指出："知幾此论甚伟！所谓不以成败论人也。然智既足以知之，抑何以自解于必目项羽为僭盗耶？……且知幾所谓真伪，乃由后起正统偏霸之见推衍而出，持此以衡古人之书，非古人所及知。"批评《史通》虽然具有不以成败论人的思想，却未能贯彻到底，以致有时立论自相矛盾，并进一步指出，《史通》评论前代历史所持的思想原则，往往是在后代社会条件下才产生的观念，则其"持此以衡古人之书"，自然也就思想偏执。张先生强调，必须坚持知人论世的原则，必须历史地看问题。

　　《史通·采撰》说："观夫子长之撰《史记》也，殷、周已往，采彼家人。……夫以刍荛鄙说，刊为竹帛正言，而辄欲与五经方驾，三志竞爽，斯亦难矣。"对此，张先生说：本篇上文申明"史家采撰之必察传求是，真不刊之伟论也！惟此处颇以采访为非，则又失之拘隘。……刍荛之言，圣人择焉，奚可一概目为鄙说不足取乎？"这是就史料采择问题，指出《史通》既有"不刊之伟论"，亦有与之相反之误说。与此相同，在对《叙事》的评论中，张先生也曾三次就具体问题，指出《史通》一方面有"通达"之论，另一方面则又"自相牴牾""前后乖刺""自蹈"误说，在思想上明显表现出自相矛盾的缺陷。

　　《史通·补注》批评裴松之《三国志注》喜聚异同，不加刊定，甘苦不分，坐长烦芜，难以味同萍实。对此，张先生说："裴松之受诏注《三国志》，职在补其缺略，故兼采众书，宁繁无简。《四库提要》既综裴注大旨，约为六端，已阐发其功用矣。……知幾独讥其喜聚异同，不加刊定。然在今日读史者观之，刊定愈少，则保存史实愈多。……岂可轻议之乎？"批评《史通》没有明白裴松之作注的主旨思想。这确是说到了问题的关键。据裴松之《上三国志注表》，他为《三国志》作注的目的，主要在于增广事实。而刘知幾对裴注所发出的刊异同、分甘苦的要求，根本不是裴松之作注的主观动机和实际工作的重心所在，他是把自己对史注的意见强加给裴注，而根本未考虑裴注的实际情况，因而他的评论就失之于主观武断。从《史通》全书看来，刘知幾有时不但对问题的认识比较偏颇，还要把自己的认识强加给古人，这是他常犯的一种通病，有其思想的一贯性。

对于《史通·浮词》，吕思勉曾阐释其主旨，并从总体上指陈和揭示其"长在精核"与"失之拘泥武断"的缺陷，张先生引之而又加以发挥说："吕氏此言甚允，切中知幾之病。大抵古今才识之士，逞其雄辩，有所论列，其精处，在能通贯群书，揭橥大例，实有突过前人者；其粗处，则在勇于判断，自信不疑，亦有贻误后学者。若王充、郑樵，皆坐此失，不第知幾为然。论其摧陷廓清之功，又足掩穿凿傅会之失。学者取其长而弃其短，可也。"也从整体上总结了刘知幾和《史通》的优缺点，揭示了其失误的思想和性格缘由，即自负自用、"勇于判断，自信不疑"。

《史通·叙事》对六朝史书"修辞炼句"的文风大加批评，对此张先生表示肯定，说"知幾此论，道尽六朝文敝，切中膏肓"。但《史通》在指责前人的同时，自己也因受到六朝以来骈体文风的深刻影响，注重讲求修辞炼句，自蹈其失。这虽说是"习尚移人，有不期然而然者"，但其深责六代诸史而又勇于自为的做法，表现出对人对己持有双重评价标准，是其思想偏激的反映，故而张先生批评说，"何用深责六代诸史乎"？在另一处评论中，张先生又引述刘咸炘之论，继续批评《史通》"持论偏激之病"，指出全书中往往有思考不密、偏颇不周之论，需要与其他不刊之精论分别开来，全面客观地认识其书。

《史通·品藻》谈到人物合传的设立问题，其中举例说："韩非、老子，共在一篇；董卓、袁绍，无闻二录。岂非韩、老俱称述者，书有子名；袁、董并曰英雄，生当汉末。用此为断，粗得其伦。"张先生首先引述刘咸炘之说，批评《史通》此言有"轻于立论之失"，然后就《史通》全书进行总结说："大抵史家立传，或分或合，恒视其书之义例而定，初未可一概论也。……取舍分合，史家自有权衡，实亦无一定成法也。知幾之病，恒喜自作一例，以上衡古人，此其所以乖舛。"批评《史通》对古人思想钻研不深，流于表象，而又自负其能、刚愎自用，遂致轻于立论、乖舛不伦。这是指出了《史通》失误的一个重要根源。

在对《史通·探赜》的评论中，张先生指出《史通》既有平正通达、客观正确的思想，又因为没有完全做到平正通达，有时态度"不免严诃厉诋，流于激切"，有失客观公正。

《史通·人物》批评《史记》列传"以夷、齐居首，何龌龊之甚乎"。对此，张先生说："七十列传以夷、齐居首，则《太史公自序》已云：'末世争利，维彼奔义。让国饿死，天下称之。作《伯夷列传》第一。'可知其首冠此传，亦自有其微旨。何得斥为龌龊之甚乎？"在对《曲笔》的一处评论中，张先生又明白指出："读书稽古，贵能好学深思，心知其意。知幾于此，似犹未达一间。"批评《史通》有思考不深、立论流于表象肤浅的毛病。

《史通·古今正史》说，记载南朝刘宋政权的史书，以裴子野《宋略》为上，沈约《宋书》次之。张先生首先引述章学诚对此观点的批驳之说，认为其论通核，足以匡《史通》之失，然后指出："大抵知幾论人论事，多误信史传，而漫不经心。沈约推美裴书之言，始见《梁书·裴子野传》，《南史》亦仍而不改，知幾遽据其言，以定两书之高下。……皆由好异嗜奇，思考未周故也。全书中类此者犹多，不烦悉数，自可反隅。"批评《史通》有"好异嗜奇"的思想偏弊，导致不加深考、盲目相信他人的缺点。

　　《史通·疑古》说:《尚书》记事,可疑者多,"今取其正经雅言,理有难晓。诸子异说,义或可凭。参而会之,以相研核"。对此,张先生指出:"经传之述古史,多不可信,固矣。若诸子异说,又岂能尽据乎?……诸子之书,多属寓言,好借事以喻其意,而不必实有其事。不足取信,固明甚。"批评《史通》"尽据"诸子之言,存在思想偏谬。实则此乃张先生误解《史通》之意,是经书存在"理有难晓"之处,不可尽信,诸子异说存在"义或可凭"之处,并非尽不可信,将二者参会研核,则或可考知古史真相,而并非是要"尽据"诸子异说。因而《史通》书中虽有思想偏谬之处,但此处所言则并无疏误,相反张先生此处所言,倒是对《史通》的错误批评。

　　《史通·杂说上》批评《左传》说:"《左传》称仲尼曰:'鲍庄子之智不如葵,葵犹能卫其足。'夫有生而无识,有质而无性者,其惟草木乎?然自古设比兴,而以草木方人者,皆取其善恶薰莸,荣枯贞脆而已。必言其含灵畜智,隐身违祸,则无其义也。……而《左氏》录夫子一时戏言,以为千载笃论。成微婉之深累,玷良直之高范,不其惜乎!"对此,张先生指出:"仲尼所云'智不如葵,葵犹能卫其足',乃比喻之辞,非谓葵果有自卫之智也。犹之后世言人之毁其才以自全者,亦恒言象折其牙,雉毁其尾。岂象、雉之智,果知牙与尾之足以取祸乎?特因事连类,托物以为言耳。诸子百家书中,此类尤多。何可一一责实?知幾此论,殊失之拘。"批评《史通》在思想认识上有拘泥僵化之弊。

　　《杂说上》论《公羊传》说:"语曰:'彭蠡之滨,以鱼食犬。'斯则地之所富,物不称珍。案,齐密迩海隅,鳞介惟错,故上客食肉，中客食鱼，斯即齐之旧俗也。然食鲂鲙鲤，诗人所贵，必施诸他国，是曰珍羞。如《公羊传》曰：'晋灵公使勇士杀赵盾，见其方食鱼飧，曰：子为晋国重卿，而食鱼飧，是子之俭也。吾不忍杀子。'盖公羊生自齐邦，不详晋物，以东土所贱，谓西州亦然。遂目彼嘉馔，呼为菲食，著之实录，以为格言。非惟与《左氏》有乖，亦于物理全爽者矣。"张先生以多种资料为证，指出："古者惟贵而在位，与夫年老之人，乃得食肉，而鱼为贱者、少者之食物，初不以地域而异。……赵盾以晋国重卿，而食鱼飧，故勇士叹其俭。此亦情所常有，不足怪也。知幾以为惟滨海之齐，以鱼为贱，而不达于古代习尚所在皆然，乃谓《公羊》所记为乖于物理，失之远矣。"确实，《史通》的这段论述，表面上推理入微、识断精审，实则乃是不明古代社会礼制文化的错误之论，犯了轻于立论的武断之弊。

《史通·杂说中》赞扬王劭《齐志》"多记当时鄙言"，读者借此"足以知甿俗之有殊，验土风之不类"。清代浦起龙赞之曰："知幾论史，黜饰崇真，偏于里音，不惜纸费，可云有质癖矣。"对此，张先生指出："浦氏此言，似矣，而不尽然也。知幾果黜饰崇真，独奈何诋《公羊》'言多鄙野'乎？三传中，以《公羊》所存方言为夥。……大抵知幾内存成见，故语无定准，举之可使上天，按之欲令入地。论《春秋》三传，则崇《左氏》而贬《公》《穀》；评六代诸史，则美王劭而斥魏收，好而不知其恶，恶而不知其美。但凭爱憎，岂尽公平？自是通人一蔽。"确实，《史通》佞《左》成癖，对王劭也多有美誉，存在张先生所说的偏见不公之处，这是其思想上的一大痼疾，但并没有一味地、绝对地仅凭爱憎，"好而不知其恶，恶而不知其美"，其中对《左传》和王劭也都有一些批评之语，即是明证。张先生这一有为而发的奋激之语，需要我们正确看待。

对于《史通·暗惑》，张先生评云："此篇意在求真，以订传说之失。……订古书记载之讹，即所以立后世撰述之准。故篇尾结以'凡为国史，可不慎诸'二语，尤见语重心长！知幾此议论，多为修史而发，又不第本篇然也。顾篇中所言，亦有失之臆断者。……考订之事，所以贵乎有实证也。知幾论证旧事，多以推理明之，此最不足以服人处。"一方面高度肯定《史通》在史学上的地位，称其为后世立"撰述之准"；另一方面，也明晰地揭示其缺陷所在，即"论证旧事，多以推理明之"。张先生没有分析这一缺陷产生的原因，但从刘知幾个人和他所生活的时代看，这既与当时考证学不发达的总体学术背景有关，也与他自小养成的喜谈名理、触类而观的思维方式分不开。不过，《史通》虽有不少偏颇失误乃至故意唱反调的可笑荒谬之处，但也确如张先生所说，"识解固有过人处，故其言卒不可废"。

四、总结《史通》思想论述对后世的学术影响

《史通·六家》将儒家经书《尚书》《春秋》作为史书看待，张先生对这一做法予以肯定，并说："《书》与《春秋》，自来列诸六艺，视为垂世立教之书。昔人纵亦目为史之大原，抑未有取与《史》《汉》并论者。下侪汉人诸作，等量齐观，则自知幾始。俾学者不囿于经史之分部，而有以窥见著作之本，推廓治史之规。刘氏之功，又不可泯矣。"这是从中国古代学术发展的历史长河中，把握和讨论《史通》将《尚书》《春秋》

作为史书看待的做法，梳理和揭示其在学术史上的意义与价值。

《史通·六家》论《逸周书》说，该书与《尚书》相类，虽有浅末恒说、淳秽相参者，但总的来看，"斯百王之正书，五经之别录者也"。对此，张先生指出：西汉末刘向等校书时，将《周书》与《尚书》并重，"顾自汉以降，学者已苦《尚书》难读，更无人理此艰涩之编。《隋志》列之史部杂史类，学者益轻忽其书。知幾独推尊及之，实有发潜阐幽之功。自宋以来，诵习者众，皆刘氏表章之力也"。这是把《逸周书》放在整个学术发展史中，动态地把握该书被学界接受的情况，从而辨析和论定《史通》在其中所起到的独特作用及对后世的学术影响。

《史通·载言》主张，纪传体史书应设立"书"体，将以前收录于君臣纪传中的制册章表等移入"书"部，分类著录。张先生认为，其观点虽没有被后来史书所采用，但"后世若《唐文粹》《宋文鉴》以及明清《经世文编》之类，皆足为史传羽翼。溯厥体例，盖皆本知幾斯议，而稍变通以为之者"。它们表面上好像与《史通》没有关系，实际上却是在《史通》这一建议的启发与影响下编修的。这是《史通》对后世历史文献学在内容扩充方面的一个重要影响。

《史通·列传》评论附传说："世之求名者，咸以附出为小，盖以其因人成事，不足称多故也。窃以书名竹素，岂限详略，但问其事竟如何耳。借如召平、纪信、沮授、陈容，或运一异谋，树一奇节，并能传之不朽，人到于今称之。岂假编名作传，然后播其遗烈也？"对此，张先生指出："知幾大张附出之义，力斥滥立传文之非。高识渊怀，信为不刊之论！非特有以纠唐以上诸史之失，抑亦后来修史者之准臬也。……自被诏修书之制行，于是子孙为大官者，欲为先人立传，贿赂请谒，肆行无忌。……知幾斯议，实亦有为而发。……清修《明史》……附传之法，尤为得宜。实知幾斯议有以启之。古人立言不为一时，故是书终不可废。"既对《史通》的附传之论予以高度肯定，同时也指出，其论乃是针对南北朝以来史学发展中出现的不良状况的有为而发，并对后来清修《明史》发挥了积极作用。而其"古人立言不为一时，故是书终不可废"的终极性价值评论，更是对《史通》史学思想的动态的、辩证的，从而也是高屋建瓴的把握。

《史通·书志》力主《艺文志》可以删汰，如果非要保留不可，就应改变其录载古今传世书籍的体例，仿效宋孝王，"唯取当时撰者"。对此，张先生说："后之修《明史·艺文志》者，实用斯例。盖知幾此言，有以启之。"认为《明史·艺文志》采纳了《史通》的这一建议。此论是也，清代学者即曾指出这一点。

《书志》主张设立都邑志、氏族志、方物志。对此，张先生认为："知幾议于史志增立都邑、氏族、方物三目，其识甚伟。虽不见用于当时，然其后郑樵《通志》有《氏族略》《都邑略》，而马端临《文献通考》又别立《土贡考》，皆遥承知幾此议而增辟者也。"认为《史通》的创议启发了郑樵和马端临的学术研究。这当然也是属实之论，清代浦起龙亦曾指出这一点。

《史通·论赞》强调史书"志在简直"，不能"华多于实，理少于文，鼓其雄辞，夸其俪事"。对此，张先生评论说："此篇持论，大体精核，实为箴肓起废、惩前毖后之言。郑樵《通志总序》、章学诚《答甄秀才论修志第二书》，皆引申斯议，大畅其说。自此治史者，重在史实之求真，不尚虚文之敷论，皆知幾斯议为之先导也。"不但具体指出此篇对郑樵和章学诚的学术影响，还从宏观上指出了此篇对后世史学发展"重在史实之求真，不尚虚文之敷论"的带有原则性、根本性的影响。

《史通·称谓》批评魏晋以来史书对人物的称谓散漫混乱，"意好奇而辄为，文逐韵而便作。用舍之道，其例无恒"。对此，张先生说："唐以前人修史，罕有先定义例而后从事纂述者。故称谓之际，不免牴牾。自知幾此论出，而后史家讲求及之，宋以下益臻详密，如欧阳《五代史记》、涑水《资治通鉴》，皆尝自定其例，故书法较为整齐。元明所修诸史，其例简略，而大体放依宋贤。清修《明史》，则讨论周洽，修订矜慎……而称谓之宜，三致意焉。故《明史》修成，而论者咸相推善，抑亦讲求史例之效也。"指出《史通》对称谓之例的讲求一直影响了此后宋元明清时期的史学发展，以致相应史书的编修也都取得了很好的成绩。

对于《史通·言语》，张先生评论说："知幾此篇，持论正大。归结为'识时通变，从实而书'八字，足以括之。非特为史家载言之准，抑亦文人属辞之律也。章学诚《文史通义·论古文十弊》有云：'……'章氏斯论，实本《史通》此篇之义，推衍而出。"不但对该篇思想进行了阐释与表彰，更指出了其对后来章学诚相关论述的启发与影响。

《史通·杂述》将可与正史参行的杂史分为十类，予以讲述评论。对此，张先生指出："唐人以纪传、编年为正史。知幾于论述正史之余，复厘杂史为十科。有郡书、地里，则方志入史矣。有家史、别传，则谱牒入史矣。有琐言、杂记，则小说入史矣。于是治史取材，其途益广。学者致力之端，知不局限于纪传、编年之书。则知幾是篇，启牖之益为多。"肯定了本篇在扩大史料范围方面所具有的一般性的、整体性的史学价值，并指出了其对后世史学发展的影响。与之相应，对于该篇篇末所强调的博采慎择之论，张先生更是予以大力表彰："此论极其圆通。当时治经者，率据守《五经正义》数家之说，而六朝疏谊，散佚为多；治史者，但籀绎纪传、编年二体之书，而稗官野史，搜寻不广。知幾盖有鉴于学者专固之失，故发为救弊补偏之论。所谓'书有非圣，言多不经，学者博闻，盖在择之而已'，此数语尤为精要！信足以矫俗士之僻陋也。"总之，《史通》对正史以外的杂史同样重视，这无论是在避免和矫正俗士之僻陋，还是在积极方面提示学术界扩充史料之范围，都有重要的启发和指导意义。

《史通·辨职》主要讨论史官问题，最后谈到私人史家，提出："古来贤俊，立言垂后，何必身居巘宇，迹参僚属，而后成其事乎？是以深识之士知其若斯，退居清静，杜门不出，成其一家，独断而已，岂与夫冠猴献状，评议其得失者哉！"对此，张先生说："焦竑尝论之曰：'……'焦氏此论，盖亦自知幾之言，推演而出。"揭示了焦竑所言实即对《史通》此段议论的发挥。

针对《史通·史官建置》高度强调史官及史学的价值和意义，张先生指出："唐以前学者，率以史之为用，不外两端……合二者而言之，则不外修己治人，以古为鉴耳。……自知幾作《史通》，始于史籍义例，作缜密之分析，而后史部批判，始有专书；杜佑纂《通典》，始于典章因革，作系统之理董，而后历代制度，可以类考。自此史之为用，不止于修己治人，以古为鉴矣。"这是从史学宗旨、史学功用的角度，分析了《史通》对后世史学发展的影响。

《史官建置》说："夫为史之道，其流有二。何者？书事记言，出自当时之简；勒成删定，归于后来之笔。然则当时草创者，资乎博闻实录，若董狐、南史是也。后来经始者，贵乎俊识通才，若班固、陈寿是也。必论其事业，前后不同。然相须而成，其归一揆。"对此，张先生指出："古今史籍，至为浩繁。大别之，不外二类：一则属于历史资料；一则属于成家著述耳。……二者截然有辨，不容淆混。知幾所谓当时之简，即吾人今日所谓历史资料也，故必资乎博闻实录。所谓后来之笔，即吾人今日所谓成家著述也，故必贵乎俊识通才。其后郑樵《寄方礼部书》有曰：'……'郑氏所谓'书'，则历史资料也，所谓'史'，则成家著述也。……至章学诚，乃益发挥记注与撰述二者不同之趣。记注，犹夫史料也，撰述，犹夫著作也。《文史通义·书教篇》曰：'……'章氏此言，视刘、郑二君益为明切。皆非研穷乙部，深造有得者，不能道。"一方面以近代史学观念阐释了《史通》这段论述的思想，即区分史书为历史资料和成家著述两类，另一方面也梳理了《史通》此论与后来郑樵、章学诚史学主张之间前后相继、递相发展的关系，指明了《史通》对二人的启发与影响。

《史通·疑古》对《尚书》所记史事进行真伪是非的考辨，对此，张先生评论说："知幾所论，容有失之偏激，而取证或不可据。固由考证之业未臻精密，犹多未厌人意。然其识力之锐，发例之周，实为后世史家辟一新径。降至有清，遂开崔述考信一派。读书求是之风，超越往代；而古史考证之业，乃成专门。论者不察其得失……相与短之，岂通识哉?"虽然指出了《史通》在疑古实践方面存在偏激失误之处，但更主要的，是大力肯定其疑古思想的卓越不凡，肯定其具有"通识"的历史眼光，并从长时段的学术发展历程中，肯定其对后世学术发展的重大影响。

对于《史通·惑经》，张先生在评论中指出，从篇末结语可知，"《疑古》《惑经》之所由作，乃遥承王充《论衡》之绪，而续有发明。其后清儒崔述作《考信录》，复自言推广《史通》之意而作。可知《疑古》《惑经》二篇，实上绍王充，而下开崔述，一脉相沿，不可掩也"。既指出了《疑古》《惑经》的学术思想来源，又揭示了其对后世学术发展的积极影响，是在整个学术史中把握其承上启下的关键作用。

《史通·杂说上》批评《史记》采择史料不够广博，"甚为肤浅"。对此，张先生指出：这个批评"诋斥太刻矣! 自知幾有斯论，至宋郑樵从而和之曰：'当迁之时，挟书之律初除，得书之路未广。亘三千年之史籍，而局蹐于七八种书，所可为迁恨者，博不足也。'此亦自逞笔锋，以快一时之意，固未足视为定论耳"。既指出《史通》对《史记》的批评有失偏颇，不可视为定论，也指出其批评对《史记》的负面影响，以致郑樵发挥其意，对《史记》继续进行不当批评。

《忤时》为《史通》全书的最后一篇，张先生在评论中说："（此篇）所载《与萧至忠书》，斥设馆修史之有五不可……揭橥隋唐以来官修诸史之弊，昭若发蒙。下迄明清，莫由厘革。……惟清初诸儒，慎图之于经始，故《明史》修成，较历代官修诸书均为翔实。其能力祛积弊，稍胜前人，要亦知幾斯论有以启之。"指出清修《明史》之所以能比前代官修诸书"均为翔实""力祛积弊"，其中一个重要原因，是撰修者们以《史通》所指陈的设馆修史之弊为反面教材，积极寻求解决之道，力祛积弊而达到的。古人论以史为鉴，一向有"得可资、失亦可资"的说法，《史通》对设馆修史之弊的批评，在这里正扮演了"失亦可资"的角色。

综上所述，张舜徽梳理和考察了《史通》有关思想论述的来源及其时代背景，对于读者从学术史的角度准确把握《史通》思想何以产生的前人因素和时代因素，提供了重要帮助。他揭示了《史通》不同篇章之间存在的思想关涉处，提醒读者要参考互读，可以更好地帮助人们理解《史通》文意、把握《史通》思想，而他对全书存在的细微差别或恰相反背之处的揭示，对于读者全面、客观、整体地认识《史通》思想，避免误读误判，有着重要意义。对于《史通》议论之精者，张先生表而出之，以志服赞之意，并特别对其思想中识时通变的一面予以大力表彰。他总结了《史通》有关论述对后世学术发展的影响，揭示了其思想在学术史上的价值与意义。他以爱之深而意之切的态度，对《史通》的思想偏谬处进行了实事求是的批评，并重视分析这种偏谬之所以产生的时代原因和作者个人的思想原因，很好地展示了近代学者设身处地对古人予以同情之理解的平议精神。他是继吕思勉之后，又一位以较大篇幅指陈《史通》思想偏谬处的代表学者，而对比二人所论，也多有相同之处，如指出：《史通》思想有拘泥僵化的一面；对一些问题的认识存在偏颇偏激乃至偏执之处；对古代社会文化和古人思想宗旨缺乏深入考察，知人论世不到位，以后起观念批评前人，思虑不周，肤浅表象，不求甚解；对自己的一些正确思想未能贯彻到底，导致立论自相矛盾；有时轻信前人记载，导致立论错误；有时更自负其能、刚愎自用，导致立论轻率武断，等等。这可谓英雄所见略同，对读者全面、准确、客观地认识《史通》，把握其思想，都有重要作用。

唯物史观视域下的《史通》研究

就在程千帆、张舜徽等人对《史通》进行笺记平议的同时，中国马克思主义史学家也对《史通》这部传统史学理论著作展开了专题研究，开始了以唯物史观研究《史通》的历程，这就是以翦伯赞为代表的《史通》研究，继而又出现了华岗对《史通》的概论性剖析，虽然他们的研究在当时学界并不占主流，却代表和预示了《史通》研究的未来发展方向。

一、翦伯赞对《史通》思想的研究

翦伯赞（1898—1968）是中国马克思主义史学的主要开拓者之一。他对《史通》的研究，专题文章只有 1945 年 9 月发表的《论刘知幾的历史学》，但他在此前后一两年内发表的《略论中国史研究》《略论中国文献学上的史料》《略论搜集史料的方法》《论司马迁的历史学》等文章，也都曾引述和辩驳《史通》的一些观点，从其对《史通》信手拈来的引证情况看，他对《史通》下过一番深入的研究功夫。而学术界的研究也表明，他"首先是一个历史哲学家"，他一生治史活动的突出特点，就是"始于史学理论研究，终于史学理论研究"，作为 20 世纪中国历史学的一位主要健将，他"未尝不想做 20 世纪、特别是（唯物）史观派的刘知幾"①。这种情况，自然会促使他更加重视对《史通》的研读。至于他公开发表的《论刘知幾的历史学》，则是"近代史学史上首次以马克思主义为指导撰写并发表的研究刘知幾史学思想的文章"②，开出了一条《史通》研究的新路，预示了《史通》研究的未来发展方向。

在中国古代众多的史学家中，翦先生仅对司马迁和刘知幾有过专题研究，并从史学理论和史学方法的角度将二者相提并论。在他看来，"汉以前，写著历史，尚不成为一种专门的学问，写著历史之成为一种专门的学问，即所谓历史学，在中国，是创始于天才的史学大师司马迁"③；"自司马迁而后，迄于唐代，在历史学方法论上，有新的发明者，唯刘知幾一人而已"，而《史通》"是刘知幾的史学创作，也是中国史学史上第一部讲历史方法论的巨著"，"对他以前的中国历史学，作了一次总的清算工作"。④ 这些论述，足见他对二人的评价之高。

刘知幾在《史通·自叙》中，曾自言受到王充《论衡》等多部前人著作的影响。翦先生从唯物史观的角度，特别分析了《论衡》对《史通》的影响，他说：

---

① 王学典：《翦伯赞学术思想评传》，北京：北京图书馆出版社，2000 年，第 28 页。
② 叶建：《中国近代史学理论的形成与演进（1902—1949）》，北京：中国社会科学出版社，2012 年，第 227 页。
③ 翦伯赞：《论司马迁的历史学》，《史料与史学》，北京：北京出版社，2005 年，第 114 页。
④ 翦伯赞：《论刘知幾的历史学》，《史料与史学》，北京：北京出版社，2005 年，第 167、175 页。（下引此文，不再注出）

　　刘知幾的思想，颇受王充的影响。他在《自叙》中盛赞王充的《论衡》。……案王充《论衡》有《问孔》、《刺孟》之篇，实为儒家的一位叛徒。而刘知幾亦有《疑古》、《惑经》之作，其思想亦颇谬于圣人。他在《惑经》中说："昔王充设论，有《问孔》之篇，虽《论语》群言，多见指摘；而《春秋》杂义，曾未发明。是用广彼旧疑，增其新觉。"他在《惑经》中，对于《春秋》之义，提出了十二个疑问，指出其虚妄者五端，大胆陈说，毫无顾忌。故刘知幾的《惑经》，实即王充《问孔》的续编。至于其《疑古》篇，则系非难《尚书》；但在序言上，亦指斥孔子。其言有曰：……又如王充有《指瑞》、《验符》之作，指斥符瑞之虚妄。刘知幾在《史通》中，即反对纪录符瑞之《五行志》。……又王充有《书虚》之作，谓竹帛上的文字，不可尽信。而刘知幾在《疑古》中，对于《尚书》所载的史实，指出疑问十点。他在结论上说："孟子曰：'尽信书，不如无书。《武成》之篇，吾取其二三简。'推此而言，则远古之书，其妄甚矣。"从以上所举各点，我们可以看出刘知幾的思想，颇受王充学说的影响。他不迷信圣经贤传，不迷信灾祥符瑞。即因他不迷信圣经贤传，所以他就富有怀疑的精神；即因他不迷信灾祥符瑞，所以他就具有唯物的思想。他就在这种怀疑的精神与唯物的思想上，展开他的历史观。

　　对于刘知幾的历史观，翦先生梳理为三个方面。一是"刘知幾反对'历史的定命论'。他以为历史上任何朝代的兴亡，人物的成败，都不是天命，而是人事"；"统治者的灭亡，是由于他们自己的罪恶、无能，不能把他们的灭亡归纳为上帝的意思。同样，新的统治者的兴起，也不是上帝预先派定，而是由于他们自己的努力。一言以蔽之，人类的历史是人类自己创造的，与'上帝''天命'这一类的鬼话绝不相干"。翦先生认为，"像这样承认人类对历史之创造作用的历史观，就正是刘知幾的历史学卓越之点"。

二是"刘知幾反对以成败论英雄之正统的历史观"。刘知幾在《史通》中，多次表示了"反对那种以'势穷者即为匹庶，力屈者乃成寇贼'的历史观"。但由于时代局限等各种原因，刘知幾在对历史人物进行评价时，未能完全贯彻这种历史观念，"对于'成者为王，败者为寇'的历史观仍未扫除干净。例如他反对列项羽于本纪，而曰'正可抑同群盗'。反对列陈胜于世家，而曰'起自群盗'。这又是他自相矛盾的地方"。

三是刘知幾"不主张'内中国而外夷狄'的大汉族主义的历史观"。翦先生指出：《史通·称谓》中的论述表明了这一点，"历史是具体的科学，要承认客观的事实，不能以主观的爱憎涂改历史的事实。刘知幾可谓深得此理。所以我说他是一个客观主义的历史家"。

此外，刘知幾"敢于怀疑，则史料因以订正；敢于非圣，则成见因以打破。这些都是他的科学精神"。

在史学思想方面，翦先生首先以发展的观点，对"刘知幾论中国历史学各流派"问题进行评论，指出"刘知幾对于中国历史学各流派，曾经展开一个全面的批判。他在《六家》中，把中国的历史学派分为六家"，即由六种史书体裁演化出的史学流派，"这六种历史学体裁不是同时发生，而是中国历史学体裁相续发展之系列，所谓'古往今来，质文递变'的结果。这六种体裁在最初，都不过是各时代的历史记录者用以记录史实的方法；但是后来的历史学者竞相模拟，于是这六种历史学体裁，遂演化而为六种历史学流派"。刘知幾对各流派一一进行了批判，指出其优劣短长，"就史体论史体，可谓切中利弊……认为最进步的历史体裁，乃是编年体和纪传体。这从历史学发展的观点上看来，也是对的"。但有一点，"刘知幾于纪传体中，美《汉书》而抑《史记》，未免源流倒置，是其偏见耳。考纪传体确为一种进步的历史体裁。这种体裁，可以说是《尚书》等四种体裁之综合……卓然自成为一种新的历史体裁。但这种伟大的创造，是司马迁的不朽之功，班固的《汉书》不过是《史记》的拟作而已，又安能望《史记》之项背"。

其次，翦先生对"刘知幾论纪传体的各部门"问题，进行了考察。他详细梳理了《史通》对本纪、世家、列传、表历、书志、论赞、序例等问题的观点和意见，一条一条进行总结，并引述《史通》原文进行论证，认为其观点"所发明者多矣"，但"亦有自相矛盾之处"，从而给予了一分为二的客观评价。

第三，对"刘知幾论历史学方法"，即"怎样写著历史"的问题，翦先生从史书体裁、史书语言、史书编制、史书标题、史书断限、史书叙事、史书书法等七个方面进行了梳理和分析："从这里我们可以看出，刘知幾论史体，则反对模拟经传，主张应用近体；论言语，则反对宪章虞夏，主张应用今文；论编制，则反对繁文缛词，主张言、事异篇；论叙事，则反对因袭陈说，主张简要隐晦；论命题，则反对题不对文，主张名实相副；论断限，则反对越俎代庖，主张不录前代；论书法，则反对曲笔阿时，主张仗义直书。这些见解，都是很正确的，特别是反对模拟古典的体裁和古典的言语，一直到我们的今日，还有教育作用。因为一直到现在，还有人企图用古典的文字，来掩盖自己的浅薄。惟其中有一点是值得商量的，即言与事异篇。诚然，把长篇大论的文章插入叙事之中，的确会打断读者对史实的观察之联系；但是有些文词往往与史实不能分开，而且甚至就是史实的构成部分，如项羽的乌江自刎之歌，即其一例。因此，我以为短文而必要者，仍然要插在叙事之内；长文而次要者，则记于注内，以备参考。如此则言与事，各得其所。"翦先生的这一总结论述，也是实事求是的分析。

第四，对"刘知幾论历史学文献"问题，翦先生指出，"刘知幾对于他以前的历史文献，也曾经展开一个全面的批判"。刘知幾把中国的历史文献分为"正史"和"杂史"两大类，"但他并不是重'正史'而轻'杂史'。他以为治史者，'正史'固然要读，'杂史'也要读。因专读'正史'，不读'杂史'，则见闻不周。但无论读'正史'或'杂史'，都要用批判的眼光去读"。刘知幾自己就对"正史"和"杂史"都有批判，从中可以看出，他对中国的历史文献，"皆认为有美中不足之处"，"不论他对历史文献的批判是否完全正确，而其所指，皆系据各书内容，并非凭空武断。这种客观的精神和判断的能力，实可惊叹"。

此外，翦先生指出，"《史通》一书，虽系一部专论历史方法的著作，但刘知幾在论历史方法之中，亦尝寓褒贬与夺之义。其中《疑古》一篇，题名'疑古'，实即讽今"，因而《史通》

"实为一部富有灵魂的历史著作"。当然它也有美中不足之处，"但是只要我们想见刘知幾是七世纪末的一位历史学家，那他的短处，就应该由时代负责了"。

总之，翦先生提出："吾人读刘知幾书，而知其兼才、学、识三者而并有之。惜乎！任当其职而道不行，见用于时而志不遂，郁怏孤愤，终至贬死。贤者委弃，千古同叹，又岂独刘知幾为然耶？"

以上就是翦伯赞对《史通》思想研究的主要内容。应该说，他所论述的一些具体方面，前人已经有所讨论和评议，但他以唯物史观来研究和分析《史通》，"积极地探讨刘知幾历史观的，在他之前是没有的，而且尤为难得的是，翦伯赞发现了刘知幾历史观中的进步因素，并把刘知幾关于历史方法的贡献建筑在这些进步的历史观上"①。这就为《史通》研究提供了新的视角，规划了新的指导思想，代表了20世纪上半期《史通》研究的新进展和未来的发展趋向。此后，学者们纷纷以唯物史观的思想和方法来研究《史通》，可以说无一不是在继承着他的业绩。

二、华岗对《史通》的剖析

另一位杰出的马克思主义史学家和哲学家华岗（1903—1972），也对《史通》进行了剖析。与翦伯赞不同的是，华岗没有对《史通》进行专题研究，他只是在宏观探讨中国历史学发

---

① 叶建：《中国近代史学理论的形成与演进（1902—1949）》，北京：中国社会科学出版社，2012年，第228页。

展问题的过程中，对《史通》进行了概论性剖析。但与翦伯赞相同的是，他的剖析同样以唯物史观为指导，再一次吹响了以唯物史观研究《史通》的号角。

1945 年 10 月，华岗完成《论中国历史翻案问题》一文，之后将《历史为什么是科学和怎样变成科学》《论中国社会历史发展阻滞的基因》两篇旧文略加增补，汇集成《中国历史的翻案》一书，于次年公开出版。书中有三处涉及《史通》，虽然没有详细展开剖析，但其以马克思主义理论和方法重新认识和研究《史通》的旨趣，表露得非常明晰。

在分析中国古代史书记载失实的原因时，华先生指出，"中国过去史籍，大部都是帝王家谱，写历史的人，大多是帝王御用的史官，囿于他们的阶级意识，即使秉笔直书，也会歪曲了真正的事实"。他以"唐朝史家刘知幾就曾有过这样痛苦的经验"为例，引述了《史通·自叙》中的一段话加以说明，然后提出他对《史通》的总体性认识：

　　现在我们把他私撰的《史通》加以客观研究，虽觉不无可取之处，尤其他对于史籍的辨伪精神，值得我们敬佩；他所提出'良史必须善恶皆书，使骄君贼臣知所惧'的观点，亦为不刊之论。但在基本观点上，刘知幾在《史通》里所表现的精神，依然不出玄学史观与儒家道统的范围，依然没有把中国历史看成人民的历史。这里面的原因，我们不难在他的社会基础中求得解答。为使我这个推论求得确证起见，最好再看刘知幾在《史通·自序》中的自白：'昔仲尼以睿圣明哲，天纵多能，睹史籍之繁文，惧览者之不一，删《诗》为三百篇，约史记以修《春秋》，赞《易》道以黜八索，述《职方》以除九丘，讨论坟典，断自唐虞，以迄于周，其文不刊，为后世法。自兹厥后，史籍逾多，苟非命世大才，孰能刊正其失。嗟予小子，敢当此任……但以无夫子之名，而辄行夫子之事，将恐致惊末俗，取咎时人。徒有其劳，而莫之见赏。所以每握管叹息，迟回者久之。非欲之而不能，实能之而不敢也。'刘知幾自信有秉笔直书的史才，然而囿于当时的历史环境和他自己的社会意识，终于'握管叹息'，不能有比《史通》更高的成就，这也可以证明究竟是存在决定意识，而不是意识决定存在，虽然意识也会影响于存在。①

这就用社会存在决定社会意识的唯物史观思想，分析了《史通》的史学精神及其产生的原因。

在谈到正史和野史问题时，华先生首先就正史史料的可信性问题指出：

所谓正史者，就是经过历代帝王的承认之一大套合法的官吏，而且自唐代以迄于清代，其间所成的正史，都是由帝王所钦命的史官编纂而成的。这种正史的来历和根据，就是历代王朝的实录及帝王贵族的起居注。这种正史，在根本上已经受了史料的限制，而行文着笔的时候，又要受着当时政治的限制。这种正史，当然没有如实反映真象的

---

① 华岗：《中国历史的翻案》，北京：人民出版社，1981年，第10—12页。

可能，而且不免歪曲和涂改事实，以适应当时统治者的要求。最明显的例子，就是明明是荒淫无耻的暴君，而在史书上却留下满纸仁义道德的诏令。《史通·载文》说：'历代皇帝每发玺书，下纶言，申恻隐之渥恩，叙忧勤之至意，其君虽有反道败德，惟顽与暴，观其政令则辛、癸（商纣、夏桀）不如，读其诏诰则勋、华（尧、舜）再出，行之于世则上下相蒙，传之于后则示人不信。'可见正史上的诏令，大半不能信据。①

这是引述《史通》的论述来做例证，说明正史上所记载的许多诏令不能信据，因为在当时统治者的阶级局限之下，那些诏令在起草时就已经被歪曲和涂改事实了。由此可见，以唯物史观来研究《史通》，是可以从中得到一些更为真切地对古代历史的认识的，这就大幅度提高了《史通》自身所具有的史料价值。

华先生接着就正史史料的缺陷性指出："正史所以不足完全信据，又因正史所载大抵都是和当时政治舞台有直接关系的人物和事件，至于闾巷琐闻，草野之士，则往往弃而不录，实则此等被正史所摒弃的人物和事件，却往往是社会发展的脊梁。"华先生这一人民群众是历史的创造者的思想和认识，当然不是刘知幾所能达到的，其显例就是，刘知幾虽然也承认史书应该记载率先发动群众反抗暴秦的陈胜，但对陈胜此举的历史创造作用却毫无认识。故而华先生又指出："因此，为了辨正及补充正史，我们必须进一步去从各时代的私人著作如野史、杂记、

---

① 华岗：《中国历史的翻案》，北京：人民出版社，1981年，第29—30页。

文集、诗词，乃至小说与剧本中，去搜求正史上所没有但却非常珍贵的史料。……惟不论野史或杂记，其真实性，都远非正史所及。"重视野史等资料，但野史的真实性远非正史所及，华先生这一思想认识，与《史通》之《采撰》《杂述》等篇表述的主旨，是大体一致的。华先生又说："经过野史杂记和文艺作品的参证，对于正史上的史料，自然可以获得不少的补充和订正，但我们却不能因此就完全相信野史杂记，因为野史杂记和文艺作品，都夹杂着私人的情感。固然，私人为什么会发生这样的情感，那也是了解作者当时的社会之一种间接的史料，但是在情感的冲动中，总难免没有偏见夹杂其中，而这种偏见，就足以淆乱历史的真象。"① 华先生这一整体、全面且辩证的表述和认识，也不是刘知幾所能达到的，但是其中的一个观点，即不能因为野史杂记有史料价值就完全相信它们这层意思，《史通·采撰》等篇中是明确讲到了的。

在谈到中国古代历史观发展历程的时候，华先生指出，中国和西方一样，也"经过玄学史观与种种非科学史观的过程"，从司马迁以来，到杜佑、郑樵、马端临等人，"并没有逃出玄学历史的圈圈，都是以儒家的伦理观点来贯穿中国历史。《史通》作者刘知幾，治史主真，辨伪甚勤，并规定通史体例，但亦以儒家道统自限，离科学历史尚远"。他们的历史理论，"不能走上真正科学的正确道路上去。它们至多只是考察了人们底历史活动观念的动机，而没有研究这些动机所以发生的原因，没有找到社会关系系统发展中的客观规律性，没有把物质生产发展

---

① 华岗：《中国历史的翻案》，北京：人民出版社，1981年，第30—31、33—34页。

底程度当作这些关系的根源"①。这是以唯物史观对刘知幾等人的思想局限性进行的分析与批评，是符合实际情况的。

　　总之，华岗虽然没有专门研究《史通》，也没有详细展开他对《史通》的思想剖析，但他在宏观探讨中国历史学发展问题的过程中基于唯物史观而对《史通》作出的论述和思考，无论是就历史学的整体发展还是就《史通》研究来说，都提出了一些新的认识，从而对于学术界运用唯物史观来研究《史通》，同样具有启示意义。

---

① 华岗：《中国历史的翻案》，北京：人民出版社，1981年，第81、82、83页。

余 论

直挂云帆：《史通》学术史的历史评说

《史通》写成以后，由于其中多讥往哲、喜述前非，就连儒家经典《尚书》《春秋》和"圣人"孔子也都无一幸免于指责，而其摘抉瑕疵，又常令人无可置辩，于是悠悠尘俗共以为愚，见者纷纷互言其短。这使本来对自己的史学才识和史学理论非常自信且自负的刘知幾，精神极度紧张，深恐《史通》不能传世，后人无由得观，并因此"抚卷涟洏，泪尽而继之以血"。但从后来的实际情况看，刘知幾的这一担心未免过虑了。《史通》不但大体完整传世，而且对后代史学的发展起到了重要的理论指导作用，达到了刘知幾撰写《史通》的预设目的，而后人对《史通》的研习之盛，又绝非泪尽泣血地担心《史通》不传于世的刘知幾所敢想象的。

在阅读《史通》之后，刘知幾的好朋友徐坚大为叹服，认为所有史家都应将其置于座右，作为案头必备之书；唐玄宗也命人抄录《史通》进呈，并读而称善。但《史通》在唐宋时期还是更多地受到了官方与学界的抵制，先是苏鹗直接点名批评《史通》，继而柳璨指责《史通》讥驳经史过当，妄诬圣哲，甚至于弹劾孔子，遂写专书予以批驳。此后，五代宋初的僧人赞宁、北宋的孙何和张唐英等人也都相继写出论著，批评刘知幾和《史通》；北宋官修《新唐书》还批评他"工诃古人、拙于用己"，此语是在刘知幾本传之后的史论中发出的，具有盖棺论定的性质，因而对后世影响很大，常被用作对刘知幾的定评。当然，其间对《史通》的肯定也是存在的。南宋时期，《史通》还从江南流传到北方的金朝，从而引起了金朝学者的重视。

总的来看，《史通》在唐宋元时期既有抄本，也有刻本流传世间，在社会上流行易得，不存在刘知幾所担心的不传于世的问题。而学术界对《史通》的探讨，既有篇幅简约的短论，也有篇幅较大的专题评论；既有对《史通》论述的公开引用，也有暗中参考、阴用其言以修史者，并以后者为更多。从这一时期的《史通》学术所涵盖的思想性内容来看，包括对《史通》"史评"性质的认识，对《史通》思想观点的探讨、接受与发挥、运用，引用《史通》的观点来作为自己的立论，以及对

《史通》的思想观点进行批评等方面。其中，唐宋儒学复兴运动中对《史通》的批判，并不属于纯粹的学术性质，其目的是要振兴儒学，树立和维护儒家思想的绝对权威，其首要选择是维护儒家名教，这决定了批判者对《史通》批判的内容具有非常狭隘的片面性，因而也就不可能真正将史学理论著作《史通》驳倒。不过批判本身也显示了人们对《史通》思想的关注，凸显了《史通》对学术界造成很大影响的事实。而最终，他们批判《史通》的著作无一传世，被他们猛烈批判的《史通》却岿然独存，这不能不说是历史的公正选择。

如果说对《史通》的批判是从反面显示了《史通》的学术影响的话，则从正面显示《史通》学术影响的事例也并不缺乏，只是其中表现手法各有不同。北宋吴缜编修的《新唐书纠谬》，南宋晁公武对一些史书的评论，高似孙对官方集众修史和一家独断的认识，金朝王若虚对《史记》的论评，元朝罗璧对史书文字繁简问题的讨论，都明白说出了自己接受和运用了《史通》思想理论的事实；唐代白居易对史家标准问题的探讨，皇甫湜对编年、纪传二体的认识与评论，孙樵对史才、史法、史家文笔的讨论以及对唐代史馆修史的批评，北宋官修纪传体《新唐书》和私修编年体《资治通鉴》，南宋王观国、陈埴对《汉书·古今人表》的批评，朱熹的多种史学实践，元代苏天爵撰写《修功臣列传》，则是以阴相承受、暗里袭取的方式，接受和运用《史通》的思想理论。至于这一时期对史才三长论的探讨，不论暗里明里，都显然是对刘知幾与《史通》思想的接受、运用与发挥、发展，而也就是在这一时期，史才三长论被最终确立为中国传统史家标准论的代名词，并被明确推广运用于史学领域之外。如此等等，都表明了《史通》对后来学术发展的积极影响。

只是不无遗憾的是，虽然《史通》对后世的影响在唐宋元时期已经多有显现，但这一时期对《史通》的认识与评论，还是直接的点名批评和贬斥占了上风，公开的肯定和褒扬只居次要地位。即使是阴相承受与暗里袭用《史通》的思想理论，虽然也是对《史通》的认可与肯定，但这种暗度陈仓的方式，毕竟也夹带了对《史通》的抵制成分，与公开的肯定方式存在很大不同，两者实不可并论。像徐坚、王应麟那样明确把《史通》看作史官史家职业修养的标准范本的，则更是仅有之二例。这都使当时的《史通》学术较多地呈现出"阴用其言而显訾其书"的特点。

不过，《史通》毕竟是严肃而认真地撰写出来的学术著作，其严谨而踏实的学术作风、严格而朴实的学术理念、直接为史学健康发展服务的学术目的，都使得随着时代推移而向前发展的史学实践，不能不切实关注并正视《史通》的巨大存在，从而一方面继续重视、接受、吸收和应用它的理论学说与思想观点，另一方面则更加冷静地探讨、商榷、发挥和发展它的理论学说与思想观点，于是人们对它的认识与评价，也就越来越学理化、客观化、理性化。

继唐宋元之后，明代是《史通》版本流传和学术研究取得重要突破的关键时期。明初，蜀藩司据宋代蜀刻本刊印《史通》，个别学者家里也藏有《史通》抄本，但未能在社会上广泛流布。明成祖时，编辑中国古代规模最大的类书《永乐大典》，将《史通》分散收入其中。明世宗嘉靖十三年（1534），陆深就蜀藩司刻本编为《史通会要》,次年又将该本补残刊缪、订其错简、还其缺文,重新校刻传世,由此促成了明代学者对《史通》研究的热潮。这一时期的《史通》学术,包括对刘知幾和《史通》的总体认识与评价,如何阅读《史通》,对《史通》思想观点的赞同、阐发与运用,引用《史通》的观点来作为自己的立论,对《史通》思想观点的辩难与发展,以及对《史通》的思想观点进行批评等方面。由于人们都是在前人的基础上开展自己的历史活动的,不可能没有对前人的发展,因此在这些方面中,虽然有的在类别上和前一时期大体相同,但在具体考察和研究的内容上则多有不同,体现出学术研究随着时代发展而在同步向前发展,不能仅以类别相同而忽视对其具体内容的考察。这也是历史的合乎辩证的发展,是历史的继承性、时代性、阶段性和创新性发展的表现。

和前一时期相比,明代出现了纯粹学术性质的《史通》研究著作,既包括集评论、注释和校勘于一体的郭孔延《史通评释》,也包括李维桢撰写的专门评论《史通》的著作,以及王惟俭对《史通》进行注释和校勘的《史通训故》。陆深《史通会要》则以节录《史通》和其他学者相关原文的方式,对《史通》进行选编和续写,虽然质量不高,但体现了接续《史通》学术的研究旨趣。这都是以前没有的新现象。特别是《史通评释》,不但是第一部对《史通》进行注释且是全书注释的著作,为人们阅读和研究《史通》提供了极大便利,而且还是第一部将注释、评论和文字校勘融于一体的《史通》研究著作,虽然文字校勘内容相对不多,但是就前两个方面来说,其中任何一个方面都不是轻易就能做到的,它竟然将这两个方面毕其功于一役！《史通评释》为后世的《史通》全书整理和研究创造了典范，明末王惟俭《史通训故》接过了它的校勘与注释合一的体例，清代黄叔琳《史通训故补》和浦起龙《史通通释》则继承了它的校勘、评论与注释合一的体例，这都是它在后世的影响所结出的硕果。而自《史通评释》问世之后，世间流行之《史通》，已然变成了各种评释本的天下，仅仅刊行《史通》原书者退居次要地位。可见，就是单单从传世版本来说，《史通评释》也是《史通》学术史上的一个重大转折，是明代《史通》版本流传取得重要突破的关键环节。

在明代学者对《史通》的探讨评议中，"阴用其言而显訾其书"的形式，除了焦竑等个别学者还有所表现外，基本上已不多见，无论是肯定、赞同还是批评、驳斥，几乎都是公开指名地进行的，态度也以学术研究为主，卫道的成分不再占据主要地位。这当然是对前一时期《史通》研究风气的拨乱反正。他们把刘知幾作为天生史学家看待；认为《史通》是史学评论自身发展的产物，是对之前史学评论的总结；肯定《史通》的"史圣"地位，揭示《史通》僵化"粗笨"的思想缺陷；探讨阅读《史通》的前提条件，开始关注《史通》对后世学术影响的问题。这些都是前人从未涉及的新内容。至于在前代基础上，对《史通》的思想理论所进行的专深研究，对《史通》所倡导的史学理论的运用与践行，也都达到了新的水平和新的高度；对史才三长论和史书繁简论的探讨，也提出了一些发展性的新论断。凡此种种，都显现出明代《史通》学术史内容的丰富与发展，体现了明代《史通》研究的新境界，并使明代成为整个《史通》学术史上《史通》研究大张其军、承上启下的重要时节。

　　经过明代学者的多方努力，人们普遍认识到，《史通》虽然存在一些缺点，特别是在封建伦理道德方面有所亏缺，但在史学上有其不可磨灭的恒久价值，因而《史通》在清代的流传也就不再受到任何阻力，对《史通》进行校勘、注释、评论与学术研究者都大有人在。官方主持编修《四库全书》，还同时收入《史通》本书和浦起龙《史通通释》。纪昀认为《史通》中违背封建道德的内容有碍风化与统治，于是亲自动手删去有关内容以及他所认为的冗滥之处，编成选本性质的《史通削繁》行于世间，这表明，无论《史通》存在怎样的缺陷，其应该流行于世已是毫无疑义，不存在任何障碍。

　　整个清代，对《史通》这部史学理论著作的研究探讨一直未曾中断。清代前期，官修《明史》历时九十余年，《史通》在其中扮演了重要的理论指导的角色。清代中期，乾隆皇帝诏修四库全书，《史通》不但被收入其中，还成为四库馆臣进行学术评论与考证的根据之一。而通观有清一代的科举考试，史学策问也往往就《史通》的理论主张和提出的问题来考查应试举子的史学功力与见识。这都是《史通》在清代官方史学领域得到重视的突出表现。若就私家学者来说，则关注《史通》的表现更为丰富，其中有对《史通》全书进行注释、评论和校勘者，如黄叔琳《史通训故补》、浦起龙《史通通释》，有对《史通》进行改编、按照自己意图整理《史通》选本者，如纪昀《史通削繁》，还有更多学者专门对《史通》进行文字校勘，其中就包括了清代最著名的四位校勘学家中的卢文弨、顾广圻两位，这些研究既与当时官方的做法不同，其学术水平也明显超越前代。

至于对《史通》的具体微观的零散评论、整体宏观的简短评论、对《史通》资料的广泛运用等等，更是其众至夥。显然，《史通》不但成为清代朝野上下共同关注的史学热点之一，而且相关研究也在前代基础上向纵深推进。刘知幾对《史通》能否传世的担忧，至此可说完全多虑且多余了。

与前代相比，清代出现了集以往《史通》整理与研究之大成的著作，这就是浦起龙的《史通通释》。虽然该书在对《史通》原文进行校勘时常有擅改之弊，但总的来看，其评论、注释和校勘成就远超前人，对《史通》各篇段落章节进行梳理的文献整理水平也远为前人所不及，而且它对《史通》系统性、体系性的揭示，更为前人所未发。浦起龙还立足于中国古代史学发展长河来讨论《史通》的产生问题，认识到《史通》乃中国史学自身发展的产物，是适应中国史学发展到一定阶段，需要通论史学一般原理的著作出现，以便继续向前发展的时代的产物，这就为横空出世的史学理论著作《史通》找到了赖以产生的客观时代背景和学术基础，可谓眼光独到、高瞻远瞩。

清代《史通》学术史的另一重要成就，是对《史通》在后世的学术影响进行了梳理总结。明代郭孔延已经关注到这一问题，在学术史上有其开新意义，但论述不多，价值有限。到了清代，何焯、浦起龙、纪昀、钱大昕、陈鳣以及官修《四库全书总目》等，都对此进行梳理总结，参与学者之多、涉及内容之广，使清代成为真正开始考察这一问题的时期。而这也确实是考察《史通》学术成就和学术贡献的一个非常重要的方面，浦起龙和钱大昕就由此发现，《史通》对后世有"导吾先路"的作用，并被后世"奉为科律"。虽然他们的评论用语不同，但所表达的意思是一样的，都认识到并强调了《史通》对后世史学发展所具有的理论与方法论性的指导意义。

在清代《史通》学术史上，有一个问题一向为人们所津津乐道，那就是在史家标准的问题上，出现了章学诚的史才四长论。章学诚和刘知幾是中国古代最重要的两位史学理论家，章学诚还被当时人称为"本朝刘知幾"。他在批判继承和发展《史通》等前代优秀史学成果的基础上，将中国古代史学理论推进到它的最高形态。在探讨史家标准问题时，章学诚于刘知幾提出的才、学、识之外，补以"史德"的要求，从而最终确立了才、学、识、德四长论，完成了从明代学者就已开始的由史才三长向史才四长的转变。如果我们不需要从章学诚的本意来理解"史德"的含义，而仅从一般语境、从正直品德的大众化角度来理解"史德"的含义，则"史德"的补入是有意义的。但如果是在章学诚本意的语境下来理解他所说的"史德"的话，则其"史德"乃是以严守封建专制主义思想体系为准则的道德标准，强调不能违背封建纲常伦理，特别是不可诽君谤主，不仅不包含一般所说的尊重客观史实之意，而且也没有刘知幾等人所倡导的直书实录精神。因此，章学诚所提出的"史德"思想，在当时也是比较迂腐和落后的，并不值得赞扬。所以他的史才四长论，不但不是对刘知幾史才三长论的发展，反而却是倒退。在是否章学诚本人语境的问题上，这两者之间存在着原则性的、根本性的不同，需要我们清楚地予以把握。

近代以来，随着历史学逐渐发展为独立学科，史学理论及史学史受到学界重视，《史通》作为中国传统史学理论著作，其中又有很多史学史的内容，因而成为当时研究传统史学的主要对象和热点之一。较早者如朱希祖、梁启超等人，都对《史通》有很好的研究与论述。继而傅振伦出版《刘知幾之史学》《刘知幾年谱》，刘咸炘写定《史通驳议》，吕思勉出版《史通评》。此外，陈汉章《史通补释》、杨明照《史通通释补》、彭仲铎《史通增释》、程千帆《史通笺记》（未刊稿）、张舜徽《史通平议》（未刊稿）等，皆为对《史通》深有研究之作。至于梁绳祎、何炳松、陈同仁、翦伯赞等公开发表的《史通》研究单篇论文，则为数更多。而当时不少以"史学概要""史学通论"等为题名的史学理论著作，也都以《史通》为重要参照物，有的还专辟章节阐述《史通》、研究《史通》，表明《史通》对中国近代史学理论的建设发挥了积极作用。

总的来看，这一时期《史通》思想学术史的主要内容，包括对刘知幾和《史通》的总体认识与评价，对《史通》撰写原因的分析，对《史通》学术思想来源的分析，对《史通》史学思想的分析，揭示《史通》相关诸篇的思想关涉处，对《史通》思想观点的接受、发挥与运用，对《史通》思想观点的批评，以及梳理总结《史通》对后世的学术影响等方面。由于身处近代史学发展的大潮之下，学者们的研究最突出的特色，就是以近代史学理念对刘知幾和《史通》这部传统史学理论著作进行重新思考和认识，从中国历史学学科建设和发展的角度肯定其独特贡献。他们明确将《史通》定性为"史学理论"著作，指出《史通》是中国第一部史学理论著作，标志着中国史学理论这门学科学问的最终确立，同时称其为世界上第一部讲论作史方法的著作，称刘知幾为"史学批评家"，从学科建设的角度称《史通》为史学批评著作，对《史通》的思想理论及其思想来源等问题展开近代性的分析评论，并开启了以唯物史观研究《史通》的先河，代表和预示了《史通》研究的未来发展方向。《史通》依然还是那个《史通》，但对它的研究，已然焕发出新的面貌。

中华人民共和国成立后，以唯物史观研究《史通》成为时代风气，侯外庐、白寿彝、任继愈、杨翼骧、王玉哲等人都发表了具有长久学术影响力的研究论文。改革开放以来，《史通》研究再度成为传统史学研究的热点，每年都发表有不少专题研究论文；赵俊《〈史通〉理论体系研究》、许凌云《刘知幾评传》、曾凡英《史家龟鉴——〈史通〉与中国文化》、张三夕《批判史学的批判——刘知幾及其史通研究》、马铁浩《〈史通〉与先唐典籍》《〈史通〉引书考》、王嘉川《清前〈史通〉学研究》等专题研究著作也不断出现；张振珮《史通笺注》、赵吕甫《史通新校注》则是两部新的集注释、校勘与评论于一体的著作，不但功力深厚，而且在研究方面时有精深之论。可以说，对《史通》的学术研究与文献整理工作，已然取得了更多更大的收获与进步①。学如积薪，后来居上，我们相信，《史通》研究必将取得更多更新的突破，《史通》学术史的内容也必将更加丰富多彩。

那么，作为研究对象的《史通》，产生于八世纪初期，距今已经一千三百多年，不可谓不遥远，则其思想是否对当下还有意义？与当代社会发展是否还存在一些联系？行文至此，好像

---

① 2000 年，代继华在《中国史研究动态》第 1 期发表《〈史通〉研究五十年》，总结了 1949—1998 年间学术界对《史通》的主要研究状况，是一篇简明的 20 世纪下半期《史通》学术史研究论文。

已不能不提出这样的疑问。

答案是肯定的，这至少可以从具体观点和宏观意涵两个方面得到说明。

从具体观点来看，《史通》是史学家对传统史学的自我反思，作者是古代少有的优秀史学理论家，因而《史通》也以卓识明理著称，仅内篇就提出三十八个史学专题，通过具体事例、史实考证和理论分析、逻辑思辩，对它产生之前的中国史学进行了理论性的全面总结，鲜明表达了自己的思想和观点。虽然其中有的在当时即属于疏谬不当之论，有的在当时合适但随着历史发展而失去存在价值，有的被后来更为周全完备之论所扬弃，但有很多观点至今依然熠熠生辉，对史学乃至其他学科的发展有着重要启发和指导作用。

例如，关于著述凡例（体例），《史通·序例》将其提到与国法并论的高度，指出国家若无法制，社会就会动荡，史书若无凡例，等于没有是非标准。这一说法是很有见地的。古今成体系的著作，无不讲求凡例。而将凡例问题上升到这样的高度来讨论的，唯有《史通》。书中从正反两个方面论述史书凡例，对各书凡例优劣进行了简要品评，专门批评了有例不依的做法，有很多精审独到的观点，对后世史书编纂、史学发展有重要推进作用。虽然各人著述自有体要，不大可能形成所有作者都必须遵守的、固定的、一成不变的、适合所有人的凡例，而且就是一书之内，也可能有突破凡例而需要灵活变通之处，不可拘泥固守于一隅，但无论任何人、任何著述，首先还是应以确定一个基本的凡例准则为上，灵活机动地处理特殊问题的前提也是先设有整齐划一的凡例，而不是根本就不设凡例和不遵守凡例。完全没有凡例、不严格而又灵活地讲求凡例都是不可想象的，更不可能由此形成体系严整的一家著述。

历史是由人的活动构成的，因而史书中记载人物也就势所必然。但人类社会历史上曾经出现的人物实在太多，全部记载既不可能，也没有必要，这就涉及选择哪些人物写入史书的标准问题。《史通·人物》指出，史书记载人物应该选择那些有关国家兴亡和社会发展，"其恶可以诫世，其善可以示后"者，《史通》认为善恶皆不足以取鉴和对历史不起什么作用的人，并不值得记载。书中列举多个事例，详细阐发了择取宜慎、宁缺毋滥的代表性、典型性原则。其中个别论断显示了作者的历史局限性，对善恶功罪的标准的认识也会因时代不同而有异，但其所论大体得当，至如"名刊史册，自古攸难，笔削之士，其慎之哉"，更是对今人写史著书有重要的警示与启示意义。已故著名马克思主义史学家翦伯赞说："写历史必须写人，必须承认人的主观能动作用。这种作用，有些是进步的，有些是反动的，只要对历史起了作用的都应该写。起进步作用的人要写，因为他推动了历史的发展；起反动作用的人也要写，因为他阻碍了历史的发展。只有不起作用的人可以不写。"[1] 这一论述，当然不是唐代的《史通》所能达到的高度，但两相对比，也可发现《史通》已经初步具备了这一思想观念。

对历史人物功绩与贡献的评判，《史通》有着高出世俗时流的独到认识。《人物》篇末指出，这一问题的关键，并不在于史

---

[1]　翦伯赞：《在广西历史学会上的学术报告》，《历史问题论丛》（合编本），北京：中华书局，2008年，第492页。

书对人物生平记载的详与略，也不在于该人物被列入附传还是列为专传，而仅在于"其事竟如何耳"。《史通》认为人们后世声名的好坏，取决于其自身的一生行事，只要于国于民有利，即使因为事迹不多，难以单独立传而被列入附传，也照样"能传之不朽，人到于今称之"。这是一种不唯名、只唯实的客观公正的评价历史人物的方法，以事实为标准，坚持以实际作为来考察人物的是非优劣，实为颠扑不破的真理，绝非重名轻实者可比。与此相类，《称谓》强调史书对各种人物的称呼必须严谨求实，指出称谓"本无定准"，但须"事在合宜"，既要"取叶随时"，又要"理当雅正"，还要严格、严谨、严肃地对待。这都是非常平实而正确的观点，也是当今史学工作者必须坚持的书写原则。

《史通·品藻》强调，准确评论历史人物是史学家的重要职责，必须"申藻镜，别流品，使小人君子臭味得朋，上智中庸等差有叙"，如此则可"惩恶劝善，永肃将来，激浊扬清，郁为不朽"，否则即是失职失责。以此为标准，篇中批评了前代史书在品藻人物方面归类不当、评价失实等种种错误。虽然作者对历史人物的评价原则、评价标准与我们今天有异，所举各例也不一定完全正确，但他所提出的"申藻镜，别流品"的史学研究任务，仍是现今所有史学工作者都要进行的基本工作，也是凸显作者史识的一个重要方面。而作者提出的"激浊扬清"，维系社会良知和正义的史学价值，也同样是今天所有史学工作者都要秉持的基本原则，有其永久意义。

历史是人类事迹交织而成的画面，任何史书都必然记录人类过往的行迹。但史书应该记载哪些事件，又该怎样记载？《史通·书事》在前人"五志"论述的基础上，补以"三科"，并以此八条为准则，分析了前代史书记事的种种失误，并特别对其中的烦琐弊病进行了详细的分类指陈和严正批评，强调记事的原则应该是"简而且详，疏而不漏"，要以"折中之宜""均平之理"来衡量史书选事记事的标准。史书记事必然要有自己的选择取舍标准，但标准也需随时、随事、随人、随书而有具体规定，不可能有一成不变之法，因此"五志三科"的八条要求只能是作者个人的一家之言，既不能代表所有史学家，更不大可能适合各体史书。但他所提出的问题，却是不论古今中外，所有史学家在动手写书之前都必须谨慎而细致思量，并做出抉择的，而在史事取舍标准既定的前提下，他所提出的"简而且详，疏而不漏"，也就成了必须讲求和遵守的一般记事原则，至今仍有指导和启发意义。

史书既要记事，就不能不考虑记事的断限问题。广义的断限指史书记事的范围界限，包括时间、空间、内容等多个方面，狭义的断限则主要指记事的时间界限。历史的发展，前后相连不断，具有继承性、延续性的特点，但编写史书则必有一个始末起讫的时间范围、史事发生的空间范围和史事记载的内容范围，而不可能毫无限制、不着边际地"漫天飞舞"。此外，历史的发展也往往呈现出阶段性的特点，客观上存在着历史阶段的划分，这也要求史书编写者必须注意把握历史发展的各个阶段，从而客观地选择历史记载的时间范围。这是无论编写断代史还是通史，都会遇到并需尽早解决的问题。《史通·断限》指出，历史发展有因有革，前后"遂相交互"，实乃"事势当然，非为滥轶"，因此史书记事，前后之间有所交叉重复是必然的，但超过"交互"这一界限就属滥轶，滥轶就必须剪裁删除。篇中从记事、记人、记地等方面对前代史书的相关记载情况进行评议，其中一些具体观点值得商榷，但它所讲的一般性道理，如强调史书必须"正其疆里""明彼断限，定其折中"等思想，都是晓畅笃实的精到之论。史书的记事范围就该严整有序，必须坚持严格严肃的态度，而不能随意"侵官离局"、滥轶无界。就是当代的历史书写与历史研究，也必须秉持这一原则。因而书中的论述，在当下也是有其实用价值的。

史书记事以简要为上，这是《史通》极力提倡并在多篇中一再强调的观点。《叙事》又专篇指出言近旨远、文约事丰、含意不尽是史书记事的最高境界，详细阐述了叙事简要的原则与方法，要求叙事者必须具有全局把握能力，必须反对"妄饰"，避免虚饰浮华，以致出现"文非文，史非史"的现象。这些论述鲜明体现了作者崇尚简要的一贯思想，并对指导史书写作有很强的实用价值。而从更为广阔的学术视野考察，不仅史学需要叙事，编纂各体史书都要讲求叙述技巧，文学更需要叙事，这是《史通》的叙事理论对后代文学理论和文学批评也都产生了重要影响的原因。中国自先秦时期史书产生以来就开始了叙事的历程，但第一次明确把"叙事"作为文章标题和学术论题，从理论上正面而直接地阐述其原则与方法的，则非《史通》莫属，此足见《史通》在中国史学上的重要性，亦可见作者史识之高卓，可谓眼光深邃，识空千古。而其思想不但对当今中国历史叙事学研究和文学理论研究具有理论遗产和本土资源的借鉴价值，而且对研究西方历史叙事学具有比较参照意义，并对不忘本来、吸收外来、面向未来地开展中西历史叙事学比较研究，也有其意义。

但是简要只是简而有要的代称和简称，而一些古今学者所说的"以简为主、叙事尚简"是对《史通》叙事简要理论的误解。《史通·表历》提出:"文尚简要，语恶烦芜，何必款曲重沓，方称周备?""简"只是手段，是方式，"要"才是最终目的，简要的效果是包含了叙事周备的要求的。《叙事》也特别讲论了"言虽简略，理皆要害，故能疏而不遗，俭而无缺"的致力所在。《书事》更明确地从正反两个方面指出:"记事之体，欲简而且详，疏而不漏。若烦则尽取，省则多捐，此乃忘折中之宜，失均平之理。"《烦省》则以专篇的形式，总结前代史书记述内容的繁简详略不同，以历史进步演化的观点，指出其中根本原因在于时代和社会的发展，并非史书作者主观上故意追求简约或繁杂，提出考察史书内容的繁简详略，只需审核其"事有妄载，苦于榛芜，言有阙书，伤于简略"与否，如果没有这两个方面的表现，就属于详略得当。这是从反面提出了判定史书内容繁简详略的标准，即是否"妄载"和"阙书"。可见，简而有要、详备不遗、不缺不滥才是《史通》叙事简要理论的完整内容。而书中的讨论也是客观如实的，不但持论平允、说理圆足，且具有朴素的社会存在决定社会意识的唯物主义思想色彩，对今天史学论著的写作，无论是在文字表述形式上还是在内容选择上，都有切实的指导意义。

史书记述人物生平事迹之后，是否还需要展开评论，对所记人物和事件发表作者的看法和认识? 对此，《史通·论赞》鲜明表述了自己的态度:史论可以设立，但不必篇篇皆有、事事皆论，而且史论的内容必须与正文不重复，并有理有据、发语恰当，反对与夺乖宜、是非失中。其中有些个别具体论述，后世学者并不赞同，但整体来看，持论比较精核。而从专业研究来说，历史评论更是历史研究的要务之一，不但其本身是一项综合性的工作，能够很好地体现作者的综合素养和历史见识，而且能够为后人更好地认识历史提供启发和借鉴。对当今的历史研究者来说，不仅本身要评论历史，而且还要对前人的历史评论进行历史主义的再审视、再评论，以期更好更全面地阐述和总结历史。因此，《史通》所提出的历史评论原则，也是当今历史研究需要给予重要关切的一项基本内容。

任何人撰写史书，都不可能不对前人的相关论著有所引用，这里就有一个如何引用的问题。《史通·因习》明确反对引用前史原文而不知变通的做法，指出对于前人著作的内容，不该盲目地、毫无分析地全盘接受，尤其是对其中的称谓性和时间性的用语、记事疏忽和评价错误的用语等内容，必须予以适合自己本书的改写，如果直接引用原文来叙事，就会有违史实，甚至闹出笑话。具体说来，"有在昔为是，而在后因之则非者；有前人既疏，而后人因之仍误者；有因往例而不尽因者；有自为例而不自因者；有当代书例则然，而异代不必因、不当因者"。作者强调，引用前人文字必须做到"识事详审，措辞精密"，绝不可食古不化，拘泥固执于古人文字原貌而刻舟求剑、胶柱调瑟，必须结合自己的写作实际，讲求"随时"之义，应时变通，灵活引用，"庶几可以无大过"。其论正大且识理通透，就是对当代学术研究应该如何引述前人论著，也有实际指导和启发借鉴作用。

除了引用前人文字外，还有一个模拟、学习、效法和继承前人优点长处的问题。《史通·摸拟》开篇即指出"夫述者相效，自古而然"，撰写史书"若不仰范前哲，何以贻厥后来"？只有效法前人的成功经验、继承前人的优良传统，才能更好地实现创新，写出足以传世的作品。但模拟有两种形式，一是貌同而心异，一是貌异而心同。前者形似，仅学到前人的表象，而未能汲取其精神实质，乃模拟之下者；后者神似，表面上与前人的形式相差很远，但实际上得其思想精髓，乃模拟之上者。作者各举例证，详细阐述其意，大力倡导灵活通变的神似，强调要分清本质和现象，切实做到善于批判性地继承和发扬前人的优良传统，以创新为旨趣，在继承中实现推陈出新；极力反对盲目接受、亦步亦趋、泥古不化、抱残守缺的形似，指出一切机械模仿、生搬硬套、照猫画虎、依样葫芦的做法都无济于事。这当然是相当正确的理论认知。作者在一千三百多年前，即已能准确地分别形神，剖判异同，提出并深入阐述模拟与继承、模拟与创造的关系，诚为卓识明理。当前，整个世界都处在快速发展之中，如何继承古今中外优秀文化，推动中华民族文化的创新发展，《史通》的这些论述，是有其明显的启示意义的。

集体修书，是中国自古及今的一种重要写史方式。在近代以前，集体修史主要由官方主持，之后随着史学的专业化发展，集体修史更多地由学者们自发组织。《史通》在《辨职》《忤时》《自叙》等多篇文章中对唐代以史馆为中心的集体修史情况进行了评述，大旨主要有二，一是特别强调了主持者的组织作用，二是直言不讳地揭露和批判了史馆修史的种种弊端。由于作者精于史学，又曾长时间在史馆任职，亲身参与集体修史工作，因而其批评既实在又深刻，对当时及后代的官方集众修史发挥了重要的警示作用。而其中的一些内容，如组织者是否胜任并领导有方，修史人员能否合作共事并态度端正、不"争学苟且"，分工铨配是否明晰得宜并使成员各尽其责，体例标准是否统一、价值观念是否一致并达成共识，如此等等，也是今天集体合作修书项目必须正视并顺利解决的问题，否则同样会出现《史通》所担心的头白可期而成书无日，或者即便成书也不会达到很高质量的不良后果。

史料是历史研究的基石，无论是个人还是集体修书，史料都是历史研究中第一位的，没有充分的、正确的资料，不可能写出好的、足以传世的历史著作。中国自先秦时期就已开始搜集资料、编纂史书，司马迁《史记》、裴松之《三国志注》等著作中也有一些零散的对史料采集和运用的原则性论述，但专门从理论上进行详细阐述的，则首推《史通》。其《采撰》专篇论述了史料搜集的重要性和选择史料的标准，并对前代史书选取史料的得失进行了评价，提出了博采慎择的史料处理原则，指出只有靠大量的、批判地审查过的、充分地掌握了的历史资料，才可"取信一时，擅名千载"。《杂述》又专门考察了各种杂史著作的史料价值，从通盘考虑的全局出发，强调了对包括杂史在内的各种史料的博采慎取，扩大了修史过程中采择史料的范围，显示出作者具有通达全面、慎思明辨的宏通之才。《疑古》《惑经》两篇则对孔子和《尚书》《春秋》等儒家经典记载不实、虚构事实的做法进行了严正批评，自始至终贯穿着强烈的史料批判意识，强调对任何人的言论、任何史书史料都不能随声附和、盲从盲信，而要进行严格审慎的去伪存真的工作，表现出相当彻底的求实精神。他没有更进一步地提出对真实史料的去粗取精、由此及彼、由表及里的分析、整理工作，但他能时时想到并坚持博采求真，并为此而毫不退缩地将批判的矛头直指圣人圣经，自是独领风骚，堪称世界性的史学巨子。其最重要的启示，就是在资料采择这一编撰史书的第一环节上，强调和高扬史书记事必须坚持博采慎取、征实求信的原则，提出了评价史书优劣的一个基本原则，那就是：历史著作的价值，其根本就在于所得史料的完备与否，是否以丰富的资料来反映它所记载的那个时代的社会内容；所用史料的正确与否，所依据和使用的资料是否是真实可靠、经得住检验的。这自然是正确的、科学的，也是当今任何一个史学工作者都必须秉持的基本理念，必须坚守的基本原则。

当然，对修史来说，仅仅讲求史料是不够的。《史通》对此也有明确认识，于是在《史官建置》中言简意赅地总结、概述了古今修史工作的两种不同类型，即编纂历史资料和撰写具有一家之言的历史著作，指出二者虽然性质不同，但"相须而成，其归一揆"，最终目的都是推进史学向前发展。此论揭示了一个重要事实，即古今史书按其性质皆可分为历史资料和成家著述两个类别，严谨的史学著作必须在这两个方面有突出成就：资料性著作虽然以资料见长，但也必须在体例结构、逻辑框架和内容的全面性、原始性、准确性等方面有自己的独到特色，而成家著述，除了识见超出他人，成其一家独断之外，资料也必须坚持全面性、原始性、准确性的要求，否则也不可能真正立言垂后，成名成家。如今，这一认识已经成为评价一部史学著作是否优秀的基本准则。

　　优秀史著的标准如此，优秀史家的标准又是什么呢？作者在撰写《史通》之前，曾专门讨论了优秀史家的标准问题，从整体上提出并阐述了史家须才、学、识三长兼备的论断，即兼具编撰史书的才能（才）、掌握丰富的历史知识（学）、拥有善恶必书的正直品格和洞达幽隐的通透识见（识）。《史通》各篇以分题撰述的形式写成，对三长之论未有集中阐释，但全书仍贯穿了这一卓越的理论认识。如内篇十卷是其史学理论得以系统展现的部分，其中前四卷讲史书体裁体例，虽然包含有"史学"的内容，但主要是属于"史才"和"史识"的内容；接下来的五卷讲史书写法，其中第五卷重在讲"史学"问题，第六卷重在讲"史才"问题，第七、八、九卷重在讲"史识"问题；第十卷为内篇最后一卷，是补论相关重大问题，其中第一篇文章《杂述》重在讲"史学"和"史识"问题，第二篇《辨职》重在讲"史才"问题，第三篇《自叙》重在讲"史识"问题，是则内篇就是在"史才三长"论的总体思想指导下，具体分专题、分篇章撰写的，整个内篇都在发挥"史才三长"之论。外篇十卷直接抄录作者原有读书札记而分类堆积的迹象比较突出，显得琐碎烦杂，与内篇的体系严整形成鲜明对照，但统而观之，前两卷（卷十一、十二）重在讲"史学"问题，第五卷（卷十五）重在讲"史才"问题，其他各卷重在讲"史识"问题，可见这十卷也无一不在发挥"史才三长"之论。而自《史通》行世以后，才、学、识三长论不但逐渐被确立为中国传统史家标准论的代名词，还被推广到史学之外，成为中国古代通论人才标准的重要表述，而且直到现在，仍然经常被用来评价某人是否胜任其职的重要指标。毫无疑义，这一整体、宏观、各方面有机综合的人才观，是《史通》及其作者给予中国史学、中国文化、中国社会乃至全人类的一笔丰厚的文化遗产，至今依然有其实用价值，不但可以作为个人提高自身素养的基本路径和基本要求，也对各类人才选用工作发挥着重要的理论指导作用，指示和提供了一条切实可行的全面、准确评价人才的康庄大道。

总之，作为中国古代唯一一部系统的史学理论著作，《史通》丰富的理论论述和众多的具体观点，并非没有错误可议之处，也不是至今都有其存在价值，随着社会的发展和时代的变迁，肯定会有一部分退出历史舞台，这是历史发展的必然。但其中也确实存在很多至今仍有现实意义，对今天的史学研究工作继续发挥理论指导作用的内容。而它所总结、提炼的三十多个史学专题，很多也已成为今天训练史学工作者修养和技艺的基本内容，只要翻看一下相关著作即可明了，这就更可见其丰富的内容和理论观点对当下的意义，及其与当代学术发展的内在联系。

从宏观意涵来看，《史通》的思想理念对当下的意义及其与当代社会的联系，也有多个层面的表现。

就国家和社会层面来说，《史通》对古代纪传体史书中本纪、世家、列传以及如何记人载事等体例的讲求，对政治伦理、家国观念的阐发与讲求，都体现了作者对意识形态和社会价值观念培育工作的重视。作者在《自叙》中明确宣称，《史通》是以史为主，而"上穷王道，下扱人伦"。虽然作者的政治思想和家国情怀与我们今天有着更多的本质不同，但他提醒我们要切实重视意识形态工作，从各个方面重视社会核心价值观念的培育工作，这既是关系国家长治久安和社会稳定发展的大问题，也是关系民族文化和精神文明建设的长远问题。

就人生态度层面而言，《史通》作者对自己的真伪是非观念、褒贬毁誉立场等个人思想意识，全都在书中直言说出，毫不隐晦，也毫不含糊。这是否合适，不同的人会有不同的看法，但作者真诚坦荡、耿介孤高、实事求是、明辨是非、凛然独立的精神品格则表露无遗。从《史通》中可以看到，这种品格给作者带来了不少负面影响，并直接影响到他的官职升迁、宦海生涯乃至人生轨迹。当然，这也与他在性格上的一个明显弱点有些关系，那就是他有时过度自信以至非常自负，大概没有谁会愿意接近一个自负而又有明显表现的人。再加上他耿介孤高，喜怒形于色，不愿明哲保身，又因对当时官方修史现状的担忧和激愤，其立言发论不免激切，火药味十分浓厚，因而常常招来忌恨。但其所言往往在理，令人不得不折服，就连手握最高权力的武则天也不能不嘉其直而叹之。因而真正给他带来负面影响的，主要还是他的真诚与耿介。于是我们对他的美志不遂、郁快孤愤、终至贬死的人生不幸，不能不抱以无限同情，不能不生出异世同悲，同时也就不能不思考：作为社会群体中的个人，身处大千世界的芸芸众生之中，应不应该具有这样的品格，应不应该保持自己的独立人格呢？

就思维方式层面而论，《史通》有强烈的怀疑精神和批判意识，不盲从古圣先贤。怀疑和批判只是看问题的手段，不是目的，但这是一种科学的精神，不经过怀疑和批判，盲从前人，人云亦云，就不可能推陈出新，不可能真正做出创新性的成果。《史通》敢于突破传统，勇于革故鼎新，大力倡导与时俱进，随时更革，以"事势当然"，因事制宜。书中对各种问题的梳理，大都坚持了原始察终、贯通古今的动态把握原则，并将史料考证功夫和理论思辨精神相结合，力图对问题予以全面公正的综合考察。这些思想认识，符合历史主义的进步标准，表现了作者的卓越史识和深邃的历史眼光，也是我们今天必须坚持的思维方式。由于作者自负其能，《史通》中也有一些固执己见、考虑不周、拘泥僵化之论，作者崇尚通识，但其识见也有未能通透之处，这是研读《史通》时必须清楚的。不过这些内容在书中并不是主要方面，而且"失亦可资"，这些正好可以作为反面材料，提醒和促使我们思考问题更要从实际出发，坚持实践的观点、辩证的观点，在思维缜密、准确把握、考虑周全的基础上推陈出新。

就个人成长层面来看，天资难以尽凭，而人工不可不力。古今绩学之士，靡弗以勤致者。《史通》作者出身官宦之家，从小接受良好家庭教育，这不是每个人都能具有的优越客观条件。作者自幼对史学有浓厚兴趣，读书时喜欢辨析明理，敢于质疑传统，善于独立思考，于是逐渐培养起超常的领悟力，而尤为关键者，是二十余年"恣情披阅"的勤奋努力，使他积累了丰厚广博的知识基础，这是其日后能够成为著名史学家，写出《史通》这部彪炳千秋、树立丰碑的中国第一部史学理论著作，对中国古代史学发展和史学建设做出极大贡献的最重要原因，也是我们从他身上应该学习、可以效法并且能够学到的宝贵经验。

就职业操守层面来看，《史通》以专门篇章强调史家的职业道德，以多篇文章讲述史学要健康发展应该怎样去做，这都体现了作者对自身岗位职责的反思，表现了作者强烈的事业心和责任感、使命感。历史学者如此，其他行业的工作者呢？如果都能像《史通》作者这样切实反思，都能做好自己的本职工作，那国家建设和社会发展不就更加顺畅了吗？历史是什么？史学又何为？对国家、对社会、对人民，到底有什么用？作为中国第一部史学理论著作，《史通》不可能不正面回答这个问题，而这也是在它之前和之后，从古及今，一直有人提问也不断有人从各方面予以解答的问题。《史通》从国家和个人两个层面，高度强调史学的作用，誉之为："其利甚博，乃生人之急务，为国家之要道。有国有家者，其可缺之哉！"作者的解答自然是他那个时代的答案，生活在今天的我们，也必然有我们今天的解答。但无论如何，《史通》提出的这个问题，依然具有现实性，依然是我们开展史学研究所要思考的时代之问。《史通》虽然成书于唐中宗景龙四年（710），但其思想理念仍对我们当下有重要的启示意义，仍与我们当代社会有着多方面的、千古一理的联系。

参考文献

1. ［唐］刘知幾：《史通》，［清］浦起龙：《史通通释》，上海：上海古籍出版社，2009 年。

2. ［宋］王溥：《唐会要》卷六三《修史官》，北京：中华书局，1955 年。

3. ［后晋］刘昫等，《旧唐书》卷一〇二《刘子玄传》，北京：中华书局 1975 年。

4. 傅振伦：《刘知幾年谱》，北京：中华书局，1963 年。

5. 程千帆：《史通笺记》，北京：中华书局，1980 年。

6. 乔治忠：《中国官方史学与私家史学》，北京：北京图书馆出版社，2008 年。

7. ［宋］欧阳修，宋祁：《新唐书》第十五册，北京：中华书局，1975 年。

8. 吴怀祺：《中国史学思想史》，合肥：安徽人民出版社，1996 年。

9. 闫平凡：《杨守敬〈应劭汉书注钞〉校补》，贵阳：贵州大学出版社，2014 年。

10. 白寿彝：《刘知幾的进步的史学思想》，《北京师范大学学报》1959 年第 5 期。

11. 钱穆：《中国史学名著》，北京：生活·读书·新知三联书店，2000 年。

12. 朱杰勤：《中国古代史学史》，郑州：河南人民出版社，1980 年。

13. 许凌云：《刘知幾评传》，南京：南京大学出版社，1994 年。

14. 乔治忠：《中国史学史》，北京：中国人民大学出版社，2011 年。

15. 程千帆：《〈史通〉读法》，《文史知识》1985 年第 2 期。

16. 乔治忠：《〈史通〉编撰问题辨正》，《中国官方史学与私家史学》，北京：北京图书馆出版社，2008 年，第 383 页。

17. ［清］黄叔琳：《史通训故补二十卷》，四库全书存目丛书史部第 279 册。

18. 王玉哲：《试论刘知幾是有神论者》，《文史哲》1962 年第 4 期。

19. 白寿彝：《中国史学史论集·刘知幾》，北京：中华书局，1999 年。

20. 任继愈：《刘知幾的进步的历史观》，《文史哲》1964 年第 1 期。

21. 侯外庐：《论刘知幾的学术思想》，《历史研究》1961 年第 2 期。

22. 赵俊：《〈史通〉理论体系研究》，沈阳：辽宁大学出版社，1990 年。

23. 张振珮：《史通笺注》卷十三《惑经》"解题"，贵阳：贵州人民出版社，1985 年。

24. 杜维运：《中国史学史》，北京：商务印书馆，2010 年。

25. 杨翼骧：《刘知幾与〈史通〉》（续），《历史教学》1963 年第 8 期。

26. ［清］永瑢等：《四库全书总目》卷八十八，北京：中华书局，1965 年。

27. ［宋］王应麟：《玉海》卷五十四《唐七十五家总集》，扬州：广陵书社，2003 年。

28. ［清］黄叔琳：《史通训故礼二十卷》，四库全书存目丛书史部第 279 册，第 486 页。

29. 瞿林东：《中国古代史学理论发展大势》，《历史研究》1992 年第 2 期。

30. 张舜徽：《史通平议卷五·外篇》，《史学三书平议》，北京：中华书局，1983 年。

31. 瞿林东：《中国古代史学批评纵横》，北京：中华书局，1994 年。

32. ［清］钱大昕：《十驾斋养新录》卷十三《史通》，《嘉定钱大昕全集》第 7 册，南京：江苏古籍出版社，1997 年。

33. 梁启超：《中国历史研究法》，上海：上海古籍出版社，1987 年。

34. 瞿林东：《论刘知幾〈史通〉关于史学构成的思想》，《苏州大学学报》2016 年第 3 期。

35. 恩格斯：《马克思恩格斯文集》第 9 卷，北京：人民出版社，2009 年。

36. 许冠三：《刘知幾的实录史学》，香港：香港中文大学出版社，1983 年。

37. 傅振伦：《〈史通〉版本源流考》，《图书馆》1962 年第 2 期。

38. ［明］陆深：《俨山集》卷八十六《题蜀本史通》，景印文渊阁四库全书集部第 1268 册。

39. ［明］陆深：《题蜀本史通后》，四部丛刊所收张鼎思校刻本《史通》卷末。

40. 王嘉川：《李维桢〈史通评〉编纂考》，《首都师范大学学报》2014 年第 5 期。

41. ［清］季锡畴：《史通通释》跋，陈先行、郭立暄：《上海图书馆善本题跋辑录（附版本考）》史部史评类《史通通释二十卷附录一卷》，上海：上海辞书出版社，2017 年。

42. 王锺翰：《记半通主人藏半部〈史通〉》，《王锺翰清史论集》第四册，北京：中华书局，2004 年。

43. 杨绪敏：《论〈史通〉的流传及其对后世史学理论的影响》，《徐州师范学院学报》1992 年第 1 期。

44. ［唐］皇甫湜：《皇甫持正文集》卷二《编年纪传论》，景印文渊阁四库全书集部第 1078 册。

45. ［宋］吕乔年：《丽泽论说集录》卷八《门人集录史说》，景印文渊阁四库全书第 703 册。

46. ［唐］孙樵：《孙可之集》卷二《与高锡望书》，景印文渊阁四库全书集部第 1083 册。

47. 唐］孙樵：《与高锡望书》，景印文渊阁四库全书集部第 1447 册。

48. ［宋］马永卿：《元城语录解》，景印文渊阁四库全书子部第 863 册。

49. ［宋］洪迈：《容斋随笔》卷一《文烦简有当》，景印文渊阁四库全书子部第 851 册。

50. ［金］王若虚：《滹南集》，景印文渊阁四库全书集部第

1190 册。

51. [宋]刘弇:《龙云集》卷二七《策问上·第九》,景印文渊阁四库全书集部第 1119 册。

52. [宋]赵汝愚:《宋名臣奏议》,[宋]石公弼:《上徽宗请复还史馆之职》,景印文渊阁四库全书史部第 431 册。

53. 宋馥香:《高似孙〈史略〉之史学批评管窥》,《郑州大学学报》2009 年第 5 期。

54. [宋]熊方:《进〈补后汉书年表〉表》,《补后汉书年表》卷首,景印文渊阁四库全书第 253 册。

55. [金]元好问:《遗山集》,景印文渊阁四库全书集部第 1191 册。

56. [元]苏天爵:《滋溪文稿》,景印文渊阁四库全书集部第 1214 册。

57. [宋]王十朋:《王十朋全集》文集卷八《策问》,上海:上海古籍出版社,1998 年。

58. [宋]章如愚:《群书考索》,景印文渊阁四库全书子部第 936 册。

59. 赵吕甫:《欧阳修史学初探》,《历史教学》1963 年第 1 期。

60. 王天顺:《欧阳修〈五代史记〉的修撰与〈史通〉理论》,《宁夏大学学报》1986 年第 3 期。

61. [宋]司马光:《资治通鉴进书表》,《资治通鉴》附录,北京:中华书局,1956 年。

62. 陈光崇:《通鉴新论》,沈阳:辽宁教育出版社,1999 年。

63. 林校生:《〈资治通鉴〉与编年体》,刘乃和、宋衍申主编《〈资治通鉴〉丛论》,郑州:河南人民出版社,1985 年。

64. 张煦侯:《通鉴学》(修订本),合肥:安徽人民出版社,

1981 年。

65. 宋衍申：《司马光评传》，南宁：广西教育出版社，1995 年。

66. 柴德赓：《史籍举要》（修订本），北京：商务印书馆，2015 年。

67. 仓修良：《〈通鉴〉编修分工及优良编纂方法》，刘乃和、宋衍申主编《〈资治通鉴〉丛论》，郑州：河南人民出版社，1985 年。

68. 岑仲勉：《通鉴隋唐纪比事质疑·自序》，《通鉴隋唐纪比事质疑》卷首，北京：中华书局，1964 年。

69. ［宋］吴缜：《新唐书纠谬·序》，景印文渊阁四库全书史部第 276 册。

70. ［明］张之象：《史通序》，张之象刻《明本史通》卷首，北京：国家图书馆出版社，2019 年。

71. ［宋］朱熹：《朱熹集》卷八一《跋通鉴纪事本末》，成都：四川教育出版社，1996 年。

72. ［宋］黎靖德：《朱子语类》，景印文渊阁四库全书子部第 702 册。

73. 汤勤福：《朱熹的史学思想》，济南：齐鲁书社，2000 年。

74. ［清］康熙：《御批资治通鉴纲目》卷四三上，"安州别驾刘子玄卒"条"书法"，景印文渊阁四库全书史部第 691 册。

75. 束景南：《朱熹年谱长编》，上海：华东师范大学出版社，2001 年。

76. ［唐］赵元一：《奉天录序》，《奉天录》卷首，续修四库全书第 423 册。

77. 黄永年：《唐史史料学》，北京：中华书局，2015 年。

78. ［唐］白居易：《白居易集》卷五四《授沈传师左拾遗、史馆修撰制》，北京：中华书局，1979 年。

79. 张少康、刘三富：《中国文学理论批评发展史》上卷，北京：北京大学出版社，1995 年。

80. 陈允锋：《论白居易诗学思想与刘知幾〈史通〉之关系》，首都师范大学文学院主办《文学前沿》第 7 辑，北京：学苑出版社，2003 年。

81. ［宋］杨億：《武夷新集》卷二十《与史馆检讨陈秘丞启》，景印文渊阁四库全书集部第 1086 册。

82. ［宋］苏颂：《苏魏公文集》卷六六《吕舍人文集序》，北京：中华书局，1988 年。

83. ［宋］吴坰：《五总志》，景印文渊阁四库全书子部第 863 册。

84. ［宋］周麟之：《海陵集》卷十七《杨邦弼、陈俊卿并除著作郎》，景印文渊阁四库全书集部第 1142 册。

85. ［宋］魏了翁：《鹤山集》卷五六《蔡文懿公百官公卿年表序》，景印文渊阁四库全书集部第 1172 册。

86. ［宋］卫宗武：《秋声集》，景印文渊阁四库全书集部第 1187 册。

87. ［元］冯福京：《昌国州图志前序》，《昌国州图志》卷首，景印文渊阁四库全书史部第 491 册。

88. ［宋］王禹偁：《小畜集》卷十八《上史馆吕相公书》，景印文渊阁四库全书集部第 1086 册。

89. ［宋］刘安世：《尽言集》卷一《论欧阳棐差除不当》，景印文渊阁四库全书史部第 427 册。

90. ［宋］李焘：《续资治通鉴长编》卷四一〇，哲宗元祐三年五月，北京：中华书局，1979 年。

91. ［宋］张扩：《东窗集》卷十六《代贺赵右丞启》，景印文渊阁四库全书集部第 1129 册。

92. [宋]洪迈：《辞免兼修国史奏状》，[元]富大用《古今事文类聚新集》卷二三，景印文渊阁四库全书子部第 928 册。

93. [宋]周必大：《文忠集》卷一二三《辞免转官奏状》后附《不允诏》，景印文渊阁四库全书集部第 1148 册。

94. [宋]李心传：《建炎以来系年要录》，景印文渊阁四库全书史部第 327 册。

95. [宋]许应龙：《东涧集》卷三《袁甫除著作佐郎诰》，景印文渊阁四库全书集部第 1176 册。

96. [宋]王柏：《鲁斋集》卷十八《悼蔡修斋》，景印文渊阁四库全书集部第 1186 册。

97. [宋]谢枋得：《文章轨范》卷六《小心文》，景印文渊阁四库全书集部第 1359 册。

98. [清]袁枚：《随园诗话》卷三，北京：人民文学出版社，1982 年。

99. 郭沫若：《读随园诗话札记》十，《郭沫若全集》文学编第 16 卷，北京：人民出版社，1989 年。

100. [元]王义山：《稼村类稿》卷四《宋史类纂序》，景印文渊阁四库全书集部第 1193 册。

101. [元]刘因：《静修集》卷十九《送王之才赴史馆编修》，景印文渊阁四库全书集部第 1198 册。

102. 杨艳秋：《刘知幾〈史通〉与明代史学》，《史学史研究》2002 年第 4 期。

103. [明]何乔新：《椒邱文集》卷二《策府十科摘要·史科·诸史》，景印文渊阁四库全书集部第 1249 册。

104. [明]杨慎：《升庵集》，景印文渊阁四库全书集部第

1270 册。

105. ［宋］黄庭坚：《山谷外集》卷十《与王立之四帖》（之二），景印文渊阁四库全书第 1113 册。

106. ［清］王士禛：《古夫于亭杂录》卷一《文心雕龙（训故）、史通训故》，北京：中华书局，1997 年。

107. ［日］内藤湖南：《中国史学史》，马彪译，上海：上海古籍出版社，2017 年。

108. ［明］王阁《刊正史通序》、［明］高公韶《跋新刊史通》、［明］彭汝寔《序》、［明］杨名《跋史通》，上海涵芬楼影印，四部丛刊所收张鼎思校刻本《史通》卷末。

109. ［明］王慎中：《遵岩集》卷二二《与傅锦泉》，景印文渊阁四库全书第 1274 册。

110. ［明］焦竑：《焦氏笔乘·上》，北京：中华书局，2008 年。

111. ［明］于慎行：《刘子玄评史举正》，［明］王锡爵：《增定国朝馆课经世宏辞》，四库禁毁书丛刊，北京：北京出版社，集部第 92 册。

112. ［明］胡应麟：《少室山房笔丛》卷十三《史书占毕一》，北京：中华书局，1958 年。

113. ［明］祝允明：《怀星堂集》卷十二《答张天赋秀才书》，景印文渊阁四库全书集部第 1260 册。

114. ［明］李梦阳：《空同集》，景印文渊阁四库全书集部第 1262 册。

115. ［明］黄姬水：《刻两汉纪序》，［晋］袁宏：《后汉纪校注》，天津：天津古籍出版社，1987 年。

116. ［明］王世贞：《弇州四部稿》卷一一六《策问四首·湖广第三问》，景印文渊阁四库全书集部第 1280 册。

117. [明]许孚远：《与魏古渠学博论史书》，黄宗羲《明文海》卷一七四，景印文渊阁四库全书集部第 1454 册。

118.《明实录·神宗实录》卷二六四，万历二十一年九月乙卯，上海：上海书店，1982 年影印台湾中央研究院历史语言研究所 1963 年校印本。

119. [明]张之象：《明本史通》，第 1 册。

120. 瞿林东：《中国史学史纲》，北京：北京师范大学出版社，2017 年。

121. [明]蒋之翘：《删补晋书》，济南：齐鲁书社，四库全书存目丛书史部第 31 册。

122. [明]瞿景淳：《古今史学得失》《续史》，[明]林德谋《古今议论参》卷二五《经籍·子史诸家》，北京：北京出版社，四库禁毁书丛刊集部第 21 册。

123. [明]焦竑：《澹园集上》，北京：中华书局，1999 年。

124. [明]朱明镐：《史纠》，景印文渊阁四库全书史部第 688 册。

125. [明]胡应麟：《少室山房集》卷一〇一《读隋书》，景印文渊阁四库全书第 1290 册。

126. 王嘉川：《胡应麟论刘知幾》，《史学月刊》2006 年第 4 期。

127. 吕思勉：《史通评》，《史学与史籍七种》，上海：上海古籍出版社，2009 年。

128. 刘咸炘：《推十书》（增补全本）丙辑壹《汉书知意·陈胜项籍列传》，上海：上海科学技术文献出版社，2009 年。

129. [明]郭孔延：《史通评释》卷十《自叙》"评曰"，续修四库全书第 447 册。

130. 马铁浩：《〈史通〉与先唐典籍》，北京：人民出版社，

2010 年。

131.［清］李慈铭：《越缦堂读书记》，上海：上海书店出版社，2000 年。

132.［明］李维桢：《史通序》，四库全书存目丛书史部第 279 册。

133.［明］李善长：《进元史表》，［明］宋濂等：《元史》附录，北京：中华书局，1976 年。

134.［明］邵经邦：《弘简录》卷首《读史笔记》，续修四库全书第 304 册。

135.［明］刘定之：《刘文安公呆斋先生策略》卷四，四库全书存目丛书集部第 34 册。

136.［明］彭汝寔：《序》，四部丛刊所收张鼎思校刻本《史通》卷末。

137.［明］归有光：《震川先生别集》卷二上《隆庆元年浙江程策四道》之二，《震川先生集》，上海：上海古籍出版社，2007 年。

138.［明］周贤宣：《永安县旧志序》，福建省地方志编纂委员会整理《永安县志》（明万历本、清顺治本合刊本），北京：方志出版社，2004 年。

139.［明］李维桢：《大泌山房集》卷十一《王奉常集序》，四库全书存目丛书集部第 150 册。

140.［明］屠隆：《鸿苞》卷十七《三长》，四库全书存目丛书子部第 89 册。

141.［明］钱允治：《类编笺释国朝诗余序》，［明］顾从敬和钱允治辑、钱允治和陈仁锡笺释《类编笺释国朝诗余》卷首，续修四库全书第 1728 册。

142.［明］丘濬：《大学衍义补》卷七《治国平天下之要·正百官

·简侍从之臣》"宋置会要所，以修纂国史；置修国史、同修国史、修撰、同修撰、编修官、检讨官"条，景印文渊阁四库全书第712册。

143. ［明］宋濂等：《元史》卷一八一《揭傒斯传》，北京：中华书局，1976年。

144. ［明］顾允成：《天台山志序》，［清］嵇曾筠等《（雍正）浙江通志》卷二六四，景印文渊阁四库全书第526册。

145. ［清］章学诚：《文史通义》卷五《史德》，《章学诚遗书》，北京：文物出版社，1985年。

146. 施丁：《再谈章学诚的"史德"论》，《中国史学之精华与传统》，北京：社会科学文献出版社，2014年。

147. 钱锺书：《谈艺录》（补订本），北京：中华书局，1984年。

148. ［明］熊明遇：《文直行书诗文》文选卷三《历史纲鉴补叙》，四库禁毁书丛刊集部第106册。

149. 张中行：《有关史识的闲话》，《读书》1995年第12期。

150. ［明］袁中道：《珂雪斋集》卷二十《论史》，上海：上海古籍出版社，1989年。

151. ［明］秦鸣夏：《史质序》，［明］王洙《宋史质》卷首，四库全书存目丛书史部第20册。

152. ［明］孙宜：《遁言》卷七《史论》，四库全书存目丛书子部第102册。

153. ［清］张之洞著、范希曾编《书目答问补正》附二《国朝著述诸家姓名略·校勘之学家》，上海：上海古籍出版社，1983年。

154. ［日］神田喜一郎：《顾千里先生年谱》，孙世伟译，北京图书馆编《北京图书馆藏珍本年谱丛刊》第130册。

155. ［清］纪昀：《纪晓岚文集》卷十一《书浦氏史通通释后》，

石家庄：河北教育出版社，1995 年。

156.［清］纪昀：《史通削繁序》，《史通削繁》卷首，上海：上海古籍出版社，续修四库全书第 448 册。

157. 张大可：《史记体制义例简论》，《兰州大学学报》1983 年第 1 期。

158. 瞿林东：《读〈史通〉札记》，《史学史研究》1982 年第 2 期。

159.［清］朱彝尊：《经义考》卷二九四《著录》，景印文渊阁四库全书第 680 册。

160. 张三夕《〈史通〉三家评校钞》，王元化主编《学术集林》卷十二，上海：上海远东出版社，1997 年。

161. 尹达主编：《中国史学发展史》，郑州：中州古籍出版社，1985 年。

162. 吴怀祺：《中国史学思想史》，合肥：安徽人民出版社，1996 年。

163. 乔治忠：《清朝官方史学研究》，台北：文津出版社，1994 年。

164.［清］朱彝尊：《曝书亭集》卷三二《史馆上总裁第一书》，清代诗文集汇编第 116 册。

165. 孙香兰：《汤斌与〈明史〉》，南开大学《中国历史与史学》编辑组《中国历史与史学——祝贺杨翼骧先生八十寿辰学术论文集》，北京：北京图书馆出版社，1997 年。

166.［清］施闰章：《学余堂文集》卷二五《修史议》，景印文渊阁四库全书第 1313 册。

167. 杨文信：《史学评论与政治——从清朝的〈史通〉学谈起》，单周尧主编《明清学术研究》，北京：中国社会科学出版社，

2009年。

168. ［清］沈珩：《耿岩文选》"考议说辨"部《修史议上》，济南：齐鲁书社，四库全书存目丛书集部第218册。

169. ［清］潘耒：《遂初堂文集》卷五《修明史议》，上海：上海古籍出版社，续修四库全书第1417册。

170. 朱端强：《万斯同与〈明史〉修纂纪年》，北京：中华书局，2004年。

171. 朱端强：《布衣史官——万斯同传》，杭州：浙江人民出版社，2006年。

172. ［清］徐乾学：《憺园文集》卷十九《修史条议序》，清代诗文集汇编第124册。

173. 刘承幹：《明史例案》卷二《王横云史例议上》，北京：北京出版社，四库未收书辑刊第5辑第4册。

174. ［清］汪由敦：《松泉集》诗集，景印文渊阁四库全书集部第1328册。

175. 苏渊雷：《读史举要》，《苏渊雷文集》第二卷，上海：上海人民出版社，1999年。

176. 路新生：《史学批评发展史上的"双璧"——〈史通〉和〈文史通义〉》，《历史教学问题》2005年第3期。

177. 沈玉成、刘宁：《春秋左传学史稿》，南京：江苏古籍出版社，1992年。

178. ［明］张鼎思：《续校史通序》，四部丛刊本《史通》卷首。

179. 黎子耀：《刘知幾思想述评》，《思想与时代月刊》第30期，1944年1月。

180. 张锡厚：《刘知幾的文学批评》，《四川师范大学学报》1980年第4期。

181. 乔象锺、陈铁民主编：《唐代文学史》上册，北京：人民文学出版社，1995 年。

182. 仓修良《文史通义新编》，上海：上海古籍出版社，1993 年。

193. 何炳松：《增补章实斋年谱序》，《何炳松史学论文集》，上海：上海古籍出版社，2012 年。

194. ［美］倪德卫：《章学诚的生平及其思想》，杨立华译，南京：江苏人民出版社，2007 年。

195. 仓修良：《章学诚对刘知幾史学的批判继承和发展》，《杭州师范学院学报》1979 年第 1 期。

196. 曾凡英：《史家龟鉴——〈史通〉与中国文化》，开封：河南大学出版社，2000 年。

197. 白云：《刘知幾与章学诚历史编纂学思想的比较》，《蒙自师范高等专科学校学报》2002 年第 5 期。

198. 陈其泰：《历史编纂的理论自觉——〈史通〉〈文史通义〉比较研究略论》，《人文杂志》2010 年第 3 期。

199. 王树民：《史部要籍解题》，北京：中华书局，2003 年。

200. 瞿林东：《中国史学史纲》，北京：北京出版社，1999 年。

201. ［清］黄宗羲：《黄宗羲全集》，杭州：浙江古籍出版社，2012 年。

202. ［清］潘衍桐：《两浙輶轩续录》上海：上海古籍出版社，续修四库全书第 1685 册。

203. ［清］刘文淇：《青溪旧屋文集》，上海：上海古籍出版社，续修四库全书第 1517 册。

204. ［清］李元度：《天岳山馆文钞》卷二五《白雨湖庄诗钞序》，上海：上海古籍出版社续修四库全书第 1549 册。

205. ［清］林滋秀：《逢原斋文钞序》，［清］孙诒让《温州经籍志》卷三一华氏（文漪）《逢原斋文钞》引，上海：上海古籍出版社续修四库全书第 918 册。

206. ［清］陈澧：《东塾集》卷三《郑小谷补学轩文集序》，上海：上海古籍出版社续修四库全书第 1537 册。

207. ［清］杨素蕴：《郝雪海中丞事略》，［清］李元度《国朝先正事略》卷五，上海：上海古籍出版社续修四库全书第 538 册。

208. ［清］章学诚：《清漳书院留别条训》"其十五"，北京：文物出版社，1985 年。

209. ［清］姚莹：《东溟文集》文外集卷一《与南北史合注局诸人书》、文后集卷八《复陆次山论文书》，上海：上海古籍出版社续修四库全书第 1512 册。

210. ［清］廖腾煃：《海阳纪略》卷上《重修休宁县志序》末附汪灏评论，北京：北京出版社四库未收书辑刊第 7 辑第 28 册。

211. ［清］胡天游：《石笥山房集》文集补遗《评二十一史》，上海：上海古籍出版社，续修四库全书第 1425 册。

212. ［清］陈宏谋：《重订正史约序》，［清］王昶《湖海文传》卷二五，上海：上海古籍出版社，续修四库全书第 1668 册。

213. ［清］李继圣：《寻古斋文集》卷二《孙安国论》，北京：北京出版社四库禁毁书丛刊集部第 168 册。

214. ［清］曹学诗：《香雪文钞》卷十《史学》，北京：北京出版社四库未收书辑刊第 10 辑第 16 册。

215. ［清］赵翼：《树经堂咏史诗序》，［清］谢启昆《树经堂咏史诗》卷首，北京：北京出版社四库未收书辑刊第 4 辑第 20 册。

216. ［清］唐仲冕：《陶山文录》卷五《山西咏古诗序》，上海：上海古籍出版社续修四库全书第 1478 册。

217. ［清］黄达：《一楼集》卷十八《夏醴谷读史提要录序》，北京：北京出版社四库未收书辑刊第 10 辑第 15 册。

218. ［清］陈兆仑：《紫竹山房文集》卷一《史论》，北京：北京出版社四库未收书辑刊第 9 辑第 25 册。

219. 乔治忠：《章学诚"史德"论思想评析》，《中国官方史学与私家史学》，北京：北京图书馆出版社，2008 年。

220. 杨翼骧、乔治忠：《论中国古代史学理论的思想体系》，《南开学报》1995 年第 5 期。

221. 胡如雷：《试论社会主义史德》，《河北学刊》1985 年第 2 期。

222. 叶建：《中国近代史学理论的形成与演进（1902—1949）》，北京：中国社会科学出版社，2012 年。

223. 梁绳筹：《读史通札记》，《史地丛刊》1922 年第 2 卷第 1 期。

224. 陈同仁：《史通之研究》，《孟晋杂志》1925 年第 2 卷第 11 期。

225. 傅振伦：《刘知幾之史学·自序》，北京：北平景山书社，1931 年。

226. 陆懋德：《中国史学史讲义》，王传编校《中国史学史未刊讲义四种》，上海：上海古籍出版社，2016 年。

227. 周谷城：《中国史学之进化》，《复旦学报》1944 年第 1 期。

228. 卢绍稷：《史学概要》，上海：商务印书馆，1930 年。

229. 罗元鲲：《史学概要》，武昌：亚新地学社，1931 年。

230. 周容：《史学通论》，上海：开明书店，1933 年。

231. 朱子方：《中国史学史之起源及演变》，《文化先锋》1947 年第 6 卷第 21 期。

232. 朱谦之：《中国史学之阶段的发展》，《现代史学》1934 年第 2 卷第 1—2 期合刊。

233. 李则纲：《史学通论》，上海：商务印书馆，1935 年。

234. 黄绎琛：《中国史学的演进》，《中国文化》创刊号 1938 年第 1 卷第 1 期。

235. 蒙文通：《中国史学史》，上海：上海人民出版社，2005 年。

236. 杨鸿烈：《史学通论》，长沙：岳麓书社，2011 年。

237. 魏应麒：《中国史学史》，太原：山西人民出版社，2014 年。

238. 蒋祖怡：《史学纂要》，上海：正中书局，1946 年。

239. 金毓黻：《中国史学史》，石家庄：河北教育出版社，2000 年。

240. 张其昀：《刘知幾与章实斋之史学》，《学衡》1922 年第 5 期。

241. 钱卓升：《刘章史学之异同》，《遗族校刊》1936 年第 4 卷第 1 期。

242. 王玉璋：《中国史学史概论》，重庆：商务印书馆，1942 年。

243. 胡哲敷：《史学概论》，上海：中华书局，1935 年。

244. 董允辉：《中国史学史初稿》，王传编校《中国史学史未刊讲义四种》，上海：上海古籍出版社，2016 年。

245. 杨绪敏：《论刘知幾的交友及友人对他的影响》，《敏学斋史学探研录》，合肥：黄山书社，2012 年。

246. 傅振伦：《刘彦和之史学》，《学文》1932 年第 1 卷第 5 期。

247. 范文澜：《文心雕龙注》卷四《史传》，北京：北平文化学社，1929 年。

248. 杨绪敏：《〈史通〉与〈文心雕龙〉的比较研究》，《黄淮学刊》1989 年第 4 期。

249. 许凌云：《刘知幾学术思想渊源》，《齐鲁学刊》1992 年第 1 期。

250. 何炳松：《史通评论》，《民铎》1925 年第 6 卷第 1 期。

251. 沈圣时《中国史学的演进》，《新学生月刊》1943 年第 2 卷第 6 期。

252. 刘泽华主编：《近九十年史学理论要籍提要》，北京：书目文献出版社，1991 年。

253. 姚永朴：《史学研究法》，《姚永朴文史讲义》，南京：凤凰出版社，2008 年。

254. 陈汉章：《史学通论》，《陈汉章全集》第五册（下），杭州：浙江古籍出版社，2014 年。

255. 陈汉章：《史通补释自序》，《陈汉章全集》第五册（下），杭州：浙江古籍出版社，2014 年。

256. 陆懋德：《史学方法大纲》，南京：独立出版社，1945 年。

257. 王爱卫：《朱希祖史学研究》，北京：中华书局，2018 年。

258. 朱元曙、朱乐川：《朱希祖先生年谱长编》，北京：中华书局，2013 年。

259. 全清波：《朱希祖与〈史通〉研究》，《历史教学问题》2020 年第 3 期。

260. 王兴瑞：《朱先生与国立中山大学》，《文史杂志》1945 年第 5 卷第 11—12 期合刊。

261. 朱希祖：《朱希祖日记》，北京：中华书局，2012 年。

262. 杨翼骧：《刘知幾与〈史通〉》，《历史教学》1963 年第

7 期。

263. 朱希祖：《史馆论议》，《中国史学通论 史馆论议》，北京：中华书局，2012 年。

264. 傅振伦：《傅振伦学述》，杭州：浙江人民出版社，1999 年。

265. 吕思勉：《经子解题》，上海：上海文艺出版社，1999 年。

266. 王学典：《翦伯赞学术思想评传》，北京：北京图书馆出版社，2000 年。

267. 翦伯赞：《论司马迁的历史学》，《史料与史学》，北京：北京出版社，2005 年。

268. 翦伯赞：《论刘知幾的历史学》，《史料与史学》，北京：北京出版社，2005 年。

269. 华岗：《中国历史的翻案》，北京：人民出版社，1981 年。

270. 翦伯赞：《在广西历史学会上的学术报告》，《历史问题论丛》（合编本），北京：中华书局，2008 年。